直轄市暨各縣市身心障礙類教師甄試用書

特教教甄・捨我其誰

突破重圍・一戰成名

張世彗　編著

五南圖書出版公司 印行

序

　　《特教教甄‧捨我其誰》主要是針對直轄市暨各縣市身心障礙類教師甄試而編寫的。目前的教師甄試都是採取兩階段的方式，即先進行「特殊教育專業知能」(名稱有多種，包含教育學科加重特殊教育部分、特殊教育學科、特教專業及評量、特殊教育、特教專門知能、特殊教育科、特殊教育專業、或者是教育綜合測驗等)筆試（初試），然後再進行「口試」和「教學演示」（複試）。也就是說，想要成為正式合格的身心障礙類教師，結束流浪教師的身分，先決條件就是要先順利通過競爭型的筆試，才有機會與正式錄取名額約 3~5 倍的初試通過者較量，爭取金榜題名。這並不是一段輕鬆愉快的歷程，需要努力、決心、毅力、個人條件或機運等因素的組合，才能一圓身心障礙類教師的夢想。

　　《特教教甄‧捨我其誰》這本教師甄試用書中，各章的主題乃是筆者蒐羅直轄市暨各縣市多屆的教師甄試試題，然後經組合試題分析、歸納、以及比較之後而形成的。基本上，全書共計分為十六章來探究，在各章中，直轄市暨各縣市教師甄試出題的熱門主題，依序分別是第十二章的「**特殊教育教學法/策略/訓練**」（259 題）、第二章的「**特殊教育相關公約與法規**」（176 題）、第九章的「**行為改變技術及正向行為介入與支持**」（136 題）、第八章的「**評量工具(含信度和效度、測驗理論、測驗結果解釋、評量領域)**」（103 題）、以及第十四章的「**症狀/困難與障礙類別辨認**」（102 題）。

　　其次，依序分別是第三章的「**十二年國民基本教育與特殊需求領域課程綱要**」（80 題）、第十一章的「**特殊教育課程 (含學習環境規劃)**」（69 題）、第五章的「**身心障礙的成因與特質/特徵**」（66 題）、第六章的「**身心障礙學生鑑定與安置 (含轉介前介入)**」（58 題）、第四章的「**特殊教育人員與程序 (含 IEP)**」（57 題）、以及第七章的「**非正式評量**」（49 題）。

　　較少出題的主題，依序分別是第十六章的「**特殊教育行政服務(含三級預防/輔導與統計年報)**」（32 題）、第十章的「**ICF 與 DSM-5**」（31

題）與第十三章的「身心障礙學生支持服務 (含輔助科技與無障礙環境)」（31 題）、第十五章的「特定專有名詞敘述與區辨」（30 題）、以及第一章的「特殊教育思潮與主要概念」（26 題）。

　　本書得以順利付梓，要特別感謝五南圖書出版有限公司的大力支持。

張世彗　謹識

2023/02/01
臺北市立大學特殊教育學系暨碩士班
email：hwi@utaipei.edu.tw

露天拍賣網址：
https://www.ruten.com.tw/store/ally_wsl_7289/
pchome 商店街個人賣場網址：
https://seller.pcstore.com.tw/S177082452/

目次

第一章　特殊教育思潮與主要概念

壹、特殊教育定義與術語

一、特殊兒童

特殊兒童常跟社會常態標準不一樣有關連。這些差異可能由於明顯的身體、感官、認知或行為的特徵，許多這類兒童可能需符合其獨特需求的教育。例如：情緒行為障礙兒童可能需要社交技巧或情緒管理訓練。惟學生被認定有特殊性，並不必然意味他們會需要特殊教育。在某些案例上，透過調整課程或教學策略，普通班就可因應學生的教育需求。

特殊性總是跟所處的社會文化環境有關。常態是相對的概念，會由他人根據其價值、態度和看法來判斷。

二、發展遲緩和處於風險中

發展遲緩(developmental delayed)是指未滿六歲之兒童，因生理、心理或社會環境因素，在知覺、認知、動作、溝通、社會情緒或自理能力等方面之發展較同年齡者顯著遲緩，且其障礙類別無法確定者。而**處於風險中**(at risk)的兒童時，常表示個體雖然尚未被確定有障礙，但是因有害的生物、基因或環境狀態，擁有高度顯現障礙或遲緩的可能性。可能風險情況包括：出生體重低、缺氧、暴露在毒素中、基因異常、虐待或忽視兒童、以及極端貧窮。

三、特殊教育及其關鍵概念

針對身心障礙學生的特殊教育服務，有三項關鍵概念是學習其他概念的基礎：

(一)特殊教育

特殊教育(special education)就是適性教育。也就是說，特殊教育是一種工具，透過保證每位特殊教育學生在公立教育系統內，接受特殊設計的教育，以協助他們充分發展其學習潛能。

(二)相關服務

　　相關服務(related services)係指輸送與諸如發展、矯正和其他的支持性服務（包含語言病理和聽力服務、心理服務和職業治療、休閒、社工服務、學校護士服務，使身心障礙兒童接受免費且適性的公立教育，就像兒童 IEP 上所描述的、諮商服務包括復健諮商、定向行動及醫學服務，除診斷和評鑑目的外之醫學服務），可能需要支持身心障礙兒童從特殊教育中獲益，以及包括兒童障礙狀況的評量與早期鑑定。這個術語並不包括外科移植或器具替代之醫學設備。

(三)輔助性支持和服務

　　輔助性支持和服務(supplementary aids and services)意謂在普通班或其他教育相關情境提供支持和服務，讓身心障礙兒童與一般兒童一起接受教育至最大可能的範圍。

貳、類別和標記

　　類別只是分派標記享有共通特徵的個體。在類別化或標記課題上，身心障礙個體一直是具有爭議的。無論是教育人員強加的或同儕運用所造成的標記，它會產生烙印作用，且在某些案例上，對兒童是不利的，例如：怪胎、鳥蛋等。我們貼到他人身上的標記，會明顯影響到個體怎樣看待他們自己，以及環境中的他人如何連接到他們。

　　雖然標記作用有其優點，不過標記也常造成刻板作用和歧視，在教育和社會上可能是一種排他的促進因素，如表 1-1 (張世彗，2020)。我們應關心教學和服務如何因應個體的特殊需求，而不是提供標記個體的基礎。

表 1-1 贊成和反對標記特殊需求個體

優點	弱點
標記可作為經費和管理教育的手段	標記會造成烙印且可能導致刻板印象
標記可讓專業人員以有意義的方式進行有效溝通	標記會造成聚焦於限制和學生不會做什麼，取代學生的優勢和能力
依據標記來區別處理、教學和支	標記基本上不適合教學的目的，它

持服務(如，盲生使用點字；資優學生使用充實課程)	們無法正確反應個別學生的教育或治療需求
標記提高了身心障礙或資賦優異個體特殊需求的可見性	標記會造成降低在學校和社區生活正常化經驗的機會
研究通常針對特定的診斷類別	標記有時會被當作教學無效傳遞的理由(如小明因智能障礙而無法學習四則運算)
標記建立了個體的服務資格	標記會造成降低自我概念、較低的期望和自尊差
標記可作為計算資賦優異或身心障礙個體的數目，進而支持政府、學校、機構和其他組織計畫所需的服務傳遞	標記會形成障礙成就表現的錯誤印象；有些標記會造成離開學校環境
倡導和特殊利益團體，如中華民國智能障礙家長總會，有興趣支持特定障礙狀態的公民團體	-

參、特殊教育思潮

統合(integration)有時是指**回歸主流**(mainstreaming)，包括身心障礙者由隔離式機構移至社區生活；由特殊教育學校移至普通公立學校；從特殊教育班移到普通班。統合的理念起源於 1960 年代，這個理念是有其脈絡可尋的哲學與歷史根源。

一、正常化原則

統合理念的哲學根源就是**正常化**(normalization)。正常化原則也是起源於歐洲，然後在美國造成流行。它是哲學理念，指儘可能地建立和維持個人行為與特性符合文化常態(Wolfensberger, 1972)。在正常化原則下，身心障礙學生的教育應該儘可能的類似於一般學生。

二、統合理念的歷史根源

在美國有兩項社會運動卻有助於統合的加速化。依其歷史發生順序敘述如下：

(一)去機構化

美國在 1960-1970 年代有項離開住宿機構回到社區的社會運動稱為**去機構化**(deinstitutionalization)。這項社會運動造成許多美國身心障礙兒童回到家庭,使得較小特殊教育設施位於鄰近地區是很常見的。

(二)普通教育改革

普通教育改革(regular education initiative, REI)最早是由前任美國助理教育部秘書威爾(Will, 1986a)所提出的。她質疑特殊教育自教育系統中分離的合法性,同時要求重新建構普通和特殊教育之間的關係。普通教育和特殊教育之間要協同合作,而且普通教育教師要承擔身心障礙學生更大的責任(Will, 1986b)。

三、完全融合與多元安置模式之爭

最少限制的環境(Least Restrictive Environment, LRE),並不是場所而是一項概念。LRE 的決定對於每個兒童是個別的,它是基於學生的教育需求,而不是他的障礙。在 LRE 內授權提供特殊教育和/或相關服務是「教育安置連續體制」或「多元安置模式」的觀念。

有些特殊教育工作者反對 LRE 的觀念,主張完全融合 (Lipsky & Gartner, 1996)。**完全融合**(full inclusion)是所有障礙兒童應該在鄰近學校普通班接受教育的一種信念(Gargiulo, 2012)。成功實施會需要有關課程設計與普通及特殊教育人員之間協同增加的新思維(Noonan & McCormich, 2006)。完全融合的倡導者指出目前服務特殊需求學生的抽離系統是無效的(Kennedy & Horn, 2004)。他們聲稱公法 94-142 有關之診斷和教學實務,以及回歸主流是根本上的瑕疵,尤其是針對輕度至中度障礙學生(Skrtic, 1995)。兒童受到標記,他們的規劃常是零碎的,且普通教育人員常認為他們對特殊需求學生很少或沒有所有權。安置於普通班伴隨普通教育和特殊教育人員之間一起工作的合夥關係,會對所有學生形成一種較佳的教育,不只是身心障礙學生,而且將會在最少限制環境內發生。完全融合目前是特殊教育領域最具爭議性的課題。就像其他爭議性主題一樣,要取得共識的定義是很難的。

肆、主要概念

一、證據本位實務

證據本位實務(Evident-Based Practices, EBP)意味著教育人員必須對學生做出有關教學內容的決定與教學歷程，是依據他們所蒐集資料的成效來決定的。這項要求顯示對於績效的關注。以閱讀教學為例，兒童如何學習閱讀已形成許多觀點，但並不是所有觀點都是研究本位的。針對閱讀需要協助的兒童，有項強而有力的證據本位取向稱為**直接教學**(direct instruction, DI)。這種取向發展於 1960 年代，已由許多研究證實可有效地協助兒童、青少年和大人學習閱讀(Magliaro, Lockee, & Burton, 2005)。因此，直接教學就被視為是一種證據本位實務。

二、反應介入

傳統確認學習障礙存在的取向常被批評為「等待失敗模式」，因為學生需在學校的學習遠遠落後，且明顯體驗到學業挫折時才會被視為有學習障礙。研究和實務人員目前已經開始使用**反應介入**(Response to Intervention, RTI)來證實學習障礙學生的資格。

RTI 包括這些原則：(1)它運用簡單的直接評量學生低成就的範圍，來替代能力和成就之間的差距標準。這種方法解決了鑑定幼兒與提供早期介入的問題，因為它排除了等待差距出現的需求；(2)它排除了讓學生無法符合學習障礙服務資格之不適當教學、情緒行為障礙及文化或社交的課題；(3)它要求在設計良好的早期教學介入上測量學生的成就，是評量過程的一部份。這樣是為了確保高度的教學品質與提供明確的努力證據，來探究學生的學習問題(Lyon et al., 2001)。

最常見實施 RTI 取向的程序是三層次介入模式(Lerner & Johns, 2012)。分述每個層次及其差異（見表 1-2）如下：

■**層次I**。當學生使用經過研究證實有效的閱讀教學實務時，多數學生應可獲得成功。教育人員負責實施獲得證實的教學方法，包括區分性和密切監督學生在核心閱讀課程的進展情形。

■**層次II**。約 20~30％的學生在層次I的教學是不夠的。也就是，他們的能力和平均進展情形之間的差距是明顯的。依據所蒐集的資料，學生在層次II接受補救教學，可能包括小老師、額外技巧練習機會及

個別步調的教學。這種介入是研究本位的，而且除核心閱讀教學外，它們都是在普通班上進行。

　　■**層次III**。如果資料顯示層次II實施介入，學生在習得必要的閱讀技巧上仍未出現適當進展，就要啟動更密集的介入。針對少數需密集支持的學生，常由特殊教育教師進行教學，且常發生於普通班以外。這種教學可能包括特定閱讀方案，但主要特色是其密集性、詳細分析和循序教學、重覆練習、以及持續性地監督進展情形。這個層次有時也被視為殊教育服務。

表 1-2 三個層次之間的差異分析

	層次I	層次II	層次III
定義	閱讀教學和方案包含進行中的專業發展和基準點評量(每年 3 次)	實施教學介入輔助、提高和支持層次I；小組方式	延伸性的個別化閱讀教學超越層次I所分派的時間：1-3 位學生一組
焦點	所有學生	無法回應層次I的努力，認定閱讀困難的學生	無法充分地回應層次I和層次II的努力，明顯閱讀困難或閱讀障礙的學生
方案	強調關鍵元素的科學本位閱讀教學和課程	強調關鍵元素的特殊化、科學本位的閱讀教學和課程	高度回應學生需求的支持性、密集、科學本位的閱讀教學和課程
教學	足夠的練習機會	*額外的注意、聚焦、支持 *額外的練習機會 *預先教學、複習技巧；經常性的練習機會	詳細設計和明確的、系統的教學
介入者	普通教育教師	學校選定的適當情境	學校選定的適當情境
情境	普通班	學校選定的適當情境	學校選定的適當情境
分組	彈性分組	同質和小組教學，如 4~5 人一組	同質和小組教學，如 2~3 人一組

時間	每日至少 90 分鐘	除層次I外，每日尚有 20~30 分鐘	取決於層次I的適當性，每日有 50 分鐘或更長
評量	學年初、中和結束時實施基準點評量	針對目標技巧每月兩次進展情形監督，以確保適當的進展和學習	針對目標技巧每月至少兩次進展情形監督，以確保適當的進展和學習

調整自 Vaughn & Roberts (2007)

三、通用學習設計

通用學習設計(universal design for learning, UDL)或全方位學習設計，有時又稱通用教學設計(universal design for instruction, UDI) 或全方位教學設計，是一種源自於建築設計的觀念，可簡述為「教學材料和活動設計讓學習目標可由廣泛差異能力的個體，透過看、聽、說、行動、讀、寫、參與、組織、從事和記住來達成」(Orkwis & Mclane, 1998)。這種設計讓教育人員設計課程、教學和評量程序有必要的彈性，以因應所有學生的需求。這些調適是來自於教學設計，而不是事後附加的。如果他們這樣做，通常會發現多數學生可從他們的努力中獲益。雖然通用學習設計的概念首次被運用到使用科技來促進身心障礙學生的學習。

通用學習設計可推想為就像教學資源一樣，這是多樣化教學以求傳遞普通教育課程給每位學生的一種工具。它並不能排除學業性挑戰，而在於排除親近上的阻礙。簡言之，這種學習設計只是好的教學。圖1-1 呈現了許多教師能夠呈現課業的不同方法與表1-3 通用設計原則，產品設計說明及實例。

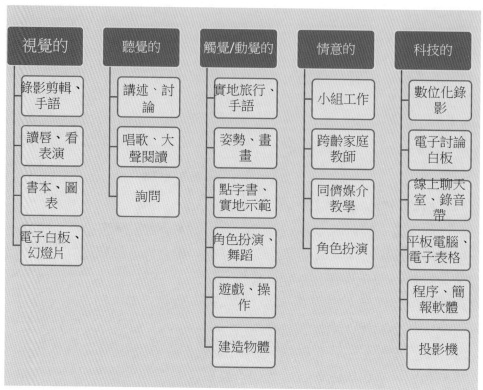

圖 1-1 多元呈現教學內容的方法

表 1-3 通用設計原則，產品設計說明及實例

原則	產品設計的說明	實例
通用	可供給各種不同能力的使用 者來使用及購買	1.避免造成使用者的區隔或標籤化 2.對所有使用者而言，所提供的隱私性、安全性都是一致的
彈性	可適應各種使用者的能力及偏好	1.提供使用方法的選擇 2.可同時符合右慣用手及左慣用手的使用 3.提升使用者的正確度及精確率 4.提供使用者速度上的調整
簡單且直覺式使用	不論使用者的經驗、知識、語言能力或注意力為何，產品的設計是淺顯	1.避免不必要的複雜度 2.符合使用者的期待感及預期 3.適合各種字彙及語言能力者 4.在使用中或使用後，可提供有效率的

	易懂	提示及回饋
提供可察覺資訊	不論在有限的條件或使用者的感官功能為何,設計的產品皆能將必要的資訊傳達給使用者	1.透過不同的形式,如圖形、語音、觸覺來提供必要的資訊 2.用較明顯的方式來表達必要資訊
容忍錯誤	可減少危機並可將連續不小心或非故意的錯誤復原	1.安排使用元件的位置以減少危機或錯誤,如最常使用的元件、最易使用的元件、具有危機的元件等 2.提供錯誤或是危險的警告訊息 3.提供安全使用模式等
節省體能負荷	可以有效率且舒適的使用,並減低疲勞的產生	1.讓使用者維持一個正常的姿勢 2.合適的操作力氣 3.減少重複性動作 4.減少持續性的體力付出
大小及空間適合使用	指在接近、取得、操作及使用上,不論使用者的體型、姿勢或行動力,其產品的大小及空間皆適合使用	1.對於坐姿或站姿的使用者,皆可舒適地取得任何的物品元件 2.大小適合各種手掌的抓握 3.提供足夠的空間給輔具的使用者

http://www.design.ncsu.edu/cud/univ_design/principles/udprinciples.htm

【充電補給站】

※張世彗(2020)。特殊教育導論(第二版)。【PP.3-42】
※黃麗鳳等譯(2014)。特殊教育導論。【PP.1-4~1-34】
※吳武典、林幸台等(2020)。特殊教育導論。【第1-2、7章】

歷屆教師甄試試題
【特殊教育思潮與主要概念】

（　）1.回歸主流：融合教育 ＝ 無障礙物理環境：X。下列哪一項是X 的最佳答案？(A)無障礙社會環境 (B)全方位設計學習 (C)跨專業團隊 (D)自然情境

【中區聯盟 109 國小教甄，第 21 題】

（　）2.在普通班或其他教育相關情境提供支持和服務，讓身心障礙學生和普通班學生一起接受教育至最大可能的範圍，這是哪一種關鍵的特殊教育概念？(A)回歸主流(mainstreaming) (B)輔助性支持和服務(supplementary aids and services) (C)普通教育改革(regular education initiative) (D)相關服務(related services)

【臺北市 108 國中教甄，第 51 題】

（　）3.下列關於通用設計(universal design)的觀點何者錯誤？(A)此概念最早源自於建築領域，主要是對原本無障礙環境的反省與改善 (B)強調盡可能為所有人設計，在設計之初即應考量所有使用者的能力與需求 (C)平等使用、靈活運用、簡單易用、簡單訊息、容許差異、省力操作、度量合宜是設計的七大原則 (D)全方位學習設計(universal design for learning, UDL)是通用設計因應學習困難學生的延伸應用

【新北市109國中教甄，第74題】

（　）4.下列哪一項敘述最符合特殊教育正常化原則(normalization principle) 之概念？(A)比較適用於輕度障礙學生 (B)社會應以平常心面對身心障礙者 (C)增強身心障礙者之適當行為即可有效抑制其不適當行為 (D)身心障礙者的生活環境應盡可能與常態社會相似

【中區聯盟 109 國中教甄，第 6 題】

（　）5.證據本位實務(evidence-based practices)強調根據研究證據來執行實務工作。下列研究方法之證據強度等級由高而低排序,何者正確? (甲)真實驗設計 (乙)世代研究(cohort study) (丙)個案報告 (丁)專家意見 (A)(甲)(乙)(丙)(丁) (B)(丙)(甲)(乙)(丁) (C)(甲)(乙)(丁)(丙) (D)(甲)(丁)(乙)(丙)

【連江縣 106 國小教甄，第 42 題】

（　）6.下列「以普通教育為首」(Regular Education Initiative, REI)理念對特教教師專業發展重點方向的敘述，哪些是正確的？【甲】：多瞭解普教各個領綱之課程與教學【乙】：能設計特殊需求領域中各科

目之課程與教學【丙】：積極參與普教各領域教學研究會議【丁】：具備與普通班任課教師進行合作教學的知能 (A)甲丁 (B)乙丙 (C)甲乙丁 (D)甲乙丙丁

【新北市109國中教甄，第69題】

（　）7.逆向回歸是針對身心障礙學生採取以下哪一種融合措施？(A)身心障礙學生到普通班教室上音樂課 (B)普通班學生到知動教室和身心障礙學生一起上課 (C)身心障礙學生參加普通班學生在操場的體育課 (D)普通班學生和身心障礙學生一起參加校慶表演

【屏東縣 105 國小暨幼兒園教甄，第 48 題】

（　）8.下列哪一項目與「融合教育(Inclusive Education)」比較無關？(A)重度障礙學生 (B)特教法 (C)生態評量 (D)去機構化運動

【中區聯盟 105 國小教甄，第 44 題】

（　）9.近數十年來重度智能障礙學生的融合和功能性技能教學獲得許多學者（如 Brown & Ahlgren, 2012）的支持，他們主張障礙學生在融合教育中要做到：甲、盡可能安置在適合其年齡的普通班就讀 乙、重度障礙學生安置在一般學校中所占的比率以 5%為原則 丙、社區本位教學應包含非障礙學生 丁、針對障礙學生應執行適當社會行為的標準 (A)甲乙丙丁 (B)乙丙丁 (C)甲乙丁 (D)甲丙丁

【臺北市 106 國小教甄，第 20 題】

（　）10.教師為一位普通班身心障礙學生做課堂評估分析，下列何者作法會造成融合教育的阻礙？ (A)成人隨時在旁幫學生做作業 (B)教師鼓勵學生解決問題 (C)教師安排合作學習活動(D)教師安排有互動性的教材和活動

【桃園市 109 國小及學前教甄-B，第 37 題】

（　）11.下列對於「融合教育」的描述，何者有誤？(A)主張將身心障礙學生與一般學生安置在同一個班級中一起學習 (B)融合教育在美國原為普通教育的改革 (C)強調身心障礙學生與一般學生的相似性 (D)主要目的為提升身心障礙學生的學業成就水準

【中區聯盟 109 國中教甄，第 5 題】

（　）12.下列選項中的描述，哪些符合融合教育對於課程與教學的觀點？ ①課程安排考慮個別學生的能力、需求與興趣 ②班級裡所有教師需共同分擔教育學生的責任 ③將不同能力的學生安排在一起共同學習 ④待身心障礙學生準備好後再回到班級進行融合 (A)①②④ (B)①③④ (C)②③④ (D)①②③

【中區聯盟 109 國中教甄，第 33 題】
（　）13.在課堂裡，進入普通班核心課程之個別化教育計畫目標的運作，重度和多重障礙的學生在課堂上不是一個客人，而是和任何學生一樣屬於普通班，請問下列何者可以促進融合? (A)IEP 的目標技能需要分布在全天裡的每一項活動中　(B)只在普通班以外的另一個情境裡執行 IEP 裡的目標　(C)在一種功能性活動中，練習 IEP 技能　(D)IEP 強調在日常的基礎上完成普通班每天所有活動

【臺北市 110 國小教甄，第 41 題】
（　）14.有關下列擁護標記(pro-label)與反標記(anti-label)的說明，何者正確? (甲)擁護聲文化者，強調以舉人為傲，通常是擁護標記的群體　(乙)反對將盲人(blind person)一詞改為人盲(person with blindness)的團體,通常是擁護標記的群體　(丙)標記理論主張障礙標記與負面特質的連結，容易導致障礙者的自我應驗預言　(丁)特殊教育的障礙類別，本質上已經對障礙者進行標記　(A)僅(甲)(乙)(丙)正確　(B)僅(甲)(丙)(丁正確　(C)僅(甲)(乙)(丁)正確　(D)(甲)(乙)(丙)丁全部正確

【連江縣 106 國小教甄，第 43 題】
（　）15.有些家長不願意接受特教鑑定，主要是擔心身心障礙的標記可能造成孩子受到同儕歧視，根據研究下列哪種狀況較可能產生上述之標記問題？(A)明顯異常行為的學生　(B)不易看出異常或困難的障礙學生　(C)經常遲到或請假的學生　(D)持有身心障礙證明的學生

【屏東縣 107 國小暨幼兒園教甄，第 28 題】
（　）16.關於標記對於身心障礙學生所產生的影響，何者有誤？(A)標記適合教學目的，它可正確反應個別學生的教育需求(B)標記會造成自尊差、自我概念降低和較低的期望(C)標記會造成聚焦於限制和學生不會做什麼，取代學生的優勢和能力(D)標記建立了個體的服務資格

【臺北市 108 國中教甄，第 60 題】
（　）17.下列有關教學介入反應(responds to intervention，RTI)鑑定的三階層模式說明，何者最適切？(A)「初級預防」通常在普通教育中進行，以普通班教師為主體　(B)「二級預防」由輔導教師與特殊教育教師合作，實施小組教學　(C)「三級預防」則進入特殊教育的個別化教育計畫規劃系統　(D) RTI 可能使真正學習障礙者提前接受特殊教育服務

【中區聯盟 105 國小教甄，第 18 題】

（ ）18.有關 RTI 的鑑定模式，下列敘述何者不適切？(A)可降低學習障礙學生的出現率 (B)其教學介入主要由特教教師負責 (C)可應用於情緒行為障礙學生的鑑定 (D)有助於防止學生學習問題的嚴重化
【屏東縣 106 國小暨幼兒園教甄，第 32 題】

（ ）19.有關介入反應效果模式(RTI)，下列敘述何者正確？(A)常用於剛通過鑑定的特殊生 (B)常用於雙殊異資優生 (C)不適用於情緒障礙學生 (D)適用於所有的身障生
【中區聯盟 107 國小教甄，第 22 題】

（ ）20.關於「對有科學研究為基礎之介入的反應」(response to scientific, research based intervention, RTI)，下列何者錯誤？(A)發現處於高危險群的學生，給予及時的協助，避免問題的惡化。(B)可減少在學習障礙的鑑定過程中，由於教學不當因素造成的錯誤鑑定。(C)強調由特殊教育教師對高危險群學生進行轉介前的介入。(D)最初發展時乃聚焦於閱讀教學。
【屏東縣 107 國小暨幼兒園教甄，第 23 題】

（ ）21.在介入反應模式(RTI)中，「進步監控」(progress monitoring)評量主要是對在哪個/些階層中的學生來執行？(甲)階層一 (乙)階層二 (丙)階層三 (A)乙 (B)甲乙 (C)乙丙 (D)甲乙丙
【桃園市 108 國小及學前教甄-B，第 19 題】

（ ）22.在介入反應模式(response to intervention, RTI)中，以下何者為每一個介入層級中均包含的重要元素？甲、實證有效的介入策略 乙、形成性的評量 丙、個別化的教學 丁、通用學習設計的運用(A)甲乙 (B)乙丁 (C)甲乙丁 (D)乙丙丁
【新竹市 109 國中教甄，第 27 題】

（ ）23.對於情緒行為問題兒童所提供的 RTI 模式，以下何者不包含在內？(A)班級經營與情緒教育 (B)功能性行為評量 (C)正向行為支持策略 (D)行為改變技術
【桃園市 109 國小及學前教甄-B，第 18 題】

（ ）24.以下關於介入反應模式(response to intervention)的描述，何者錯誤？(A)階層(Tier)愈高教育資源的投入愈密集 (B)普通班教師仍需在階層三提供服務 (C)用單次總結性評量篩選學生進入下一階層 (D)是區分性教學(differentiated instruction)的一種
【新北市109國中教甄，第10題】

（ ）25.對於情緒行為問題兒童所提供的 RTI 模式，以下何者不包

含在內？(A)正向行為支持策略 (B)行為改變技術 (C)功能性行為評量 (D)班級經營與情緒教育

【臺北市 110 國小教甄，第 27 題】

（ ）26.某國小為建構校內亞斯伯格(Asperger)資優生校本方案，參酌 Trail(2011)應用「介入反應模式(Response to Intervention Model) 之多階層介入服務 (Multi-tiered Intervention and Service Model)」。下列哪項屬「階層一全面性介入」？(A)於身障資源班安排社會技巧課程 (B)於身障資源班將原社會技巧課程改為小團體輔導課程 (C)於普通班班會活動安排發表實驗研究 (D)於資優方案教室安排情意融入語文專題課程

【桃園市 111 國小教甄- B，第 14 題】

【參考答案】

1	2	3	4	5	6	7	8	9	10	11	12	13
D	B	D	D	A	D	B	C	D	A	D	D	A
14	15	16	17	18	19	20	21	22	23	24	25	26
D	B	A	A	B	B	C	C	A	D	C	B	C

第二章 特殊教育相關公約與法規

壹、特殊教育相關公約

一、兒童權利公約

　　《兒童權利公約》(Convention on the Rights of the Child, CRC)是一項有關兒童權利的國際公約。聯合國在 1989 年 11 月 20 日通過，1990 年 9 月 2 日生效。CRC 保障了兒童的生存和全面發展，使其免受剝削、虐待或其他不良影響，同時確保兒童有權參與家庭、文化和社交生活。

二、身心障礙者權利公約

　　為促進、保障及確保身心障礙者完全及平等地享有所有人權及基本自由，促進固有尊嚴受到尊重，降低身心障礙者在社會上之不利狀態，以使其得以享有公平機會參與社會之公民、政治、經濟、社會及 文化領域。聯合國於 2006 年 12 月 13 日通過《身心障礙者權利公約》(The Convention on the Rights of Persons with Disabilities, CRPD)，2008 年 05 月 03 日生效。這是 21 世紀第一個人權公約，影響全球身心障礙者之權利保障 (https://crpd.sfaa.gov.tw/)。CRPD 有 8 大原則：

　　1.尊重他人、尊重他人自己做的決定

　　2.不歧視

　　3.充分融入社會

　　4.尊重每個人不同之處，接受身心障礙者是人類多元性的一種

　　5.機會均等

　　6.無障礙

　　7.男女平等

　　8.尊重兒童，保障身心障礙兒童的權利

　　我國為實施這項公約，特制定「身心障礙者權利公約施行法」，使得 CRPD 保障身心障礙者人權之規定，具有國內法律之效力 (https://law.moj.gov.tw)。

貳、特殊教育相關法規

一、特殊教育法

　　法規是各級政府施政的主要依據，我國管理特殊教育的法規：《特殊教育法》(母法)，自 1984 年 12 月 17 日公布施行，最近修訂於 2019 年 4 月 24 日公布施行。這項法規類似於美國目前的《障礙者教育促進法》(IDEIA)。在身心障礙教育方面，包含下列幾項原則 (張世彗，2020)：

(一)零拒絕

　　零拒絕原則是指所有身心障礙學生，即使在私立學校就讀者，不管其障礙本質和嚴重程度享有接受免費的公共教育。

(二)免費適性的公共教育

所有身心障礙學生的教育應該是免費適性的公共教育。也就是，父母和家庭成員不應該為任何特殊教育服務而付費。

(三)最少限制的環境

學生須在最像普通同儕的環境接受教育，當提供所需支持和服務或最少限制環境時，他們能夠得到成功。

(四)非歧視性評鑑

　　我國《特殊教育法》也有類似於美國 IDEIA 所授權的非歧視性評鑑規範。也就是，法規指出學生及其父母有權確保任何所完成的評量是無偏見的，且是特殊教育作決定過程的一部份。

(五)父母和家庭的隱私權

　　有關學生障礙的資料是相當隱秘性的，不可能跟任何非直接服務學生的人分享。接近這些學生紀錄的任何人需保持紀錄。另外，父母有權要求看到並獲得所有複製其障礙孩子的紀錄。

(六)程序保護

　　程序保護是指任何有關身心障礙學生的決定有參與和明確的程序。例如：鑑定兒童須獲得父母的書面同意，以決定他們是否有障礙。同樣地，須邀請父母參與任何有關其孩子的會議，而且他們須同意其孩子開始接受特殊教育。一旦父母不同意任何特殊教育的範圍，父母可能提出申訴或要求公聽會。

二、特殊教育法相關子法

　　2009 年頒布之《特殊教育法》中，有多項條款要求由各主管機關進一步訂定之。顯示這類條款涉及很多細節，有必要透過另訂子法來周延規範，目前共計有 29 種相關子法，如表 3（請詳見 http://law.moj.gov.tw）。

表 3 特殊教育法相關子法一覽

法案名稱	閱讀程度		
	高	中	低
1.特殊教育法施行細則	★		
2.教育部特殊教育諮詢會設置辦法			★
3.教育部特殊教育學生鑑定及就學輔導會組織及運作辦法		★	
4.教育部補助直轄市縣（市）政府辦理身心障礙教育人事及業務經費辦法			★
5.高級中等以下學校特殊教育班班級及專責單位設置與人員進用辦法		★	
6.高級中等以下學校辦理特殊教育方案及補助獎勵辦法			★
7.特殊教育學生調整入學年齡及修業年限實施辦法		★	
8.民間辦理特殊教育獎助辦法			
9.身心障礙及資賦優異學生鑑定辦法	★		
10.特殊教育課程教材教法及評量方式實施辦法	★		
11.各級學校聘任特殊專才者協助教學辦法		★	
12.特殊教育學生申訴服務辦法			★
13.身心障礙學生考試服務辦法	★		
14.特殊教育支援服務與專業團隊設置及實施辦法	★		
15.特殊教育學校設立變更停辦合併及人員編制標準			★
16.高級中等以下學校身心障礙學生就讀普通班減少班級人數或提供人力資源與協助辦法	★		
17.身心障礙學生升學輔導辦法		★	

18.身心障礙成人教育及終身學習活動實施辦法			★
19.高等教育階段學校特殊教育專責單位設置及人員進用辦法			★
20.各教育階段身心障礙學生轉銜輔導及服務辦法	★		
21.就讀私立幼兒園社會福利機構之身心障礙幼兒及招收單位獎補助辦法			★
22.身心障礙學生及身心障礙人士子女就學費用減免辦法			★
23.特殊教育學生獎補助辦法			★
24.身心障礙學生支持服務辦法	★		
25.身心障礙學生無法自行上下學交通服務實施辦法		★	
26.特殊教育行政支持網絡聯繫及運作辦法		★	
27.高級中等以下學校特殊教育推行委員會設置辦法	★		
28.直轄市及縣（市）主管機關辦理特殊教育績效評鑑辦法			★
29.高級中等以下學校特殊教育評鑑辦法			★

三、身心障礙者權益保障法

　　行政院衛生福利部 2021 年 1 月 20 日修訂公布之《身心障礙者權益保障法》旨在為維護身心障礙者之權益，保障其平等參與社會、政治、經濟、文化等之機會，促進其自立及發展，中央主管機關為行政院衛生福利部。該法所稱身心障礙者，指下列各款身體系統構造或功能，有損傷或不全導致顯著偏離或喪失，影響其活動與參與社會生活，經醫事、社會工作、特殊教育與職業輔導評量等相關專業人員組成之專業團隊鑑定及評估，領有身心障礙證明者：

　　　　1.神經系統構造及精神、心智功能。

　　　　2.眼、耳及相關構造與感官功能及疼痛。

　　　　3.涉及聲音與言語構造及其功能。

4.循環、造血、免疫與呼吸系統構造及其功能。

5.消化、新陳代謝與內分泌系統相關構造及其功能。

6.泌尿與生殖系統相關構造及其功能。

7.神經、肌肉、骨骼之移動相關構造及其功能。

8.皮膚與相關構造及其功能。

另外，該法案著重於身心障礙福利服務權益的保障，除了包含保健醫療權益、就業權益、支持服務、經濟安全、保護服務之外，還有教育權益（http://law.moj.gov.tw）。其中有關教育權益的主要內涵如下：

1.各級學校對於經直轄市、縣（市）政府鑑定安置入學或依各級學校入學方式入學之身心障礙者，不得以身心障礙、尚未設置適當設施或其他理由拒絕其入學。

2.身心障礙學生無法自行上下學者，應由政府免費提供交通工具；確有困難，無法提供者，應補助其交通費。

3.應主動協助身心障礙者就學；並應主動協助正在接受醫療、社政等相關單位服務之身心障礙學齡者，解決其教育相關問題。

4.應依身心障礙者之家庭經濟條件，優惠其本人及其子女受教育所需相關經費。

5.辦理身心障礙者教育及入學考試時，應依其障礙類別、程度、學習及生活需要，提供各項必需之教育資源，以符公平合理接受教育之機會與應考條件。

6.應依視覺功能障礙、學習障礙、聽覺障礙或其他感知著作有困難之特定身心障礙者之需求，由其指定之圖書館專責提供圖書資源，以利特定身心障礙者之運用。

7.應依身心障礙者教育需求，規劃辦理學前教育，並獎勵民間設立學前機構，提供課後照顧服務，研發教具教材等服務。

四、身心障礙者鑑定作業辦法

行政院衛生福利部 2022 年 9 月 20 日修訂公布之《身心障礙者鑑定作業辦法》旨在修正鑑定人員資格、檢查項目及鑑定工具，以及修正現行身心障礙鑑定類別、鑑定向度、程度分級及其基準，使等級判定達合理性（http://law.moj.gov.tw）。

五、各縣市特殊教育法相關法規

　　直轄市暨各縣市政府教育局/處常會依據教育部所公布之法規，制定符合該直轄市暨各縣市政府運作需求之特殊教育法相關法規。因此，僅適用於要報考該直轄市或各縣市特殊教育科的教師甄試者，例如：

　　1.臺北市高級中等以下學校及幼兒園身心障礙學生就讀普通班減少班級人數處理原則

　　2.新北市國民中小學身心障礙資源班實施要點

　　3.屏東縣《普通班身心障礙學生安置與教學原則及輔導辦法》

【充電補給站】

※身心障礙者權利公約(CRPD)。https://crpd.sfaa.gov.tw/

※兒童權利公約(CRC)。https://law.moj.gov.tw

※身心障礙者權利公約施行法。https://law.moj.gov.tw

※身心障礙者權益保障法。https://law.moj.gov.tw

※身心障礙者鑑定作業辦法。https://law.moj.gov.tw

※特殊教育法及其相關子法。https://law.moj.gov.tw

歷屆教師甄試試題
【特殊教育相關公約與法規】

《特殊教育相關公約》

（　　）1.依據身心障礙者權益保障法第十四條之規定，身心障礙證明有效期限最長為？ (A)三年 (B)五年 (C)十年 (D)永久有效
【中區聯盟 106 國小教甄，第 14 題】

（　　）2.依據《身心障礙者權益保障法》將疾病分類方式由十六類別(舊制)改险公系統(新制)。 請問自閉症患者在新制分類中是屬於哪一類? (A)皮膚與相關構造及其功能 (B)神經、肌肉、骨骼之移動相關構造及其功能 (C)涉及聲音與語言構造及其功能 (D)神經系統構造及精神、心智功能
【連江縣 106 國小教甄，第 13 題】

（　　）3.根據我國身心障礙者權益保障法(2015)的規定，身心障礙證明有效期限最長為 (A)五年 (B)十年 (C)十二年 (D)永久有效
【中區聯盟 107 國小教甄，第 23 題】

（　　）4.聯合國著名的 CEDAW公約（The Convention on the Elimination of all Forms of Discrimination Against Women）最適合配合下列哪一些教育議題進行宣導？(A)生命教育+安全教育 (B)國際教育+品德教育 (C)家庭教育+法治教育 (D)人權教育+性平教育
【屏東縣 107 國小暨幼兒園教甄，第 7 題】

（　　）5.順應聯合國《身心障礙者權利公約》對身心障礙學生教育權益之保障，特殊教育課程之實施應落實哪兩大原則？ (A)通用設計、合理調整 (B)家庭中心、生涯導向 (C)課程統整、多元學習 (D)實證本位、普特雙軌
【臺北市 109 國中教甄，第 51 題】

（　　）6.《身心障礙者權利公約》第二十四條教育提到締約國應確保於各級教育實行融合教育制度及終身學習，下列何者不屬於要達成的目的：(A)使身心障礙者能有效參與社會 (B)發展身心障礙者之人格、才華與創造力 (C)提升身心障礙者之就業能力 (D)加強對人權、基本自由及人類多元性之尊重
【新北市 109 國小暨幼兒園教甄，第 41 題】

（　　）7.下列何者非《身心障礙者權益保障法》第 60 條提到之合格輔助犬？ (A)導盲犬 (B)導聾犬 (C)學習輔助犬 (D)肢體輔助犬

（　）8.「身心障礙者權益保障法」主要為維護身心障礙者之權益，保障其平等參與社會、政治、經濟、文化等之機會。請問關於身心障礙者之職業重建、就業等相關權益之規劃、推動及監督等事項是由以下哪類機關負責辦理？(A)衛生主管機關 (B)勞工主管機關 (C)財政主管機關 (D)建設、工務、住宅主管機關

（　）9.依據「身心障礙者權益保障法」第 30-1、30-2 條，經中央教育主管機關審定之教科用書，其出版者應於該教科用書出版時，向中央教育主管機關指定之機關（構）或學校提供所出版教科用書之數位格式，造福許多特教學生。請問適用對象不包括以下何者？(A)無感知著作困難的肢體障礙者 (B)學習障礙者 (C)聽覺障礙者 (D)視覺功能障礙者

（　）10.因應《身心障礙者權利公約》及《身心障礙者權利公約施行法》，為保障身心障礙兒童就 所有影響本人之事項自由表達意見，請問下列敘述哪些是正確的？ 甲、身心障礙兒童應列席鑑定及安置會議 乙、身心障礙兒童可獲得適合其身心障礙狀況及年齡之協助措施，以實現意見表達 丙、身心障礙兒童有權參與個別化教育計畫的訂定 丁、身心障礙兒童之意見，應按其年齡與成熟程度適當予以考量 (A)甲乙丙 (B)甲乙丁 (C)乙丙丁 (D)甲丙丁

（　）11.聯合國《身心障礙者權利公約》（CRPD）第 9 條有關「無障礙」，明定為使身心障礙者有 能力獨立生活和充分參與，需針對以下哪些生活面向採取措施？ 甲、保障工作權 乙、使用交通工具 丙、進出物理環境 丁、利用資訊和通信 (A)甲乙丙 (B)甲乙丁 (C)甲丙丁 (D)乙丙丁

《特殊教育相關法規》

（　）12.依據我國現行身心障礙學生考試服務辦法，下列敘述何者是正確的？ (A)各級學校及試務單位應依身心障礙考生需求及考量家長期望提供考試服務 (B)考試服務應由考生向各級主管單位鑑輔會提出申請，經審查後通知考生審查結果 (C)考試服務中所提供之提醒服務包括視覺或聽覺提醒、手語翻譯或板書注意事項說明 (D)專為身

心障礙學生辦理之考試，於安排試場考生人數時，一般試場考生人數不得超過二十人

【中區聯盟 105 國小教甄，第 37 題】

（　）13.某校普通班有位 7 歲 1 個月的兒童至醫院接受行為式純音聽力檢查，其優耳之五百赫、一千赫、二千赫聽閾平均值 須達到多少分貝以上才會被鑑定為聽覺障礙？ (A)21 (B)23 (C)24 (D)25

【臺北市 105 國小教甄，第 28 題】

（　）14.依據「身心障礙及資賦優異學生鑑定辦法」，哪些是鑑定情緒行為障礙的基準？ 甲：在學業、社會、人際、生活等適應有顯著困難，且經評估後確定一般教育所提供之介入，仍難獲得有效改善。 乙：表現出固定而有限之行為模式及興趣。 丙：情緒或行為表現顯著異於其同年齡或社會文化之常態者，得參考精神科醫師之診斷認定之。 丁：除學校外，在家庭、社區或任一情境中顯現適應困難。 (A)甲丙丁 (B)甲乙丙丁 (C)甲丙 (D)乙丙丁

【臺北市 105 國小教甄，第 30 題】

（　）15.某位聽覺障礙學生參加國小新生特殊教育鑑定時，所檢附之純音聽力檢查結果為：250Hz－60dB 、500Hz－65dB、 1000Hz－70dB、2000Hz－75dB、4000Hz－80dB，依據鑑定基準，其平均聽閾值為多少？ (A)67.5dB (B)70dB (C)72.5dB (D)75dB

【臺北市 105 國小教甄，第 32 題】

（　）16.依據身心障礙及資賦優異學生鑑定辦法，發展遲緩、學習障礙、情緒行為障礙等三種障別的鑑定基準具有何種共通 原則？ (A)皆採排他條件 (B)皆訂有量化標準 (C)皆需經醫療診斷 (D)皆需經一般教學輔導無效

【臺北市 105 國小教甄，第 34 題】

（　）17.根據特殊教育法(2014)，學校為處理校內特殊教育學生之學習輔導等事宜，屬於哪個組織的權責?(A)特殊教育諮詢委員會 (B)特殊教育推行委員會 (C)特殊教育學生鑑定及就學輔導會 (D)特殊教育學生申訴委員會

【屏東縣 105 國小暨幼兒園教甄，第 1 題】

（　）18.目前國內特殊教育法在身心障礙的類別區分為幾類？ (A)11 類 (B)12 類 (C)13 類 (D)14 類

【屏東縣 105 國小暨幼兒園教甄，第 10 題】

（　）19.為推展我國身心障礙兒童之早期療育，其特殊教育之實施，

應自幾歲開始？(A)一歲 (B)二歲 (C)三歲 (D)四歲

【屏東縣 105 國小暨幼兒園教甄，第 12 題】

( )20.依據我國現行特殊教育支援服務與專業團隊設置及實施辦法，下列敘述何者是不正確的？ (A)提供到校專業團隊治療及訓練服務 (B)提供學生篩選、鑑定評量及評估安置適切性服務 (C)提供特殊教育課程、教材、教法、教具、輔導及學習評量服務 (D)提供特殊教育諮詢或資訊、特殊教育知能研習、相關設備或社區資源服務

【中區聯盟 105 國小教甄，第 38 題】

( ) 21.依我國「身心障礙及資賦優異學生鑑定辦法」(2013)中，需經評估後確定一般教育所提供之學習輔導無顯著成效者，為下列哪二類身心障礙學生的鑑定基準？(A)智能障礙、學習障礙 (B)情緒行為障礙、智能障礙 (C)情緒行為障礙、學習障礙 (D)語言障礙、學習障礙

【屏東縣 105 國小暨幼兒園教甄，第 4 題】

( ) 22.「身心障礙及資賦優異學生鑑定辦法」(2013)中，訂出的基準為「數值」的障別是：(A)自閉症 (B)聽覺障礙 (C)學習障礙 (D)情緒行為障礙

【屏東縣 105 國小暨幼兒園教甄，第 8 題】

( ) 23.純音聽力閾值(pure tone average)通常是根據那些頻率的聽力平均閾值來計算？ (A)5000, 10000 和 20000Hz (B)1000, 2000 和 10000Hz (C)500, 2000, 和 4000Hz (D)500, 1000 和 2000Hz

【屏東縣 105 國小暨幼兒園教甄，第 44 題】

( ) 24.根據身心障礙及資賦優異學生鑑定辦法(2013)的規定，重新鑑定應提出需要重新鑑定之原因，並且要檢附相關資料，以做為鑑輔會決定是否需重新鑑定之參考依據。請問下列非必需檢附的資料? (A)原本的優勢能力改變的資料 (B)原本的障礙情形改變的資料 (C)該年度之個別化教育計畫 (D)重新智力評量的資料

【新北市 105 國小暨幼兒園教甄，第 40 題】

( )25.依據我國現行法規，下列關於資源班經營之敘述何者是正確的？ (A)資源班教師授課節數依中央主管機關規定辦理 (B)資源班學生各領域學習節數及百分比依中央主管機關規定辦理 (C)資源班教師排課可採抽離、外加及入班支援教學三種方式 (D)資源班每班應至少設有兩間專用教室大小的空間以利分組上課

【中區聯盟 105 國小教甄，第 36 題】

( )26.依據現行「特殊教育支援服務與專業團隊設置及實施辦法」，

關於專業團隊之合作方式及運作程序，以下敘述何者錯誤？ (A)由專業團隊成員共同先就個案討論後再進行個案評估，以做成評估結果 (B)由各專業團隊成員分別實施個案評估後再共同進行個案討論，以做成評估結果 (C)個別化教育計畫經核定後，由特教個案管理教師執行及追蹤 (D)專業團隊依評估結果，確定教育及相關支持服務之 重點及目標，完成個別化教育計畫之擬訂

【桃園市 105 國小及學前特教-C，第 25 題】

（　）27.身心障礙學生所需之相關專業人員、教師助理員、學生助理員等人力的核定，係屬於哪一個組織的權責？ (A)特殊教育審議會 (B)特殊教育諮詢會 (C)特殊教育推行委員會 (D)特殊教育學生鑑定及就學輔導會

【臺北市 105 國小教甄，第 24 題】

（　）28.依據特殊教育法規定，高級中等以下各教育階段學校，特殊教育辦理方式，不包括下列哪一項？(A)巡迴輔導班 (B)自足式特教班 (C)分散式資源班 (D)特殊教育方案

【新北市 105 國小暨幼兒園教甄，第 29 題】

（　）29.永樂國小肢障生安琪平日在校均由輪椅代步，家長認為若可借用輪椅供上下學往返時使用，可大大減輕家長過去需背負行走的負擔……前述特教生輔助器材的申請，依規定應由何人提出最為合適？ (A)安琪的導師 (B)永樂國小特教組長 (C)安琪的父母 (D)永樂國小輔導主任

【新北市 105 國小暨幼兒園教甄，第 45 題】

（　）30.下列敘述何者最符合我國身心障礙者權益保障法，對特殊教育班教師資格之規定？(A)應具備教師資格 (B)應具備特殊教育教師資格 (C)應具備特殊教育教師資格，但師資缺乏地區得不受此限 (D)學校聘用未具備特殊教育教師資格者，應報請主管機關核定

【新北市 105 國小暨幼兒園教甄，第 48 題】

（　）31.王老師是普通班導師，他得知下學期班上會有一位腦性麻痺學生，在轉換教室、如廁，和用餐時皆需老師提供協助及輔導。依據「桃園市高級中等以下學校身心障礙學生就讀普通班減少班級人數原則」的規定，學校在編班時，可為王老師的班級酌減幾個學生？ (A)0 人 (B)1 人 (C)2 人 (D)3 人

【桃園市 105 國小及學前特教-C，第 13 題】

（　）32.依據現行特殊教育法之規定，各級主管機關應提供學校輔導

身心障礙學生支援服務，這些支援服務包含哪些項目？ (A)評量、教學、經費、行政 (B)評量、教學、行政 (C)評量、教學 (D)評量、教學、經費

（　）33.依據現行「特殊教育支援服務與專業團隊設置及實施辦法」，關於專業團隊之合作方式及運作程序，以下敘述何者錯誤？ (A)由專業團隊成員共同先就個案討論後再進行個案評估，以做成評估結果 (B)由各專業團隊成員分別實施個案評估後再共同進行 個案討論，以做成評估結果 (C)個別化教育計畫經核定後，由特教個案管理教師執行 及追蹤 (D)專業團隊依評估結果，確定教育及相關支持服務之 重點及目標，完成個別化教育計畫之擬訂

【桃園市 105 國小及學前特教-C，第 25 題】

（　）34.根據我國特殊教育法，一般智能優異的定義中，不包含下列何項？1.記憶 2.理解 3.應用 4.分析 5.綜合 6.推理 7.評鑑 8.創造。 (A)1、8 (B)3、8 (C)3、7 (D)1、7

【桃園市 105 國小及學前特教-C，第 45 題】

（　）35.下列有關資賦優異兒童提早入學之規範何者正確？ (A)學生需年滿六歲 (B)學生的智能需在百分等級 97 以上 (C)學生需參加相關競賽表現優異 (D)學生需經專家學 者或家長推薦

【桃園市 105 國小及學前特教-C，第 11 題】

（　）36.依據「特殊教育法施行細則」第 10 條之規定，新生之個別化教育計畫應於何時訂定完成？(A)開學前一個月 (B)開學後一個月內 (C)入學前一個月 (D)入學後一個月內

【臺北市 106 國小教，第 16 題】

（　）37.關於國小六年級身心障礙學生升國中的轉銜做法，下列敘述何者正確？(A)轉銜會議應由國中端召開 (B)轉銜輔導及服務內容應載明於 IEP 中 (C)國小端召開的 IEP 會議即視同轉銜會議 (D)以上皆是

【臺北市 106 國小教甄，第 17 題】

（　）38.關於特殊教育學校之設立，下列敘述何者錯誤？ (A)可設置分校或多個校區 (B)應以小班和小校為原則 (C)各直轄市應至少設有一所特殊教育學校 (D)應以招收中度及重度障礙學生為優先

【臺北市 106 國小教甄，第 19 題】

（　）39.我國特殊教育中對視覺障礙鑑定之規定，下列敘述何者有誤？甲.視力矯正後優眼視力值未達 0.35 為視覺障礙 乙.經矯正後對事物

之視覺辨認仍有困難者方可稱為視覺障礙 丙.左眼 0.6，右眼全盲，視野 15 度可以被鑑定為視覺障礙 丁.視覺失調(visual disorder)：係指「眼結構的改變」，例如：色盲 戊.「後天致盲」3 歲後失明者是為視覺障礙 (A)乙丁戊 (B)乙丙丁 (C)丙丁戊 (D)甲丁戊

【屏東縣 106 國小暨幼兒園教甄，第 3 題】

（　）40.依據身心障礙及資賦優異學生鑑定辦法，下列有關語言障礙鑑定的敘述何者錯誤？ 甲.雖然有構音異常，但若未造成溝通困難，仍無法取得語言障礙的特教資格 乙.鑑定依據主要參考語言治療師的專業評估結果 丙.分為構音異常、嗓音異常、語速異常、和語言發展遲緩 丁.三歲以前是鑑定語言障礙的最佳時機 戊.語言障礙通常與聽覺障礙息息相關 (A)甲丙丁 (B)乙丙丁 (C) 乙丁戊 (D)丙丁戊

【屏東縣 106 國小暨幼兒園教甄，第 8 題】

（　）41.《身心障礙與資賦優異學生鑑定辦法》對於各類障礙的定義，何者正確? (A)肢體障礙:其鑑定標準依下列各款規定之一:一、先天性肢體功能障礙。二、疾病或意外導致「暫時性肢體功能障礙 (B)多重障礙:指含兩種以上不具衍生性關係之顯著障礙而影響學習者;其鑑定應參照其他各類障礙之鑑定標準 (C)學習障礙:其障礙可能因感官、智能、情緒等障礙因素或文化刺激不足、教學不當等環境因素所直接造成之結果。 (D)語言障礙:其鑑定基準應符合下列情形:構音異常、口音異常、語暢異常、語言異常.....

【連江縣 106 國小教甄，第 30 題】

（　）42.情緒行為障礙的鑑定須符合下列甚麼條件? (甲)除了學校以外,在其他一個情境中顯現適應困難者 (乙)在學業、社會、人際、生活等適應有顯著困難,且經評估後確定一般教育所提供之輔導無顯著成效者 (丙)行為或情緒顯著異於其同年齡或社會文化之常態者 (A)只有(乙)(丙) (B)只有(甲)(乙) (C)只有(甲)(丙) (D)(甲)(乙)(丙)皆是

【連江縣 106 國小教甄，第 37 題】

（　）43.根據衛生福利部所屬的《身心障礙者鑑定作業辦法》,特殊教育教師是哪些障礙類別的鑑定小 組成員? (甲)視覺障礙 (乙)自閉症 (丙)肢體障礙 (丁)智能障礙 (A)(甲)(丙) (B)(乙)(丙) (C)(丙丁) (D)(乙)(丁)

【連江縣 106 國小教甄，第 50 題】

（　）44.下列敘述何者最符合我國現行特殊教育法,對身心障礙學生入學的規定？(A)各級學校不得以身心障礙為由拒絕學生入學 (B)高

級中等以下學校不得以身心障礙為由拒絕學生入學 (C)經鑑輔會安置之身心障礙學生，學校不得拒絕其入學 (D)除非學校尚未設置適當設施，否則不得拒絕身心障礙學生入學

【屏東縣 106 國小暨幼兒園教甄，第 24 題】

( )45.依據我國現行特殊教育法規，關於身心障礙學生家長代表參加高級中等以下學校特推會與家長會的敘述，下列敘述何者正確？(A)特推會與家長會皆應有特殊教育學生家長代表參加 (B)特推會與家長會皆應有身心障礙學生家長代表參加 (C)特推會應有身心障礙學生家長代表參加，家長會應有特殊教育學生家長代表參加 (D)特推會應有特殊教育學生家長代表參加，家長會應有身心障礙學生家長代表參加

【屏東縣 106 國小暨幼兒園教甄，第 31 題】

( )46.依據我國現行特殊教育法規，下列何者為學習障礙的鑑定基準之一？ (A)智力高於臨界智商以上 (B)智力正常或在正常程度以上 (C)智力高於平均數負一個標準差以上 (D)個別智力測驗結果在正常程度以上

【屏東縣 106 國小暨幼兒園教甄，第 47 題】

( )47.依據我國現行特殊教育法規，腦性麻痺學生屬於下列哪一障礙類別？(A)腦性麻痺 (B)肢體障礙 (C)多重障礙 (D)肢體障礙或多重障礙

【屏東縣 106 國小暨幼兒園教甄，第 48 題】

( )48.美國 IDEA 法案稱學習障礙為「特殊學習障礙」，下列何者為其最主要目的？ (A)代表此一障礙的異質性 (B)突顯此一障礙的特殊性 (C)代表此一障礙學生教學策略的特殊性 (D)代表此一障礙不同於其他障礙所致之學習困難

【屏東縣 106 國小暨幼兒園教甄，第 38 題】

( )49.依據我國現行特殊教育法規，高級中等以下學校身心障礙學生就讀普通班之班級安排，下列敘述何者正確？ (A)需依鑑輔會決議 (B)需符合常態編班相關規定 (C)需依公開公平原則編入各班 (D)需經學校特殊教育推行委員會決議

【屏東縣 106 國小暨幼兒園教甄，第 41 題】

( )50.何者是「身心障礙及資賦優異學生鑑定辦法」中「學習障礙」的定義? (A)指因神經心理功能異常而顯現出溝通、社會互動、行為及興趣表現上有嚴重問題，造成在學 習及生活適應上有顯著困難者 (B)

因神經心理功能異常而顯現出注意、記憶、理解、推理、表達、知覺和動作協調等能力有顯著問題,以致在聽、說、讀、寫等學習上有顯著困難者。其障礙並非因感官、智能、情緒等障礙因素或文化刺激不足、教學不當等環境因素所直接造成之結果 (C)指的是在傾聽、說話、閱讀、書寫、推理或數學能力的學得與使用具有明顯困難的異質障礙團體,推測是由中樞神經系統功能失常所致。雖然學習障礙可能同時具有其他的障礙情況,或受其他外在因素的影響,但卻非這些情況或影響所造成的結果 (D)可能表現於傾聽、思考、說話、閱讀、書寫、拼字或數學計算等能力的障礙,但不包括基本上因視覺、聽覺、動作之障礙,或因智能障礙、情緒困擾,或因環境、文化、社經地位等因素所導致之學習問題的兒童

【連江縣 106 國小教甄,第 11 題】

（　）51.依照《特殊教育法》,連江縣所編列的特殊教育預算不得低於當年度教育主管預算的百分之多少?(A)4.5 (B)5 (C) 5.5 (D)4

【連江縣 106 國小教甄,第 23 題】

（　）52.依照《國民教育階段身心障礙資源班實施原則,何者是不正確的敘述? (A)資源班老師要負責個案管理的工作 (B)抽離式課程由原班老師進行平時成績的考查,再與資源班老師商議最後成績 (C)學生之定期評量應以原班試題為原則 (D)學生若因障礙因素無法使用原班試題,則可以使用資源班試題或多元評量

【連江縣 106 國小教甄,第 25 題】

（　）53.小明及小華兩兄弟的視力皆經過矯正,在矯正過後,小明的優眼視力為 0.41 新眼全盲,另眼視力為 0.3。請問小明和小華誰會被鑑定為視覺障礙學生? (A)兩者皆是 (B)兩者皆否 (C)小明是,小華否 (D)小明否,小華是

【連江縣 106 國小教甄,第 29 題】

（　）54.根據《特殊教育行政支持網絡聯繫及運作辦法》,教育部哪個單位負責匯集支持網絡運作成效之檢核及建議? (A)鑑輔會 (B)網路中心 (C)諮詢會 (D)資源中心

【連江縣 106 國小教甄,第 47 題】

（　）55.以下那些條件符合我國學習障礙學生的鑑定標準? 甲、智力正常或在正常程度以上 乙、內在能力顯著差異 丙、聽覺理解、口語表達、識字、閱讀理解、書寫、數學運算顯著困難 丁、高智商低成就 (A)甲乙丙丁 (B)甲乙丙 (C)甲乙丁 (D)乙丙丁

【臺北市 106 國小教甄，第 25 題】

（　）56.注意力缺陷過動症(ADHD)學生的特教鑑定基準，下列敘述何者錯誤？ (A)至少於一種情境顯現適應困難 (B)宜參考精神科醫師之診斷 (C)經一般教育之介入未獲得有效改善 (D)屬於情緒行為障礙之次類別

【臺北市 106 國小教甄，第 41 題】

（　）57.依據身心障礙及資賦優異學生鑑定辦法之規定，學習障礙統稱為哪一方面異常而顯現出注意、記憶、理解、知覺、知覺動作、推理等能力之問題？ (A)學習環境 (B)神經生理 (C)腦部損傷 (D)神經心理

【中區聯盟 106 國小教甄，第 2 題】

（　）58.依據身心障礙及資賦優異學生鑑定辦法之規定，屬於情緒行為障礙學生之注意力缺陷過動症之鑑定，鑑定過程中，採取醫療的意見為何？ (A)得參考精神科醫師的意見 (B)應依據精神科醫師的意見 (C)應依據小兒科醫師的意見 (D)應依據小兒神經科醫師的意見

【中區聯盟 106 國小教甄，第 3 題】

（　）59.下列哪一項身心障礙學生在鑑定基準規定上，應依據專科醫師之診斷後認定？ (A)智能障礙 (B)學習障礙 (C)情緒行為障礙 (D)身體病弱

【中區聯盟 106 國小教甄，第 7 題】

（　）60.針對 5 歲 6 個月的幼兒園學生來說，下列哪一種情形比較符合特殊教育學生聽覺障礙鑑定的基本資格？ (A)雙耳聽力損失都在 55 分貝以上 (B)任一耳聽力損失在 21 分貝以上 (C)雙耳聽力損失都在 25 分貝以上 (D)任一耳聽力損失在 25 分貝以上

【桃園市 106 國小及學前特教-C，第 20 題】

（　）61.依據教育部頒訂的《身心障礙及資賦優異學生鑑定辦法》 第十九條，領導能力資賦優異是指具有哪些優異能力？ 1.計畫 2.記憶 3.溝通 4.協調 5.決策 6.推理 (A)1235 (B)1256 (C)1345 (D)1456

【桃園市 106 國小及學前特教-C，第 30 題】

（　）62.依據特殊教育學生調整入學年齡及修業年限實施辦法之規定，資賦優異兒童提早入學，至少需年滿幾歲？ (A)4 歲 (B)4.5 歲 (C)5 歲 (D)不限制

【中區聯盟 106 國小教甄，第 5 題】

（　）63.特殊教育法規定各級主管機關應設特殊教育學生鑑定及就學

輔導會，依規定遴聘之成員中，教育行政人員及學校行政人員代表人數之合計，下列敘述何者較為正確？ (A)不得少於四分之三 (B)不得少於三分之一 (C)不得超過半數 (D)不得高於三分之二

【中區聯盟 106 國小教甄，第 6 題】

（　）64.依據「高級中等以下學校特殊教育班班級及專責單位設置與人員進用辦法」之規定，特教班教師員額編制在學前、國小、國中、高中階段，每班次的教師員額依序分別為？ (A)3、2、3、2 (B)2、2、3、2 (C)2、2、3、3 (D)2、2、2、3

【中區聯盟 106 國小教甄，第 10 題】

（　）65.《新北市國民中小學身心障礙資源班實施要點》說明資源班學生之學習內容應配合九年一貫領域課程，並依需要提供特殊需求領域課程。學生受限於認知能力致學習九年一貫領域 課程有明顯困難者，得經哪個單位或機制審查後實施其他替代性課程？ (A)學校課程發展委員會 (B)新北市政府教育局 (C)學校特殊教育推行委員會 (D)學生個別化教育計畫會議

【新北市 106 國小暨幼兒園教甄，第 38 題】

（　）66.小衛是國小四年級轉學生，因腦性麻痺，而有肢體、視覺和聽覺等多重障礙。他要就讀普通班，但學校只提供視障巡迴輔導服務，並未提供無障礙設備、設施及其他學習相關的支持服務。請問小衛的監護人或法定代理人，得向以下哪個單位提出申訴？ (A)教育部 (B)教育局 (C)學校 (D)社會局

【新北市 106 國小暨幼兒園教甄，第 49 題】

（　）67.教育部(2012)修正之《特殊教育法施行細則》，規定「具 情緒與行為問題學生」需擬定下列何種服務內容？ (A)行為功能介入方案 (B)行為介入方案 (C)功能介入方案 (D)功能介入計畫

【桃園市 106 國小及學前特教-C，第 6 題】

（　）68.依據教育部（2000）之《特殊教育課程教材教法及評量方式實施辦法》規定，高級中等以下學校實施特殊教育課程，應依學生之個別需求，彈性調整課程及學習時數，並需經下列何種會議通過？ (A)IEP 會議 (B)校務會議 (C)課程發展委員會 (D)特殊教育推行委員會

【桃園市 106 國小及學前特教-C，第 15 題】

（　）69.以下關於學校特殊教育推行委員會之職責說明，何者有誤？ (A)辦理特殊教育學生鑑定、安置、重新安置、輔導等事宜 (B)研擬疑

似特殊教育需求學生之提報及轉介作業 (C)審議及推動學校年度特殊教育工作計畫 (D)推動特殊教育自我評鑑

【桃園市 107 國小及學前特教-C，第 11 題】

（ ）70.依我國特殊教育行政而言，於 1977 年頒布特殊教育推行辦法，是我國第一部特殊教育法規。請問首次頒布特殊教育法是在哪一年？ (A)1984 (B)1965 (C)1988 (D)1976

【桃園市 107 國小及學前特教-C，第 19 題】

（ ）71.有關教師助理員及特教學生助理人員的職前訓練與每年的在職訓練，下列敘述何者正確？ (A)二十四小時以上之職前訓練，每年九小時以上之在職訓練 (B)二十四小時以上之職前訓練，每年十二小時以上之在職訓練 (C)三十六小時以上之職前訓練，每年九小時以上之在職訓練 (D)三十六小時以上之職前訓練，每年十二小時以上之在職訓練

【桃園市 107 國小及學前特教-C，第 21 題】

（ ）72.依據現行法規，身心障礙學生考試服務應衡酌以下哪些要件以定所需提供的考試服務？ 甲、考試科目特性 乙、學習弱勢管道 丙、學生個別需求 丁、考場環境限制 (A)甲乙 (B)甲丙 (C)乙丙 (D)丙丁

【桃園市 107 國小及學前特教-C，第 30 題】

（ ）73.下列何者不是「特殊教育法」中所列的身心障礙類別名稱？ 甲、顏面傷殘 乙、精神性疾患 丙、注意力缺陷過動症 丁、亞斯伯格症 戊、其他障礙 (A)甲乙 (B)甲乙丁 (C)甲乙丙丁 (D)甲乙丙丁戊

【桃園市 107 國小及學前特教-C，第 33 題】

（ ）74.依據《身心障礙學生考試服務辦法》，所謂作答方式調整服務，以下何者是正確的？ (A)提供電腦輸入法作答 (B)提供試卷並報讀等服務 (C)延長作答時間 (D)調整試題與考生之適配性

【桃園市 107 國小及學前特教-C，第 39 題】

（ ）75.小彥的媽媽認為他的個別化教育計畫及課程內容低估小彥的學習潛能，損及其權益，在會議中無法達成共識，她向其他身障學生家長詢問該向哪個單位申訴，甲回：「教育部。」；乙回：「就讀學校。」；丙回：「新北市政府。」；丁回：「鑑定安置不服才能申訴。」根據特殊教育相關法規，哪一人的回答較為正確？ (A)甲 (B)乙 (C)丙 (D)丁

【新北市 107 國小暨幼兒園教甄，第 42 題】

（ ）76.小杰是位情緒行為障礙—注意力缺陷過動症學生，無論是做

作業或考試都因不專注,常拖拖拉拉無法如期完成。對於身心障礙學生的評量與考試,學校教師應依學生的需求,提供適當的考試評量服務措施,請問以下何種措施最適合小杰? (A)延長考試時間 20 分鐘 (B)提醒完成考試的時間 (C)提供報讀服務 (D)提供放大字體

【新北市 107 國小暨幼兒園教甄,第 51 題】

(　　)77.依特殊教育法之規定:各級政府應從寬編列特殊教育年度預算,下列敘述何者是正確的? (A)中央≦4.5%,地方≦5% (B)中央≦5%,地方≦4.5% (C)中央≧5%,地方≧4.5% (D)中央≧4.5%,地方≧5%

【中區聯盟 107 國小教甄,第 35 題】

(　　)78.在十三類身心障礙學生中,特殊教育法最後納入的類別是? (A)腦性麻痺 (B)學習障礙 (C)多重障礙 (D)自閉症

【中區聯盟 107 國小教甄,第 36 題】

(　　)79.某國小資源班有三位三年級學生至醫院接受行為式純音聽力檢查。檢查結果如下表,依據我國現行的特殊教育法規,哪些學生符合聽覺障礙的鑑定基準? (A)甲生、乙生、丙生 (B)甲生 (C)乙生、丙生 (D)甲生、乙生

【桃園市 107 國小及學前特教-C,第 4 題】

(　　)80.在《身心障礙及資賦優異學生鑑定辦法》第二十二條中,下列何者未列入於評估報告中所要求註明的事項? (A)轉銜輔導建議 (B)學生優弱勢能力 (C)教學目標建議 (D)評量與環境調整建議

【桃園市 107 國小及學前特教-C,第 28 題】

(　　)81.根據屏東縣《普通班身心障礙學生安置與教學原則及輔導辦法》的規定,學校經校內特推會決議並獲鑑輔會審議通過後,身心障礙學生就讀班級得酌減該班學生人數的範圍為何? (A)3～5% (B)5～10% (C)1～3 人 (D)至多 2 人

【屏東縣 107 國小暨幼兒園教甄,第 6 題】

(　　)82.根據《身心障礙及資賦優異學生鑑定辦法》第三條的規定,智能障礙學生除心智功能明顯低下的條件外,其社會適應能力(包括:生活自理、知覺動作、語言溝通、社會情緒等)□□學科(領域)學習表現與同齡學生相較,亦有顯著困難情形。空格中填入下列何者最正確? (A)或是 (B)伴隨 (C)排除 (D)以及

【屏東縣 107 國小暨幼兒園教甄,第 16 題】

(　　)83.根據《特殊教育法施行細則》第九條的規定,轉銜輔導及服

務的內容可包括升學輔導、生活、□□、心理輔導、福利服務及其他相關專業服務等項目。空格中填入下列何者最正確？(A)休閒 (B)就業 (C)就醫 (D)經濟

【屏東縣 107 國小暨幼兒園教甄，第 19 題】

（　）84.依據特殊教育法規定，下列哪一位委員會是負責校內特殊教育相關業務？(A)特殊教育諮詢會 (B)特殊教育鑑定與就學輔導會 (C)特殊教育推行委員會 (D)個別化教育計畫發展委員會

【屏東縣 107 國小暨幼兒園教甄，第 31 題】

（　）85.依我國身心障礙及資賦優異學生鑑定辦法(2013)，下列哪幾位六歲以下兒童，其聽力情況符合接受特殊教育的標準？ [甲]心因性雙 耳耳聾 [乙]右耳達 10 分貝以上、左耳達 21 分貝以上 [丙]右耳達 21 分貝以上、左耳達 30 分貝以上 [丁]右耳達 31 分貝以上、左耳 達 40 分貝以上 (A)甲乙 (B)甲丁 (C)乙丙 (D)丙丁

【中區聯盟 107 國小教甄，第 20 題】

（　）86.國小聽覺障礙學生參加特殊教育鑑定時，須提供哪些頻率的平均聽閾值？ (A)250 赫、500 赫、1000　(B)500 赫、1000 赫、2000 赫 (C)1000 赫、2000 赫、4000 赫 (D)2000 赫、4000 赫、6000 赫

【臺北市 107 國小教甄，第 26 題】

（　）87.依據身心障礙及資賦優異學生鑑定辦法，哪些障礙類別訂有量化的鑑定基準？ (A)視障、聽障、語障 (B)智障、視障、聽障 (C)智障、視障、聽障、語障 (D)智障、視障、聽障、學障

【臺北市 107 國小教甄，第 27 題】

（　）88.發展遲緩兒童的特教鑑定基準，下列哪一項敘述是錯誤的？ (A)未滿六歲之兒童 (B)至少有兩項以上發展領域顯著遲緩 (C)其障礙類別無法確定者 (D)其鑑定依兒童發展及養育環境評估資料綜合研判

【臺北市 107 國小教甄，第 34 題】

（　）89.依據高級中等以下學校特殊教育班班級及專責單位設置與人員進用辦法，國小資源班每班學生人數之規定為多少人？ (A)不得超過 10 人 (B)不得超過 12 人 (C)不得超過 15 人 (D)該法並無規定人數

【臺北市 107 國小教甄，第 49 題】

（　）90.民國 102 年特殊教育法修法，增列下列哪一類人員，以提供個別或少數學生在校之生活自理、上下學及其他校園生活 等支持性服務為主？(A)兼任輔導教師 (B)特教助理教師 (C)特教學生助理人

員 (D)教師助理員

【臺北市 107 國小教甄，第 50 題】

（　）91.根據《身心障礙及資賦優異學生鑑定辦法》，在棋藝方 面較同年齡具有卓越潛能者屬於下列哪一類資賦優異？ (A)領導能力資賦優異 (B)其他特殊才能資賦優異 (C)一般智能資賦優異 (D)藝術才能資賦優異

【桃園市 107 國小及學前特教-C，第 42 題】

（　）92.依現行《特殊教育法》，高級中等以下各教育階段學校 得設特殊教育班，其辦理方式有哪些？ 甲、集中式特教班 乙、分散式資源班 丙、巡迴輔導班 丁、特殊教育方案 (A)甲乙丙 (B)乙丙丁 (C)甲乙丁 (D)甲乙丙丁

【桃園市 107 國小及學前特教-C，第 43 題】

（　）93.依據《身心障礙及資賦優異學生鑑定辦法》中對情緒行為障礙的定義，下列敘述何者有誤？ (A)在任二個情境中顯現適應困難 (B)在學業、社會、人際、生活等適應有顯著困難 (C)確定一般教育所提供之 介入仍難獲得有效改善 (D)情緒或行為表現顯著異於其同年齡或社會文化之常態者

【桃園市 108 國小及學前特教-B，第 7 題】

（　）94.小偉的視力經最佳矯正後，依萬國式視力表所測定的視力與視野基準鑑定為視覺障礙，則小偉視力可能為下列何者？(A)左眼視力 0.2，右眼視力 0.3，視野 25 度 (B)左眼視力 0.2，右眼視力 0.3，視野 22 度 (C)左眼視力 0.3，右眼視力 0.1，視野 15 度 (D)以上皆非

【桃園市 108 國小及學前特教-B，第 9 題】

（　）95.《特殊教育法》未規定下列哪一項措施？ (A)個別化教育計畫 (B)個別化家庭服務計畫 (C)個別輔導計畫 (D)家庭支持服務

【桃園市 108 國小及學前特教-B，第 10 題】

（　）96.《特殊教育法》何時第一次明確指出「特殊教育與相關服務措施之提供及設施之設置，應符合適性化、個別化、 社區化、無障礙及融合之精神」的融合原則？ (A)1984 年 (B)1997 年 (C)2009 年 (D)2013 年

【桃園市 108 國小及學前特教-B，第 16 題】

（　）97.依據《特殊教育法》規定，各級主管機關應設特殊教育 學生鑑定及就學輔導會。其中教育行政人員及學校行政人員代表人數合計不得超過多少？ (A)五分之一 (B)四分之一 (C)三分之一 (D)二分

之一

【桃園市 108 國小及學前特教-B，第 17 題】
（　）98.我國《特殊教育法》指出個別化教育計畫中，對於轉銜輔導及服務的項目不包括下列何者？ (A)鑑定服務 (B)升學輔導 (C)福利服務 (D)心理輔導

【桃園市 108 國小及學前特教-B，第 20 題】
（　）99.依據「身心障礙及資賦優異學生鑑定辦法」，有關身心障礙學生鑑定下列敘述何者不正確？(A)所有障礙皆需進行教育需求評估 (B)學習障礙，需經確定一般教育所提供之介入，仍難有效改善 (C)所有障礙皆需有醫師診斷 (D)身體病弱需體能衰弱

【臺北市 108 國中教甄，第 42 題】
（　）100.關於身心障礙學生試題調整服務，何者有誤？(A)題數或比例計分 (B)提供放大試卷 (C)調整試題與考生適配性 (D)放大答案卡

【臺北市 108 國中教甄，第 47 題】
（　）101.依據「身心障礙及資賦優異學生鑑定辦法」，有關學習障礙的鑑定，下列敘述何者不正確？(A)學習障礙學生的主要特徵是學習表現有困難，如果沒有困難，學習障礙是不存在的 (B)學習障礙並非因感官、智能、情緒等障礙因素造成，意思是學習障礙不可能兼具智能障礙、情緒障礙、感官障礙等其他障礙 (C)ADHD學生有可能取得學習障礙證明 (D)王生WISC-IV智力測驗分數77，雖然有學習困難，但不太可能是學習障礙

【臺北市 108 國中教甄，第 72 題】
（　）102.關於情緒行為障礙的鑑定基準，何者有誤？(A)個人內在能力有顯著差異(B)在學業、社會、人際、生活等適應有顯著困難，且經評估後確定一般教育所提供之介入，仍難獲得有效改善(C)情緒或行為表現顯著異於其同年齡或社會文化之常態者，得參考精神科醫師之診斷認定之(D)除學校外，在家庭、社區、社會或任一情境中顯現適應困難

【臺北市 108 國中教甄，第 60 題】
（　）103.下列有關資賦優異之描述，何者不正確？(A)其鑑定採多元及多階段之評量方式 (B)類別多元，包括一般智能、學術性向、藝術才能、創造能力、領導能力及其他特殊才能六類 (C)國中階段資優教育的實施方式有集中式資優班、巡迴輔導班、特殊教育方案三種方式(D)依據「特殊教育法」，國中資優教學應採協同教學方式，並訂定

資賦優異學生個別輔導計畫

【臺北市 108 國中教甄，第 74 題】
（　）104.依據我國現行特殊教育法規，有關發展遲緩的對象與鑑定條件，下列何者正確？ (A)包含發展的高危險群兒童 (B)須為障礙類別無法確定者 (C)應排除後天環境因素所導致者 (D)須至少有兩個領域較同齡者顯著遲緩。

【臺南市 109 國小暨幼兒園教甄，第 22 題】
（　）105.依據我國現行特殊教育法規，下列何者不符合多重障礙幼兒的鑑定基準？ (A)智能障礙兼具發展遲緩 (B)自閉症兼具聽覺障礙 (C)視覺障礙兼具肢體障礙 (D)聽覺障礙兼具視覺障礙。

【臺南市 109 國小暨幼兒園教甄，第 24 題】
（　）106.依據我國現行特殊教育法規，有關身心障礙學生家長的權益，下列敘述何者錯誤？ (A)應參與個別化教育計畫的訂定 (B)優先擔任班級家長會的委員 (C)特殊教育推行委員會應有家長代表 (D)實施相關專業服務時應主動邀請家長參與。

【臺南市 109 國小暨幼兒園教甄，第 26 題】
（　）107.依據我國特殊教育相關法規，下列敘述何者為非？ (A)地方政府編列預算時，應優先辦理身心障礙教育 (B)國民教育階段資賦優異學生之鑑定時程，應採入學後鑑定 (C)各教育階段之特殊教育，由各主管機關辦理為原則；對民間辦理身心障礙教育者，應優先獎助 (D)具特殊教育相關專業是指修習特殊教育學系畢業者。

【臺南市 109 國小暨幼兒園教甄，第 69 題】
（　）108.依據「身心障礙及資賦優異學生鑑定辦法」對各類身心障礙類別之定義，下列何者屬於發展遲緩？ (A)語暢異常 (B)疑似自閉症 (C)注意力缺陷過動症 (D)智能障礙合併肢體障礙。

【臺南市 109 國小暨幼兒園教甄，第 27 題】
（　）109.依據「身心障礙及資賦優異學生鑑定辦法」中對發展遲緩的定義，下列何者正確？ (A)未滿八歲之兒童 (B)至少有兩項以上學習有困難 (C)主要為社會環境因素所造成 (D)鑑定依兒童發展及養育環境評估資料綜合研判。

【臺南市 109 國小暨幼兒園教甄，第 13 題】
（　）110.學習障礙鑑定基準下列何者為非？(A)智力正常或在正常程度以上 (B)個人內在能力有顯著差異 (C)聽覺理解、口語表達、識字、閱讀理解、書寫、數學運算等學習表現有顯著困難，且經確定一般教

育所提供之介入，仍難有效改善 (D)顯著社會互動及溝通困難。

【臺南市 109 國小暨幼兒園教甄，第 68 題】

（ ）111.依照「身心障礙及資賦優異學生鑑定辦法」之界定，下列何者為誤？ (A)視覺障礙鑑定基準之一，視力經最佳矯正後，依萬國式視力表所測定優眼視力未達。‧三且視野在二十度以內 (B)嗓音異常，是指「說話之音質、音調、音量或共鳴與個人之性別或年齡不相稱等現象。」 (C)肢體障礙鑑定基準之一，先天性肢體功能障礙 (D)身體病弱，其鑑定由醫師診斷後認定。

【臺南市 109 國小暨幼兒園教甄，第 77 題】

（ ）112.依據《特殊教育學校設立變更停辦合併及人員編制標準》之規定，下列何者正確？ (A)教師助理員之員額編制每十五人置專任人員一人，未滿十五人者，置部分工時人員 (B)國小部每班不得超過十二人 (C)於設有宿舍之學校應置住宿生管理員兩人 (D)專業輔導人員及專任輔導教師至少應各置一人

【中區聯盟 109 國小教甄，第 25 題】

（ ）113.智能障礙鑑定基準為：個別智力測驗結果未達平均數負二個標準差。已知甲、乙兩個學生在魏氏兒童智力測驗之離差智商分別為 55、71，丙、丁兩個學生在魏氏兒童智力測驗之百分等級分別為 4、15。那四個學生中符合智能障礙鑑定基準者有幾人？ (A)1 (B)2 (C)3 (D)4

【中區聯盟 109 國小教甄，第 28 題】

（ ）114.根據《身心障礙及資賦優異學生鑑定辦法》，下列何者不符情緒行為障礙學生的鑑定基準？(A)需經評估後確定一般教育所提供之介入仍難有效改善學生的行為 (B)除在學校外，在家庭、社區、社會或任一情境中顯現適應困難 (C)情緒或行為表現顯著異於其同年齡或社會文化之常態者 (D)需經精神科醫師診斷認定之

【中區聯盟 109 國中教甄，第 1 題】

（ ）115.特殊教育推行委員會之成立，主要為辦理學校內特殊教育學生之學習輔導等事宜，下列何者非特殊教育推行委員會之工作任務？(A)審議校內課程計畫及特教班/資源班使用之自編教材 (B)整合特殊教育資源及社區特殊教育支援體系 (C)審議及推動學校年度特殊教育工作計畫 (D)研訂疑似特殊教育需求學生之提報及轉介作業流程

【中區聯盟 109 國中教甄，第 2 題】

（ ）116.依據現行規定，對於特殊教育之申訴事宜的處理，下列敘

述何者有誤？(A)學生的監護人因學生的支持服務及其他學習權益事項受損時，得向主管機關提起申訴 (B)學生的監護人對學生的教育安置有爭議時，得向主管機關提起申訴 (C)學生的監護人對學生的鑑定有爭議時，得向主管機關提起申訴 (D)各級主管機關為處理特殊教育學生申訴案件，應設特殊教育學生申訴評議會

【中區聯盟 109 國中教甄，第 3 題】

( ) 117.依據現行規定，下列哪一項不屬於「特殊教育學生鑑定及就學輔導會」的任務？(A)辦理特殊教育學生鑑定、安置、重新安置、輔導等相關事項 (B)提供建構特殊教育學生鑑定安置與輔導工作資源配置之專業諮詢 (C)審議專業團隊與特殊教育諮詢會應遴聘之專業人員 (D)審議特殊教育學生鑑定、安置之年度工作計畫等相關事項

【中區聯盟 109 國中教甄，第 4 題】

( ) 118.依據「身心障礙及資賦優異學生鑑定辦法」對腦性麻痺的界定，下列敘述何者正確？(A)源自於周邊神經系統受到非進行性、非暫時性的損傷 (B)因腦部損傷而顯現出動作及姿勢發展有問題 (C)大多數個案會伴隨著聽覺、語言、及知覺等神經心理障礙 (D)大多數個案的體能衰弱，需要長期療養，且影響學習活動

【中區聯盟 109 國中教甄，第 25 題】

( ) 119.依現行「身心障礙學生考試服務辦法」，下列有關身心障礙學生考試服務事項的敘述何者不正確？ (A)提供電腦打字代謄、放大答案卷、延長作答時間等作答方式調整服務 (B)提供調整考試時間、無障礙試場環境、提醒服務等試場服務 (C)提供檯燈、點字機、放大鏡、特殊桌椅等輔具服務 (D)提供有聲試題、觸摸圖形試題、試卷報讀等試題（卷）調整服務 29. 根據特殊教育課程實施規範，當學生在某一特定領域因身心障礙影響，導致其學習成就與同儕有嚴重落差，該領域之課程可以進行哪 些調整？ ①原班課程調整 ②外加式課程 ③抽離式教學 ④調整該領域之節數 (A)①② (B)②③ (C)③④ (D)①③

【中區聯盟 109 國中教甄，第 28 題】

( ) 120.小明目前八歲，接受行為式純音聽力檢查後發現，右耳之五百赫、一千赫、二千赫聽閾平均值為 80.26dB，左耳平均值為 23.67dB。下 列哪一個描述最符合小明的狀況？ (A)小明符合《特殊教育法》所指稱之聽覺障礙 (B)小明屬於重度聽覺障礙 (C)小明尚不需要特殊教育服務 (D)小明需安置於啟聰學校

【中區聯盟 109 國中教甄，第 46 題】
（　）121.某位男生說話之音質、音調、音量未具男性特質，最有可能屬於語言障礙的哪一款？(A)構音異常　(B)嗓音異常　(C)語暢異常 (D)語言發展異常。

【臺南市 109 國小暨幼兒園教甄，第 78 題】
（　）122.下列何者是學習障礙及情緒行為障礙兩類共同具有的鑑定基準？(A)宜經精神科醫師診斷　(B)個人內在能力有顯　著差異　(C)至少在學校外的其他一個情境中顯現適應困難　(D)確定一般教育所提供的輔導或介入無顯著成效

【臺北市 109 國小教甄，第 17 題】
（　）123.小明因車禍導致視力受損，現在右眼視力 0.1，而左眼視力正常，依據「身心障礙及資賦優異學生鑑定辦法」，小明屬於哪一類學生？　(A)視覺障礙　(B)身體病弱　(C)學習障礙　(D)正常

【臺北市 109 國中教甄，第 93 題】
（　）124.自閉症的鑑定基準主要有哪兩項？甲、顯著社會互動及溝通困難　乙、情緒或行為表現顯著異於其同年齡或社會文化之常態者　丙、表現出固定而有限之行為模式及興趣　丁、個人內在能力有顯著差異　戊、心智功能明顯低下或個別智力測驗結果未達平均數負二個標準差 (A)甲乙　(B)乙丙　(C)丙丁　(D)甲丙

【臺北市 109 國中教甄，第 94 題】
（　）125.依據「身心障礙及資賦優異學生鑑定辦法」，哪兩類身心障礙學生之鑑定基準包含轉介前介入程序？　(A)智能障礙、學習障礙 (B)學習障礙、發展遲緩　(C)學習障礙、情緒行為障礙　(D)語言障礙、智能障礙

【臺北市 109 國中教甄，第 56 題】
（　）126.關於特殊教育學生鑑定及就學輔導會的敘述，何者錯誤？ (A)需遴聘學者專家、教育行政人員、學校行政人員、同級教師組織代表、家長代表、專業人員、相關機關（構）及團體代表組成　(B)主要任務為辦理特殊教育學生鑑定、安置、重新安置、輔導等事宜　(C)教育行政人員及學校行政人員代表人數合計需超過半數　(D)單一性別人數不得少於三分之一

【臺北市 109 國中教甄，第 66 題】
（　）127.根據特殊教育相關法令所定，下列有關「聽覺障礙」鑑定基準之敘述有誤：(A)以接受行為式純音聽力檢查為準　(B)以優耳最佳

矯正之聽力損失值為準 (C)以優耳之五百赫、一千赫、兩千赫聽閾平均值為準 (D)六歲以下達二十一分貝以上、七歲以上達二十五分貝以上者

【新北市109國小暨幼兒園教甄，第52題】

（　）128.依據我國現行特殊教育法規，醫學檢查不是下列哪些特殊教育學生鑑定過程的必要項目？【甲】：智能障礙【乙】：視覺障礙【丙】：聽覺障礙【丁】：語言障礙【戊】：肢體障礙【己】：身體病弱【庚】：學習障礙【辛】：多重障礙(A)甲丁庚辛 (B)乙丙戊己 (C)丙丁戊庚 (D)丁戊己辛

【新北市109國中教甄，第68題】

（　）129.依據「特殊教育法」第二十條第二項規定，特殊專才者之主要工作是在協助特殊教育何種工作？ (A)教學工作 (B)行政工作 (C)支持服務 (D)輔導工作。

【臺南市109國小暨幼兒園教甄，第71題】

（　）130.身心障礙學生轉銜進入國民小學及國民中學（含特殊教育學校國小國中部)，原安置場所或就讀學校應於多少時間內召開轉銜會議？ (A)安置前一個月 (B)安置前二星期 (C)報到後二星期 (D)開學後一個月。

【臺南市109國小暨幼兒園教甄，第72題】

（　）131.資賦優異之國民小學學生，得縮短其修業年限，但以一年為限。此法令依據為何？(A)強迫入學條例 (B)特殊教育法 (C)國民教育法 (D)特殊教育學生調整入學年齡及修業年限實施辦法。

【臺南市109國小暨幼兒園教甄，第73題】

（　）132.依據我國特殊教育相關法規，學校應於國小一年級身心障礙學生報到後多久以內至通報網接收轉銜服務資料？ (A)一星期 (B)二星期 (C)三星期 (D)一個月

【臺北市109國小教甄，第25題】

（　）133.依據我國現行法規，關於個別化教育計畫之訂定過程與行政程序，以下敘述何者是正確的?(甲)校內需成立個別化教育計畫小組 (乙)學校應確保身心障礙學生有權就個別化教育計畫內所有影響其本人之事項表達意見 (丙)校內特教推行委員會審議並將身心障礙學生課程規劃融入學校課程計畫 (丁)個別化教育計畫經校內特教推行委員會審議達兩次不通過者，應再送主管機關審議 (A)甲乙 (B)乙丙 (C)甲乙丙 (D)甲乙丙丁

【臺北市 109 國小教甄，第 31 題】
（　）134.在我國特殊教育相關法規中，有關身心障礙學生家長可以爭取哪些權利？ (甲)特教學生家長代表參與該校家長會 (乙)參與擬定學生的個別化教育計畫 (丙)對其子女的教育權利擁有申訴權 (丁)特教學生家長代表參與該校特殊教育推行委員會 正確選項為：(A)甲乙丙 (B)甲乙丁 (C)乙丙丁 (D)甲乙丙丁

【臺北市 109 國小教甄，第 50 題】
（　）135.依據我國現行特殊教育法規，對於具有情緒行為問題的學生應於個別化教育計畫中擬定何種方案？(A)行為功能介入方案 (B)危機事件處理方案 (C)專業團隊支援方案 (D)個別化家庭支持方案

【臺北市 109 國中教甄，第 67 題】
（　）136.依據我國現行特殊教育法規，國中身心障礙學生升高中的轉銜會議，應由哪個單位召開？(A)將就讀的高中 (B)原就讀的國中 (C)特殊教育推行委員會 (D)特殊教育學生鑑定及就學輔導會

【臺北市 109 國中教甄，第 68 題】
（　）137.依據我國現行特殊教育法規，國民中小學身心障礙學生若欲延長修業，至多可延 長幾年？ (A)1 年 (B)2 年 (C)3 年 (D)4 年

【臺北市 109 國中教甄，第 73 題】
（　）138. 109 學年度即將有 15 位身心障礙學生進入心心國中，心心國中不但要考量特殊教育學生特殊學習需要，優先遴用熱心、有意願之教師擔任導師，也要斟酌減少就讀班級之人數。請問這些措施在編班作業前應先由以下哪個會議研議？ (A)輔導工作委員會 (B)特殊教育推行委員會 (C)課程發展委員會 (D)臺北市特殊教育學生鑑定及就學輔導會

【臺北市 109 國中教甄，第 77 題】
（　）139.以下哪一個學生不適合依據「臺北市高級中等以下學校及幼兒園身心障礙學生就讀普通班減少班級人數處理原則」申請酌減班級人數一人？ (A)小宇—肢體障礙，日常生活與活動課程需少量協助 (B)小康—學習障礙，有注意力問題，總是在狀況外，需要各科老師提供學習方法與 策略 (C)小玲—學習障礙，動作慢，跟不上班上速度，需要各科老師調整作業量 (D)小帆—情緒障礙，經常與同學產生肢體衝突、口角糾紛，情緒高亢時，甚至會動手打人

【臺北市 109 國中教甄，第 78 題】
（　）140.就讀七年級的小明持有身心障礙證明（多重障礙），媽媽利

用暑假期間帶小明到 臺北市立天文科學教育館參觀,若門票是50元,請問依據《身心障礙者權益保障法》,小明和媽媽共要付多少元? (A)100元 (B)50元 (C)75元 (D)免費

【臺北市109國中教甄,第82題】

（ ）141.小裕要升國中了,依據「臺北市身心障礙學生轉銜服務工作要項」,何者有誤? (A)小學特教老師需至教育部特教通報網填寫轉銜服務資料 (B)國中應於學生報到後二星期內至通報網接收學生轉銜服務資料 (C)國中應於學生安置前一個月邀請國小教師、家長及相關人員召開轉銜會議 (D)國小相關人員於學生入學國中後一個月內,視國中需求參與國中召開之個別化 教育計畫會議

【臺北市109國中教甄,第89題】

（ ）142.資源班江老師根據《新北市國民中小學身心障礙資源班實施要點》規劃每週兩節入班協助或訓練,下列安排何者正確? 甲、必須在每週固定時間提供服務 乙、得合併整學期服務時間計算 丙、每週服務人次不得超過總服務人次的五分之一 丁、每學期服務總時間至少 40 節 (A)甲丁 (B)乙丙 (C)甲丙 (D)乙丁

【新北市109國小暨幼兒園教甄,第24題】

（ ）143.老師幫小誠申請鑑定安置,小誠的家長在收到新北市鑑輔會決議結果通知書後,不接受鑑 輔會的議決結果,請問小誠的家長該向哪個單位提起申訴? (A)校內特殊教育學生申訴評議會 (B)校內特殊教育推行委員會 (C)新北市特殊教育學生申訴評議會 (D)新北市鑑輔會

【新北市109國小暨幼兒園教甄,第25題】

（ ）144.特教組長在特殊教育推行委員會中提出有關評量環境調整的做法建議,下列哪些是正確的? 甲、提供個人或少數人考場 乙、於隔離角、資源教室或個別教室評量 丙、提供設有空調設備、靠近地面樓層、設有昇降設備或無障礙廁所之評量環境 丁、提供擴視機、放大鏡、點字機、盲用算盤、盲用電腦及印表機、檯燈、特殊桌椅或其 他相關輔具等 (A)甲乙丙 (B)乙丙丁 (C)甲乙丁 (D)甲乙丙丁

【新北市109國小暨幼兒園教甄,第27題】

（ ）145.某國小資源班教師要為新學期某些身心障礙學生修習領域/科目之節數進行增減調整,下 列流程,何者為正確? 甲、個別化教育計畫會議決議→課程發展委員會通過→特殊教育推行委員會審議→主管機關備查 乙、個別化教育計畫會議決議→特殊教育推行委員

會審議→課程發展委員會通過→主管機關備查 丙、課程發展委員會通過→特殊教育推行委員會審議→個別化教育計畫會議決議→主管機關備查 丁、特殊教育推行委員會審議→課程發展委員會通過→個別化教育計畫會議決議→主管機關備查 (A)甲 (B)乙 (C)丙 (D)丁

【新北市 109 國小暨幼兒園教甄，第 28 題】

（　）146.關於新北市資源班之設置，下列何者正確？ (A)原則上應設在學校僻靜角落，以避免學生分心 (B)若有增班需求，應於暑假中向教育局提報設班計畫 (C)只可以服務經鑑輔會核定之學生 (D)未經鑑輔會核定學生之直接教學，不得超過總服務人次的五分之一

【新北市 109 國小暨幼兒園教甄，第 32 題】

（　）147.下列有關教師助理員或特教學生助理人員的描述，哪些是正確的？ 甲、教師助理員之工作係在教師督導下，提供個別或少數學生在校之生活自理、 上下學及其他校園生活等支持性服務，並以服務重度學生為主 乙、教師助理員及特教學生助理人員，應接受學校或各級主管機關辦理十六小時 以上之職前訓練及每年並應接受六小時以上之在職訓練 丙、特教學生助理人員之工作係在教師督導下，提供個別或少數學生在校之生活 自理、上下學及其他校園生活等支持性服務，並以服務重度學生為主 丁、教師助理員或特教學生助理人員於必要時，應互相協助對方之工作 (A)甲乙 (B)乙丙 (C)丙丁 (D)甲丁

【新北市 109 國小暨幼兒園教甄，第 45 題】

（　）148.在新北國中校內轉介會議的現場，特教老師協助與會人員了解情緒障礙學生的鑑定辦法，請問下列觀點何者錯誤？(A)有精神科醫師之診斷即可立即研判該生符合特教資格 (B)以同年齡或社會文化的常態者做為異常的標準 (C)除學校外，需在家庭、社區、社會或任一情境顯現困難 (D)需提供一般教育介入無效之證明，如：輔導紀錄

【新北市109國中教甄，第7題】

（　）149.承上題，如果當時普通班老師進一步詢問資源班排課原則，下列何者錯誤？(A)若學生跟得上原班進度，以外加時段排課為之 (B)若學生有社會技巧需求，一律以開設特殊需求領域課程滿足之 (C)除特殊狀況外，資源班學習節數不得超過二分之一 (D)若欲於課後輔導時段開課，需經家長同意後實施

【新北市109國中教甄，第8題】

（　）150.下列與資源班有關之特殊教育推行委員會討論議案，何者較不適宜？(A)訂定特教學生成績評量原則 (B)資源班學生課程教學規劃 (C)擬提供之入班協助或訓練時間 (D)確認學生是否為高風險家庭

【新北市109國中教甄，第58題】

（　）151.下列是對美國「沒有一個孩子落後」法案(No Child Left Behind Act, NCLB)的相關敘述，何者才是正確的？(A)是21世紀第一個以身障學生為訴求的聯邦法案 (B)是歐巴馬總統任內重視特殊教育的積極作為 (C)州政府每年向聯邦回報身心障礙學生的學習成果 (D)教師需大學畢業並有教師執照以確保教學品質

【新北市109國中教甄，第71題】

（　）152.教育部於108年3月修訂《特殊教育法》，新增第28條之一內容為：「為增進前條團隊之特殊教育知能，以利訂定個別化教育計畫，各主管機關應視所屬高級中等以下各教育階段學校身心障礙學生之障礙類別，加強辦理之培訓及在職進修，並提供相關支持服務之協助。」請選出空白處應置入的對象：【甲】：學生家長【乙】：普通班教師【丙】：特殊教育教師【丁】：相關人員(A)甲乙丙 (B)甲丙丁 (C)乙丙丁 (D)甲乙丙丁

【新北市109國中教甄，第72題】

（　）153.下列是對新北市於105年2月新修訂「國民中小學身心障礙資源班實施要點」第17條條文的敘述，哪些是錯誤的？【甲】：專任教師及導師每人每星期基本授課節數，國民中學十六節，每節分鐘數比照普通班【乙】：國民中學每名教師每星期最低直接教學節數為十四節；最低服務量為六十人【丙】：教師應依學生需要，提供各項入普通班之協助，每週以二節計，但不得合併整學期服務時間計算【丁】：每名教師每節直接教學以服務一名至三名學生為原則，每節教學人數超過或不足者，應提課發會審議 (A)甲丙　(B)乙丁　(C)甲乙丁 (D)乙丙丁

【新北市109國中教甄，第73題】

（　）154.依據《身心障礙學生考試服務辦法》，下列何者不是各級 學校及試務單位可以提供的考試服務項目？ (A)提供電子試題 (B)專人協助書寫 (C)提供設有空調設備的試場 (D)提供提醒服務

【桃園市 109 國小及學前特教-B，第 35 題】

（　）155.我國對於學習障礙鑑定標準，下列哪一項敘述不適切？ (A)

排除文化刺激不足 (B)一項或一項以上基本學業領域顯著困難 (C)個人智力潛能與學業表現顯著困難 (D)確認一般教育提供介入仍難有效改善

【桃園市 109 國小及學前特教-B，第 14 題】

（ ）156.依據《身心障礙學生考試服務辦法》，關於身心障礙學生試題調整服務，下列哪一項有誤？ (A)口語（錄音）作答 (B)提供電子試題 (C)提供試卷並報讀 (D)題數或比例計分

【桃園市 109 國小及學前特教-B，第 24 題】

（ ）157.學校輔導家長向醫院申請身心障礙鑑定，根據《身心障礙者權益保障法》的規定，請問誰要負責鑑定與評估的工作？ (A)專科醫師 (B)專業團隊 (C)治療師 (D)社工師

【桃園市 109 國小及學前特教-B，第 39 題】

（ ）158.依據《特殊教育法施行細則》之規定，已在學之四年級下學期的身心障礙學生，其五年級上學期的個別化教育計畫 最遲應於何時訂定？ (A)四年級下學期開學後一個月內 (B)四年級下學期結束前 (C)五年級上學期開學前 (D)五年級上學期開學後一個月內

【臺北市 110 國小教甄，第 26 題】

（ ）159.依據《特殊教育法施行細則》之規定，下列哪些人應參與個別化教育計畫之訂定，而非僅屬必要時才得參與？（甲）特教老師（乙）相關教師（丙）身障學生家長（丁）身障學生本人（戊）學校行政人員（己）相關專業人員 (A)甲乙丙戊 (B)甲丙丁戊 (C)甲乙丙丁戊 (D)甲乙丙丁戊己

【臺北市 110 國小教甄，第 49 題】

（ ）160.根據《特殊教育法》特教諮詢會行政人員代表合計不得超過？ (A)沒有限制 (B)二分之一 (C)三分之一 (D)四分之一

【臺北市 110 國小教甄，第 50 題】

（ ）161.當特殊教育學生在學習、輔導、支持服務及其他學習權益事項受損時，下列人員中誰有資格向學校提出申訴？ ①學生本人②監護人③法定代理人④家長⑤兄姊 (A)①②③ (B)②③④ (C)③④⑤ (D)①④⑤

【中區聯盟 111 國小教甄，第 1 題】

（ ）162.依據《特殊教育學生申訴服務辦法》規定，對於特殊教育之申訴事宜的處理，下列敘述何者較為適切？ ①各級主管機關應設特殊教育學生申訴評議會，且任一性別委員人數不得少於委員總數三

分之二②學生的法定代理人對學生的鑑定有爭議時，得向主管機關提起申訴③學生的法定代理人對學生的教育安置有爭議時，得向學校申訴④學生的法定代理人因學生的學生學習、輔導、支持服務權益受損時，得向學校提起申訴(A)①② (B)③④ (C)①③ (D)②④

【中區聯盟 111 國小教甄，第 38 題】

（　）163.依據《特殊教育學生調整入學年齡及修業年限實施辦法》規定，對於身心障礙學生入學及修業年齡的調整，下列敘述何者較為適切？　①教師可代學生提出暫緩入學申請②暫緩入學以最長以一年為限③國中小延長修業年限最高以三年為限④國中小暫緩入學及延長修業年限均應經鑑輔會及主管機關核定(A)①③ (B)②④ (C)①②③ (D)①②③④

【中區聯盟 111 國小教甄，第 39 題】

（　）164.依據《特殊教育法》規定，對於身心障礙學生家長的參與權保障，家長可參與相關會議，下列敘述何者較為適切？　①鑑定及就學輔導會②特殊教育諮詢會③課程發展委員會④學校家長會(A)①②③ (B)②③④ (C)①②④ (D)①②③④

【中區聯盟 111 國小教甄，第 40 題】

（　）165.根據特殊教育法(2014)，學校為處理校內特殊教育學生之學習輔19.依據我國《身心障礙及資賦優異學生鑑定辦法》規定，對於語言障礙學生的定義，包括下列哪些類型？　①選擇性緘默症②語言發展異常③嗓音異常④構音異常(A)①②③ (B)①③④ (C)②③④ (D)①②③④

【中區聯盟 111 國小教甄，第 45 題】

（　）166.關於特殊教育法的敘述，下列何者有誤？　(A)特殊教育與相關服務措施之提供及設施之設置，應符合適性化、個別化、社區化等精神 (B)對於身心障礙及社經文化地位不利之資賦優異學生，應加強鑑定與輔導 (C)高級中等以下各教育階段學校辦理特殊教育之成效，應至少每四年辦理一次評鑑 (D)為推展身心障礙兒童之早期療育，其特殊教育之實施應自三歲開始

【中區聯盟 111 國小教甄，第 48 題】

（　）167.臺北市某國小集中式特教班有一位學生因學習適應和表現皆有明顯進步，家長擬申請重新安置普通班，該生的申請應先經由校內何種組織的審議？　(A)校務會議 (B)課程發展委員會 (C)特殊教育推行委員會 (D)學生申訴評議委員會

【臺北市 111 國小教甄,第 16 題】

（ ）168.依據現行「身心障礙學生考試服務辦法」中所定試場服務涵蓋以下何者？ (甲)調整考試時間 (乙)提供提醒服務 (丙)提供輔具服務 (丁)提供試卷調整服務 (A)甲乙 (B)丙丁 (C)甲乙丙 (D)乙丙丁

【臺北市 111 國小教甄,第 17 題】

（ ）169.依據《身心障礙學生轉銜輔導及服務辦法》之規定,國小已安置而未就學的身心障礙學生,學校應於何時造冊通報 學校主管機關,依強迫入學條例規定處理？ (A)開學前一星期內 (B)開學前二星期內 (C)開學後一星期內 (D)開學後二星期內

【臺北市 111 國小教甄,第 21 題】

（ ）170.依據現行相關法規,下列哪些委員會之組成須包含教師代表或教師組織代表？ (甲)特殊教育諮詢會 (乙)課程發展委員會 (丙)特殊教育推行委員會 (丁)學生申訴評議委員會 (戊)特殊教育學生鑑定及就學輔導會 (A)甲戊 (B)乙丙 (C)甲乙丙戊 (D)甲乙丙丁戊

【臺北市 111 國小教甄,第 22 題】

（ ）171.依據我國《身心障礙暨資賦優異鑑定辦法》,為了評估學生是否為智能障礙,除了進行智能相關評量外,還需進行何種評量,方能確定學生為該障礙類別？ (A)發展性評量 (B)人格評量 (C)標準化成就評量 (D)適應性行為評量

【新北市 111 國小暨幼兒園教甄,第 48 題】

（ ）172.依照我國特殊教育相關法令規定,各類身心障礙學生之教育需求評估不需要包含下列哪一項資料？ (A)認知能力 (B)知覺動作能力 (C)家庭社經能力 (D)學科（領域）學習能力

【桃園市 111 國小及學前教甄-B,第 3 題】

（ ）173.依據我國現行特教法規,關於國小階段身心障礙學生畢業轉銜 至國中就讀之敘述,下列何者正確？ (A)應於身心障礙學生安置國中後一個月召開轉銜會議 (B)跨教育階段之轉銜,學生原就讀之學校應召開轉銜會議 (C)召開轉銜會議是國小端的任務,依照規定國中不須派人員參加 (D)安置該生之國中應於開學前一個月內完成學生之個別化教育計畫

【桃園市 111 國小及學前教甄- B,第 6 題】

（ ）174.以下「學校特殊教育推行委員會」之描述,何者正確？ (A)國民小學得成立學校特殊教育推行委員會 (B)應有身心障礙或資賦優異家長代表 (C)桃園市高級中等以下學校特殊教育推行委員會

，每學期應 至少召開 1 次 (D)身心障礙學生就讀普通班，其班級與導師由學校特殊教育 推行委員會決議安排之

【桃園市 111 國小及學前教甄- B，第 20 題】

（ ）175.在特殊教育措施中，下列哪一項比較不符合身心障礙者權利公約(CRPD)的精神？ (A)融合教育 (B)通用設計 (C)合理調整 (D)集中管理

【桃園市 111 國小及學前教甄- B，第 30 題】

（ ）176.桃園市立國民中學、國民小學對於就讀普通班之身心障礙學生，應予適當教學及輔導。其教學原則及輔導方式之辦法，依法宜由哪一單位訂定？ (A)桃園市政府教育局 (B)各區中心學校 (C)教育部 (D)教育部國民及學前教育署

【桃園市 111 國小及學前教甄- B，第 32 題】

【參考答案】

1	2	3	4	5	6	7	8	9	10	11	12
B	D	A	D	A	C	C	B	A	C	D	C
13	14	15	16	17	18	19	20	21	22	23	24
D	A	B	A	B	C	B	A	C	B	D	D
25	26	27	28	29	30	31	32	33	34	35	36
C	C	D	B	C	B	C	B	C	B	B	D
37	38	39	40	41	42	43	44	45	46	47	48
B	D	D	B	B	D	D	A	B	B	A	D
49	50	51	52	53	54	55	56	57	58	59	60
D	B	B	B	D	D	B	A	D	A	D	A/ C

61	62	63	64	65	66	67	68	69	70	71	72
C	C	C	C	A	C	A	D	A	A	C	B
73	74	75	76	77	78	79	80	81	82	83	84
C	A	B	B	D	A	D	C	C	D	B	C
85	86	87	88	89	90	91	92	93	94	95	96
D	B	B	B	D	C	B	D	A	C	B	C

97	98	99	100	101	102	103	104	105	106	107	108
D	A	C	D	B	A	C	B	A	B	D	B
109	110	111	112	113	114	115	116	117	118	119	120
D	D	A	D	A	D	A	A	C	B	A	C

121	122	123	124	125	126	127	128	129	130	131	132
B	D	D	D	C	C	B	A	A	A	C	B
133	134	135	136	137	138	139	140	141	142	143	144
D	D	A	B	B	B	D	D	C	D	C	D
145	146	147	148	149	150	151	152	153	154	155	156
B	D	C	A	B	D	D	C	D	B	C	A
157	158	159	160	161	162	163	164	165	166	167	168
B	C	C	B	A	D	B	C	C	D	C	A
169	170	171	172	173	174	175	176				
D	D	D	C	B	D	D	A				

第三章 十二年國民基本教育與特殊需求領域課程綱要

壹、十二年國民基本教育課程綱要總綱

一、基本理念

十二年國民基本教育之課程發展本於全人教育的精神，以「**自發**」、「**互動**」及「**共好**」為理念(https://www.naer.edu.tw)。

二、課程目標

在基本理念引導下，訂定下列四項總體課程目標，以協助學生學習與發展：(1)啟發生命潛能；(2)陶養生活知能；(3)促進生涯發展；(4)涵育公民責任。

三、核心素養

為落實十二年國民基本教育課程的理念與目標，以「**核心素養**」做為課程發展之主軸，以利各教育階段間的連貫及各領域/科目間的統整。「**核心素養**」是指一個人為適應現在生活及面對未來挑戰，所應具備的知識、能力與態度。「**核心素養**」強調學習不宜以學科知識及技能為限，而應關注學習與生活的結合，透過實踐力行而彰顯學習者的全人發展。

十二年國民基本教育之核心素養，強調培養以人為本的「終身學習者」，分為三大面向與九大項目，如圖 3-1：

自主行動	溝通互動	社會參與
• 身心素質與自我精進 • 系統思考與解決問題 • 規劃執行與創新應變	• 符號運用與溝通表達 • 科技資訊與媒體素養 • 藝術涵養與美感素養	• 道德實踐與公民意識 • 人際關係與團隊合作 • 多元文化與國際理解

圖 3-1 核心素養之三大面向與九大項目

四、學習階段

　　十二年國民基本教育依各教育階段學生之身心發展狀況，區分如下五個學習階段：國民小學一、二年級為第一學習階段，國民小學三、四年級為第二學習階段，國民小學五、六年級為第三學習階段，國民中學七、八、九年級為第四學習階段，高級中等學校十、十一、十二年級為第五學習階段。

五、課程類型

　　十二年國民基本教育課程類型區分為二大類：「部定課程」與「校訂課程」，如表 3-1。

表 3-1　各教育階段課程類型

教育階段＼課程類型		部定課程	校訂課程
國民小學		領域學習課程	彈性學習課程
國民中學			
高級中等學校	普通型高級中等學校	一般科目 專業科目 實習科目	校訂必修課程 選修課程 團體活動時間 彈性學習時間
	技術型高級中等學校		
	綜合型高級中等學校		
	單科型高級中等學校		

貳、特殊教育課程實施規範

一、基本理念

　　為達上述《十二年國民基本教育綱要總綱》之理念與願景，本課程實施規範之基本理念有下列四項：(1)落實融合教育；(2)因應學生需求；(3)善用課程調整；(4)結合個別化教育計畫/個別輔導計畫 (https://www.k12ea.gov.tw)。

二、課程目標與核心素養

　　本課程實施規範之課程目標與核心素養皆與《十二年國民基本教育綱要總綱》之課程目標與核心素養相同，只是內涵敘述不同。

三、個別化教育計畫與課程規劃

　　高級中等以下學校實施特殊教育，應彈性設計適合學生需求之課程、教材、教法及評量方式，融入特殊教育學生 IEP 實施。IEP 是為了確保身心障礙學生獲得適性教育服務的依據，是為個別學生擬定之一年期的完整教育方案，作為教學輔導與後續鑑定安置等之教育行政和教學管理的工具。身心障礙學生之 IEP 相關事宜如下：

(一)訂定與檢討時間

　　學校應於新生及轉學生入學後一個月內訂定其 IEP，其餘在學學生之計畫則應於開學前訂定，且每學期應至少檢討一次。

(二)訂定內容

　　1.基本項目

　　IEP 之內容包括學生能力現況、家庭狀況及需求評估；學生所需之特殊教育、相關服務及支持策略；學年與學期教育目標、達成學期教育目標之評量方式、日期及標準；具情緒與行為問題學生所需之行為功能介入方案及行政支援；轉銜輔導與服務內容，包括升學導、生活、就業、心理輔導、福利服務及其他相關專業服務等項目。

　　2.教育需求評估

　　教育需求評估包括健康狀況、感官功能、知覺動作、生活自理、認知、 溝通、情緒、社會行為、學科/領域學習、多元文化背景等，同時亦需考量學校與社區及心理環境對學生學習可能產生的影響。教育需求評估應依特殊教育學生鑑定及就學輔導會報告與學生需求選擇必要之評估項目，並註明優弱勢能力，所需教學、評量、環境調整及轉銜輔導等建議。

　　3.相關服務與支持策略

　　相關服務與支持策略包含教育輔助器材、適性教材、學習及生活人力協助、復健服務、家庭支持服務及校園中通用設計或無障礙環境等，以及考試服務項目。

　　4.學年與學期教育目標

　　學年與學期教育目標應依據教育需求評估結果，並得參考部定必修課程、各領域課程調整應用手冊相關之學習重點擬定。

(三)課程調整

　　■教師應依學生之個別需求，彈性調整課程，包括學習內容、學習歷程、學習環境及學習評量，以及學習節數/學分數，需含括所提供之部定各領域/科目及特殊需求領域/科目之節數/學分數。

　　■教師需根據學生實際的年齡與年級，參照各學習階段各領域/科目之學習重點，再根據 IEP 中所敘明之學生能力現況與需求作為課程調整依據

(四)訂定過程

　　IEP 必須以團隊合作方式進行。參與訂定之人員應包括學校行政人員、特殊教育與相關教師、學生家長及學生本人；必要時，得邀請相關專業人員參與，學生家長亦得邀請相關人員陪同。

(五)行政程序

　　■須將身心障礙學生的課程規劃送學校特殊教育推行委員會審議，融入學校課程計畫後，再送學校課程發展委員會通過並陳報各該主管機關備查。

　　■IEP 需經家長同意後確實執行，若有意見得再召開 IEP 會議修正；若仍有爭議時，應依據《特殊教育學生申訴服務辦法》，以書面向學校提起申訴。

　　■學生之 IEP 經特殊教育推行委員會審議不通過達二次者，應再送主管機關審議。若主管機關認為該委員會不通過之決定係無理由者，學校應依該 IEP 進行課程調整。

　　6.注意事項

　　■IEP 團隊進行評估時，需檢視調整措施能否符合下列相關之客觀標準，如表 3-2。若學生所提出的調整措施，不符合上述標準之任何一項，學校得拒絕調整。

表 3-2 調整措施之客觀標準

客觀標準	內涵
相關性	該調整措施與有效實現該名身心障礙學生權利之目的具相關性
比例性	該調整措施與能為該名障礙者實現之權利符合比例

可能性	該調整措施在事實上與法律上可能做到（如：現行科技可做到的調整措施），或是實現該調整措施不會違反現行法律
財政可行性	窮盡可得的財政支援還是可以提供
經濟可行性	提供該調整措施不會危害義務承擔方（如：學校）之營運與生存，或實質傷害其核心功能之執行

四、課程調整原則

　　身心障礙學生之課程，應根據學生學習需要與十二年國民基本教育各領域課程綱要間之差異決定課程調整原則，不適宜僅根據類別及安置場所進行整體課程規劃。課程調整程序，如圖 3-2 並描述如下：

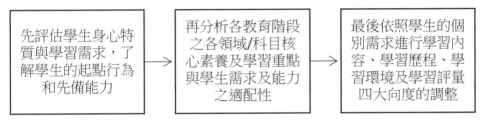

圖 3-2 身心障礙學生課程調整程序

(一)學習內容

　　■針對安置在不同教育情境中的身心障礙學生得依據《總綱》實施要點八，調整學習節數/學分數配置比例與學習內容，並經專業評估後，外加其所需之特殊需求領域課程。有關該領域/科目之課程需依據 IEP，以及參考教育部研訂之《身心障礙相關之特殊需求領域課程綱要》進行規劃與實施。

　　■各類身心障礙學生學習內容的調整，得採下列方式調整各教育階段之各領域/科目之學習重點，再根據調整過後之學習表現及學習內容，以課程與教材鬆綁的方式安排學習節數/學分數與決定學習內容，如表 3-3。

表 3-3 學習內容調整方式

方式	內涵
簡化	指降低各教育階段之各領域/科目之學習表現及學習內容的難度。
減量	為減少各教育階段之各領域/科目之學習表現及學習內容的部分內容。
分解	代表將各教育階段之各領域/科目之學習表現及學習內容分解為 數個小目標或學習內容，在不同的學習階段或雖在同一個學習階段但予以分段學習。
替代	代表原來各教育階段之各領域/科目之學習表現及學習內容適 用，但須以另一種方式達成。
重整	係將該教育階段或跨教育階段之各領域/科目之學習表現及學 習內容重新詮釋或轉化成生活化或功能化的目標與學習內容。

(二)學習歷程

　　■針對身心障礙學生學習歷程的調整，需依學生的個別需要，善用各種能引發其學習潛能之學習策略，並適度提供各種線索及提示（例如：協助學生畫重點、關鍵字等）；採工作分析、直接教學等教學方法，並配合示範、操作等不同的策略及活動進行教學。

　　■學校應視身心障礙學生需要提供適性教材調整（例如：放大版本）與教育輔助器材（例如：調頻輔具或其他相關輔具等）協助學習。必要時得提供助理人力、課堂手語翻譯等，確保在最有利於學業及社會發展的環境中學習。

　　■針對特定領域/科目具有學習功能缺損的學生，必要時得穿插遊戲活動或將教學活動分段進行，並多安排學生練習與表現的機會，再施以有效的行為改變策略和積極回饋方式調整；亦得調整教學地點和情境，以激發並維持學生的學習興趣與動機。

(三)學習環境

　　■學校應提供符合通用設計之校園環境，並針對個別學生需求合理調整其學習環境。

　　■學校得依據個別學生之身心狀況與需求，進行教室教學設備資

源、教室位置、動線規劃、座位安排等物理環境的調整。

　　■學校應提供所需志工、教師助理員或特教學生助理人員等人力協助；並得由縣市特殊教育資源中心、學校各處室等提供各項行政支援。

(四)學習評量

　　■學校應依學生之 IEP 實施多元評量，包括學生起點行為評估及持續的形成性評量，並依作總結性評量。

　　■評量得採動態、檔案及實作等多元評量方式，俾充分了解學生的學習歷程與成效，以作為課程及教學的參考。

　　■教師需視各領域或科目之特性、教學目標與內容、學生的學習優勢管道及個別需求提供適當之各種形式的評量調整或服務。

　　■特定領域/科目具有學習功能缺損的學生，該領域/科目評量的內容或通過之標準需依據學校特殊教育推行委員會所議決之 IEP 執行，包括得進行內容難易度、題型、題數增刪等調整方式，或是根據試題與考生之適配性調整計分比重。

參、身心障礙相關之特殊需求領域課程

一、基本理念

　　「身心障礙相關之特殊需求領域課程綱要」基於總綱之自發、互動 與共好的理念，由自主行動、溝通互動與社會參與三大面向，引導學生經由體驗、探索、實踐、省思的學習活動，協助學生學習與發展。期待學生透過適性教育，成為具有社會適應力 與應變力的終身學習者，期使個體與群體的生活和生命更為美好。

二、學習重點

　　「身心障礙相關之特殊需求領域課程綱要」，依身心障礙學生之個別需求，實施其中所訂之支持性課程，包括：生活管理、社會技巧、學習策略、職業教育、溝通訓練、點字、定向行動、功能性動作訓練、輔助科技等應用科目。各科目的學習重點包含「學習表現」與「學習內容」二部分。

(一)生活管理

　　生活管理的學習表現包括自我照顧、家庭生活、社區參與及自我決策等四個向度；學習內容包括「飲食」、「衣著」、「個人衛生」、「健康管理」、「財物管理」、「環境清潔與衛生」、「居家安全」、「休閒活動」、「家庭關係與自我保護」、「行動與交通安全」、「社區生活」、「獨立自主與自我管理」、「心理賦權與自我實現」等十三個主題

(二)社會技巧

　　社會技巧的學習表現包括處己、處人及處環境等三個向度；學習內容包括自我的行為與效能、溝通與人際的互動、家庭與社會的參與三個主題。

(三)學習策略

　　學習策略的學習表現包括提升認知學習、提升態度動機、運用環境與學習工具，以及發展後設認知策略等四個向度；學習內容包括認知策略、態度和動機策略、環境調整和學習工具運用策略、後設認知策略四個主題。

(四)職業教育

　　職業教育的學習表現包括工作資訊、求職準備、工作表現、工作安全、工作習慣、工作調適、 團隊合作等七個向度；學習內容包括工作知識、工作技能、工作態度等三個主題。

(五)溝通訓練

　　溝通訓練的學習表現包括：訊息理解、訊息表達、互動交流、合作參與等四個向度；學習內容包括：非口語訊息、口語、手語、輔助性溝通符號等四個主題。

(六)點字

　　點字的學習表現包括：點寫技能、摸讀技能、倡議宣導等三個向度；點字的學習內容包括：點字系統、摸讀技巧與點寫工具、點字規則三個主題。

(七)定向行動

　　定向行動的學習表現包括：具備定向能力、獨立行動、倡議宣導等三個向度；學習內容包括：感覺訓練、概念發展與統整、 定向系統與應用、行動技能與運用、求助禮儀與自我倡議五個主題

(八)功能性動作訓練

　　功能性動作訓練的學習表現包括：肢體活動、功能性動作技能，及日常生活參與等三個向度;學習內容包括:四肢與軀幹的關節活動、身體姿勢 的維持、身體姿勢的改變、移位、移動、 舉起與移動物品、手與手臂使用、手部精細操作、雙側協調與眼手協調、動作計畫、交通工具的乘坐與駕駛等十一個主題。

(九)輔助科技

　　輔助科技的學習表現包括：認識輔具、選用適宜輔具、正確操作輔具維護輔具及簡易故障排除等四個向度;學習內容包括:視覺輔具、聽覺輔具、行動移位與擺位輔具、閱讀與書寫輔具、溝通輔具、電腦輔具及其他輔具等七個主題。

【充電補給站】

※十二年國民基本教育課程綱要總綱。https://www.naer.edu.tw
※十二年國民基本教育特殊教育課程實施規範。
https://www.k12ea.gov.tw
※十二年國民基本教育身心障礙相關之特殊需求領域課程。
https://www.k12ea.gov.tw

歷屆教師甄試試題
【十二年國民基本教育與特殊需求領域課程綱要】

( )1.加強身心障礙學生的自我決策能力是屬於特殊需求領域課程中的哪一門科目？(A)生活管理 (B)社會技巧 (C)學習策略 (D)溝通訓練

【臺北市 105 國小教甄，第 44 題】

( )2.現行「特殊需求領域課程綱要」共分為十二項領域。下列能力目標與領域的配對何者正確？(A)「能使用前推/後拉兩輪式助行器」是屬於動作機能 訓練領域的目標 (B)「能正確使用各種方法找到指定的物品」是屬於動作機能訓練領域的能力指標 (C)「能對日常生活中簡單選擇做出決定」是屬於生活管 理領域的能力指標 (D)「能分辨自己基本的正向或負向情緒」是屬於生活管 理領域的目標

【桃園市 105 國小及學前特教-C，第 24 題】

( )3.特殊需求領域中「社會技巧」能力指標「學習新的或困難事物時能面對可能遭遇的失敗」和「能分析各種不同問題 解決方式的優缺點及其後果」是屬於哪一項課程主軸？ (A)處己 (B)處環境 (C)處效能 (D)處人

【桃園市 105 國小及學前特教-C，第 31 題】

( )4.在特殊教育新課綱所規劃的定向行動課程裡，其中一項主軸為感覺訓練，下列何者不屬於此課程訓練之中？ (A)前庭覺訓練 (B)觸覺訓練 (C)視覺訓練 (D)聽覺訓練

【桃園市 106 國小及學前特教-C，第 44 題】

( )5.學校實施特殊教育課程，學習總節數分為「領域學習節 數」與「彈性學習節數」，請問國小三年級每週彈性學習節數有幾節？
(A)1-2 節 (B)2-4 節 (C)3-6 節 (D)4-6 節

【桃園市 106 國小及學前特教-C，第 39 題】

( )6.依據教育部 103 年 11 月頒佈之十二年國民基本教育課程綱要總綱，特殊教育需求領 域課程，未列出下列哪一項？(A)補救教學 (B)功能性動作訓練 (C)學習策略 (D)職業教育

【中區聯盟 106 國小教甄，第 9 題】

( )7.「十二年國民基本教育課程綱要總綱」附則之規定，對於特殊教育班課程計劃審議，其程序上需經過學校何種會議審議通過後方可實施，下列敘述何者較為正確且完備？(A)校務會議通過 (B)學校課

程發展委員會通過 (C)特殊教育推行委員會審議通過 (D)特殊教育推行委員會審議通過，並經學校課程發展委員會通過

【中區聯盟 106 國小教甄，第 19 題】

（　）8.針對 12 年國民基本教育在課程規劃的改革上，和九年一貫課程相較，以下的敘述何者錯誤？(A)綜合活動併入國小低年級生活課程 (B)國小增設「科技」領域 (C)彈性學習課程中包含特殊需求領域課程 (D)國小階段包括新住民語

【中區聯盟 106 國小教甄，第 47 題】

（　）9.十二年國民基本教育之核心素養，強調培養以人為本的「終身學習者」，分為三大面向，下列何者為非？(A)自主行動 (B)溝通互動 (C)積極創新 (D)社會參與

【中區聯盟 106 國小教甄，第 48 題】

（　）10.下面哪一個選項不是十二年國教課程綱要總綱的特色？ (A)基本能力改為核心素養 (B)新增重大新興議題 (C)建立資源整合平台 (D)教師每學年至少公開授課一次

【中區聯盟 107 國小教甄，第 3 題】

（　）11.下列何者是「十二年國民基本教育課程綱要總綱」所明列之特殊需求領域課程名稱？(A)生活訓練 (B)社交技巧 (C)動作機能訓練 (D)輔助科技應用

【臺北市 107 國小教甄，第 36 題】

（　）12.下列對「十二年國民基本教育課程綱要」中「特殊需求」領域課程的敘述何者才是正確的？(A)將增列性別教育為特需課程領域 (B)將擴增成十九項特殊需求課程 (C)將賦予更客製化且富彈性的時數 (D)將改以外加於空白課程方式實施

【屏東縣 107 國小暨幼兒園教甄，第 5 題】

（　）13.在「十二年國民基本教育課程綱要」論及「一個人為適應現在生活及未來挑戰，所應具備的知能與態度」。下列何者最適合用來代表前述概念？（A）關鍵要素（B）基本理念（C）核心價值（D）核心素養

【屏東縣 107 國小暨幼兒園教甄，第 10 題】

（　）14.在特殊教育新課綱的定向行動課程裡，其中一項主軸為「行動技能」，下列何者不屬於此課程主軸之技能？(A)求助技能 (B)人導法 (C)手杖法 (D)獨走技能

【桃園市 107 國小及學前特教-C，第 16 題】

（　）15.「十二年國民基本教育課程綱要總綱」中對國小階段身心障礙學生課程與教學也有許多規範，以下哪個選項符合總綱中的規定？甲、特殊需求領域課程屬彈性學習課程　乙、課程必須依據個別化教育計畫適性設計　丙、資源班使用之改編教材應送學校課程發展委員會審查　丁、必要時可以減少學習總節數　戊、學校課程發展委員會成員應包括特殊需求領域課程教師 (A)甲乙 (B)乙丙 (C)丙丁 (D)丁戊

【新北市 107 國小暨幼兒園教甄，第 21 題】

（　）16.依據《十二年國民基本教育課程綱要》，身心障礙課程調整下素養導向命題原則，應符合下列何者? (甲)引用生活或學術探究情境 (乙)跨領域跨學科相關能力 (丙)解決生活自理發揮生命潛能的能力 (丁)整合知能的實際問題解決能力 (A)甲乙丙 (B)甲乙丁 (C)甲丙丁 (D)乙丙丁

【臺北市 109 國小教甄，第 30 題】

（　）17.依據《十二年國民基本教育課程綱要總綱》，下列何者為身心障礙相關之特殊需求領域科目的正確名稱？(A)社會技巧 (B)職業訓練 (C)科技輔具應用 (D)動作機能訓練

【臺北市 109 國小教甄，第 33 題】

（　）18.基於身心障礙者權利公約與十二年國民基本教育相關規範及課綱之趨勢，下列敘述何者錯誤？(A)特殊需求領域課程應採獨立外加排課為主 (B)學生應參與個別化教育計畫之訂定 (C)學校與主管機關應依學生需求提供手語翻譯服務 (D)依身心障礙學生需求提供通用設計與合理調整

【臺北市 109 國小教甄，第 49 題】

（　）19.依據《十二年國民基本教育身心障礙相關之特殊需求領域課程綱要》，哪些科目的學習重點採不分階段？(A)點字、定向行動 (B)生活管理、溝通訓練 (C)學習策略、社會技巧 (D)輔助科技應用、功能性動作訓練

【臺北市 109 國小教甄，第 38 題】

（　）20.依據《十二年國民基本教育身心障礙相關之特殊需求領域課程綱要》，《家庭關 係與自我保護》係屬於哪一門科目的學習內容主題？ (A)社會技巧 (B)生活管理 (C)職業教育 (D)定向行動

【臺北市 109 國中教甄，第 54 題】

（　）21.依據《十二年國民基本教育特殊教育課程實施規範》，下列敘述何者錯誤？ (A)個別輔導計畫可納入個別化教育計畫中 (B)個別

化教育計畫應經學校所屬教育主管機關審議 (C)每位特殊教育教師每學年應至少公開授課一次 (D)身心障礙學生課程規劃應融入學校課程計畫後,並送學校課程發展委員會通過

【臺北市 109 國中教甄,第 55 題】

(　　)22.依據《十二年國民基本教育特殊教育課程實施規範與特殊需求領域課程綱要》,下列敘述何者正確?(A)學習功能輕微缺損領域應採抽離式教學為主 (B)學習功能嚴重缺損領域應採外加式課程為主 (C)學習功能無缺損領域無須提供環境與評量調整 (D)特殊需求領域課程可合併採融入式和外加式課程

【臺北市 109 國中教甄,第 70 題】

(　　)23.關於《十二年國民基本教育特殊教育課程實施規範》的基本理念,以下何者錯誤?(A)為顧及個別差異,採取以類別或安置型態來設計課程 (B)以「自發」、「互動」及「共好」為理念 (C)重視課程與教材的鬆綁,以因應特教學生之需求 (D)課程與個別化教育計畫或個別輔導計畫密切結合

【臺北市 109 國中教甄,第 90 題】

(　　)24.某位身心障礙學生需要養成自我決策的態度與能力,特教教師應為他安排何種特殊需求領域的課程? (A)生活管理 (B)學習策略 (C)溝通訓練 (D)定向行動

【臺北市 109 國中教甄,第 63 題】

(　　)25.婷婷是一位就讀於國小集中式特教班無口語的自閉症學生,這學期老師和家長希望婷婷能學習使用輔助溝通系統,在他人提問時能以 完整句子表達。學校應為他安排什麼樣的特殊需求領域課程?(A)功能性動作訓練 (B)生活管理 (C)定向行動 (D)溝通訓練

【中區聯盟 109 國小教甄,第 2 題】

(　　)26.以下何者為十二年國民基本教育核心素養的主要內涵? ①提升效能 ②自主行動 ③溝通互動 ④社會參與 (A)①② (B)②③ (C)②③④ (D)①②③④

【中區聯盟 109 國小教甄,第 4 題】

(　　)27.依據我國現行特殊教育課程實施規範,個別化教育計畫團隊進行調整措施的評估客觀標準為下列何者? ①符合學生權利目的相關性 ②符合實現學生權利比例性 ③符合事實與法律上的可能性 ④符合財政上的可行性 (A)①② (B)①③ (C)①②③ (D)①②③④

【中區聯盟 109 國小教甄,第 5 題】

( )28.依據十二年國民基本教育課程綱要總綱，下列何者非為特殊教育學生之部定及校訂課程得彈性調整的項目？ (A)課程學習內容 (B)課程領域目標 (C)減少學習總節數 (D)學習節數配置比例

【中區聯盟 109 國小教甄，第 9 題】

( )29.以下哪一個特殊需求領域的科目並非以五大學習階段(國小三階、國中、高中)劃分？ (A)生活管理 (B)社會技巧 (C)學習策略 (D)職業教育

【中區聯盟 109 國小教甄，第 24 題】

( )30.十二年國教的推動鼓勵普教與特教教師進行跨領域/科目之協同教學。教師先將班級學生分成一組大團體和一組小團體。大團體教導正常上課進度，小團體進行特殊課程或補救教學。這是屬於哪一種協同教學模式？(A)替代教學法(alternative teaching) (B)直接教學(direct teaching) (C)團隊教學法(team teaching) (D)分站教學法(station teaching)

【中區聯盟 109 國小教甄，第 31 題】

( )31.根據特殊教育課程實施規範，當學生在某一特定領域因身心障礙影響，導致其學習成就與同儕有嚴重落差，該領域之課程可以進行哪 些調整？ ①原班課程調整 ②外加式課程 ③抽離式教學 ④調整該領域之節數 (A)①② (B)②③ (C)③④ (D)①③

【中區聯盟 109 國中教甄，第 29 題】

( )32.特殊需求領域課程中，哪幾種科目可依據學生的能力與需求選擇學習重點來規劃課程，不需與學生所就讀之年級符合？ ①社會技巧 ②溝通訓練 ③定向行動 ④學習策略 ⑤點字 (A)①②③④⑤ (B)②③⑤ (C)①②③⑤ (D)①④

【中區聯盟 109 國中教甄，第 30 題】

( )33.特教老師在進行身心障礙學生教學時，需兼顧領域的學習目標和核心素養的教學。有一單 元教學活動「老師請資源班的數學 A 組三位同學，調查原班級同學喜歡的口罩顏色，把 結果整理成一維表格後，再一起繪製成長條圖並加上文字說明，完成後貼到資源班外的公佈欄。」這個學習活動沒有呼應到哪一個核心素養？(A) E-A3 具備擬定計畫與實作的能力，並以創新思考方式，因應日常生活情境 (B) E-B1 具備「聽、說、讀、寫、作」的基本語文素養，並具有生活所需的基礎數理、 肢體及藝術等符號知能，能以同理心應用在生活與人際溝通 (C) E-B2 具備科技與資訊應用的基本素養，並理解各類媒

體內容的意義與影響 (D) E-C2 具備理解他人感受，樂於與人互動，並與團隊成員合作之素養

【新北市 109 國小暨幼兒園教甄，第 23 題】

（　）34.依據《十二年國民基本教育特殊教育課程實施規範》，教師需要依照學生的個別需求進行 學習內容、學習歷程、學習環境及學習評量的調整。請問下列敘述何者錯誤？(A)因應視障學生的需求，提供擴視機或放大版本的教材是屬於學習歷程的調整 (B)因應學生的需求，提供志工或教師助理員等人力協助是屬於學習環境的調整 (C)針對常和同學有互動衝突的身心障礙學生，外加社會技巧課程是屬於學習內容的調整 (D)因學生容易分心，老師在教學時，運用多媒體和操作性活動是屬於學習環境的調整

【新北市 109 國小暨幼兒園教甄，第 39 題】

（　）35.下列哪一個特殊需求領域科目，根據其教學重點的難易度，可將學習階段區分為初階與進階兩個階段？(A)社會技巧 (B)學習策略 (C)職業教育 (D)生活管理

【新北市 109 國小暨幼兒園教甄，第 57 題】

（　）36.下列有關「十二年國民基本教育—身心障礙相關之特殊需求領域課程綱要」基本理念的敘述，何者是正確的？(A)配合總綱之自發、互動與共好為理念，並增加適性輔導面向 (B)課程目標係期待學生成為具有社會適應力與應變力的終身學習者 (C)課程規劃重視支持性、原創性、功能性與彈性，作為教師教學參考之用 (D)以學生學習需求為核心，適用對象為國民小學及國民中學具特殊需求學生

【新北市109國中教甄，第65題】

（　）37.下列關於特殊需求領域之功能性動作訓練科目的敘述，何者錯誤？(A)本科目的需求應經專業團隊評估 (B)本科目可與其他特需領域科目或健康與體育領域合併實施 (C)本科目規定應每年進行知動專業評估 (D)本科目鼓勵教師依據學生需求進行跨領域/跨科目的設計

【新北市109國中教甄，第66題】

（　）38.新北國中為提升教師對新課綱素養導向教學的認識，特別製作「教戰手冊」作為宣導之用，以下是手冊內容對「素養」的定義，請從中選出正確者：【甲】：將學校所學知識與技能應用於日常生活的能力【乙】：應用讀寫算能力解決生活情境中的問題與挑戰【丙】：屬於知識＋理解＋溝通＋應用的多元綜合能力【丁】：透過知識、技

能與態度價值所交織而成的能力 (A)甲乙丙丁 (B)乙丙丁 (C)甲乙丁 (D)丙丁

【新北市109國中教甄，第70題】

（　）39.下列哪些是「十二年國民基本教育身心障礙相關之特殊需求領域課程綱要」中輔助科技應用一科所羅列的學習主題？【甲】：視覺輔具【乙】：聽覺輔具【丙】：溝通輔具【丁】：行動移位與擺位輔具【戊】：電腦輔具【己】：生活輔具【庚】：休閒輔具【辛】：閱讀與書寫輔具 (A)甲乙丙丁 (B)戊己庚辛 (C)甲乙丙丁戊己 (D)以上均是

【新北市109國中教甄，第75題】

（　）40.下列對「十二年國民基本教育身心障礙相關之特殊需求領域課程綱要」中輔助科技應用一科之敘述，何者正確？(A)學習表現與學習內容的編碼方式是由三碼組成，第一碼是向度/主題，第二碼是階段，第三碼是流水號 (B)學習重點包括輔助科技的介紹、功能、操作、維修、全方位應用等 (C)鼓勵教師將本科目之學習重點與核心素養相呼應，並進行跨領域/跨科目的課程與教學設計 (D)國小階段應致力於教導輔具的認識及選用，國中階段強化其正確操作輔具的能力，高中職階段則開始練習輔具的維修與障礙排除

【新北市109國中教甄，第76題】

（　）41.以下是幾項關於「議題適切融入領域課程綱要」似是而非的論點，何者才是正確的？【甲】：依《總綱》「實施要點」規定，各領域課程應優先融入四項重大教育議題【乙】：所謂「議題」就是具時代性與高度討論性的課題，尤重視學生公民責任的涵養【丙】：有鑑於議題常隨著社會變遷與時代推移，學校對議題應具備高度敏覺性，以因應環境之變化【丁】：除融入各領域進行融入式教學外，學校亦可善用彈性學習時間，針對特定議題進行主題式教學 (A)甲乙丁 (B)乙丙丁 (C)丙丁 (D)甲乙

【新北市109國中教甄，第78題】

（　）42.特教班劉老師在特殊需求領域課程-社會技巧科目上課時，播放「葉永鋕事件剪輯」影片及蔡依林「不一樣又怎樣」MTV…前述的課堂活動，最適合融入下列哪兩項議題？【甲】:性-J5 辨識性騷擾、性侵害與性霸凌的樣態，運用資源解決問題【乙】：人-J2 關懷國內人權議題，提出一個符合正義的社會藍圖，並進行社會改進與行動【丙】：環-J4 了解永續發展的意義（環境、社會、與經濟的均衡發展）與原

則【丁】:家-J5 了解與家人溝通互動及相互支持的適切方式(A)甲乙 (B)丙丁 (C)甲丁 (D)乙丙

【新北市109國中教甄,第15題】

（43-45 題）情境描述:
資源班黃老師正在撰寫課程計畫,其中「十二年國民基本教育-特殊需求領域課程綱要」為他的重要參考書目之一;請試回答下列問題。

( )43.黃老師欲開一門課,其課程內涵所訂的學習目標如下所示。請問若依課程綱要內容,其課程名稱應訂定為何者較為適當?課程目標：1.能依據步驟組合完成成品。2.能依據工作要求維持作業速度,在時限內完成工作。3.能熟悉適性輔導安置能力評估的考試內容與方式。(A)學習策略 (B)職業教育 (C)功能性動作訓練 (D)以上皆可

【新北市109國中教甄,第16題】

( )44.如果黃老師在編寫課程計畫時,想更清楚地了解該門課應協助學生發展出哪些認知歷程、行動能力與態度;則應優先翻找課程綱要的哪些內容,以取得最直接的資訊?(A)學習表現 (B)學習內容 (C)能力指標 (D)行為目標

【新北市109國中教甄,第17題】

( )45.若黃老師想將議題融入課程當中,則下列觀點何者正確?
【甲】:議題融入有助於解決學習零碎的問題【乙】:設計時必須思考議題與核心素養間的關聯【丙】:每一課程領域以融入單一議題為限【丁】:自我擁護(self-advocacy)可融入人權議題 (A)甲丁 (B)乙丙 (C)甲乙丁 (D)甲乙丙丁

【新北市109國中教甄,第18題】

( )46.特殊需求領域課程之各科目的學習重點,包含下列哪些部分?(A)學習表現和學習內容 (B)學習結果、學習表現和學習內容 (C)學習表現和學習評量 (D)學習內容、學習表現和學習評量

【桃園市 109 國小及學前特教-B,第 17 題】

( ) 47.根據《十二年國民基本教育特殊教育課程實施規範》,國民小學之「彈性學習課程」所含括的課程,下列哪一項為非?(A)統整性主題/專題/議題探究課程 (B)特殊需求領域課程 (C)社團活動與技藝課程 (D)領域學習課程

【桃園市 109 國小及學前特教-B,第 43 題】

( )48.根據《十二年國民基本教育特殊教育課程實施規範》,下列 有關各類身心障礙學生學習內容的調整,哪一項敘述有誤?(A)「簡化」

指降低各教育階段之各領域/科目之學習表現 及學習內容的難度 (B)「替代」係將該教育階段或跨教育階段之各領域/科目 之學習表現及學習內容，重新詮釋或轉化成生活化、功能化的目標與學習內容 (C)「分解」代表將各教育階段之各領域/科目之學習表現 及學習內容分解為數個小目標或學習內容，在不同的學習階段或雖在同一個學習階段但予以分段學習 (D)「減量」為減少各教育階段之各領域/科目之學習表現 及學習內容的部分內容

【桃園市 109 國小及學前特教-B，第 44 題】

（ ）49.根據《十二年國民基本教育特殊教育課程實施規範》，身心障礙學生應依學生之個別需求，彈性調整課程。下列何者彈性課程規劃不能調整？(A)學習總節數/總學分數 (B)學習內容、學習歷程、學習環境及學習評量 (C)提供之部定各領域/科目之節數/學分數 (D)提供之特殊需求領域/科目之節數/學分數

【桃園市 109 國小及學前特教-B，第 33 題】

（ ）50.根據《十二年國民基本教育特殊教育課程實施規範》，下列哪一個是特殊教育課程調整的適用對象？(A)特定領域/科目有學習功能缺損/優異者 (B)特殊教育法界定的十三種障礙類別 (C)有認知功能缺損/優異者 (D)接受全抽型特教服務的身心障礙學生

【桃園市 109 國小及學前特教-B，第 36 題】

（ ）51.大雄是安置在國中部普通班的輕度障礙學生，蔡老師想依據《十二年國民基本教育身心障礙相關之特殊需求領域課程綱要》內容，為大雄編寫IEP，下列何者較符合自我決策中自主行為的學習表現?甲、能自我調適，紓解不穩定情緒乙、能肯定自己的能力與表現丙、能從他人觀點檢視自己的表現水準丁、能省思先前決定的結果，必要時加以調整(A)甲丙 (B)乙丁 (C)乙丙 (D)甲丁

【新竹市 109 國中教甄，第 2 題】

（ ）52.為利於融入其他學習領域實施，以下那些特殊需求領域課程的科目劃分為五個階段？(A)社會技巧、學習策略 (B)職業教育、生活管理 (C)學習策略、生活管理 (D)社會技巧、溝通訓練

【新竹市 109 國中教甄，第 20 題】

（ ）53.特教老師因應社交媒體的假新聞很多，學生容易上當，特參考特需課程綱要的學習表現「運用科技媒體接收他人的訊息，以及解讀科技媒體訊息上的意義。」設計課程，請問這個學習表現是屬於哪一個特需課程？(A)輔助科技 (B)生活管理 (C)學習策略 (D)社會技

巧訓練

【新竹市 109 國中教甄，第 48 題】
（　）54.若參照自閉症的鑑定基準，下列何者是此類學生較普遍需要的特殊需求領域課程？ (A)生活管理、學習策略 (B)社會技巧、溝通訓練 (C)生活管理、定向行動 (D)學習策略、輔助科技應用

【臺北市 110 國小教甄，第 46 題】
（　）55.某國小資源班教師經評估後，確認有多位身心障礙學生需要加強自我決策的態度與能力，該教師可以為這些學生安 排何種特殊需求領域課程？ (A)學習策略 (B)溝通訓練 (C)職業教育 (D)生活管理

【臺北市 110 國小教甄，第 47 題】
（　）56.為符應《身心障礙者權利公約》的精神，在《十二年國民基本教育-特殊教育課程實施規範》中，揭示哪兩大理念? (A)適性揚才、終身學習 (B)家長參與、社區本位 (C)自我決策、生涯轉銜 (D)通用設計、合理調整

【臺北市 110 國小教甄，第 37 題】
（　）57.依據《十二年國民基本教育課程綱要總綱》，身心障礙相關之特殊需求領域課程在國小階段屬於何種課程？ (A)部定課程 (B)領域學習課程 (C)彈性學習時間 (D)彈性學習課程

【臺北市 110 國小教甄，第 38 題】
（　）58.依據我國「十二年國民基本教育課程綱要總綱」的實施要點強調教師專業發展的重要性，下列何者不屬於專業的認定規準？ (A)具有高深的知識與技能(B)不斷的在職進修和與時俱進(C)強調科層化的績效管理(D)相當的獨立自主性

【中區聯盟 111 國小教甄，第 30 題】
（　）59.下列哪一個特殊需求領域科目並非以「初階 vs. 進階」方式規劃不同階段之學習重點？ (A)學習策略 (B)點字 (C)生活管理(D)溝通訓練

【中區聯盟 111 國小教甄，第 25 題】
（　）60.下列何者不屬於「身心障礙相關之特殊需求領域課程綱要」之「點字」科目的學習表現向度？(A)點寫技能(B)倡議宣導(C)摸讀技能(D)感覺訓練

【中區聯盟 111 國小教甄，第 41 題】
（　）61.根據「身心障礙相關之特殊需求領域課程綱要」規劃相關學

習內容，下列敘述何者較為適切？ ①上生活管理課時，教導學生在廚房直接使用微波爐烹調某一項食品②上社會技巧課時，教導學生根據自己的喜好並且主動爭取加入團體③上溝通訓練課時，教導學生排隊、輪流等待、與人說話時眼睛注視對方④上學習策略課時，教導學生列出作業的項目並在已完成的作業旁邊做記號(A)①②③ (B)①②④ (C)①③④ (D)①②③④

【中區聯盟 111 國小教甄，第 43 題】

（　）62.依據《十二年國民基本教育身心障礙相關之特殊需求領域課程綱要》，「接受自己的性別氣質，保護自己並尊重他人 的身體自主權。」是屬於生活管理的哪一個學習表現向度？(A)自我照顧 (B)家庭生活 (C)社區參與 (D)自我決策

【臺北市 111 國小教甄，第 27 題】

（　）63.根據《十二年國民基本教育特殊教育課程實施規範》中的身心障礙學生課程設計與發展原則，以下敘述何種組合正確？ (甲)需依學生能力及需求適性設計 (乙)需符合最少限制與融合教育的原則 (丙)需採專業團隊方式協助學生發展優勢能力 (丁)需符合教材彈性鬆綁原則以與一般學生學習目標一致 (A)甲乙 (B)甲丙 (C)甲丁 (D)丙丁

【臺北市 111 國小教甄，第 30 題】

（　）64.依據《十二年國民基本教育身心障礙相關之特殊需求領域課程綱要》，以下組合中，哪些學習表現是呈現視障學生 具備所謂的定向能力？ (甲)能區辨環境中各種聲音 (乙)能區辨環境中不同的味道 (丙)能用腳區辨環境中的地面材質 (丁)有效分析環境中行動所需要的資訊 (A)甲乙丙 (B)乙丙 (C)乙丙丁 (D)丙丁

【臺北市 111 國小教甄，第 32 題】

（　）65.「特殊教育課程實施規範」中有提及臺灣手語，顯示其在特殊教育中的重要性。關於臺灣手語的相關知識中，何者為非？ (A)臺灣手語的「學習表現」有三個向度，分別為：理解、表 達與跨文化溝通 (B)依據《國家語言發展法》，臺灣手語為國家語言之一 (C)臺灣手語與日本手語有關聯 (D)臺灣手語為校定課程

【桃園市 111 國小教甄-B，第 36 題】

（　）66.依據《十二年國民基本教育身心障礙相關之特殊需求領域課程綱要》中學習策略科目，身為國小資源班教師，應在課程中融入哪些學習表現指標並做教學，方能有效協助學生發展後設認知策略？

(甲)提示下維持專注 (乙)依據指示標記學習重點 (丙)主動依時限完成作業或考試 (丁)發現並留意自己學習時常犯的錯誤 (A)甲乙 (B)甲乙丁 (C)丙丁 (D)乙丙丁

【臺北市 111 國小教甄，第 33 題】

(　)67.關於《十二年國民基本教育身心障礙相關之特殊需求領域課程綱要》之敘述，下列何者錯誤？(A)各科目間的階段劃分並不一致 (B)各科目並非都對應有三面九項的核心素養具體內涵 (C)其適用對象並非侷限於某科目僅適用於特定類別的學生 (D)特殊需求課程在國小階段屬於校訂課程之彈性學習時間

【臺北市 111 國小教甄，第 20 題】

(　)68.關於身心障礙學生特殊需求領域課程的敘述，下列何者最為適切？(A)生活管理與社會技巧不宜合併排課 (B)可視需要將點字融入國語和數學課程中實施 (C)溝通訓練係以聽覺障礙和語言障礙學生為主 (D)輔助科技應用的學習重點分為初階和進階

【臺北市 111 國小教甄，第 42 題】

(　)69.依據現行《十二年國教身心障礙之特殊需求領域課程綱要》，集中式特教班教師需要觀察到以下哪些學習表現，方能在個別化教育計畫中，載明班上身心障礙學生在生活管理上已有自我決策的能力表現？甲、具備自我激勵能力 乙、具備獨立行動的能力 丙、能解決日常生活的問題 丁、能表現合宜的用餐禮儀與協助餐後整理 (A)甲乙 (B)甲丙 (C)乙丙 (D)丙丁

【新北市 111 國小暨幼兒園教甄，第 32 題】

(　)70.根據《特殊教育課程實施規範》，當學生在某一特定領域因身心障礙影響，導致其學習功 能輕微缺損，該領域之課程可以進行哪些調整？甲、調整該領域之節數 乙、抽離式教學 丙、外加式課程 丁、原班課程調整 (A)甲乙 (B)乙丙 (C)丙丁 (D)甲丙

【新北市 111 國小暨幼兒園教甄，第 49 題】

(　)71.依據現行《十二年國教身心障礙之特殊需求領域課程綱要》，某輕度智能障礙學生在訊息 理解上有困難，資源班教師宜優先教導其下列何種策略？(A)視情境主動回應他人 (B)理解常用指令與基本句型 (C)表達正確且符合情境的訊息 (D)發展出個人適切的溝通模式

【新北市 111 國小暨幼兒園教甄，第 56 題】

(　)72.依據現行《十二年國教身心障礙之特殊需求領域課程綱要》，資源班教師可以從以下何種學習表現中，了解班上身心障礙學生已發

展出後設認知學習策略？(A)能透過提示將新訊息和舊經驗結合 (B)願意接受指正，改善不適當的學習行為 (C)整理自己學習時常犯錯誤並列出可能解決方法 (D)可以在提醒下完成自己課前和課後的學習工作

【新北市 111 國小暨幼兒園教甄，第 57 題】

(　)73.下列有關《十二年國民基本教育─特殊教育課程實施規範》對於身心障礙教育推動理念的敘述，何者才是正確的？(A)為落實融合教育，採取不分類方式設計課程且一體適用各種安置情境的學生 (B)為因應學生特性，提供補救性課程以彌補因身心障礙所導致的特殊學習需求 (C)為強化個別輔導，重視特殊教育課程計畫書與個別化教育計畫間的密切結合 (D)為實踐適性教學，藉由簡　化、減量、分解三大措施進行課程與教學合理調整

【新北市 111 國小暨幼兒園教甄，第 60 題】

(　)74.根據民國 108 年之「特殊需求領域課程綱要」中所述，「點字」科目之學習表現共有三個向度。以下何者為非？(A)點寫技能 (B)摸讀技能 (C)倡議宣導 (D)點字規則

【桃園市 111 國小教甄- B，第 15 題】

(　)75.教導學生「分配考試作答的時間和順序」，屬於「特殊需求領域課程綱要」「學習策略」科目中，學習表現的哪個向度？(A)提升認知學習 (B)提升動機與態度 (C)運用環境與學習工具 (D)發展後設認知策略

【桃園市 111 國小教甄- B，第 16 題】

(　)76.「十二年國民基本教育課程綱要」訂有三大面向與九大項目核心素養，請問下列何者不屬於同一核心素養面向？(A)符號運用與溝通表達 (B)科技資訊與媒體素養 (C)多元文化與國際理解 (D)藝術涵養與美感素養

【桃園市 111 國小教甄- B，第 18 題】

(　)77.「特殊教育課程實施規範」中對於教師專業發展的說明與解釋，何者正確？(A)教師可透過校內專業學習社群提升自身專業知能，但並不鼓勵跨校 (B)為提升對不同文化背景之特殊生之教學與輔導能力，教師應充實評量診斷之能力 (C)每位特殊教育學校校長及特殊教育教師每學期應至少公開 授課一次 (D)因應本土語文/臺灣手語/新住民語文的教學情境需求，教 師教學發展應加強多元教學策略的運用

【桃園市 111 國小教甄-B，第 25 題】

（ ）78.「十二年國民基本教育身心障礙相關之特殊需求領域課程綱要」中的「學習策略」的學習內容中，各主題皆可分為五大階 段。請問下列何者不屬於同階段的「認知策略」主題？(A)訊息中的重要項目或重點 (B)反覆練習策略 (C)學習或文章內容脈絡 (D)學習內容的延伸聯想

【桃園市 111 國小教甄-B，第 27 題】

（ ）79.依據我國現行「特殊教育課程實施規範」，個別化教育計畫團隊進行調整措施的評估客觀標準不包含下列何者？(A)為該身障生實現之權利符合比例性 (B)與有效實現該身障生權利、目的具相關性 (C)不會危害學校運作、生存在經濟上的可行性 (D)教師排課時需考量授課與專業的連結性

【桃園市 111 國小教甄-B，第 31 題】

（ ）80.鄭老師想依據「十二年國民基本教育身心障礙相關之特殊需求領域課程綱要」內容，為小新編寫IEP，下列何者較符合自我決策中自主行為的學習表現？ 甲、能察覺自己與他人對自己的看法或態度 乙、能表達對生涯規劃的想法，並與他人討論 丙、能爭取自我表達、決定或行動的機會 丁、依據工作環境與型態調整工作項目(A)甲丙(B)乙丁(C)乙丙(D)甲丁

【中區聯盟 111 國小教甄，第 12 題】

【參考答案】

1	2	3	4	5	6	7	8	9	10	11	12
A	C	A	A	C	A	D	B	C	B	D	C
13	14	15	16	17	18	19	20	21	22	23	24
D	A	A	B	A	A	D	B	B	D	A	A
25	26	27	28	29	30	31	32	33	34	35	36
D	C	D	C	A	A	C	A	C	D	D	B
37	38	39	40	41	42	43	44	45	46	47	48
C	A	D	C	C	A	B	A	C	A	D	A
49	50	51	52	53	54	55	56	57	58	59	60
A	A	B	A	D	B	D	D	D	C	A	D

61	62	63	64	65	66	67	68	69	70	71	72
B	B	A	A	D	C	D	B	B	C	B	C
73	74	75	76	77	78	79	80				
C	D	D	C	D	D	D	C				

第四章 特殊教育人員與程序(含 IEP)

壹、特殊教育工作上的專業人員

特殊教育可能需要教育領域以外的專業人員。有些專業人員直接跟學生工作，有些則在於決定學生是否有障礙，其他專業人員則提供間接支持。

一、特殊教育教師

特殊教育教師是提供每日教學和其他支持的專業人員。他們要負責學生個案管理的工作。這類教師在特殊教育情境上服務，如巡迴輔導班、資源班、集中式特殊班和特殊教育學校，但他們也可能部份時間在普通班服務。

二、特殊教育相關專業人員

(一)學校專業輔導人員

他們是服務所有學生(含身心障礙學生在內)的專業人員。他們的服務方式為專業諮商、家庭訪問、巡迴督導等 (http://edu.law.moe.gov.tw/)：

(二)教育解釋員

他們須了解聽覺障礙領域和這類學生的需求，也需熟悉所有學校課程的範圍。

(三)學校護士

她們通常是負責學校內的所有學生疾病預防及健康促進之護理照顧。針對身心障礙學生，學校護士也可能被要求解釋醫學資料，擔任家庭和學校人員之間的聯繫。

(四)語言治療師

這類專業人員可參與學校語言障礙學生的評量和教學，負責評鑑學生的溝通能力、轉介學生給其他的專家、提供服務與諮詢兒童。

(五)職能治療師

他們會透過評估、會談，了解個案生理、心理及社會等三方面的功能，然後透過一連串設計過的活動，讓個案從中學習、練習或加強、改善各種生活技能和心態，以健全生活。他們也會透過各式輔具、義

肢等設備來改善或代償個案失能部分，以確保個案生活或就業能力。

(六)物理治療師

物理治療是以一種預防、治療、及處理因疾病或傷害所帶來的動作問題的醫療專業。物理治療師所擅長的包含疼痛處理、肌力訓練、關節活動度的增進、心肺功能訓練、小兒物理治療等。他們會以適切評估，然後提供對身心障礙學生最適當的物理治療手段和訓練方法。

(七)社會工作師

社會工作師依社會工作專業知識與技術，協助個人、家庭、團體、社區，促進、發展或恢復其社會功能，謀求其福利的專業工作者。社會工作師是一種協同教育人員，家庭和外在機構人員一起努力的專業人員，以確保接受到他們所需的支持。例如：社會工作師可在發現學生有家庭暴力時與家庭成員聯繫，以及如果問題持續，專業人員會接觸適當的社會機構來確保學生福祉。

(八)醫師

我們從學生的醫師及其他醫學專家之處，可獲得有關學生的醫學資料。此一資料可能包括視力和聽力篩選的結果、以及學生目前的身體狀況。

三、其他特殊教育服務之相關人員

(一)各教育階段學校普通教育教師

許多身心障礙學生接受部分或全部的教學在高中、國中小的普通班級內，普通教育教師是特殊教育小組的核心成員。他們是了解年級水準之課程期望的專業人員，他們管理普通班級的教室環境，以及他們通常負責實施通用學習計畫實務，以促使不同學習者能夠成功。

(二)半教育人員

又可稱為半專業人員。他是在教師或其他學校人員指導下，協助傳達身心障礙學生服務的教育人員。目前國內的半教育人員包含 **教師助理員**和**特教學生助理人員**。前者的工作職責為在教師督導下，配合教師教學需求，協助班級學生在校之學習、評量與上下學及校園生活等事項。後者則是在教師督導下，提供個別或少數學生在校之生活自理、上下學及其他校園生活等支持性服務。

(三)學校行政人員

在學校中，特殊教育要能充分發揮功能，光靠普通教育和特殊教育教師是不足夠的，還需要學校各處室行政人員的支持與協助，才能有效發揮特教行政團隊整合的效果。

(四)父母

學生的父母或主要照顧者是非常重要的。學生的父母有維護其兒童的權利，他們能告訴你學生在學校以外的生活。就像專業教育人員一樣，你能學習到最重要的事情之一就是仔細傾聽，而不是評論學生的家長對於其考量兒童優勢和需求上的看法。

貳、學生如何符合接受特殊教育服務？

一、初步考量學生的問題

父母有時會提出有關其孩子在班級成就表現上的問題，但是普通教育教師是最可能表達關心學生是否合於接受特殊教育服務決定過程的專業人員。

(一)介入支持

國內針對這類學生則會進行轉介前的介入，以確認學生是否真的有問題，而需要進一步的轉介。

(二)轉介

如果介入支持小組的討論形成共識或家長、普通班教師懷疑學生的困難嚴重到須考量特殊教育，則會在提供任何服務之前，完成相關資料並轉介學生進行完整的評量。

二、特殊教育篩選和評量

個案轉介後，學校特殊教育組或特殊教育資源中心之心理評量小組會開始進行篩選和鑑定評量。身心障礙或資賦優異都包含多種類別，心理評量小組會依據個案轉介的類別來進行專業評估。

(一)評量要素

我國《身心障礙及資賦優異學生鑑定辦法》詳細描述了疑似障礙學生應予評量的特定範圍及鑑定基準(http://law.moj.gov.tw/)。無論如何，法令指出特殊教育學生須經專業評估及鑑定具學習特殊需求，以決定其生理/心理之障礙，須特殊教育及相關服務措施之協助。身心障礙方面的學生，鑑定應採多元評量，依學生個別狀況採取標準化評量、直

接觀察、晤談、醫學檢查等方式，或參考身心障礙手冊（證明）記載蒐集個案資料。評量會探討這些領域：

■視力和聽力篩選。學校護士通常會做例行性檢核。如果篩選有這方面的需求，則會在施行其他形式的評量之前，先轉介學生的家庭至適當的醫學專家。

■智能。通常使用智力測驗來評量學生的智力，這是由受過特殊訓練且取得證書的專業人員所提供的一種評量形式。

■成就表現。接受特殊教育服務資格的學生，通常會完成各種不同的成就評量。這種評量因素有助於小組決定學生目前在學校的學習水準。

■情緒和行為。通常運用情緒或行為量表、不同情境表現及參考精神科醫師之診斷來認定。

■溝通。通常採取溝通或語言量表及醫院語言治療師的診斷來認定。

■發展史。專業人員通常透過家庭背景和任何發展上的遲緩、病痛或學生在幼兒時期體驗到的傷害，來了解學生的特殊需求。

■其他所需的領域。依據學生正體驗到的困難與疑似的身心障礙領域，也可以完成其他的 評量。

(二)父母的權利

在討論任何事情之前，詳細探討父母在各面向特殊教育上代表其子女的權利是相當重要的。就學生評量來說，依據美國《障礙者教育法案》，父母有以下這些權利(Friend, 2013)：

■要求及同意其孩子的個別施測。

■書面通知。

■讓其孩子接受最為熟悉語言的施測。

■讓其孩子接受免費的、適當的公立教育。

■讓其孩子在最少限制的環境下接受教育。

■一旦學校提出下列任何主張：重新評鑑、改變學生的安置、評鑑其孩子的決定，或爭議性安置改變的決定等，皆須以書面通知。

■在 45 日的要求內，可接近其孩子的教育記錄。要求改變他們

認為不正確的資料，以及同意非直接服務孩子的其他任何人能取用其記錄。

■持續向父母報告其孩子的進展情形，頻率至少應與一般學生的父母類似。

相較於國內的特殊教育法及其相關子法雖然沒有規範到如此詳盡，但除了「在 45 日的要求內，可接近其孩子的教育記錄。要求改變他們認為不正確的資料，以及同意非直接服務孩子的其他任何人能取用其記錄」之外，上述其他權利在法令或實務上皆已涵蓋括在內了。

三、作特殊教育上的決定

在疑似身心障礙學生完成多元評量後，鑑定小組會共同做出三項關鍵性決定(張世彗，2020)：

■學生是否有障礙？

■障礙是否不利於教育上的成就表現？

■學生需透過怎樣的安置方式來接受特殊教育及提供怎樣的相關服務？

針對第一項決定，小組成員會綜合研判所蒐集到資料，以決定學生是否有《身心障礙及資賦優異學生鑑定辦法》所述之一種身心障礙。若小組決定學生有障礙，第二項決定為此種障礙是否不利於學生教育上的成就表現。這通常只是個案，而非總是如此。例如，小明可能有醫學症狀而明確的顯現障礙，但症狀可以受到藥物控制而沒有產生明顯的副作用。小明有障礙而可能須採取步驟，確保他在學校時能夠接觸到服藥，但是不需接受特殊教育。

小組成員要做的第三項決定為學生需透過怎樣的安置方式來接受特殊教育，及提供怎樣的相關服務。通常，若發生有障礙且影響到其學習，將會依其評量的特殊需求來提供教育安置：普通班、集中式特教班、巡迴輔導或分散式資源班，以及相關服務和輔助性支持。基本上，所有上述的決定會在單一鑑定小組會議中決定，並且書面通知家長。

四、擬定個別化教育計畫

如果鑑定小組成員決定學生符合接受特殊教育，接著特殊教育教師就必須在學校開學後一個月內，為身心障礙學生擬訂**個別化教育計畫**(individualized education program, IEP)。這份書面文件總結了所有蒐集到有關學生的資料，安排學生在下一學期或學年將學習什麼的期望，並規範學生接受特殊教育服務的數量和形式。

五、監督學生的進展情形

特殊教育作決定的過程並不會停止於教育性安置的決定。我國《特殊教育法施行細則》明示了身心障礙學生的 IEP，每學期應至少檢討一次，以確保學生的方案和安置維持適當。

六、什麼是 IEP

IEP 是整個策略的一部分，設計來傳遞適合 3 歲以上學生的個別需求。達到 IEP 階段時，表示已取得同意，執行了評量和做出了障礙決定和教育安置，現在我們處於發展 IEP 的時刻。學者指出最好將 IEP 視為是一種管理或計畫工具，確保身心障礙兒童接受到適合其獨特需求的個別化教育(Bateman & Linden, 2006)。

每位接受特殊教育服務的身心障礙學生都會有一份書面文件：IEP，而且這份文件每學期須評估和更新。IEP 是學生接受服務的藍圖，它闡明了這些支持的型式和數量(Kamens, 2004)。提供參與每位學生服務的成員一份指引，以及在 IEP 上包含《特殊教育法施行細則》所清楚設定的成份。

(一)參與訂定 IEP 之人員

IEP 通常包含下列成員：

■特殊教育教師（身心障礙類）。

■普通教育教師。

■學校行政人員。

■父母。

除上述人員之外，必要時，得邀請下列人員參與訂定：

■相關服務或專業人員。

■學生本人。

(二)IEP 所需的要素

　　就國內而言，雖然各直轄市和縣市所要書寫的 IEP 格式不盡相同，不過《特殊教育法施行細則》第 9 條則清楚地明示 IEP 須包括下列要素：

　　　　■學生能力現況、家庭狀況及需求評估

　　　　■學年與學期教育目標、達成學期教育目標之評量方式、日期及標準

　　　　■學生所需特殊教育、相關服務及支持策略

　　　　■具情緒與行為問題學生所需之行為功能介入方案及行政支援

　　　　■學生之轉銜輔導及服務內容，包括升學輔導、生活、就業、心理輔導、福利服務及其

　　　　他相關專業服務等項目

參、特殊教育學生應接受的服務是什麼？

　　如果鑑定小組成員決定學生符合接受特殊教育的資格後，就須決定學生最可能教育成功的情境，也就是教育安置的方式。IEP 要素建立了學生將完整接受教育範圍的明確期望。雖然融合教育思潮風起雲湧，惟每位學生的需求並不盡相同，所以特殊教育連續性安置仍是可行的，以致所有學生能夠接受到適當的教育(Kauffman, McGee, & Brigham, 2004)。

一、特殊教育連續性安置

　　沒有一種教育情境是適合因應所有身心障礙學生的需求，資賦優異學生也有類似情形。過去幾十年來，教育服務連續體的概念已經是我國特殊教育組織的一部分，在美國現今也是如此。Deno (1970)曾依據雷諾(Reynolds)之安置選項範圍的概念加以擴展和精緻化，建構一個提供情境連續體或階梯狀系列的模式，如圖 4-1。這項模式的關鍵特徵為特別安置只是短暫性的；模式運作是自由移動且具有彈性的。一旦學生的需求改變，環境也應該跟著改變。

　　在這個模式上，普通班被視為是最正常化的情境與最少限制的選項，很多學生在這個環境上接受教育服務。脫離普通班應該只有發生在學生需要接受更為適當教育的安置場所時。圖 4-1 之每一較高層次

代表漸進性限制更多的情境。階層往上移動通常會造成服務人數較少且較為重度障礙學生，更多密集性服務。不過，目前在普通班提供密集支持的頻率有逐漸增加。最上層的環境被視為最具限制性和最少正常化，惟它可能是特定個體最適當的安置。

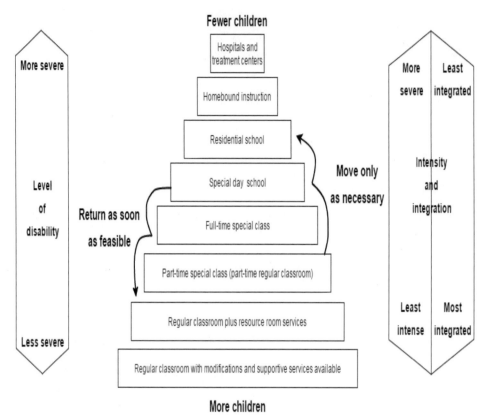

圖 4-1 服務傳遞選項的階梯狀系列的模式

　　因為這項教育身心障礙學生連續性體制的範圍介於最少限制至最多限制之間，它包含下列情境：

(一)普通班

　　普通班的安置是身心障礙學生最少限制的選擇。身心障礙學生成功統合在普通班需要完整的配套措施。光是安置在普通班並不足以確保學業成就或社會性接納。

(二)分散式資源班

分散式資源班簡稱資源班,是指學生在普通班就讀,部分時間接受特殊教育及相關服務。它介於普通班與集中式特殊教育班之間的特殊教育服務型態,服務對象以不分類輕度障礙學生為主。資源班主要是為就讀普通班而在學習和適應上有明顯困難,而需要特殊教育服務的學生而設置的。資源班不但能提供特殊教育學生個別化的服務,又可以提供與普通班學生最大可能的共同學習與互動的機會,且能降低標記作用。因此,資源班可說是目前隔離最少又能從特殊教育中獲益的一種教育安置方式。

(三)巡迴輔導班

巡迴輔導班指學生在家庭、機構或學校,由巡迴輔導教師提供部分時間之特殊教育及相關服務。

(四)集中式特殊教育班

集中式特殊教育班指學生全部時間於特殊教育班接受特殊教育及相關服務。就身心障礙教育而言,集中式特殊教育班大多安置中、重度以上的身心障礙學生。在集中式特殊教育班可提供高度個別化和仔細監督的密集教學。

(五)特殊教育學校

特殊教育學校指專為身心障礙學生設置之學校,這種類型的學校屬於限制較多,目前臺灣的特殊教育學校皆以收受身心障礙學生為主

(六)住宿機構

住宿機構常提供遠離家庭的全時制安置學生。極少學生有嚴重障礙到須採取此類安置,不過某些個案如果社區缺乏適當機構,且行為極端嚴重,那麼這類住宿機構的安置可能就是學生和家庭最佳的選擇。

(七)在家教育或醫院

在家教育或醫院情境上的兒童通常有需要這些安置的醫學條件。學校會選派教師至這些情境中提供教學。接受床邊教學的學生主要包含以下三種情形:

■臥病治療期間在三個月以上,六個月以下,為免學業中斷,影響康復後上學的學習進度。

■病情嚴重不適宜繼續上學，但須提早準備將來生活適應者。

■臥病於醫院或療養院中，無法離開病床者。

【充電補給站】

※張世彗(2020)。特殊教育導論(第二版)。【PP.49-74】

※孟瑛如等(2021)。特殊教育概論-現況與趨勢（第二版）。【第 3 章】

※吳武典、林幸台等(2020)。特殊教育導論。【第 4 章】

歷屆教師甄試試題
【(特殊教育人員與程序(含 IEP)】

【特殊教育人員與程序】

(　　)1.除下列哪兩種發音方法外,幼童若已年滿四歲,仍有多數音發不清楚的情形,即應盡早尋求構音問題的專業語言治療?(A)塞音、塞擦音 (B)擦音、塞擦音 (C)擦音、鼻音 (D)鼻音、邊音

【桃園市 105 國小及學前特教-C,第 29 題】

(　　)2.依據現行法規,特教教師在將專業團隊中職能治療意見融入個別化教育計畫(IEP)內時,下列關於兒童職能治療的動作訓練原則敘述何者是正確的?(A)從有意識動作開始訓練,之後才訓練無意識的動作 (B)先建構出全身性整體動作,之後再訓練準確且專門化的動作 (C)從腳部動作開始訓練,而頭部動作的建構則是最後才完成 (D)從手部精細動作開始訓練,最後建構的是靠近身體中線的平衡動作

【中區聯盟 105 國小教甄,第 32 題】

(　　)3.身心障礙學生需要前庭覺訓練以改善知覺動作問題,學校應為該生申請何種相關專業人員到校服務?(A)物理治療師 (B)職能治療師 (C)語言治療師 (D)臨床心理師

【臺北市 105 國小教甄,第 36 題】

(　　)4.李老師是學校特教業務承辦人,他要辦理有關身心障礙學生的鑑定、安置、輔導,下列哪一個敘述是正確的做法?(A)有特殊需求的學生,需經家長同意後,才能通報特殊教育學生鑑定及就學輔導會 (B)高級中等教育以下學校應成立特殊教育諮詢會,以處理校內特殊教育學生之篩選、安置、教學及輔導等相關事宜 (C)身心障礙學生之教育安置,應每學期重新評估其教育安置之適當性 (D)身心障礙學生之教育安置,應以滿足學生學習需要為前提下,最多限制的環境為原則

【屏東縣 105 國小暨幼兒園教甄,第 6 題】

(　　)5.下列有關特教學生助理人員哪一項描述是錯誤的?(A)服務具重度以上障礙程度或學習生活上有特殊需求之身心障礙學生 (B)服務具中度以上障礙程度或學習生活上有特殊需求之身心障礙學生 (C)提供個別學生在校之生活自理、上下學及其他校園生活等支持性服務 (D)提供少數學生在校之生活自理、上下學及其他校園生活等支持性服務

【屏東縣 105 國小暨幼兒園教甄，第 3 題】
（　　）6.特教專業團隊運作中，針對感覺統合治療規劃與治療主要是何種人員的職責？(A)物理治療師 (B)職能治療師 (C)臨床心理師 (D)語言治療師

【中區聯盟 106 國小教甄，第 4 題】
（　　）7.下列關於跨專業團隊的敘述，何者為錯誤？ 甲.跨專業團隊在擬定個案教育計畫時會考量融合其他專業者的計畫 乙.跨專業團隊是個別專業成員獨立對個案進行評估 丙.跨專業團隊永遠知道什麼是服務對象的最佳介入方式 丁.跨專業團隊運作中，通常會受到專業人員位階與權力差異的影響 戊.跨專業團隊模式強調專業間要避免跨領域學習，以免妨礙各自專業的發展 (A)甲丙丁 (B)乙丙丁 (C) 乙丙戊 (D)丙丁戊

【屏東縣 106 國小暨幼兒園教甄，第 14 題】
（　　）8.國小集中式特教班某位學生因手部動作問題，需要使用改良式湯匙和碗盤，學校應為他申請何種相關專業人員到校評估？(A)職能治療師 (B)物理治療師 (C)語言治療師 (D)臨床心理師

【臺北市 106 國小教甄，第 30 題】
（　　）9.特殊教育服務是屬於專業團隊服務模式，下列哪些描述符合團隊成員與專長任務？ 1.職能治療師：運用聲、光、電、熱、徒手操作治療，來評估治療功能失常患者 2.物理治療師：運用活動作為治療媒介，如感覺統合治 療，促進個體發展重建日常生活 3.臨床心理師：負責心理與教育測驗評估分析與解釋，規劃管理學生的心理服務方案 4.語言治療師：發現與改善兒童語言障礙等問題 5.兒童心智科醫師：負責性格、行為情緒異常診斷，評 估兒童的精神狀態 (A)345 (B)1345 (C)2345 (D)12345

【桃園市 106 國小及學前特教-C，第 43 題】
（　　）10.某位國小多重障礙學生因手部動作能力之限制，需要餐具使用和握筆技巧訓練的諮詢，學校應申請哪一類相關專業服務較為適切？(A)物理治療 (B)職能治療 (C)語言治療 (D)心理治療

【臺北市 107 國小教甄，第 24 題】
（　　）11.請問「各專業團隊成員共同分工與資料分享」是屬於下列何種專業團隊運作模式？(A)專業間團體整合模式 (B)跨專業整合模式 (C)多專業團隊模式 (D)專業團隊模式

【桃園市 107 國小及學前特教-C，第 29 題】

( )12.資源班林老師對於一位剛升上六年級具有潛在網路遊戲成癮學障生「雪崩式」學業表現感到憂心忡忡,為了提供該生有效的正向行為支持,林老師最適合徵詢下列哪一種專業人員的意見? A)臨床心理師 (B)語言治療師 (C)職能治療師 (D)社會工作師

【屏東縣 107 國小暨幼兒園教甄,第 8 題】

( )13.有些學習障礙學生會有動作協調困難、動作緩慢、生活自理能力顯著低於同儕,這些學生可能需要哪類專業服務?(A)學校社工 (B)職能治療 (C)語言治療 (D)物理治療

【屏東縣 107 國小暨幼兒園教甄,第 40 題】

( )14.當學生有下列何種需求時,可以申請「物理治療」相關專業服務?【甲】:體力不足,走 20 公尺就累了【乙】:生理因素導致走路步態怪異【丙】:有過高頻率的自我刺激行為【丁】:無法採用蹲姿如廁 (A)甲乙丙丁 (B)甲乙丁 (C)乙丁 (D)甲丙

【新北市109國中教甄,第12題】

( )15.下列何者為特殊教育學生助理人員的職責?(A)協助教師處理學生偶發狀況,如:癲癇 (B)替學生至特教通報網申請相關專業服務 (C)單獨設計並執行教學活動 (D)以上皆是

【新北市109國中教甄,第51題】

( )16.關於定向與行動之概念,何者錯誤?(A)低視能者(low vision)也需要定向行動訓練 (B)「定向」與「行動」二者有不同的含義 (C)定向行動佳的視障者便能在有障礙環境暢行無阻 (D)視覺障礙巡迴輔導老師可提供定向與行動訓練直接教學

【新北市109國中教甄,第39題】

( )17.某位腦性麻痺幼兒無法自行上下樓梯、在變換身體姿勢和走高低不平的路面也有顯著困難,校方適於為他申請何種相關專業人員到校服務? (A)物理治療師 (B)職能治療師 (C)語言治療師 (D)臨床心理師。

【臺南市 109 國小暨幼兒園教甄,第 20 題】

( )18.特教巡迴輔導教師與班級教師各有專業,藉由合作過程持續進行專業對話,這是屬於巡迴輔導教師的何種角色?(A)主導教練 (B)專家教練 (C)互惠教練 (D)同儕教練。

【臺南市 109 國小暨幼兒園教甄,第 31 題】

( )19.特殊教育教師所應扮演的角色為何? 甲、鑑定與診斷 乙、教學 丙、溝通和諮詢 丁、計畫與評鑑 (A)甲乙丙 (B)乙丙丁 (C)甲

乙 (D)甲乙丙丁。

【臺南市 109 國小暨幼兒園教甄，第 93 題】

（　）20.下列何者不是教師在藥物介入計畫中需要做的工作？ (A)檢視藥物介入法與其效果 (B)紀錄無效的非藥物介入法 (C)嘗試非藥物介入方法 (D)建議適合的藥物介入法。

【臺南市 109 國小暨幼兒園教甄，第 94 題】

（　）21.特殊教育相關專業服務的方式，較應採何種方式為主？(A)抽離個別訓練 (B)抽離小組訓練 (C)外加補救教學 (D)入班合作諮詢

【臺北市 109 國中教甄，第 59 題】

（　）22.某國中自閉症學生出現持續轉圈的自我刺激行為，且常因對衣服質料特別敏感而有不當的情緒反應，針對該生的這些問題，學校應申請下列何種相關專業服務？(A)社工師 (B)物理治療 (C)職能治療 (D)語言治療

【臺北市 109 國中教甄，第 61 題】

（　）23.某國小腦性麻痺學生這學期申請到物理、職能和語言治療各兩小時的專業服務，請問這些治療師到校服務時，較宜採用何種服務模式為主？(A)外加補救教學 (B)抽離小組訓練 (C)抽離個別訓練 (D)入班合作諮詢

【臺北市 110 國小教甄，第 24 題】

（　）24.在輔助科技評估團隊成員中，何者負責特殊需求兒童的職業評量？(A)職能治療師 (B)物理治療師 (C)社會工作人員 (D)復健諮商人員

【中區聯盟 111 國中教甄，第 9 題】

【個別化教育計畫(IEP)】

（　）25.下列有關「個別化教育計畫的短期目標撰寫」，哪一項敘述適當？ (A)練習三位數進位的加法 (B)能正確學習三位數進位及借位的加法減法，正確率達 80% (C)教導 3 項教室規範 (D) 能計算三位數進位的加法，正確率達 90%

【中區聯盟 105 國小教甄，第 11 題】

（　）26.下列那一項「個別化教育計畫」的理念適當？ (A)每一位身心障礙學生，應有一份 IFSP (B) 每一短期目標應包含多個學習結果 (C)短期目標應符合具體可測量之原則 (D)短期目標應撰寫出學習活動

【中區聯盟 105 國小教甄，第 19 題】

（　　）27.以下關於個別化教育計畫(IEP)的說明，哪一項是不正確的？(A)IEP 會議的召開應該預先調查家長方便的時間 (B)IEP 會議每學期應召開一次，由校長主持 (C)IEP 中應包括不同領域的學年和學期目標 (D)特教老師為 IEP 的主要管理者

【屏東縣 105 國小暨幼兒園教甄，第 41 題】

（　　）28.小英目前就讀 A 學校特教班五年級，而 A 學校將於 105 年 9 月 1 日開學。A 學校特教班老師為小英訂定完成 個別化教育計畫的時間應為： (A)105 年 7 月 1 日前 (B)105 年 8 月 1 日前 (C)105 年 9 月 1 日前 (D)105 年 10 月 1 日前

【屏東縣 105 國小暨幼兒園教甄，第 7 題】

（　　）29.有關個別化教育計畫的相關規定，下列敘述何者正確？ (A)每學年至少須檢討一次 (B)學年教育目標不須訂有評量標準 (C)所有學生都應於開學後一個月內訂定完成 (D)每位學生都應訂定行為功能介入方案

【臺北市 105 國小教甄，第 43 題】

（　　）30.小力是安置在特殊班的四年級特殊需求學生。他雖然能生活自理，但書包、抽屜一團亂，經常找不到上課要用的文具或作業簿。下列哪一項是小力個別化教育計畫應包含的學年目標? (A)教導小力愛整潔的觀念 (B)培養小力整理書包的習慣 (C)小力會學習整理書包與抽屜 (D)小力會在放學前自動整理自己的書包與抽屜

【連江縣 106 國小教甄，第 4 題】

（　　）31.下列關於個別化教育計畫中對學生現況能力的描述，哪一個最適合? (A)認知能力還好,近視 500 度,聽覺接收能力不錯 (B)輕微自閉，但智力正常 (C)聰明但是懶惰，家庭功能不彰 (D)優勢是能說出 10 個字以內的完整句子:需求是與人溝通時眼神會注視,但有時會與人靠太 近。

【連江縣 106 國小教甄，第 5 題】

（　　）32.有關高級中等以下學校依規定必須為每位特殊教育學生所提供的資料敘述，下列哪項是正確的？ (A)個別化輔導計畫或個別化教育計畫 (B)特殊教育方案或個別化支持計畫 (C)個別化教育計畫或個別化轉銜計畫 (D)個別化教育計畫或個別輔導計畫

【桃園市 106 國小及學前特教-C，第 41 題】

（　　）33.若就美國提供身心障礙學生適性教育的各項計畫修訂年代分析之，個別化教育計畫 IEP、正向行為處遇計畫 BIP，及個別化轉銜

計畫 ITP 的先後順序排列，何者才是正確的？（A)IEP → BIP → ITP（B)IEP → ITP → BIP（C)ITP → IEP → BIP（D)BIP → IEP → ITP

【屏東縣 107 國小暨幼兒園教甄，第 1 題】

（　）34.某國小正在為一位患有白化症的轉學生召開 IEP 會議，並為該生參與戶外課程時的注意事項進行討論。輔導主任請四位曾帶過此類學生的老師分享經驗，請從中選出最不可行者：【甲師】：「安排同儕輔導。」【乙師】：「讓學生改在室內活動盡量避免曬太陽。」【丙師】：「為學生申請免上體育課。」【丁師】：「讓學生穿長袖長褲避免日光直曬。」 (A)甲師 (B)乙師 (C)丙師 (D)丁師

【屏東縣 107 國小暨幼兒園教甄，第 3 題】

（　）35.美玲是一位重度智能障礙學生，目前就讀於特教學校，無口語能力，多以哭鬧及尖叫方 式表示需求。下列哪兩項需求應優先做為美玲個別化教育計畫學年目標擬訂的依據？ 甲、加強美玲讀寫的能力 乙、提升美玲表達需求的能力 丙、減少美玲尖叫及哭鬧的行為 丁、增進美玲參與同學活動的機會 (A)甲乙 (B)甲丁 (C)乙丙 (D)丙丁

【新北市 107 國小暨幼兒園教甄，第 37 題】

（　）36.下列哪一個目標是較實際可行的個別化教育計畫目標？ (A)小玉在校表現良好達 80% (B)小方開門成功機會達 75% (C)大華會準時參與每週的課外活動 (D)阿芳會表現出適合她程度的體適能

【新北市 107 國小暨幼兒園教甄，第 38 題】

（　）37.甲、國小六年級；乙、國小二年級轉學；丙、國小三年級校內換班；丁、集中式特教班轉安置普通班；戊、普通班轉安置集中式特教班。處於上列各種情況的身心障礙學生，哪些需要於個別化教育計畫中訂定轉銜輔導及服務內容？ (A)甲乙丁 (B)甲乙丙丁 (C)甲乙丁戊 (D)甲乙丙丁戊

【臺北市 107 國小教甄，第 23 題】

（　）38.有關 IEP 的敘述，下列哪一項的敘述是正確的？ (A)是特教學生的「個資」，有關教師對於該項資訊應遵循個資保護法之規定 (B)在學生將進入下一教育階段時，應融入於學生的個別化轉銜計畫 (C)每學期應至少有 3 次檢討會議，包括期初、期中、期末檢討會議 (D)學校的課程發展委員會無權審查

【中區聯盟 107 國小教甄，第 50 題】

（　）39.新修訂之特殊教育課程大綱的四項基本理念之一，課程需與何者結合？ (A)IEP 及 IFP (B)IEP 及 ICP　(C)IEP 及 IGP　(D)ICF 及 IGP

【中區聯盟 107 國小教甄，第 44 題】

（　）40.關於個別化轉銜計畫之內涵，何者錯誤？(A)是IEP的一部份 (B)為非正式的書面文件，可隨時修改　(C)需說明預期的轉銜成果 (D)IEP的教育目標應有助於轉銜目標之達成

【新北市109國中教甄，第47題】

（　）41.王老師要瞭解對小明設計之個別化教育計畫之學期教育目標是否達成，宜採用哪一種評量方法？ (A)常模參照評量(norm reference assessment)　(B)效標參照評量(criterion reference assessment) (C)診斷性評量(diagnostic assessment)　(D)鑑定性評量(identification assessment)

【新北市 109 國小暨幼兒園教甄，第 59 題】

（　）42.小華是一位國小三年級的學習障礙學生，亞型為書寫障礙，資源班王老師在為小華設計個別化教育計畫時，若要實施多元評量，應考量下列哪些要求？ 甲、小華要學習的科目或領域性質 乙、小華的障礙情形 丙、小華的學習優勢及特殊教育需求 丁、小華的教學目標與內容 (A) 甲乙 (B)丙丁 (C)甲丙丁 (D)乙丙丁

【新北市 109 國小暨幼兒園教甄，第 26 題】

（　）43.八年級聽障自閉生小雯接受資源班特教服務，家長於「9 月 10 日受邀至學校開 IEP 會議（甲）」，為更了解小雯的狀況，「學校也邀請聽巡老師參加 IEP 會議(乙)」。 會議中，「針對小雯的自傷行為，擬訂了行為功能介入方案（丙）」，也「調整 小雯英文科課程內容、評量方式與時數（丁）」。請問上述擬訂小雯 IEP 的過程， 何者有誤？ (A)甲 (B)乙 (C)丙 (D)丁

【臺北市 109 國中教甄，第 98 題】

（　）44.個別化教育計畫中的哪一個項目係在說明學生的起點行為？ (A)能力現況 (B)需求評估 (C)學年教育目標 (D)學期教育目標。

【臺南市 109 國小暨幼兒園教甄，第 19 題】

（　）45.身心障礙幼兒若屬於下列哪些情形時，其個別化教育計畫應訂定轉銜輔導及服務內容？ 甲、幼兒園大班升國小 乙、公立幼兒園轉至私立幼兒園就讀 丙、幼兒園幼幼班升小班時重新編班 丁、幼兒園普通班轉安置集中式特教班 (A)甲乙 (B)甲乙丙 (C)甲乙丁 (D)甲

乙丙丁。

【臺南市 109 國小暨幼兒園教甄，第 23 題】

（　）46.為身心障礙學生訂定個別化教育計畫之學年與學期教育目標時，下列敘述何者錯誤？ (A)學期教育生目標較學年教育目標更為具體 (B)目標需考量學生能力現況及家長期待 (C)學期教育目標是學習結果而非學習活動 (D)學年與學期教育目標皆應訂有評量方式、日期及標準。

【臺南市 109 國小暨幼兒園教甄，第 28 題】

（　）47.在特殊教育中有「個別輔導計畫(IGP)」、「個別化支持計畫(ISP)」、「個別化教育計畫(IEP)」、「個別化轉銜計畫(ITP)」。 國小六年級學習障礙資源班老師須要做哪幾種計畫？ (A)IGP & ISP (B)IEP & ITP (C)ISP & ITP (D)IGP & IEP 。

【臺南市 109 國小暨幼兒園教甄，第 74 題】

（　）48.特殊教育學生個別化教育計畫經核定後，應由誰來執行及追蹤？ (A)專業團隊 (B)特教老師 (C)鑑輔會 (D)特殊教育推行委員會。

【臺南市 109 國小暨幼兒園教甄，第 81 題】

（　）49.國一有情緒行為問題的重度智能障礙兼自閉症學生，其 IEP 內容應包括項目，下列何者為非？(A)行為功能介入方案 (B)尚無需轉銜輔導 (C)學年與學期教育目標 (D)家庭狀況

【中區聯盟 109 國中教甄，第 13 題】

（　）50.在撰寫個別化教育計畫時，下列觀點何者正確？(A)能力現況需載明學生出生迄今的所有能力 (B)學年目標的訂定應參考家長期望 (C)特教班學生皆應書寫行為功能介入方案 (D)全時段安置普通班的特殊生不需撰寫學年目標

【新北市109國中教甄，第22題】

（　）51.小美的個別化教育計畫中所擬訂的學期目標有一項為「能清洗自己的餐盤，一星期 5 天當 中有 3 天做到」，這是指哪一種評量的標準？ (A)獨立完成的程度 (B)達成的正確性 (C)達成的精熟度 (D)完成的速度

【新北市 109 國小暨幼兒園教甄，第 49 題】

（　）52.學生本人應參與個別化教育計畫之訂定，其依據為下列何者？(A)特殊教育法 (B)特殊教育法施行細則 (C)十二年國民基本教育特殊教育課程實施規範 (D)特殊教育課程教材教法及評量方式實施辦

法

【臺北市 109 國小教甄，第 37 題】

（　）53.若小裕被鑑定為特教學生，下列何人較不需要共同擬定他的個別化教育計畫？ (A)總務主任 (B)導師 (C)家長 (D)特教老師

【臺北市 109 國中教甄，第 88 題】

（　）54.下列哪些是個別化轉銜計畫（Individualized Transition Plan, 簡稱ITP）核心理念的最佳組合？【甲】：以個別學生為中心【乙】：是成果導向的歷程【丙】：考量學生優勢能力【丁】：極重視跨專業整合 (A)甲乙丙 (B)甲乙丁 (C)乙丙丁(D)甲乙丙丁

【新北市109國中教甄，第64題】

（　）55.小燕是一位目前就讀普通班的重度腦性麻痺兒童，手部動作不靈活，說話也口齒不清，行動上必須倚賴助行器，下列哪一項支持服務不是她的個別化教育計畫應考量的項目？ (A)無障礙廁所 (B)課程教材的簡化 (C)溝通輔具 (D)物理治療

【臺北市 110 國小教甄，第 43 題】

（　）56.導師在個別化教育計畫擬定會議中表示，筱君不願意接受自己的特殊需求，也不能為自己的決定負責。請問學校該為筱君安排以下哪一項特殊需求課程？ (A)生活管理 (B)學習策略 (C)社會技巧 (D)溝通訓練

【臺北市 111 國小教甄，第 50 題】

（　）57.特殊教育服務實施流程為何？ 1.安置 2.評量 3.教學 4.轉介 5.鑑定 6.擬定 IEP 7.評鑑 (A)4256137　(B)4251376　(C)4256317 (D)4251637

【桃園市 106 國小及學前特教-C，第 31 題】

【參考答案】

1	2	3	4	5	6	7	8	9	10	11	12
B	B	B	A	B	B	C	A	A	B	A	A
13	14	15	16	17	18	19	20	21	22	23	24
B	B	A	C	A	D	D	D	D	C	D	D
25	26	27	28	29	30	31	32	33	34	35	36
D	C	B	C	B	D	D	D	B	C	C	C
37	38	39	40	41	42	43	44	45	46	47	48

D	A	C	B	B	C	A	A	D	D	B	A
49	50	51	52	53	54	55	56	57			
B	B	B	D	A	D	B	A	D			

第五章 身心障礙的成因與特質/特徵

身心障礙的成因與特質/特徵敘述如下（張世彗，2020）：

壹、身心障礙的成因

一、智能障礙

智能障礙的成因很多，可分成三個主要來源：出生前、出生時和出生後。智能障礙出生前的因素包含染色體異常、新陳代謝和營養異常、環境條件、母親的感染、及未明的影響；出生時的因素包含懷孕期異常和新生兒的併發症；出生後的因素包括環境因素、感染和麻醉品、及腦部損傷。

二、學習障礙

學習障礙的成因可分成兩大類：(1)生理因素(遺傳、腦傷、生物化學異常和大腦結構/功能不全)；(2)環境的可能性環境可能性(例如：低社經、營養不良學生接受教學的品質)。

三、情緒行為障礙

情緒行為障礙的成因的分成兩大類：(1)生物的危險因素(遺傳、感染、鉛中毒、腦部受傷、營養不良、接觸酗酒、非法藥物或抽菸)；(2)心理社會的危險因素(兒童期的虐待、壓力的生活事件、慢性壓力、其他的家庭因素)。

四、注意力不足過動症

注意力不足過動症的成因可分成三類：遺傳、神經心理功能不全、環境因素。

五、自閉症

自閉症的成因是複雜的，多數案例的病理機轉是未知的；大致可分成生物性（遺傳、大腦結構或功能方面）和環境因素（如家庭成員照顧品質）。

六、語言障礙

語言障礙的成因可分為兩大類：(1)生物的成因(智能障礙、聽障、視障、ADHD、腦性麻痺、情礙和自閉症、特定大腦受傷或意外造成

的創傷性腦傷、腦膜炎、唇顎裂);(2)環境的成因(貧窮、嚴重的過敏症、耳朵重複發炎干擾到聽力、濫用聲音、忽視或虐待)

七、聽覺障礙

聽覺障礙的成因可分為遺傳因素(性聯遺傳、體或常染色體隱性遺傳、體或常染色體顯性遺傳)、發展性異常(先天性耳道閉鎖、小耳症、細菌或病毒感染、德國麻疹、巨大細胞病毒、B 肝病毒、梅毒、麻疹腮腺炎、細菌性腦膜炎、中耳炎)、環境/創傷的因素(窒息與體重過低

及其相關狀況、藥物耳毒性、長期處於高噪音環境、顱骨骨折)。

八、視覺障礙

視覺障礙會由眼睛構造上的問題或傳輸光線至大腦視覺皮質的過程所造成。這類學生主因為視力損失的數量和視力損失如何影響到教育性的成就表現。最常見影響學齡兒童的視覺障礙包括近視、先天性白內障、先天性青光眼、視神經萎縮、白化病、眼睛受傷、大腦皮質視覺障礙及早產兒視網膜病變。有些視覺障礙則是全身性疾病的附帶的症狀,例如:癌症、糖尿病、肌肉萎縮症。

九、身體和健康障礙(含肢體障礙、腦性麻痺和身體病弱)

神經本位身體障礙的發生是由於大腦、脊髓及其神經末端等中樞神經系統上的問題,可能包含腦性麻痺、脊柱裂和脊髓損傷。**腦性麻痺**是以肢體運動功能障礙為主的多重性障礙,為一種非進行性的腦部病變,所引起的運動機能障礙。**脊柱裂**是指脊柱裂開或脊柱關閉不全。脊柱裂有三種型式:隱性脊柱裂和脊膜膨出、脊髓脊膜膨出,其中第三種型式發生於脊髓及其包層覆蓋物從脊柱的開口突出時,幾乎是重度的,學生通常下半身和腿部癱瘓;**脊髓損傷**包括脊椎管內的神經損傷。脊髓若損傷,大腦就無法與身體溝通,結果就是癱瘓。

身體障礙學生有**肌肉和骨骼異常**,有兩種最常見的異常分別是:**(1)杜顯氏肌肉萎縮症**,又稱**裘馨氏肌肉萎縮症**,是一種性聯隱性遺傳病。只會發生在男性,它是由 X 染色體來傳達的,帶有一個不正常基因的女性常不會有症狀,但有 50%的機會將其變異的基因傳給兒子;**(2)少年類風濕性關節炎**是常發生於 16 歲以下的少年,且持續 6 個月以上者。這種症狀的真正原因是不明的,可能是遺傳性異常、環境因

素或病毒所促發。它是一種自身免疫性的異常，一旦身體免疫系統攻擊自身健康的細胞時，這種症狀就發生了。**創傷性腦損傷**主要源自機動車輛事故、跌倒、暴力行為及運動傷害。

有些兒童擁有無法看到，卻與健康狀況有關的障礙。這項障礙主要涉及到身體病弱學生。例如：癲癇、氣喘、愛滋病、後天免疫缺陷症候群、鏈狀細胞疾病、糖尿病、癌症等。

十、重度和多重障礙

有些重度和多重障礙的成因是已知的。這類障礙的成因類似於智能障礙，可分成三個主要來源：出生前、出生時和出生後。也有許多案例，其障礙的特定成因是不明的。

貳、身心障礙的特質

一、智能障礙

1.身體/醫學特徵為身體健康較其他學生差、認知損傷變嚴重時，會增加身體問題和醫學介入。

2.學習特徵是缺乏動機和很少目標定位、注意力不足、記憶有損傷和學業困難、說話和語言困難、以及後設認知和類化情境有困難。

3.社交、行為和情意特徵包含社交關係困難、可能出現特定問題行為、及適應性行為有困難

二、學習障礙

1.認知特徵有注意力不佳、短期和工作記憶有問題、知覺有問題、及後設認知有困難。

2.學業性特徵有口語有問題、閱讀困難、數學困難、及書寫障礙。

3.社會和情意特徵有社交認知缺陷、缺乏學習動機；行為特徵為行為有問題、與 ADHD 的共病。

三、情緒行為障礙

1.認知和學業性特徵有認知能力介於平均數以下至資賦優異、高學校失敗危險。

2.行為、社會和情意特徵有外向性行為(付諸行動，直接針對他人)、內向性行為(內心或退縮的、焦慮、沮喪或自殺)、缺乏社交技巧。

3.語言/溝通特徵有語用問題、接收性和表達性語言缺陷。

4.與其他障礙的共病：學習障礙、注意力不足、過動症、沮喪和焦慮。

四、注意力不足過動症

1.認知特徵有行為抑制問題、執行功能問題。

2.學業性特徵則充滿變異性。

3社交和情意特徵有社交困難、情意困難；行為特徵為行為問題的頻率和嚴重度變化大。

4.與其他異常共病：學習障礙、智能障礙、情緒行為障礙、自閉症、創傷性腦傷、或資優和特殊才能。

五、自閉症

1.語言和溝通特徵有語言發展困難、缺乏說話、說話韻律異常、及語用缺陷。

2.社交特徵為明顯有社交互動問題、無法對他人展示感興趣的東西。

3.認知和學業性特徵有過度依賴背誦、動機有問題、問題解決策略有問題、以及心智理論上的困難

4.行為特徵有自我刺激行為、感官處理困難、及類化困難。

5.自閉症的其他共病：專注和活動水準的問題、學習困難、心情異常或焦慮異常。

六、語言障礙

1認知和學業性特徵有認知是充滿變異的、語言障礙對學生學習有深遠影響、以及閱讀困難型式和語言障礙問題有關聯。

2.社交和情意的特徵有成為同儕揶揄對象，造成心理和情緒傷害、體驗到社會情境上各種困難。

3.行為特徵為有時會訴諸不適當行為、處於行為問題的高風險。

4.與其他障礙的共病：智能障礙、聽覺障礙、學習障礙、情緒行為障礙、自閉症、腦性麻痺及多重障礙。

七、聽覺障礙

1.認知特徵有智商與同儕相類似。

2.語言和溝通特徵有說話有嚴重影響、語言有嚴重影響。

3.學業性特徵有教育成就顯著遲緩和經驗不足、閱讀明顯困難和

寫作問題、數學表現不佳。

4.社會和情意特徵有朋友較少、不易與一般同儕形成良好關係、自信心較低、以及對人際及個人內在世界的了解不足。

5.行為特徵有行為舉止的適當性落後同儕、社交情境考量變通的作法落後同儕、及情緒性語彙有限。

八、視覺障礙

1.認知特徵有認知發展明顯有影響、認知能力和智力是廣泛的。

2.學業性特徵有會影響到學業能力，尤其閱讀和寫作、沒附帶障礙的視障生可發展出和視常同儕一樣的閱讀和寫作能力、以及透過點字來學習閱讀和書寫。

3.社會和情意特徵有展現社會性適當行為有困難、對所處環境常易缺乏安全感、及常給人多疑的觀感。

4.行為特徵有視覺障礙通常與學生的嚴重行為問題沒直接關係、出現刻板性或重複性行為。

九、身體與健康障礙（含肢體障礙、腦性麻痺和身體病弱）

1.身體和醫學特徵有比一般人了解醫院、藥物和急救程序、可能需監督參與的活動和食用的東西、以及可能需在校按時服用或注射藥物。

2.認知和學業性特徵為認知和學業能力是變異的，範圍從重度智障至資優、學生能力與異常本質和嚴重性及處理效果有關。

3.社交、情意和行為特徵有取決於學生狀況，需常和同儕互動的介入、自尊低、可能體驗到廣泛的情緒問題，如憤怒、以及有些身體和健康障礙與行為問題出現有關，創傷性腦傷常無法對適當行為作判斷，會變焦慮和挫折。

十、重度和多重障礙

1.認知特徵有會體驗到嚴重的認知限制，理解複雜和抽象概念有困難，也會體驗到類化困難。標準化智力測驗通常是無法有效施測。這類學生的智力分數傾向於落在 0~40 之間。

2.語言和溝通特徵有說話可能讓人難以理解或無法透過說話來溝通、會使用姿勢、臉部表情等非口語的溝通形式。

3.學業性特徵有能學習，但是所學深度與同儕有明顯不同、傳統

的讀寫能力技巧欠缺。

4.行為特徵有社會和情意技巧常遠遠落後同儕、缺乏適當與他人互動的能力。

【充電補給站】

※張世彗(2020)。特殊教育導論(第二版)。【第 4-14 章各障別成因與特徵】

※黃麗鳳等譯(2014)。特殊教育導論。【第 4-12 章各障別成因與特徵】

※孟瑛如等(2021)。特殊教育概論（第二版）。【第 5-16 章各障別成因與特徵】

※吳武典、林幸台等(2020)。特殊教育導論。【第 8-17 章各障別成因與特徵】

歷屆教師甄試試題
【身心障礙的成因與特質/特徵】

1.情緒行為障礙包括各種複雜的問題，任何單一明確的情緒行為障礙成因是無法確認的。下列哪些型式的因素容易誘發情緒行為障礙？甲：生物因素 乙：人格特質因素 丙：心理社會因素 丁：智能因素 (A)甲丙丁 (B)甲丙 (C)甲乙丙 (D)甲乙丙丁

【臺北市 105 國小教甄，第 20 題】

2.哪些類型的學生一定具有肌肉和骨骼的異常？ 甲：少年類風濕性關節炎(Juvenile Rheumatoid Arthritis) 乙：腦性麻痺(Cerebral Palsy) 丙：脊柱裂(Spina Bifida) 丁：杜氏肌肉萎縮症(Duchenne Muscular Dystrophy) (A)甲乙丁 (B)甲乙丙丁 (C)甲丁 (D)甲丙丁

【臺北市 105 國小教甄，第 22 題】

3.下列哪些症狀的兒童，容易形成智能障礙？ 甲：普瑞德威利症候群(Prader-Willi Syndrome)，俗稱小胖威利症。 乙：X 染色體脆折症(Fragile X Syndrome)。 丙：鏈狀細胞疾病(Sickle Cell Disease)。 丁：苯酮尿症(Phenylketonuria, PKU)。 (A)甲乙丙丁 (B)甲乙丙 (C)甲乙丁 (D)乙丁

【臺北市 105 國小教甄，第 16 題】

4.出生時無障礙的兒童，出生後下列哪些意外或疾病會造成智能障礙？甲：鉛中毒(Lead poisoning) 乙：腦傷 丙：腦炎(Encephalitis) 丁：苯酮尿症(Phenylketonuria) (A)甲乙丙丁 (B)乙丙 (C)乙丙丁 (D)甲乙丙

【臺北市 105 國小教甄，第 17 題】

5.一項以高風險家庭孩童為對象的調查發現:中產社經地位鄰居可以提供高風險家庭孩童較多的 保護,而且能減少社區高風險家庭孩童的攻擊行為。請問在此調查中影響兒童情緒行為障礙的主要因素是什麼? (A)家庭 (B)社會文化 (C)生物 (D)學校

【連江縣 106 國小教甄，第 10 題】

6.有關感音性聽障的敘述，下列何者正確？(A)氣導和骨導聽力檢查皆呈現聽力損失 (B)氣導和骨導的聽閾值有很顯著的差異 (C)損傷的部位在外耳或中耳 (D)以上皆是

【臺北市 106 國小教甄，第 18 題】

7.聽覺障礙有可能源自於遺傳因素,下列哪一種遺傳機轉方式必 須父母都帶有隱性致病基因才會出現(例如：尤塞氏綜合症,特徵為聽力

受損及漸進性視力喪失，可能同時影響平衡)？(A)體或常染色體隱性遺傳 (B)體或常染色體顯性遺傳 (C)性聯遺傳 (D)粒線體遺傳

【桃園市 107 國小及學前特教-C，第 32 題】

8.下列兒童和青少年的長期負向影響，最可能是導致哪一種障礙的成因？(A)自閉症 (B)情緒行為障礙 (C)兒童期崩解症 (D)注意力缺陷過動症

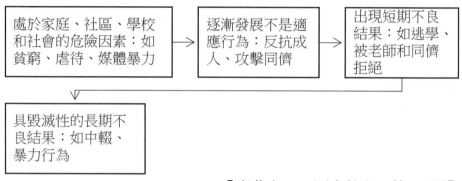

【臺北市 108 國中教甄，第 62 題】

9.有關情緒行為障礙的成因，哪一個描述是正確的？(A)很多疾患的成因根據研究結果，主要的成因是基因遺傳 (B)天生的氣質可以被管教所改變，對情緒行為問題的發生影響不大 (C)因素間常有交互作用，不易歸因於單一的遺傳或家庭環境因素 (D)大多數的心理疾患都肇因於童年不利於人格發展的成長經驗

【新竹市 109 國中教甄，第 39 題】

10.下列有關心智理論能力的論述，哪一項不適當？(A)一般幼兒兩歲已經發展出假裝能力 (B)一般幼兒二至四歲會發展出視覺觀點取替能力 (C)一般幼兒三至四歲能夠瞭解因情緒和需求引起的情緒 (D)有關 Sally-Anne 的初級錯誤信念測驗研究，發現自閉症兒童組的能力優於唐氏症組兒童

【中區聯盟 105 國小教甄，第 14 題】

11.下列何者非為學習障礙學生在標準化個別智力測驗上易呈現的特徵？(A)語文理解智商高於知覺推理智商達到顯著差異 (B)知覺推理智商高於語文理解智商達到顯著差異 (C)工作記憶智商能力中逆序背誦高於順序背誦能力 (D)語文理解或知覺推理同一智商能力內不同分測驗結果呈現顯著差異

【中區聯盟 105 國小教甄，第 27 題】

12.下列有關癲癇大發作的敘述何者正確？(A)大發作的過程個案意識

清楚 (B)當個案倒在地上會變成痙直，然後發生痙攣的動作 (C)當痙攣發生時會變得更為僵硬，口吐唾液 (D)痙攣幾分鐘後，個案意識與方向感仍然清楚，因而產生心理的痛苦感

【中區聯盟 105 國小教甄，第 22 題】

13.依據精神疾病診斷準則手冊(DSM-5)，下列何者非為反社會型人格障礙症的主要特徵？(A)一貫地不負責任 (B)易怒和具攻擊性 (C)一再的自殺或自殘威脅與行為 (D)經常性魯莽不在意自己及他人安危

【中區聯盟 105 國小教甄，第 23 題】

14.以下哪一項說明了心智理論(theory of mind)對泛自閉症兒童溝通問題的看法？ (A)缺乏區辨他人與自己可能有不同想法，因此產生溝通問題 (B)不喜歡人臉的辨識以致於無法有眼神交會，因此產生溝通問題 (C)喜歡視覺化的線索，對於抽象的語言溝通無法理解，因此產生溝通問題 (D)70%以上的自閉者缺乏口語，因此產生溝通問題

【屏東縣 105 國小暨幼兒園教甄，第 39 題】

15.以下關於身心障礙學生語言成分與語言問題的敘述何者是正確的？(A)一般學習障礙學生對語意的了解大多止於具體指認層級 (B)一般情緒行為障礙學生的語言特質通常在類比層級思考 (C)一般聽障學生對於抽象語意和純粹句法功能的詞彙理解較有困難 (D)一般妥瑞氏症學生通常無法根據交談情境解讀說話者的意圖

【中區聯盟 105 國小教甄，第 33 題】

16.ADHD 兒童具有一些行為特徵，若未受到妥善引導，形成負面效應，成人後可能導致生活上各種問題。下列哪一項問題最可能與 ADHD 成人的負面特質有關的？ (A)常常未完成老闆交辦工作 (B)常常因超速而收到交通罰單 (C)常常與同事吵嘴 (D)常常熬夜打電動遊戲

【中區聯盟 105 國小教甄，第 39 題】

17.低視力和全盲的兒童在下列領域中,何者較不會影響認知的發展？(A)經驗的變化性和範圍 (B)適應性行為 (C)與環境互動 (D)移動能力

【臺北市 105 國小教甄，第 19 題】

18.視覺障礙會影響到下列哪些學業能力的發展？ 甲：閱讀 乙：傾聽 丙：口語 丁：寫字 (A)甲丙丁 (B)甲丁 (C)甲乙丁 (D)甲丙

【臺北市 105 國小教甄，第 21 題】

19.小美的智能發展較同年齡者明顯遲緩,而且在學習及生活適應能力表現上有顯著困難。小美最可能是何種障礙? (A)多重障礙 (B)學習障礙 (C)發展遲緩 (D)智能障礙

【臺北市 105 國小教甄,第 23 題】

20.下列哪一個選項不是自閉症患者可能具有的特徵? (A)有社交上的困難 (B)溝通上會出現不正常的表達方式 (C)自閉症患者常會有某些特定的固著行為 (D)自閉症患者在感官上會較常人遲鈍

【連江縣 106 國小教甄,第 27 題】

21.下列何者不是學習障礙者可能具有的心理與行為特徵? (A)知覺與知覺動作協調問題 (B)學業學習問題 (C)追求完美主義問題 (D)動機信念問題

【連江縣 106 國小教甄,第 32 題】

22.下列有關身體病弱兒童之心理特徵的相關敘述,何者正確? (A)身體病弱兒童常常較同年齡層之同濟表現為差,似乎以退化行為來獲得重要成人或父母的注意及關心 (B)身體病弱兒童因為體力虛弱,需長期臥床,沒有受到外界太多刺激,通常性格也較溫和沉穩 (C)身體病弱兒童只是體力較差,依然能夠照顧自己,非常獨立 (D)比上皆是

【連江縣 106 國小教甄,第 33 題】

23.ADHD 學生在 WISC-IV的四個指數中,下列何者最可能為各指數之最低分?(A)處理速度 (B)工作記憶 (C)語文理解 (D)知覺推理

【屏東縣 106 國小暨幼兒園教甄,第 46 題】

24.個案行為傾向於違反主要的社會規則及社會期望,常反映行為者對環境(包括人及 財物)的對抗,其中包含了多種的反社會行為,像攻擊行為、偷竊、野蠻破壞、縱火、說謊、逃學及逃家等,此種症狀稱為?(A)品行疾患 Conduct Disorder (B)強迫症 Obsessive-Compulsive Disorder (C)對立性反抗疾患 Oppositional Defiant Disorder (D)兒童期崩解症 Childhood Disintegrative Disorder

【中區聯盟 106 國小教甄,第 15 題】

25.智能障礙學生在認知和學習方面,具有下列哪一項特質,使得教師在指導其學習時,常使用重覆和過度學習(overlearning)的策略進行之?(A)記憶力較差 (B)注意力不集中 (C)預期失敗的心理 (D)學習遷移差

【中區聯盟 106 國小教甄,第 31 題】

26.普通班老師懷疑小華為自閉症,依據平日觀察敘述,在鑑定自閉症

基準中，下列哪一項不是認定小華為自閉症特質的必要條件？ (A)社會互動困難 (B)表現出固定而有限的行為模式與興趣 (C)溝通困難 (D)注意力不集中。

【中區聯盟 106 國小教甄，第 16 題】

27.小默是位自閉症兒童，他無法解說其本身的行為、理解他人的觀點、預測他人的情緒或行為、區別事實和虛構、以及了解行為對他人的思考和感受的影響。小默顯現的是何種認知與學業的特質？(A)類化 (B)溝通意圖 (C)心智理論的問題 (D)過度依賴背誦

【臺北市 106 國小教甄，第 26 題】

28.林老師在設計智能障礙集中特教班的課程時，將普通班一堂課可學會的實用生詞，分成五堂課教。林老師這樣的設計，主要是考量智能障礙學生下列哪一方面的能力缺陷？ (A)短期記憶 (B)長期記憶 (C)類化能力 (D)辨別能力

【中區聯盟 107 國小教甄，第 19 題】

29.以下關於妥瑞氏症的敘述，何者是正確的？ 甲、病程中曾出現多種發聲抽搐 乙、病程中曾出現多重動作抽搐 丙、常好發於青春期而持續終生 丁、壓力或興奮感常會使抽搐加重 (A)甲乙丙 (B)甲乙丁 (C)甲丙丁 (D)乙丙丁

【中區聯盟 107 國小教甄，第 31 題】

30.一名中重度智能障礙的學生最近開始會使用口語詞彙(例如：鉛筆、鞋子)來請求周遭的人將物品拿給他，或是使用口語詞彙來引導他人共同注意自己有興趣的人、事、物，這是哪一個溝通階段的典型表現？ (A)非表意階段 (B)表意階段 (C)遂行階段 (D)模仿階段

【中區聯盟 107 國小教甄，第 46 題】

31.關於心智理論的描述，以下何者有誤？ (A)心智理論是用來描述心智年齡和實際年齡之間的差異 (B)心智理論能力與了解他人的意圖或觀點有關 (C)許多自閉症兒童缺乏心智理論能力 (D)心智理論能力會影響個體的人際互動

【中區聯盟 107 國小教甄，第 26 題】

32.著名的Wolf 雙重缺陷假說旨在論述□□□□者的特質與需求，空格中填入下列何者最正確？ (A)閱讀障礙 (B)盲聾雙障 (C)思覺失調 (D)身障資優

【屏東縣 107 國小暨幼兒園教甄，第 18 題】

33.關於學習障礙學生的特質描述,下列何者正確? (A)全面性學業低成就 (B)智商介於 71 至 90 之間 (C)內在能力均符合同齡發展 (D)聽、說、讀、寫或算有顯著困難

【臺北市 107 國小教甄,第 17 題】

34.快樂天使症候群(Angelman Syndrome) 的學生其特徵為?(A)第 11 對染色體異常,有聽障、過度社交情形,多數伴有類風濕的疾病 (B)第 15 對染色體異常,有智障、語障、動作僵硬和刻板行為,伴有癲癇 (C)第 18 對染色體異常,有語障、心臟疾病,多數伴有自閉行為 (D)第 23 對染色體異常,有智障、自傷行為、多數伴有發育不全的性器官

【臺北市 107 國小教甄,第 20 題】

35.自閉症者的認知特徵,以下何者是正確的:甲、部分具有與心智能力不相稱的驚人能力和才華 乙、數或字的序列能力佳 丙、知覺推理能力表現佳 丁、能注意細節但缺乏整體的理解能力 (A)甲、乙 (B)乙、丙 (C)丙、丁 (D)甲、丁

【臺北市 107 國小教甄,第 21 題】

36.有一位注意力缺陷過動症的學生,上課常離開座位、手腳動不停、且經常更換遊戲或活動。這些是下列哪一項行為的特徵? (A)注意力缺陷 (B)衝動行為 (C)過動行為 (D)健忘行為

【桃園市 108 國小及學前特教-B,第 21 題】

37.小軒為一位自閉症兒童,他每次說「公車」就是要去麥當勞,此屬於下列哪一方面的語言溝通能力限制? (A)語音(phonology) (B)語用(pragmatics) (C)語法(syntax) (D)語意(semantics)

【桃園市 108 國小及學前特教-B,第 5 題】

38.當自閉症個體難以解說其本身行為、理解他人的觀點、了解行為如何影響到他人的思考和感受、預測他人的情緒或行為,參與交談及區別事實和虛構時,就可以看出這類個體有哪一方面的困難?(A)問題解決 (B)心智理論 (C)類化 (D)背誦記憶

【臺北市 108 國中教甄,第 41 題】

39.心評教師在入小一新生特殊教育學生鑑定綜合研判中,發現某生的聯合評估報告書中綜合評估處被註記「非特定式學習障礙症候群」,則該生在學齡前最可能出現以下那些學習困難的行為特質?(甲)學習童謠時有困難 (乙)視覺空間能力困難 (丙)缺乏玩如押韻等語言聲音遊戲的興趣 (丁)經常使用嬰幼兒重疊發音的說話方式 (A)甲乙丙 (B)

甲乙丁 (C)甲丙丁 (D)乙丙丁
【臺北市 109 國小教甄，第 19 題】

40.針對有數學計算正確性及流暢性的問題的數學學習障礙學生，下列
何者是其最常見的課堂數學學習行為特徵? (甲)將數字代入未知數有
困難 (乙)缺乏數字大小或關係的瞭解 (丙)對於重量和測量概念的理
解能力不足 (丁)對個位數加法仍須用手指協助數與算 (A)甲乙 (B)
甲乙丙 (C)甲乙丁 (D)甲乙丙丁
【臺北市 109 國小教甄，第 20 題】

41.關於唐氏症學童的生理特質 (甲)先天性心臟病 (乙)胃腸道異常
(丙)甲狀腺功能不足 (丁)肌肉張力低 (戊)生長較為遲緩 正確選項為：
(A)甲乙丙丁 (B)甲乙丁戊 (C)乙丙丁戊 (D)甲乙丙丁戊
【臺北市 109 國小教甄，第 22 題】

42.下列哪些是聽覺障礙學生較可能出現的語言問題？甲、代名詞反轉；
乙、助詞使用困難；丙、構音或聲調異常；丁、語法和語序問題；戊、
仿說或答非所問；己、 抽象詞彙理解困難。 (A)甲乙丙己 (B)乙丙丁
己 (C)丙丁戊己 (D)甲丙丁戊己
【臺北市 109 國中教甄，第 71 題】

43. Gray 倡導運用社會性故事教導自閉症學生，主要不是針對哪項特
質或問題？ (A)缺乏社會性認知能力 (B)心智理論發展遲緩 (C)表現
出固定而有限的行為模式及興趣 (D)對事物的來龍去脈理解有限
【臺北市 109 國中教甄，第 100 題】

44.下列哪一種不是自閉症兒童使用非慣例性語言的特徵？(A)代名詞
誤用 (B)隱喻式語言 (C)不停回答問題 (D)不停問問題
【桃園市 109 國小及學前特教-B，第 28 題】

45.小華被鑑定為讀寫障礙，下列有哪些可能是他的學習特徵？甲、解
碼能力差 乙、認知低落 丙、語言聲韻能力困難 丁、流暢性困難 (A)
甲乙丙 (B)甲丙丁 (C)乙丙丁 (D)甲乙丁
【桃園市 109 國小及學前特教-B，第 32 題】

46.自閉症學生缺乏計畫與問題解決能力，主要是哪一方面的缺陷？
(A)核心功能 (B)執行功能 (C)初級錯誤信念 (D)次級錯誤信念。
【臺南市 109 國小暨幼兒園教甄，第 39 題】

47.阿光的個別化教育計畫中考試調整服務為改由他人報讀題目，並可
使用電腦作答，請問阿光最可能有何種困難？ (A)專注力差與書寫障
礙 (B)識字困難與書寫障礙 (C)視知覺能力差與專注力差 (D)書寫障

礙與分散注意力差。

【臺南市 109 國小暨幼兒園教甄，第 66 題】
48.「不會望向他人手指的事物、不知如何與別人建立關係、不喜歡眼神接觸、較難了解他人的情緒、更無法察覺別人正在跟自己說話…等等」，請問這可能是哪一類特殊教育學生的重要症狀？ (A)自閉症 (B)情緒行為障礙 (C) 學習障礙 (D)智能障礙。

【臺南市 109 國小暨幼兒園教甄，第 67 題】
49.錯認字型相似的字（例如：”bat”看成”bed”; ”boots”看成”books”）是屬於下列哪一項閱讀困難？ (A)視覺辨別能力困難 (B)視知覺速度緩慢 (C)視覺記憶困難 (D)繪畫能力困難。

【臺南市 109 國小暨幼兒園教甄，第 97 題】
50.下列何者為「非語文學習障礙」徵狀缺損特徵的必要條件？甲、知覺組織 乙、情緒辨識 丙、動作協調 丁、注意力＆記憶力 戊、社會人際 (A)甲丙戊 (B)乙丁戊 (C)甲丁戊 (D)乙丙戊。

【臺南市 109 國小暨幼兒園教甄，第 99 題】
51.心評教師在入小一新生特殊教育學生鑑定綜合研判中,發現某生的聯合評估報告書中綜合評估處被註記「反應性依附障礙症候群」，則該生在學齡前最可能出現以下哪些行為特質？ ①苦惱時極少或幾乎不尋求安慰 ②喜歡重複簡單的刻板動作 ③固執依循常規或儀式化模式 ④極少對他人做出社交與情感上的回應 (A)①③ (B)①④ (C)②③ (D)③④

【中區聯盟 109 國小教甄，第 10 題】
52.讀寫障礙(dyslexia)是閱讀障礙的主要類型之一,以下哪一個選項最能標示出其能力特徵？ (A)語言理解正常但解碼技巧明顯偏弱 (B)解碼技巧正常但語言理解明顯偏弱 (C)語言理解和解碼技巧都明顯偏弱 (D)語言理解和解碼技巧都正常

【中區聯盟 109 國小教甄，第 44 題】
53.小華有特教生身份,他在魏氏兒童智力量表全量表的組合分數為105,其標準化國語文測驗的結果是 T 分數 55,數學學業成就測驗的結 果為百分等級 55,請問他比較可能屬於下列哪一種障礙？ (A)學習障礙 (B)語言障礙 (C)發展遲緩 (D)智能障礙

【中區聯盟 109 教甄，第 18 題】
54.考量自閉症學生的特質,下列教學重點何者為非？ (A)引進馬術治療 (B)改善社交互動缺陷 (C)提升自發性溝通 (D)提升對多重線索的

回應

【中區聯盟 109 國中教甄，第 20 題】

55.特殊教育教師經常運用過度學習(overlearning)的原理來教導輕度智能障礙學生，主要是基於學生的何種學習特性？ (A)學習動機低落 (B)學習速度緩慢 (C)外控特性顯著 (D)短期記憶薄弱

] 【中區聯盟 109 國中教甄，第 31 題】

56.缺乏後設認知技巧對學習障礙學生的影響，下列何者為非？(A)辨認任務的需求有困難 (B)選擇並執行適合的策略有困難 (C)監控理解有困難 (D)理解非語文溝通訊息有困難

【中區聯盟 109 國中教甄，第 40 題】

57.關於自閉症學習者的敘述，下列何者為非？(A)可能之前被診斷為智能障礙 (B)神經傳導障礙導致 (C)有些個案同時具有對刺激過度敏感跟過度不敏感 (D)執行功能良好

【中區聯盟 109 國中教甄，第 44 題】

58.有注意力缺陷過動症的庭庭被同儕網路集體關係霸凌，開始消沉不安，總是處於恐懼的狀態，並且不願意見到同學，這可能是下列哪一種情況？(A)憂鬱症 (B)創傷後壓力疾患 (C)選擇性緘默症 (D)幽閉恐懼症

【中區聯盟 109 國中教甄，第 45 題】

59.下列關於唐氏症（Down's syndrome）的描述何者有誤？(A)部分患者會合併出現心臟及其他疾病 (B)是一種先天性的遺傳疾病 (C)大部分會出現輕至中度智能障礙 (D)多數患者的第 21 對染色體有異常現象

【中區聯盟 109 國中教甄，第 47 題】

60.甲、代名詞反轉；乙、助詞使用困難；丙、構音或聲調異常；丁、語法和語序問題；戊、仿說或答非所問；己、 抽象詞彙理解困難。上列哪些是聽覺障礙學生較可能出現的語言問題？(A)甲乙丙己 (B)乙丙丁己 (C)丙丁戊己 (D)甲丙丁戊

【臺北市 110 國小教甄，第 17 題】

61.下列何者是智能障礙、學習障礙、情緒障礙與自閉症學生都可能發生的學習問題？(A)智力皆在正常範圍以下 (B)學習速度緩慢 (C)不易集中注意力及專心學習活動 (D)記憶力差

【臺北市 110 國小教甄，第 18 題】

62.下列哪一項比較不會是學習障礙學生的主要特質？(A)智力低下 (B)閱讀困難 (C)學業低成就 (D)書寫有困難

【臺北市 110 國小教甄，第 19 題】

63.下列哪些不是情緒障礙學生常見的特徵？(A)不順從 (B)情緒易趨向二個極端 (C)智力低下 (D)學業低成就

【臺北市 110 國小教甄，第 20 題】

64.伯韜在分享式注意力、反諷、善意謊言等複雜情緒的解讀能力，較同年齡者低弱，下列哪一個理論較能解釋伯韜的困難？(A)核心統整理論 (B)情緒障礙理論 (C)執行功能理論 (D)心智理論

【中區聯盟 111 國中教甄，第 26 題】

65.下列何者不是中文讀寫障礙核心缺陷所呈現出的常見特徵？(A)識字解碼能力差 (B)語言聲韻處理缺陷 (C)聽覺理解問題 (D)閱讀流暢性不佳

【桃園市 111 國小教甄- B (身障類)，第 40 題】

66.智能障礙動作發展方面，從個別內在差異角度看，以下哪些項目為其內在表現最佳的部分？ (甲)雙側平衡 (乙)反應速度 (丙)上肢協調 (丁)精細動作 (A)甲乙 (B)乙丙 (C)丙丁 (D)甲丁

【臺北市 111 國小教甄，第 35 題】

【參考答案】

1	2	3	4	5	6	7	8	9	10	11	12
B	C	C	D	B	A	A	B	C	D	C	B

13	14	15	16	17	18	19	20	21	22	23	24
C	A	C	A	B	B	D	D	C	A	A	A

25	26	27	28	29	30	31	32	33	34	35	36
A	D	C	A	B	B	A	A	D	B	D	C

37	38	39	40	41	42	43	44	45	46	47	48
D	B	B	C	D	B	C	C	B	B	B	A

49	50	51	52	53	54	55	56	57	58	59	60
A	A	B	A	B	A	D	D	D	B	B	B

61	62	63	64	65	66						
C	A	C	D	C	A						

第六章 身心障礙學生鑑定與安置
(含轉介前介入)

壹、智能障礙

一、定義

　　智能障礙是指個人之智能發展較同年齡者明顯遲緩，且在學習及生活適應能力表現上有嚴重困難者。

二、鑑定基準

　　前項所定智能障礙，其鑑定基準依下列各款規定：

基準一	心智功能明顯低下或個別智力測驗結果未達平均數負二個標準差。
基準二	學生在生活自理、動作與行動能力、語言與溝通、社會人際與情緒行為等任 一向度及學科（領域）學習之表現較同年齡者有顯著困難情形。

三、資格決定與安置

　　以下是需考量的必要問題(張世彗、藍瑋琛, 2022)：

　　1.學生正式個別評量上所測量到的智力，至少有落在平均數負二個標準差以下嗎？

　　2.學生有顯現適應行為能力上顯著困難嗎？

　　如果鑑定委員發現學生符合所確認的鑑定基準而鑑定為有智能障礙，且將因接受特殊教育而獲益，就會依循後續的特殊教育程序，進行適當的教育安置，以利學生能接受適當教育。

貳、視覺障礙

一、定義

　　視覺障礙是指，由於先天或後天原因，導致視覺器官之構造缺損，或機能發生部分或全部之障礙，經矯正後其視覺辨認仍有困難者。

二、鑑定基準

前項所定視覺障礙，其鑑定基準依下列各款規定之一：

基準一	視力經最佳矯正後，依萬國式視力表所測定優眼視力未達 0.3 或視野在 20 度 以內者。
基準二	視力無法以前款視力表測定時，以其他經醫學專業採認之檢查方式測定後認 定。

三、資格決定與安置

鑑定小組通常會依 據前述視覺障礙鑑定基準，來檢視評量結果，並探討下列問題：

1.學生的視力經最佳矯正後，他的優眼視力是否未達 0.3 或視野在 20 度以內。

2.學生的視力若以其他醫學專業之檢查方式測定後，他的結果如何？

3.學生的視力能和教育評量結果如何？

在視覺障礙學生的資格決定上，醫療診斷證明通常扮演關鍵的角色，其他評量則是輔助性的。如果鑑定小組對於先前問題的回答是肯定的，學生鑑定為有視覺障礙，在取得家長同意後，將會進行教育安置接受特殊教育服務。

參、聽覺障礙

一、定義

聽覺障礙是指由於聽覺器官之構造缺損，或功能異常，致以聽覺參與活動之能力受到限制者。

二、鑑定基準

前項所定聽覺障礙，其鑑定基準依下列各款規定之一：

基準一	接受行為式純音聽力檢查後，其優耳之 500 赫、1000 赫、2000 赫聽閾平均 值，6 歲以下達 21 分貝以上者；7 歲以上達 25 分貝以上。
基準二	聽力無法以前款行為式純音聽力測定時，以聽覺電生理檢查方式測定後認定。

註：聽覺電生理檢查，包括穩定狀態的聽性誘發反應檢查(ASSR)、聽性腦幹反應檢查(ABR)等

三、資格決定與安置

一旦評量資料蒐集後，鑑定小組就會召開會議，考量有關學生所蒐集到的資料，包含聽力損失是否構成障礙，而需要接受特殊教育服務，鑑定小組通常需探討下列問題：

在聽覺障礙學生的資格決定上，醫療的診斷證明通常扮演關鍵性的角色，其他評量則是輔助性的。如果鑑定小組對於先前問題的回答是肯定的，學生將會被鑑定為有聽覺障礙，在取得家長同意後將會進行安置與接受特殊教育的服務。

肆、語言障礙

一、定義

語言障礙是指，語言理解或語言表達能力與同年齡者相較，有顯著偏差或低落現象，造成溝通困難者。

二、鑑定基準

前項所定語言障礙，其鑑定基準依下列各款規定之一：

類別	內容
構音異常	語音有省略、替代、添加、歪曲、聲調錯誤或含糊不清等現象。
嗓音異常	說話之音質、音調、音量或共鳴與個人之性別或年齡不相稱等現象。
語暢異常	說話節律有明顯且不自主之重複、延長、中斷、首語難發或急促不清等現象。
語言發展異常	語言之語形、語法、語意或語用異常，致語言理解或語言表達較同年齡者有顯著偏差或低落。

三、資格決定與安置

鑑定小組人員通常會探討下列問題：

1.與同年齡者相較，學生的語言理解或語言表達能力有顯著偏差或低落現象，造成溝通困難嗎？

2.學生的語言障礙不利地影響到教育的成就表現嗎？

基於所蒐集的各項評量資料，回答這些問題的結果，鑑定小組人員就會決定學生是否有語言障礙而需要特殊教育。

伍、肢體障礙

一、定義

肢體障礙是指上肢、下肢或軀幹之機能有部分或全部障礙，致影響參與學習活動者。

二、鑑定基準

前項所定肢體障礙，應由專科醫師診斷，其鑑定基準依下列各款規定之一：

基準一	先天性肢體功能障礙。
基準二	疾病或意外導致永久性肢體功能障礙。

三、資格決定與安置

鑑定小組會共同探討肢體障礙學生資格的關鍵性問題：

1.肢體障礙學生是否取得醫師診斷證明，而符合先天性肢體功能障礙 或疾病或意外導致永久性肢體功能障礙之鑑定基準？

2.肢體障礙學生的智力、成就、語言、適應性行為和相關領域的表現 如何？他們的障礙是否顯著地不利影響到他們的教育性成就表現？

如果鑑定小組對於先前問題的回答是肯定的，學生將會被鑑定為有肢體障礙學生，在取得家長同意下，將會進行安置和接受特殊教育服務。

陸、腦性麻痺

一、定義

腦性麻痺是指以肢體運動功能障礙為主的多重性障礙，為一種非進行性的腦部病變，在大腦發育未成熟前，因故造成控制動作的某些腦細胞受到傷害或發生病變，所引起的運動機能障礙。

二、鑑定基準

前項所定的腦性麻痺，其鑑定由醫師診斷後認定。

三、資格決定與安置

鑑定小組會共同探討腦性麻痺學生資格的關鍵性問題：

1.腦性麻痺學生是否取得醫師診斷證明？

2.腦性麻痺學生的智力、成就、語言、適應性行為和相關領域的表現如何？他們的障礙是否顯著地不利影響到他們的教育性成就表現？

如果鑑定小組對於先前問題的回答是肯定的，學生將會被鑑定為有腦性麻痺學生，在取得家長同意下，將會進行安置和接受特殊教育服務。

柒、身體病弱

一、定義

身體病弱是指罹患疾病、體能衰弱，需要長期療養，且影響學習活動者。

二、鑑定基準

前項所定身體病弱，其鑑定由醫師診斷後認定。

三、資格決定與安置

鑑定小組會共同探討身體病弱學生資格的關鍵性問題：

1.腦性麻痺學生是否取得醫師診斷證明？

2.腦性麻痺學生的智力、成就、語言、適應性行為和相關領域的表現如何？他們的障礙是否顯著地不利影響到他們的教育性成就表現？

如果鑑定小組對於先前問題的回答是肯定的，學生將會被鑑定為有身體病弱學生，在取得家長同意下，將會進行安置和接受特殊教育服務。

捌、情緒行為障礙

一、定義

情緒行為障礙是指長期情緒或行為表現顯著異常，嚴重影響學校適應者；其障礙非因智能、感官或健康等因素直接造成之結果。前項情緒障礙之症狀，包括精神性疾患、情感性疾患、畏懼性疾患、焦慮性疾患、注意力缺陷過動症，或有其他持續性之情緒或行為問題者。

二、鑑定基準

情緒行為障礙的鑑定基準依下列各款規定：

基準一	情緒或行為表現顯著異於其同年齡或社會文化之常態者，得參考精神科醫師之診斷認定之。
基準二	除學校外，在家庭、社區、社會或任一情境中顯現適應困難。
基準三	在學業、社會、人際、生活等適應有顯著困難，且經評估後確定一般教育所提供之介入，仍難獲得有效改善。

三、資格決定與安置

1.情緒行為障礙

鑑定小組需探討下列問題：

■學生是否有情緒行為障礙定義上一種或一種以上的特徵？

■除學校外，在家庭、社區、社會或任一情境中顯現適應困難嗎？

■學生在學業、社會、人際、生活等適應有顯著困難，且經一般教育所提供之介入，仍難獲得有效改善嗎？

■學生是否有情緒行為障礙方面的醫療診斷證明？

如果鑑定小組對於先前問題的回答是肯定的，學生將會被鑑定為有情緒行為障礙，在取得家長同意下，進行安置與接受特殊教育服務。

2.注意力不足過動症

在決定學生是否符合注意力不足過動症的資格標準上，鑑定小組會詢問下列問題：

■依據教師及家長的報告，學生是否表現出重要的注意力不足過動症症狀？

■與同儕相較，學生的注意力不足過動症症狀是否表現出較高頻率？

■兒童在何時開始表現出與注意力不足過動症相關的行為問題，這些問題是否跨情境且持續發生？

■兒童是否在學校、家庭、同儕人際方面的功能普遍受損？

■是否有其他問題或原因是學生容易被視為注意力缺陷過動症？

　　■學生是否有注意力不足過動症方面的醫療診斷證明？

　　如果鑑定小組對於上述問題的回答是肯定的，學生將會被鑑定為有情緒行為障礙，在取得家長同意下，進行安置和接受特殊教育服務。

玖、學習障礙

一、定義

　　學習障礙是指統稱神經心理功能異常而顯現出注意、記憶、理解、知覺、知覺動作、推理等能力有問題，致在聽、說、讀、寫或算等學習上有顯著困難者；其障礙並非因感官、智能、情緒等障礙因素或文化刺激不足、教學不當等環境因素所直接造成之結果。

二、鑑定基準

　　學習障礙的鑑定基準，依下列各款規定：

基準一	智力正常或在正常程度以上。
基準二	個人內在能力有顯著差異。
基準三	聽覺理解、口語表達、識字、閱讀理解、書寫、數學運算等學習表現有顯著 困難，且經確定一般教育所提供之介入，仍難有效改善。

三、資格決定與安置

　　鑑定小組會詢問下列問題：

　　1.學生的潛能和學業成就之間存在顯著的差距嗎？

　　2.學習問題涉及到了解語言之基本心理處理異常的結果嗎？

　　3.能夠排除其他學習問題可能的成因嗎？

　　如果鑑定小組對於先前問題的回答是肯定的，學生將會被鑑定為有學習障礙，在取得家長同意下，進行安置與接受特殊教育服務。

拾、自閉症

一、定義

　　自閉症是指因神經心理功能異常而顯現出溝通、社會互動、行為及興趣表現上有嚴重問題，致在學習及生活適應上有顯著困難者。

二、鑑定基準

自閉症的鑑定基準，依下列各款規定：

基準一	顯著社會互動及溝通困難。
基準二	表現出固定而有限之行為模式及興趣。

三、資格決定與安置

鑑定小組會共同探討下列問題：

1.學生是否有顯著社會互動及溝　通困難？

2.學生是否表現出固定而有限之　行為模式及興趣？

3.學生是否有取得醫師的醫療診　斷證明？

4.學生的行為症狀是否導致其學　習及生活適應上有顯著困難？

如果鑑定小組對於先前問題的回答是肯定的，學生將會被鑑定為有自閉症，在取得家長同意下，進行安置與接受特殊教育服務。

拾壹、發展遲緩

一、定義

發展遲緩是指，未滿 6 歲之兒童，因生理、心理或社會環境因素，在知覺、認知、動作、溝通、社會情緒或自理能力等方面之發展較同年齡者顯著遲緩，且其障礙類別無法確定者。

二、鑑定基準

前項所定發展遲緩，其鑑定依兒童發展及養育環境評估等資料，綜合研判之。

三、資格決定與安置

鑑定小組會綜合研判所有蒐集到有關幼兒的各項資料，確認兒童是否在認知、語言、動作、社會—情意、感官或生活自理能力等方面，有一個或多個發展領域較同年齡兒童顯著遲緩，而且其障礙類別無法確定者。

如果鑑定小組對於這些問題的回答是肯定的，兒童會被鑑定為發展遲緩，在取得家長同意後，將會進行安置與接受特殊教育服務。

拾貳、多重障礙與其他障礙

多重障礙是指，包括二種以上不具連帶關係且非源於同一原因造成之障礙而影響學習者。多重障礙之鑑定，應參照《身心障礙及資賦優異學生鑑定辦法》其他各類障礙之鑑定基準。

其他障礙指在學習與生活有顯著困難，且其障礙類別無法歸類於《身心障礙及資賦優異學生鑑定辦法》之第 4 條至第 13 條類別者；其鑑定應由醫師診斷並開具證明。

【充電補給站】

※張世彗、藍瑋琛(2022)。特殊教育學生評量(第九版)。【第 3 章】
※張世彗(2020)。特殊教育導論(第二版)。【第 4-14 章如何確認各障別】
※黃麗鳳等譯(2014)。特殊教育導論。【第 4-12 章如何確認各障別】
※孟瑛如等(2021)。特殊教育概論(第二版)。【第 5-16 章各障別鑑定與評量】
※吳武典、林幸台等(2020)。特殊教育導論。【第 8-17 章各障別評量與鑑定】

歷屆教甄試題
【身心障礙學生鑑定與安置(含轉介前介入)】

( )1.下列有關鑑定的幾個基本觀念,哪一個是錯誤的?(A)教育鑑定的類別與身障手冊(證明)鑑定的類別並不一致 (B)教育鑑定與身障手冊(證明)鑑定的部分標準不同 (C)有身障手冊(證明),一定具特教需求 (D)即使有身障手冊(證明)仍需進行教育鑑定

【屏東縣 105 國小暨幼兒園教甄,第 24 題】

( )2.以下描述的學生,何者符合學習障礙的鑑定原則? (A)IQ 為 50,語言理解測驗的 PR<3 (B)IQ 為 90,語言理解測驗的 PR<3 (C)IQ 為 90,中文識字測驗的 PR<3 (D)IQ 為 50,數學診斷測驗的 PR<3

【屏東縣 105 國小暨幼兒園教甄,第 27 題】

( )3.有關智能障礙者的鑑定與安置,以下哪一項說明是較為正確的? (A)國內目前使用較普遍的團體施測智力測驗是魏氏智力量表 (B)智能障礙學生的鑑定與安置應依據智力測驗和人格測驗結果 (C)重度智能障礙的 IQ 為 40~55,約是一般 2-3 歲兒童的智力 (D)智能障礙者的安置應考量智力與行為適應情形

【屏東縣 105 國小暨幼兒園教甄,第 46 題】

( )4.下列有關視覺障礙學生鑑定理念的敘述,何者正確? (A)「先天致盲」指 3 歲前失明者 (B)視力矯正後優眼視力值未達 0.5 為視覺障礙 (C)視力矯正後優眼視野在 20 度以內為視覺障礙 (D)「後天致盲」指 3 歲後失明者

【中區聯盟 105 國小教甄,第 20 題】

( )5.下列關於情緒行為障礙在鑑定綜合研判過程中的敘述是不正確的? (A)易有社交、工作或重要活動上的障礙 (B)易有文化認可反應所造成的社會脫序行為 (C)個人在認知、情緒調節或行為上有顯著困擾 (D)心理或發展過程中會因困擾問題而造成精神功能不良

【中區聯盟 105 國小教甄,第 45 題】

( )6.「泛自閉症(autism spectrum disorders) 」診斷標準可見於下面哪一項或哪幾項工具? 甲. DSM-IV,乙. DSM-IV-TR,丙. DSM-V (A) 乙 (B) 丙 (C) 乙、丙 (D) 甲、乙、丙

【中區聯盟 105 國小教甄,第 50 題】

（　）7.教育安置身心障礙學生的選擇範圍稱作連續性安置體制 (continuum of placement)，這項體制的範圍涵蓋從最少至最多限制性的情境，按照順序安排何者為真？(A)普通班→資源班→特殊班→特殊教育學校→住宿機構→在家教育或醫院 (B)普通班→資源班→特殊班→特殊教育學校→在家教育或醫院→住宿機構 (C)普通班→特殊班→資源班→特殊教育學校→住宿機構→在家教育或醫院 (D)普通班→資源班→特殊班→在家教育或醫院→特殊教育學校→住宿機構

【臺北市 105 國小教甄，第 18 題】

（　）8.身心障礙學生進入國小之轉銜，安置學校應於學生報到後多少期間內至通報網接收轉銜服務資料？(A)一週內 (B)二週內 (C)三週內 (D)四週內

【臺北市 105 國小教甄，第 27 題】

（　）9.疑似學習障礙學生提報特殊教育學生鑑定前，須先經普通班老師採取必要的教學輔導措施，經確認所採措施無效才予以提報特教評估鑑定，此一程序稱之為什麼？(A)通報轉介 (B)差異化教學 (C)疑似生篩檢 (D)轉介前介入

【臺北市 105 國小教甄，第 33 題】

（　）10.阿昌是一名疑似發展遲緩、學習障礙及腦傷患者，心評老師想衡鑑他的專注力與記憶力，但又擔心測驗結果會受到非標的功能之干擾，你會建議老師使用下列何種評量工具？ (A)兒童認知功能綜合測驗 (B)多向度注意力測驗 (C)非語文注意力與記憶力測驗 (D)工作記憶測驗

【桃園市 105 國小及學前特教-C，第 32 題】

（　）11.新生兒聽力篩檢的 1-3-6 時間表，是指出生 1 個月內完成篩檢，幾個月內開始早期介入？(A)三個月 (B)四個月 (C)五個月 (D)六個月

【桃園市 106 國小及學前特教-C，第 25 題】

（　）12.小明經醫療診斷及鑑輔會證明為腦性麻痺，有關小明的狀況下列敘述何者正確？(A)小明一定會有智能障礙 (B)小明也屬於肢體障礙 (C)小明說話必定口語不清楚 (D)小明腦性麻痺是一種非暫時性、非進行性的疾病

【中區聯盟 106 國小教甄，第 23 題】

（　）13.大朱老師在進行學障學生的鑑定時，除了要收集學生的智力資料外，還要進行何種測驗？(A)成就測驗 (B)適應行為量表 (C)發展

測驗 (D)非語文測驗。

【屏東縣 106 國小暨幼兒園教甄,第 23 題】

(　)14.對於學習障礙學生的鑑別,區辨學習障礙與文化刺激不足,下列做法何者較適切?(A)分析其不同學科之間是否具有明顯差異 (B)分析其智力與學業成就之間是否具有明顯差距 (C)分析其同一學科內不同領域之間是否具有明顯差異 (D)分析其接受補救教學後學業表現是否具有明顯進步

【屏東縣 106 國小暨幼兒園教甄,第 43 題】

(　)15.我國有關特殊教育法中有關特殊學生的鑑定,下列敘述何者正確?(A)特殊教育法所列的各類身心障礙鑑定標準與內政部所列身心障礙鑑定標準一致 (B)凡是文化刺激不足,教學不當及家庭環境等因素引起的低成就學生,均屬於學習障礙學生 (C)學生雖有重大傷病但若不影響學習或無特殊教育服務需求者仍為非特教生 (D)有身心障礙手冊的學生一定是特殊教育法中身心障礙的學生

【屏東縣 106 國小暨幼兒園教甄,第 2 題】

(　)16.關於國內現今身心障礙證明之身心障礙鑑定等級認定之敘述,以下何者是正確的?(A)同時具有兩類或兩類以上不同等級之障礙類別時,綜合等級以較輕等級為準 (B)同時具有兩類或兩類以上相同等級之障礙類別時,綜合等級應晉升兩級,以兩級為限 (C)同時具有兩項或兩項以上相同程度之鑑定向度時,除第三類外,其餘類別以此障礙程度為準 (D)障礙程度 1 亦即輕度;障礙程度 2 亦即中度;障礙程度 3 亦即重度;障礙程度 4 亦即極重度

【屏東縣 106 國小暨幼兒園教甄,第 10 題】

(　)17.依照國內目前雙重殊異資優學生鑑定應符合的標準,以下哪一項始可取得其特殊教育服務?(A)通過身心障礙鑑定而疑似資優的學生 (B)通過資優鑑定而疑似身心障礙的學生 (C)須同時符合身心障礙與資優鑑定的學生 (D)疑似身心障礙與資優的學生

【屏東縣 106 國小暨幼兒園教甄,第 12 題】

(　)18.以下關於視障學生鑑定基準及評量調整的敘述,何者較正確? (A)視力值正常,視野度在 20 度以內,不算是視障 (B)我國視障的鑑定是以史乃倫視力檢查表為工具 (C)先天致盲是指 18 歲以前失明 (D)對於使用國字測驗卷的低視力學生,其測驗卷須放大約 1.5 倍

【連江縣 106 國小教甄,第 7 題】

(　)19.為確保學生能接受公共教育權,哪些是轉介前介入的目的? (甲)降低標記作用對學生的負面效應 (乙)對普通班學生提供學習

協助,減緩特殊教育直接服務需求 (丙)降低身心障礙學生過度鑑定的問題 (A)只有(甲) (B)只有(乙) (C)只有(甲)(丙) (D)(甲)(乙)(丙)皆是

【連江縣 106 國小教甄,第 34 題】

（　）20.小霖是一年級的新生,曾因受到虐待、忽略被通報,目前住在寄養家庭。教師發現他欠缺一般兒童的社會能力,反應不佳,智力表現落後,準備提出轉介以接受特殊教育服務。請 問教師應收集那方面的資料,以符合小霖轉介的需求?甲、學生家庭的社區環境 乙、學生的生長史 丙、學生家庭的經濟狀況 丁、學生目前的認知、社會表現 (A)甲、丙 (B)丙、丁 (C)乙、丁 (D)甲、乙

【新北市 106 國小暨幼兒園教甄,第 50 題】

（　）21.何者不是智能障礙鑑定工具?(A)新編中華智力量表 (B)克氏行為量表 (C)生活適應能力檢核手冊 (D)魏氏兒童智力量表

【新北市 106 國小暨幼兒園教甄,第 22 題】

（　）22.身心障礙學生鑑定時,為了掌握學生核心障礙的資訊而進行許多評估,請問下列有哪些 是正確的說明?甲、自閉症類的學生要評估智力 乙、智能障礙的學生要評估適應行為 丙、情緒行為障礙的學生要評估學習適應情形 丁、肢體障礙的學生要評估動作和溝通能力 (A)甲乙 (B)乙丙 (C)丙丁 (D)乙丁

【新北市 107 國小暨幼兒園教甄,第 27 題】

（　）23.校內心評教師對於疑似學習障礙學生進行評估鑑定之前,需先經普通班教師採行一般教育介入確定是否無效,此一程序稱之為什麼?(A)轉介前介入 (B)預防性介入 (C)補償性介入 (D)行為功能介入

【臺北市 107 國小教甄,第 25 題】

（　）24.非語文型學習障礙學生相對於語文型學習障礙學生,在鑑別診斷基準上的差異點,以下敘述何者是正確的?甲、識字閱讀困難 乙、社交技巧缺損 丙、動作協調困難 丁、知覺組織困難 (A)甲乙丙 (B)甲乙丁 (C)甲丙丁 (D)乙丙丁

【中區聯盟 107 國小教甄,第 29 題】

（　）25.某生自小因動作笨拙,操作技巧緩慢而不準確,而被診斷為動作發展協調障礙症,試問其進入小學一年級就讀後,最容易合併的共病 現象為以下何者?(A)強迫症 (B)妥瑞氏症 (C)書寫表達障礙 (D)數學學習障礙

【中區聯盟 107 國小教甄,第 30 題】

( ) 26.下列哪兩種身心障礙學生需要有一學期以上之轉介前介入(pre-referral intervention)的教學處置？ (A)智能障礙與學習障礙 (B)學習障礙與情緒行為障礙 (C)自閉症與情緒行為障礙 (D)學習障礙與多重障礙

【中區聯盟 107 國小教甄，第 34 題】

( ) 27.一位重度障礙學生安置於普通班，因應其教育需求而進行的調整，應該最優先考慮採用者為何？(A)提出轉安置特教班申請 (B)環境調整策略 (C)課程調整策略 (D)正向行為支持策略

【中區聯盟 107 國小教甄，第 49 題】

( ) 28.關於「學習障礙鑑定」的敘述，下列何者正確？(A)個人內在能力有顯著差異是指個人智力與成就之間的差異。 (B)學習障礙者與學習困難者都有學習低成就，造成低成就的原因是相同的。 (C)所有的學業成就測驗均呈現低落的現象。 (D)不局限於學業學習的障礙，部分學習障礙者有知覺動作、推理和記憶等方面的困難。

【屏東縣 107 國小暨幼兒園教甄，第 24 題】

( ) 29.下列哪些敘述符合「轉介前介入」的觀念？甲、轉介前介入即是初級、次級預防 乙、所提供的介入之發展和執行都是在正式特殊教育鑑定之前 丙、轉介前介入之執行能降低學習障礙學生偽陰性比率 丁、可以及早篩檢出學習困難的高危險群學生 戊、強調與普通班教學調整做結合 (A)甲乙丙丁 (B)甲乙丁戊 (C)乙丙丁戊 (D)以上皆是

【桃園市 107 國小及學前特教-C，第 34 題】

( ) 30.由於父母對特教安置有所疑慮，以致於佩佩一直未接鑑定，目前六年級的她，識字量已遠遠低於同儕的水準，心評老師認為佩佩已產生了「馬太效應」。下列關於「馬太效應」的相關概念，何者為非？ (A)早期防治、早期輔助十分重要 (B)早期成功經驗會使 之後的發展更為順利 (C)預防「馬太效應」的擴大，是 希望能有效降低未來的社會成本 (D)因家庭社經地位差 異所產生「強者更強、弱者更弱」的現象，透過特教專 業的早期介入效果最佳

【桃園市 108 國小及學前特教-B，第 26 題】

( ) 31.學校篩選適應欠佳學生之程序，以下描述何者不正確？(A)導師發現班上有個學生言行脫序，上課常常在狀況外，向特教組提出轉介(B)學務處發現有個學生請假記錄過多，向輔導室轉介(C)輔導老師發現班上分組活動時，有個學生都沒有人願意跟她同組，列入高關懷名單(D)教務處透過補考名單發現，一個學生各科定期評量成績過

低，告知導師觀察

【臺北市 108 國中教甄，第 49 題】

(　　)32.依據教育部 107 年度特殊教育統計年報，有關高級中等以下各教育階段身心障礙類學生安置類型概況(N=111,621 人)，下列敘述何者有誤？(A)約有 5%的身心障礙學生在限制性較多的環境接受教育 (B)約有 53%的身心障礙學生花費多數學校日時間在普通班接受教育 (C)由表中訊息顯示我國特殊教育服務為連續體制的概念 (D)由表中訊息顯示我國特殊教育的實施為最少限制環境的原則

類型別	人數(%)
集中式特教班	12.602(11.29%)
分散式資源班	59,199(53.04%)
巡迴輔導	19,237(15.69%)
普通班接受特教服務	14,663(17.23%)
特殊教育學校	5,920(5.30%)

【臺北市 108 國中教甄，第 53 題】

(　　)33.下列哪些身心障礙學生需要經由醫師診斷，才能送鑑輔會鑑定？ (A) 情緒行為障礙、自閉症、語言障礙 (B) 肢體障礙、身體病弱、腦性麻痺 (C) 其他障礙、發展遲緩、學習障礙 (D) 智能障礙、發展遲緩、多重障礙

【新北市 109 國小暨幼兒園教甄，第 47 題】

(　　)34.特殊教育心評教師要蒐集學習障礙學生的診斷性評量資料，如果要證實學生有識字困難，則應實施何種測驗？ (A)個別智力測驗(B)團體智力測驗 (C)識字量估計測驗 (D)常見字流暢性測驗

【桃園市 109 國小及學前特教-B，第 46 題】

(　　)35.下列何者是轉介前介入(responsiveness to intervention)第一層介入教學的作法? (A)針對身心障礙學生採用降低標準的教材 (B)教導全班學生有效的學習方法 (C)實施一對一的個別學生指導 (D)針對低成就學生實施補救教學

【新竹市 109 國中教甄，第 8 題】

(　　)36.學生具有下列哪些條件最有可能通過身體病弱之鑑定？甲.重大器官移植 乙.符合重大疾病條件 丙.需要長期療養 丁.明顯影響學習 (A) 甲、乙 (B) 丙、丁 (C) 甲、丙 (D) 乙、丁

【新竹市 109 國中教甄，第 33 題】

(　　)37.小光因為智力問題，無法接受行為式純音聽力檢查，下列哪

一種檢查最適合用來評估小光的聽閾？(A)鼓室圖檢查 (B)言語聽力檢查 (C)聽性腦幹反應檢查 (D)骨導純音聽力檢查

【新竹市 109 國中教甄，第 34 題】

（　）38.下列哪些障礙的評量不能只根據重要他人評量表的結果，需要實施標準化的能力評量？甲.語言障礙 乙. 自閉症 丙.ADHD 丁.閱讀障礙 (A) 甲、乙 (B)乙、丙 (C) 甲、丁 (D)丙、丁

【新竹市 109 國中教甄，第 44 題】

（　）39.下列哪些類別學生鑑定前需要經過一般教育所提供的介入輔導？ 甲、自閉症 乙、學習障礙 丙、智能障礙 丁、情緒行為障礙。(A)甲乙 (B)乙丙 (C)丙丁 (D)乙丁。

【臺南市 109 國小暨幼兒園教甄，第 59 題】

（　）40.有關學前特殊幼兒的鑑定，下列敘述何者較為適切？(A)特殊幼兒申請延緩入學，其身心發展是否嚴重遲滯為鑑輔會評估的重點 (B)有身心障礙證明/手冊，就可以直接鑑定為發展遲緩 (C)家長若提出輔導規劃，即可延緩入學 (D)家長提供醫師診斷證明，即可延緩入學。

【臺南市 109 國小暨幼兒園教甄，第 48 題】

（　）41.在身心障礙鑑定的過程中，以下哪一種方法最有助於釐清疑似學習障礙學生其學習困難是否為文化刺激不足直接造成之結果？(A)利用標準化評量的結果來確認 (B)實施符合學生認知發展的能力測驗，以學生的表現來確認 (C)實施轉介前介入，以學生對教學介入的反應來確認 (D)比較具有類似背景學生的學習表現，以落差的大小來確認

【中區聯盟 109 國小教甄，第 50 題】

（　）42.首度鑑定為輕度肢體障礙學生在連續性安置體制(continuum of placement)下，其優先安置場所(settings)以下列何者為宜？(A)普通班接受特殊教育服務 (B)資源班 (C)特殊班 (D)特殊教育學校。

【臺南市 109 國小暨幼兒園教甄，第 79 題】

（　）43.關於國小聽覺障礙學生的特教鑑定，下列敘述何者正確？(A)領有身心障礙證明為必要條件 (B)魏氏智力量表為鑑定時的必要工具 (C)採用的語音頻率為 1000 赫、2000 赫 與 4000 赫 (D)單側聽力損失不符合國內現行的鑑定基準

【臺北市 109 國小教甄，第 23 題】

（　）44.下列哪一類型的語言障礙，在鑑定時必須排除智能障礙所造

成的影響？(A)構音異常 (B)嗓音異常 (C)語言發展異常 (D)以上皆是

【新北市109國中教甄，第33題】

（ ）45.心評老師在判斷學生為肢體障礙時，下列觀點何者錯誤？(A)應參考專業醫師診斷判定 (B)效期內的身心障礙證明（第七類05）可為佐證 (C)需蒐集障礙影響學習活動的證據 (D)包含意外導致的暫時性肢體障礙

【新北市109國中教甄，第62題】

（ ）46.下列有關鑑定的幾個基本觀念，哪些是正確的？ 甲、有身心障礙手冊（證明），一定具特教需求 乙、教育鑑定與身心障礙手冊（證明）鑑定部分標準不同 丙、教育鑑定類別與身心障礙手冊（證明）鑑定類別並不一致 丁、即使有身心障礙手冊（證明）仍需進行教育鑑定 (A) 甲乙丙 (B) 乙丙丁 (C) 甲乙 (D) 丙丁

【新北市 109 國小暨幼兒園教甄，第 48 題】

（ ）47.小文擅長語文，說起話來頭頭是道，不過遇到數學就沒辦法，雖然基本的加減還可以，但複雜一點的三位數以上之運算，就會常出錯。買東西亦不太能馬上估算出要找多少錢，都需要依賴計算器協助。請問小文最有可能屬於哪一種內在能力有顯著差異？
(A)不同成就間 (B)不同能力間 (C)能力與成就 (D)成就內

【桃園市 109 國小及學前特教-B，第 6 題】

（ ）48.有項智能障礙的鑑定基準為「學生在生活自理、動作與行 動能力、語言與溝通、社會人際與情緒行為等任一向度及 學科（領域）學習之表現較同年齡者有顯著困難情形。」 下列哪一種工具較適切用來評量此項鑑定基準？ (A)學生適應調查表 (B)社會適應表現檢核表 (C)國小學童生活適應量表 (D)生活適應能力檢核手冊

【桃園市 109 國小及學前特教-B，第 7 題】

（ ）49.有關特殊學生的鑑定原則，下列何者為非？(A)採多元化鑑定 (B)以專業團隊合作進行 (C)依學生障礙程度 (D)依學生需求

【桃園市 109 國小及學前特教-B，第 22 題】

（ ）50.關於兼具身心障礙與資賦優異之雙重特殊需求學生的鑑定與輔導，下列敘述何者正確？(A)身心障礙證明是其鑑定時的必要文件 (B)可將個別輔導計畫納入個別化教育計畫中 (C)應視其障礙程度調整資賦優異的鑑定基準 (D)輔導與支援服務應以身障為主、資優為輔

【臺北市 110 國小教甄，第 21 題】

（ ）51.關於雙重特殊教育需求學生鑑定的敘述，下列何者較為適切？

①可調整降低鑑定基準②可要求調整鑑定評量工具及程序③通常會先被診斷出外顯障礙特質④因遮蔽效應,此類型學生的鑑出率偏低(A)①②③ (B)①③④ (C)②③④ (D)①②③④

【中區聯盟 111 國小教甄,第 42 題】

(　　)52.特殊教育學生的鑑定研判,下列敘述何者較為正確?(A)應考量特教資源分布 (B)參考身心障礙證明 (C)應依據單一信效度高的標準化評量結果認定 (D)應考量學生學習動機與出缺席狀況

【桃園市 111 國小教甄-B (身障類),第 24 題】

(　　)53.下列哪一項比較不符合特殊教育身心障礙類的身體病弱之鑑定要件?(A)罹患疾病 (B)體能衰弱 (C)需要長期療養 (D)體質敏感

【桃園市 111 國小教甄-B (身障類),第 47 題】

(　　)54.心評教師在身心障礙學生鑑定綜合研判過程中,將有社交溝通缺陷的某生鑑定為社交(語用)溝通障礙症,而非自閉症,其最主要原因可能是在綜合研判資料中該生未出現下列何種特徵?(A)有語言溝通問題 (B)有社交困難問題 (C)有侷限及重複行為模式 (D)有異常的非語言溝通行為

【臺北市 111 國小教甄,第 28 題】

(　　)55.某國小六年級生自入學以來,個性易怒且常與校內老師或其他權威體起衝突。校內心評教師評估該生可能為行為規範障礙症(CD)或是對立性反抗症(ODD),但在蒐集綜合研判資料時,行為規範障礙症之於對立性反抗症的主要鑑別診斷準則為下列何種組合? (甲)故意毀壞他人所有物 (乙)經常難以取悅或易受激怒 (丙)經常說謊及有偷竊行為模式 (丁)曾對他人或動物施加冷酷的身體凌虐 (A)甲乙 (B)甲丙丁 (C)乙丙丁 (D)甲乙丙丁

【臺北市 111 國小教甄,第 29 題】

(　　)56.身為心評教師,在情緒行為障礙的綜合研判中,如何鑑別診斷個案僅為偏差行為或是已達情緒行為障礙的臨床意義,下列準則何者是正確的? (A)需為一症狀群 (B)需為急性發作 (C)需在單一情境中發生 (D)需為對一般壓力或失落事件的預期反應

【臺北市 111 國小教甄,第 45 題】

(　　)57.對於身心障礙資賦優異的雙重殊異學生鑑定,應該要注重下列哪一原則? (A)著重非語文推理與創造能力 (B)著重學科的學業成績與學習歷程 (C)著重個人的知識與經驗 (D)仍需用標準化測驗結果為依據

【新北市 111 國小暨幼兒園教甄,第 35 題】

（　　）58.王老師來到資源班請教陳老師說：「小美有衛福部核發的身心障礙證明，但為何她沒有特殊教育學生身分？」請問陳老師下列哪一種說法是正確的？(A) 要檢視小美的身心障礙證明是否已經過期了 (B)要了解小美有沒有參加鑑輔會的特教鑑定 (C)要了解小美有沒有取得醫療診斷證明 (D)要了解小美的智力是不是足夠低下

【新北市 111 國小暨幼兒園教甄，第 39 題】

【參考答案】

1	2	3	4	5	6	7	8	9	10	11	12
C	C	D	C	B	B	A	B	D	C	D	D
13	14	15	16	17	18	19	20	21	22	23	24
A	D	C	D	C	D	D	C	B	B	A	D
25	26	27	28	29	30	31	32	33	34	35	36
C	B	B	D	B	D	A	B	B	D	B	D
37	38	39	40	41	42	43	44	45	46	47	48
C	C	D	A	C	A	D	C	D	B	A	B
49	50	51	52	53	54	55	56	57	58		
A/C	B	C	B	D	C	B	A	A	B		

第七章 非正式評量

　　非正式評量的種類繁多，包含真實評量、標準參照評量、任務分析、、非正式量表、反應或學習日誌、大聲思考技術、非正式評量、檢核表、工作樣本分析、訪談、問卷、觀察、錯誤類型分析、自我評鑑、同儕評鑑、連續性紀錄、功能性評量等 21 種（張世彗、藍瑋琛，2022）。以下僅概述真實評量、標準參照評量、動態評量、課程本位評量、實作評量、檔案評量、及生態評量等。

壹、真實評量

一、涵義

　　Wiggins 首先提出「真實評量」(authentic assessment)，他主張設計一個真實測試的首要步驟是先決定我們希望學生在經過學習後所能呈現出來的確實表現是什麼(Wiggins, 1989)。簡言之，真實評量是要求學生將所學應用於新的、複雜的環境或情況。通常，這可以採用兩種形式：要求學生參與其領域的實際情況之真實世界評量，或本質上相關但讓學生參與模擬真實世界的情況之現實評估（例如：案例學習）。換言之，真實評量所重視的是實質內容的評量，而不是形式上的評量。根據 Wiggins(1998)的看法：

　　1.任務是真實的，如果它是注重實際的。

　　2.需要判斷和創新。

　　3.要求學生「做」這項主題。

　　4.複製或模擬成人在工作場所或個人生活中「測試」的環境。

　　5.評估學生有效地使用知識和技能來談判複雜任務的能力。

　　6.提供適當機會來排練、練習、諮詢資源，並獲得有關和改進表演和產品的回饋。

二、特徵

　　若從評量內容的設計、實施程序、評分方式、師生在評量中扮演的角色等來看，真實評量具有以下特徵(Gulikers, et al., 2005; Hart, 1994)。

　　1.評量的設計必須能真正表現出該領域所應有的表現。

2.評量的內容需依照教學與學習的情形或過程來設計。

3.在真實評量中，自我評量所扮演的角色要比傳統測驗的角色更為重要。

4.在真實評量中，學生常被預期能呈現他們的工作或學習成果，並能以公開與口頭方式為自己所學的內容辯論，教師更可以藉此確實了解學生目前精熟的情形。

5.評量應能反映出真實的生活，且是課程的一部分。

6.評量應是有計畫且有結構的。

7.評量強調以更廣泛的標準來作為評分的基礎，並鼓勵學生進行自我評量。

8.學生在評量中是主動參與者。

9.與在專業環境中完成的實際工作相似，並突出情境和情境知識，包括相關專業態度和能力的獲得。

10.成果表現的部分，要求學生展示對專業實踐的精熟。任務愈接近真實實踐，真實性就愈大，學生就愈能意識到真實性。

11.反映理想的學習成果、課程內容和未來職業知識之間的明確一致性。

12.強調以學習為目的之評估，而不僅是為了評分，並結合學習的社會、認知和反思過程。

三、真實評量的示例

真實評量的例子很多，包含演示、角色扮演、作品集或檔案、備忘錄／致編輯的信和電子郵件、案例探究、報告、模擬遊戲、魚缸（教師選擇一小群學生坐在這些熱門座位上，並就特定主題回答班上其他人所提出的問題、想法和建議）、提案、政策簡報等。

四、設計真實評量的架構與程序

(一)架構

在設計真實評量上，下列五向度框架，可提供在每一個向度上考慮相關問題(Gulikers et al., 2004)：

■任務。必須是一種讓學生參與反映專業實踐中所做的活動。你必須做什麼？

■物理環境。實際工作場所不同於機構學習環境，因此評量應反

映知識、技能和態度在真實環境中的使用方式。你必須在哪裡做？

　　■社會背景。真實評量任務應該涉及與真實生活中的社會過程相同之情況。這些可能包括也可能不包括團隊合作和協作，具體取決於在實際環境中是否需要這些特徵。你必須和誰一起做？

　　■評量結果或形式。必須涉及產品或成果表現、能力展示、一系列任務，以及向他人口頭和／或書面介紹，結果是什麼？你努力的結果是什麼？

　　■準則和標準。必須如何評估或判斷你所做的事情？

(二)程序

　　下列步驟可幫助設計真實評量，解決學習目標、改進課程，並滿足學生的需求(University of Florida, 2018)：

　　■確定學習目標。學習目標傳達了學生應該能夠做什麼及他們將在課程中發展的技能。也就是，你希望學生在完成任務後學習的技能和知識。

　　■界定相關任務。在確定學習目標後，就可開始界定學生實際會做什麼。也就是，設計一項要求學生展示這些技能和知識的演示或成果表現任務。真實任務分為三種類型：(1)建構反應：學生根據先前學到的知識和新學到的知識建構反應；(2) 生產：學生創建一個交付物，展示他們應用、分析和綜合所學知識的能力;(3)成果表現：學生執行一項任務，展示他們應用、分析和綜合所學知識的能力。

　　■確定基本的成果表現標準。接下來要關注怎樣知道他們做得好。你仍然需要了解學生的表現如何，以及他們是否已經掌握。因此，讓這些成果表現標準與你的任務性質保持一致非常重要。

　　■制定評分規則。設計評分規則時，應該為每一個成果表現標準，提出可衡量的水準。一旦制定了評分規則，考慮在評量之前將它展示給學生。這樣，他們就會知道你對他們的期望，且可更輕鬆地衡量自己的表現。

五、真實評量之評析

真實評量有其優弱點，分述如下(Gulikers, et al., 2005; Mathies, 1994)。

(一)優點

- 鼓勵學生積極參與評估過程。
- 真實評量提供學生知識和知識應用的可驗證證據。
- 它讓學生做好迎接真實生活挑戰的準備。學習者運用邏輯和分析技能來解決不同的真實世界情況。
- 真實評量為教師提供了學生在課堂表現的整體概覽。其詳細過程揭示了學生的長處和短處，也顯示了學習差距。
- 將評量和教學相結合，創建詳細的評估過程。
- 真實評量可以培養學生解決問題的能力，並增強他們將知識應用於真實生活環境的能力。
- 真實評量不僅評估學生的成果表現，更側重於加速學生的成長。
- 它加強了師生合作，並在課堂上建立了積極的教與學關係。

(二)弱點

- 很難用真實評量的方法給學生打分。這些方法沒有任何正確或錯誤的答案；它們取決於學生對挑戰和環境的理解和獨特應對的能力。
- 真實評量具有高度主觀性，結果可能不可靠。
- 由於缺乏標準化的評估基準，影響真實評量方法的有效性。
- 耗時，尤其是大班級時。
- 真實評量通常需詳細、個性化和具體回饋，這可能需很多時間。

貳、標準參照評量

「標準參照評量」(criterion-referenced assessment)在於根據一組固定的預定標準或學習標準來衡量學生的成果表現；也就是，根據與課程學習成果相關的預定標準對學生之表現進行評估。　標準參照評量乃是基於任務分析模式，透過找出遺漏的必要任務因素，來檢視能力上缺陷的理由。教師編製的標準參照測驗通常是基於課程範圍和順序，而且直接與教學有關。因此，教師就可以快速獲取測試結果，具體診斷不足，為學生提供有關他們表現的有效回饋，而個別學生的分數跟其他

學生的表現則無關。以下為教師在教學設計過程中可以使用標準參照評量或測驗類型(Dick, et al., 2015)。

入門技能測試	前測	練習或排練測試	後測
・在提供教學之前 ・評估必備的技能 ・如果缺乏技能，學習者可能更難學習材料	・在提供教學之前呈現給學習者 ・衡量學習者對材料的掌握程度，並幫助教師滿足課程需求 ・滿足大多數學習者需求的材料	・在教學過程中呈現 ・用於促進學習者在教學過程中的參與 ・幫助衡量學習和理解	・教學之後呈現 ・用於評估教學中的所有目標和技能 ・協助評估教學成效和學習者知識

　　標準參照測驗與常模參照測驗不同，常模參照測驗可用來與其同儕的個別成就表現相比較，同時概要地提供能力領域上的一般優弱點。至於愈特定的標準參照測驗則可用來詳細分析不足的領域，因此標準參照測驗更有助於方案計畫與進展情形的監督。表 7-1 為標準參照測驗和常模參照測驗之間的區別。

表 7-1　標準參照測驗和常模參照測驗之間的區別

基礎	標準參照測驗	常模參照測驗
表現	每一個學生都經過獨立評估	依據其他學生的表現進行評估
比較	它不會將學生的表現與其他學生進行比較	它將學生的表現與其他學生進行比較
目標	主要目標是幫助學生學習	主要目標是評估學生與其他學生的表現
標準	有固定的評估標準	標準會隨著結果而變化
結果	結果可以快速得出	只需很少的時間即可得出結果

標準參照評量或測驗雖有其優點，不過也有一些缺點：

1.標準參照評量或測驗的品質是很難建立的，因為它們提供班級特定的長期和短期目標的資料；而且似乎是耗時且不易實施的。

2.結果不能在特定課程或計畫之外進行概括。

3.標準參照評量或測驗特定於程序，不能用於衡量大型團體的表現。

參、動態評量

一、涵義

「**動態評量**」(dynamic assessment, DA)是一種同時評量和促進發展的程序，它隨著發展和學習而變化，考慮了個人的近側發展區(zone of proximal development, ZPD)。這種評量最早是由 Feuerstein (1979)所提出的。它是指在教學前、教學中及教學後，以因應及調整評量情境的方式，對學習者的認知能力進行持續性的評量。藉此了解教學與認知改變的關係。經由教學後，確認學習者所能夠達到的最大可能潛能表現(Day & Hall, 1987)。

相較於傳統的、靜態的評量，動態評量能反映出學生的認知歷程，並敏銳地偵測出學習者的學習潛能，如表 7-2。

表 7-2 靜態評量與動態評量程序特徵之比較

靜態評量	動態評量
被動參與者	主動參與者
主試者觀察	主試者參加
確認缺陷	描述可修改性
標準化	流暢的、反應的

二、模式

動態評量模式主要有下列幾種，茲分述如下(張世彗、藍瑋琛，2022)：

1.**學習潛能評量模式**(learning potential assessment, LPA)由 Budoff 所提出的，這種評量模式目的在於鑑別被錯誤分類的智能障礙兒童，運用「前測─訓練─後測」的程序，來評量學生從訓練中所獲得的能力。由於採用「標準化教學」，所以容易施行，但是如果學生的前測能力差異很大時，會有區分上的困難。

2.**學習潛能評量計畫模式**(learning potential assessment device, LPAD)由 Feuerstein 所發展的，此種模式的目的有二：(1)找出個體的認知功能缺陷；(2)評量學生對教學的反應程度，所需訓練的類型及數量以求改進，採取「前測─中介─後測」（或教學─後測）的程序，來評量學生經中介訓練後的表現。教學介入方式採用「非標準化臨床介入」，與 LPA 不同。

3.**極限評量模式**(testing-the-limits)由 Carlson 與 Wield 所提倡的，此種模式的目的有二：(1)找出估計個體能力上限的最佳方式；(2)提供對一般智力較敏感的指標，採取「測驗中訓練」的標準化介入模式，以評析不同施測情境介入的最佳表現及介入策略的有效程度。

4.**心理計量取向評量模式**(psychometric approach assessment, PAA) 由 Embretson 所發展的，以空間推理為材料，採取「前測─訓練─後測」的程序來評估學生的能力，運用標準化介入協助學生，以評估學生訓練後學習能力改變的情形。

5.**連續評量模式**由 Burns、Vye 與 Bransford 所主張的，認為認知發展的增進取決於有效的中介學習，並透過檢視不同教學介入的效果，以確認有效介入成分作為評量目的。這個模式以數學、閱讀等領域為材料，分兩大階段評量學生的認知能力和缺陷；第一階段先使用「靜態評量」評估學生的一般能力，再實施「漸進提示」，並測量未經協助的「獨立表現」水準。若第一階段未達預定標準，則進行第二階段的訓練或漸進提示，然後施予靜態評量，以評估學生的學習保留和遷移能力。

6.**漸進提示評量模式**(graduated prompting assessment, GPA)由 Campione 與 Brown 所主張的。此一模式深受俄國心理學家 Vygotsky 近側發展區概念的影響。在模式中，「教學提示量」是評量學生學習能力的指標。這個模式以學科作業為材料，事先建構一套標準化提示系統，再採取「前測─訓練─遷移─後測」等階段進行（前後測實施靜態評量）；訓練、遷移階段則實施動態評量，給予學生一系列協助，來了解其學習能力和遷移的效果，同時亦可觀察學生認知功能的運作。

在評量時，此一模式主要在評估學生的學習量數和遷移量數；計分時，以提示量多少來核算，提示量愈多表示能力愈低。這種評量模

式的主要限制在於針對複雜度高的學科，較不易建立提示系統。

三、評析

相較於傳統評量，動態評量具有以下幾項優點（林麗容，1995）。

1. 較能評估文化不利或身心障礙兒童的認知潛能，故動態評量又被稱為「無歧視性的認知評量方法」。
2. 評量與教學密切結合
3. 重視學生的潛能表現和認知歷程
4. 連續歷程的評量模式

動態評量也有下列難題有待克服（李坤崇，1999；Guthke & Wingenfeld, 1992）。

1. 個別評量成本太高
2. 研究題材仍待積極研發
3. 信度與效度有待努力
4. 評量執行不易

肆、課程本位評量

一、涵義

有許多學者對課程本位評量的涵義提出了看法，例如：

■使用直接觀察和記錄學生在課程中的表現，作為收集資訊以做出教學決定基礎的任何測量活動(Deno & Fuchs, 1987)。

■任何以實際上課的課程內容為依據，來考量學生技能發展的程序，都可稱為課程本位評量」(Tucker,1987)。他同時指出課程本位評量有三項基本條件：

> ・測驗材料選自學生的課程中。
> ・必須經常性且重複的施測。
> ・測驗的結果要用來作教育上的決定。

課程本位評量的一個關鍵特徵是它提供了一種直接測量的形式，教師可以準確地評估他們所教授的內容，而間接或常模參照評量並不總是如此，這些評量不一定反映特定課堂中所涵蓋的特定材料。「課程本位評量」的各種方法利用直接的、持續的測量，包括簡短的探測或其他的測量，這些測量聚焦於課堂中的直接技能和內容。多數探測

需花費 1~5 分鐘來執行，且常很容易評分，使得它成為一種持續性評量學生表現的形式。

二、種類

目前常見的課程本位評量有下列三種(Marston, 1989)：

1.**著重流暢性的課程本位評量模式**(fluency-based CBA model)旨在於直接測量學生的進步情形，作為教師長期觀察與修正教學的依據。此一模式以 Deno 等人所發展出來的「**課程本位測量**」(CBM)最具有代表性，這種測量著重於評量速率，測量結果顯示個人在單位時間內正確反應的次數。課堂上使用 CBM 有下列優點(Nisbet, 2019)：

■確保課程重疊

■實施時間很少(1~5 分鐘內)

■定期給予

■有效衡量短期學生成長

■激勵學生提升

■告知教師的教學

以閱讀為例，常用來評估學生閱讀進展的課程本位測量形式，有下列幾種，如圖 7-1：

一分鐘朗讀	困惑字測驗	填充測驗	字詞認讀測驗
•讓受試者朗讀文章1分鐘	•保留一篇文章段落的首句和最後一句，從第二句開始，每隔幾個字空一格，讓受試者選出適當的字。	•保留一篇文章段落的首句和最後一句，從第二句開始，每隔幾個字空一格，讓受試者填出缺漏的字。	•以學生課程中所教授的字詞為材料，每次隨機抽取若干字詞作測試。

圖 7-1 常用來評估學生閱讀進展的課程本位測量形式

2.**著重正確性的課程本位評量模式**(accuracy-based CBA model) **也可稱「為教學設計之課程本位評量」**(CBA for instructional design, CBA-ID)，目的在於檢視教材內容對於個別學生的難易程度，作為挑選教材和分組教學的依據，而以 Gickling 等人所提出的最具代表性(Gickling, et al., 1989)。CBA-ID 被定義為「根據學生在現有課程內容中的持續表現，確定學生的教學需求的系統，以便盡可能有效地提供教學」。它有下列四項基本原則(Gickling & Rosenfield,1995) ：

■將評量實務與課堂中實際教學內容一致。如此教師能夠更好地評估學生的表現和課堂上使用材料的教學效果。

■從學生所知的評量基礎開始，然後嘗試確定特定領域的技能不足或弱點。這樣可以增加學習活動的任務時間，減少學習的零碎化，要求學生對包含大量未知訊息的課程材料作出反應。

■由於學習有困難的學生往往其入門技能與不斷變化的學校任務要求不能相配，這種模式高度重視糾正這種教學差距，透過確定適當的適應或教學相配，將任務變異性和需求保持在適當的挑戰水準，同時調整教學速度以配合學生的學習速度。

■力求使每個學生保持較高的成功率，並從適當相配的教學中獲益。這與大多數教學實務形成鮮明對比，即不同入門級技能的學生都以相同的課程材料和相同的速度進行教學。

此一模式著重在於計算比例，例如：答對題數相對於答錯題數的比例、答對題數相對於總題數的百分比，如小傑在語文測試中答對了50%的題目。

3.**標準參照的課程本位評量模式**(criterion-reference CBA model, CR-CBA)目的是以學生在具有順序性之課程目標上，直接和經常性測量學生的表現，來作為教師設計教學的參考，而以 Blankenship (1985)及 Idol (1986)等人所提出的模式最著名。此種模式是先將課程中所要教的技能，按照難易程度或教學的先後順序予以排列，然後為每項技能寫出相對應的行為目標，再根據行為目標來編選試題，同時擬定可接受的表現水準。教師便可以根據學生在試題上的表現，判斷其是否精熟每項學習目標，用來作為種種與教學有關的決定。

（三）課程本位評量的方法

　　課程本位評量的方法主要有幾種：(1)觀察；(2)測驗（含商業出版品與教師自編的測驗）；(3)主觀印象。這三種方法各有其優缺點，不過系統性的觀察法和教師自編測驗是最有潛在效用的，因為這兩種方式的限制都可以克服的。

四、共通實施程序

　　很多學者提出實施課程本位評量的特定程序，但是在這些程序中有些階段是共通的(Jones & Southern, 1998)，包括下列階段，如圖 7-2。

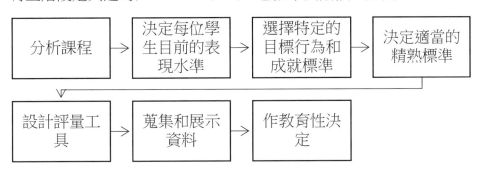

圖 7-2 課程本位評量的共通實施程序

五、評析

　　相較於標準化評量，課程本位評量的優弱點有下列幾項：

- 評量與教學能夠緊密的結合。
- 編製過程簡單易行。
- 評量訊息簡單明白易於溝通。
- 不易產生負面標記的問題。
- 能因應個別差異進行評量。

　　課程本位評量雖有上述諸多優點，不過也有下列一些問題有待解決：

- 信度和效度通常不是很理想。
- 測驗品質良莠不齊。

伍、實作評量

一、涵義

　　實作評量(performance assessment)是以觀察和專業判斷來評量學生學習成就的評量方式。簡言之，凡是強調實際表現行為的評量方式都可以稱為實作評量。由於實作評量必須要在真實的情境下實施，它可算是一種「真實評量」。

二、特性

　　實作評量方式具有下列特性（盧雪梅，1998）。
　　1.評量兼顧過程和作品
　　2.要求執行一些高層思考或問題解決技能的活動
　　3.實作評量可同時評量情感和社會技巧
　　4.評量方式的多元化

三、類型

　　實作評量的情境愈接近真實情境愈好，不過有時學習的真實情境無法完全複製，只好使用模擬情境。根據施測情境的真實性程度來區分，在教學情境下教師常用的實作評量類型有下列五種(Gronlund, 1993)：

　　1.紙筆成就表現。在評量中，教師通常使用類似「設計」、「創造」、「撰寫」等術語，例如：創造一首詩歌等。

　　2.確認測驗。指由各種不同真實程度的測驗情境所組合而成的一種評量方式，例如：要求學生確認一套測驗工具，並說明其功用。

　　3.結構化成就表現測驗。它是一種可作為在標準且控制情境下進行評量的工具。這種工具測量表現的情境是非常有結構性的，要求每位學生都能表現出相同的反應動作。因此，判斷表現優劣的標準都需使用操作型定義，以求評量結果的客觀性和公平性。

　　4.模擬成就表現。這是一種為了配合或替代在真實情境中的表現，以部分或全部模擬真實情境而建立的一種評量方式，例如：在飛機駕駛養成訓練，所使用的飛機模擬儀器。

　　5.工作樣本。這是實作評量類型中真實程度最高的一種評量方式。它需要學生在實際作業上，表現出所要測量的全部真實技巧。工作樣本要包括全部表現中的要素，且是在控制情境下進行表現的，例如：

汽車考照場。

四、實施步驟

實施實作評量時要考量的基本步驟，如圖 7-3 (Airasian, 1996)。

圖 7-3　實施實作評量時要考量的步驟

五、評析

實作評量可讓教師了解學生對問題了解、投入程度、解決技巧和表達能力，能夠較完整的反映出學生的學習成果。而且實作評量與真實生活較為相近，可增進學生學習的動機、幫助學生建構有意義的學習情境、發展高層思考或問題解決能力等。雖然實作評量有其優點，但實施方面也有不少困難(林志忠，2001)。

1.實作評量在實施上及評量計分上所需要花費的時間比較多。

2.實作評量的花費常比一般紙筆測驗來得多；有時需購置儀器設備，保管維護也可能會遇到問題。

3.評量和觀察重點的掌握和評分標準的訂定有時也是難題，尤其是對非結構性作業項目進行評量。

4.評量結果的信度和效度，這也是實作評量最受爭議的地方。

陸、檔案評量

一、涵義

「Portfolio」原來是畫家、音樂家、作家等保有的個人成果檔案。如果 Portfolio 應用在教育上成為一種評量策略時，就不只是檔案和卷宗而已，它應該是一種歷程檔案。檔案評量(portfolio assessment)是指學生蒐集可以代表自己學習的一系列作品，並將作品放入檔案夾中，教師在學生蒐集作品的過程中加以輔助，最後再根據預定的評分標準或原則進行評分。

二、特色

1.教學以學生為中心。

2.評量與教學結合。

3.多方面的學習。

4.系統地蒐集作品。

5.分擔責任和分享資源。

6.具有真實性。

三、檔案內容的組織

檔案內容在組織過程中應該考慮的方面：

1.**確定檔案的目的**。需先確定檔案的目的，會直接影響到創建檔案的過程。

2.**確定包含在檔案中的證據**。考慮檔案的目的，應確定要蒐集哪些證據、誰將蒐集作品、蒐集的頻率，以及如何評估。在檔案選擇時諮詢學生是很重要的，因為它使學生有責任感和占有感。

3.**確定評量標準**。確定評量檔案的標準非常重要，因為它可讓學生確認和選擇認為是高品質的作品，還能提供並鼓勵教師、學生和他人關注成果和成果品質。評量標準應該要清晰易懂，這對於學生評估自己的作品並能彌補自己的弱點非常重要。應該使用評分表來確定檔案中證據的品質，並進行可靠和有效的評量。

四、檔案評量的形式或層次

下列具有順序的特定檔案形式或層次，其中第一個層次的檔案是由教師所界定和評鑑的，而最後層次的檔案則是由學生所界定和評鑑的，如圖 7-4 (張世彗、藍瑋琛，2022)：

發展性檔案	成果檔案	展示檔案	目標檔案
•蒐集各學科、各學期或學年的作品或成果。	•教師提供學生所要蒐集主題或作品的內容表格	•教師提供學生所需主題的內容表格，但由學生提供檔案的評鑑元素和特定的選擇原則。	•教師提出有關品質成就表現的行為目標或陳述目錄。

圖 7-4 具順序的特定檔案形式

五、實施步驟

實施檔案評量可依照下列步驟進行：

1.每位學生準備一份檔案夾

2.師生一同討論和決定檔案內容與格式

3.學生隨時放入新作品或抽換舊作品

4.師生一起檢視檔案內的作品

5.學生自評，同學間彼此分享檔案內容

6.定期評量

六、評析

相較於傳統評量，檔案評量具下列優點(Carpenter & Ray, 1995)。

1.提供過程與結果的評鑑

2.為一種真實、動態與整體的評鑑

3.評量主導權由教師轉移給學生

4.學生學會以整體觀點看待自己的學習與成長

5.結合教學與評量

6.具診斷與評鑑雙重功能

7.尊重學生個別差異

8.結合多種評量方法，資料來源多重與多樣

9.教師、學生與家長更能有效溝通學生的學習

10.可增進學生成就動機和自我效能

檔案評量也有下列的問題有待克服：

1.**評分方面**。由於缺乏一致的評分標準、評語描述不夠精確，以及學生互評能力等因素，使得檔案評量的信度很容易受質疑，檔案評量效度通常也是受到質疑的。

2.**時間方面**。實施檔案評量需要時間經營，從檔案夾的選取、檢視學生作品、指導學生自評與互評等工作都頗花費時間。

3.**教師負擔與學生作業量方面**。實施檔案評量必會加重教師負擔。此外，檔案評量的內容常是課本和習作外的活動或作業，應考量作業量問題，避免造成家長和學生的困擾。

柒、生態評量

一、涵義

　　生態學的評量就是針對個體與其所處環境中各項因素進行評量的過程。換言之，「生態評量」(ecological assessment)是一種透過觀察與其他蒐集資料的方式，直接針對個體在其所屬的各項環境（家庭、學校及社區等）中所表現出的各種能力進行評量分析，以利於教學目標及內容設計的過程。此一評量模式的最終目的在於教導個體適當的社會性行為，協助個體社會化，以達到教育機會均等的理想(Swanson & Watson, 1989)。

二、資料蒐集方式

　　生態評量主要在蒐集、診斷、評估及建立學生適應周遭所處環境的歷程。蒐集資料可採用的方式，如表 7-3：

表 7-3　生態評量蒐集資料的方式

蒐集資料方式	內涵
直接觀察	有計畫的觀察特定學生，並將觀察結果記錄下來。
記錄分析	依照原有的記錄表或是其他現存資料加以分析彙整。
晤談	與學生本人、同儕、家長、師長或其他人員等晤談。
心理的教育測量	採用正式的或非正式的測量工具。

三、生態評量的過程

　　生態評量約可分為下列幾項過程，如圖 7-5 (Swanson & Watson, 1989)。

確認學生所處的各項環境 → 針對每項特定環境設立任務評量表 → 針對某一特定的環境進行各種可能活動的分析 → 進行所需技能的工作分析與差異分析 → 設計教學內容與教學

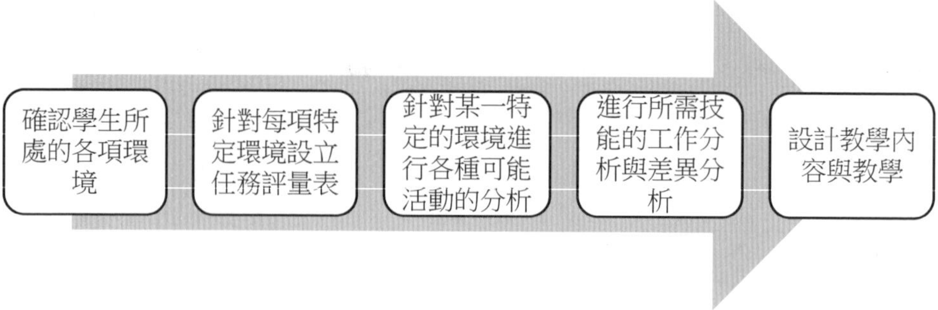

圖 7-5　生態評量的過程

四、評析

　　生態評量固然有其生態觀點上的優點，惟在實際情境的運用上亦有未臻完善之處，如表 7-4。

表 7-4　生態評量的優點及內涵

優點	弱點
具功能性	評量耗時費力
強調個別化	生態環境難以成為教學情境
提供學生潛能的評量	個別化教學難以完全掌握
評量與教學緊密	輔具的設計問題

【充電補給站】

※張世彗、藍瑋琛 (2022)。特殊教育學生評量(第九版)。
【PP.189-311】
※李坤崇(1999)。多元化教學評量。【第 2-5 章】
※李坤崇(2019)。學習評量(第二版)。【第 5-9 章】
※張正芬等譯(2019)。特殊教育與融合教育的評量。【第 8-19 章】

歷屆教甄試題
【非正式評量】

（　）1.黃老師想要了解學生學習國語文有何困難，下列哪一種評量比較適合？(A)診斷性評量　(B)形成性評量　(C)同儕評量　(D)自我評量。

【臺南市 109 國小暨幼兒園教甄，第 40 題】

（　）2.下列有關軼事紀錄的敘述，哪一個較不適切？(A)以軼事紀錄作為評量的佐證資料，可以提高評量結果的效度　(B)軼事紀錄可增加教師對獨特行為觀察的敏感性，增加教師的覺察能力　(C)軼事紀錄容易取得充分具代表性的行為樣本　(D)在軼事紀錄中，教師對於偶發事件的解釋，難以避免月暈效應。

【臺南市 109 國小暨幼兒園教甄，第 41 題】

（　）3.教師在某次下課時間觀察到自閉症學生主動加入同儕活動，認為這是一個重要的行為表現，當下便將過程完整記錄，請問這是何種觀察記錄法？(A)軼事記錄法　(B)時距記錄法　(C)連續記錄法　(D)次數統計法

【臺北市 106 國小教甄，第 28 題】

（　）4.為了解小明適合哪種工作，老師安排他到不同職場去學習並評量他對環境與工作的適應情形及所需的調整與支持策略，請問這種作法是屬於哪種評量？(A)工作樣本評量　(B)情境評量　(C)訪談　(D)社會地位評量

【新北市 105 國小暨幼兒園教甄，第 46 題】

（　）5.小美是三年級的女生，常在教室內吼叫，拍打桌子，用手打人。她可以學習語文，對於數學不但缺乏學習興趣，干擾行為也特別嚴重。張老師針對她的行為收集資料，記錄每次事件發生的時間、行為模式、次數、可能的原因和處理的結果，以探討改變行為的方法。張老師所採用的方法是？(A)生態評量　(B)課程本位評量　(C)動態評量　(D)功能性評量

【臺北市 107 國小教甄，第 29 題】

（　）6.某集中式特教班老師依據小崴的IEP目標，蒐集他的相關活動照片、學習單作品、作業等資料，以檢視他的國語文學習表現。這是哪一種評量方式的應用？(A)課程本位評量　(B)學習日誌(C)工作樣本分析　(D)檔案評量

【臺北市 108 國中教甄，第 79 題】

（　　）7.某特教班教師想瞭解學生的閱讀發展水準，她挑選了一本先前未閱讀過的書來進行引導式閱讀評量，並使用特 定標記和符號紀錄學生的閱讀行為。最後她分別計算閱讀率、自我矯正率和錯誤率。這是何種非正式評量方式的運用？(A)檢核表 (B)任務分析 (C)檔案評量 (D)連續性紀錄

【桃園市 105 國小及學前特教-C，第 16 題】

（　　）8.有關「評量方法」的敘述，下列何者正確？(A)社交計量法（sociometry）可以評量團體內部結構和成員間的互動關係。(B)動態評量（dynamic assessment）是一種效標參照的評量。(C)課程本位評量（curriculum-based assessment）的測驗材料來自對不同年齡層所需能力的分析。(D)一位學生在國小數學能力測驗得到的百分等級為 60，這表示他精熟了其中 60%的測驗題目。

【屏東縣 107 國小暨幼兒園教甄，第 26 題】

（　　）9.小清的媽媽是印尼籍，老師採用印尼語言對小清施測，請問符合下列哪一項概念？(A)零拒絕 (B)父母參與 (C)最少限制環境 (D)非歧視評量

【臺北市 110 國小教甄，第 29 題】

（　　）10.下列哪一項是「無歧視評量」的特徵？(A)評量必須用適合該生文化和語言背景的測驗(B)該生必須由同樣文化的人施測(C)該生必須每個月一再複評(D)該生必須與同樣文化背景的學生一同施測

【屏東縣 105 國小暨幼兒園教甄，第 23 題】

（　　）11.最近新冠肺炎流行，防疫重點要大家勤洗手。教師若要瞭解班上學生在洗手的七步驟中技巧及清潔的確實度，最適合採取哪一種評量方式？(A)動態評量(B)功能性評量(C)課本本位評量(D)實作評量

【臺北市 109 國小教甄，第 32 題】

（　　）12.美娟老師希望能夠帶領特殊教育班的學生到便利商店購買飲料，她先把教室模擬便利商店的情境佈置，並評估學生的購物流程、使用金錢及與他人互動的表現。下列哪一項較符合美娟老師的評量方式？(A)實作評量 (B)動態評量 (C)真實評量 (D)生態評量

【中區聯盟 111 國中教甄，第 23 題】

（　　）13.最近新冠肺炎流行，防疫重點要大家勤洗手。教師若要瞭解班上學生在洗手的七步驟中技巧及清潔的確實度，最適合採取哪一種評量方式？(A)動態評量 (B)功能性評量 (C)課本本位評量 (D)實作評量

【臺北市 109 國小教甄，第 32 題】

（ ）14.特教班老師在教室內模擬火車站情境，評量學生是否會買火車票，這是屬於下列哪一種評量？(A)真實評量 (B)檔案評量 (C)實作評量 (D)生態評量

【中區聯盟 109 國中教甄，第 7 題】

（ ）15.關於實作評量(performance assessment)的觀點，何者正確？【甲】：包含聽力測驗與口語溝通等形式【乙】：可同時評量受試者的學習過程與結果【丙】：易產生評分信度問題【丁】：可做為國民中學學生成績評量方式之一(A)甲丙 (B)乙丁 (C)甲乙丙 (D)甲乙丙丁

【新北市109國中教甄，第57題】

（ ）16.古老師根據以下步驟，對特教班學生進行評量與教學，這 是哪一種評量方式的應用？(A)動態評量 (B)課程本位評量 (C)標準參照評量 (D)實作評量

【桃園市 109 國小及學前特教-B，第 16 題】

（ ）17.小明是國小三年級就讀普通班身心障礙學生，林老師於自然課程中，教導全班學生水生 植物的認識與保育，並且讓學生分組討論水生植物的分類，再由各組學生到校園裡的生態池找出不同類別的水生植物，並請小明自行記錄水生植物特徵與檢視結果。林老師較適合採用下列哪些方式評量小明的學習成果？甲、實作評量 乙、生態評量 丙、動態評量 丁、檔案評量 (A)甲乙 (B)甲丁 (C)乙丙 (D)丙丁

【新北市 107 國小暨幼兒園教甄，第 34 題】

（ ）18.曾老師針對集中式特教班學生設定的目標為：「能完成在速食店點餐的活動。」在教學後，曾老師帶著班上同學一起進入社區 M 速食店用餐，以瞭解學生的學習成果。曾老師採用下列何種評量方式？(A)真實評量 (B)生態評量 (C)檔案評量 (D)動態評量。

【臺南市 109 國小暨幼兒園教甄，第 55 題】

（ ）19.下列對學生所進行的評量活動何者最符合真實評量的原理？(A)說出洗臉的步驟 (B)指認圖片上家人的稱謂 (C)看教室裡的時鐘說出現在時刻 (D)聽完故事錄音帶後完成選擇題的理解測驗

【屏東縣 106 國小暨幼兒園教甄，第 33 題】

（ 　）20.下列何種系統性提示方式較符合動態評量的作法？(A)關鍵提示-簡單回饋-直接教學 (B)簡單回饋-關鍵提示-直接教學 (C)題意說明-直接教學-簡單回饋 (D)直接教學-關鍵提示-題意說明。

【臺南市 109 國小暨幼兒園教甄，第 63 題】

（ 　）21.王老師要教導小智看時間，當老師呈現的實物鐘鐘面是 6 點鐘時，小智回答 12 點鐘，老師判斷認為問題在於小智不會分長短針，於是老師問「鐘面上長針指多少？短針指多少？」、「要看幾點，應該看長針還是短針？」小智在提醒後答對，老師給予評分，請問這種評量方式稱為：(A)檔案評量 (B)功能性評量 (C)動態評量 (D)課程本位評量

【臺北市 106 國小教甄，第 36 題】

（ 　）22.麗麗老師事先建構一套標準化提示系統，接著再採取「前測→訓練→遷移→後測」等階段的程序進行，以了解學生的最初能力及實施評量後所能表現的最大水準。這是哪一種評量方式之應用？(A)標準參照評量 (B)課程本位評量 (C)動態評量 (D)實作評量

【臺北市 108 國中教甄，第 78 題】

（ 　）23.針對社經文化不利的身心障礙學生，老師如果想了解這些學生的學習能力，宜採用哪種評量策略？(A)托尼非語文智力測驗 (B)生態評量 (C)課程本位評量 (D)動態評量

【臺北市 111 國小教甄，第 39 題】

（ 　）24.動態評量的最主要評量目的為瞭解學生下列哪一項特質？(A)情緒行為 (B)錯誤類型 (C)認知潛能 (D)認知風格

【新北市 105 國小暨幼兒園教甄，第 47 題】

（ 　）25.相較於傳統評量，下列哪個評量方式較能評估文化不利或身心障礙資優學生的潛能？(A)標準參照評量 (B)課程本位評量 (C)動態評量 (D)真實評量

【桃園市 107 國小及學前特教-C，第 45 題】

（ 　）26.下列關於課程本位評量(Curriculum-based Assessment)的敘述，何者比較適當？(A)了解學生的年級水準 (B)可以和上學期的成績比較 (C)了解學生的智力 (D)了解學生需要被教導的技能

【新北市 106 國小暨幼兒園教甄，第 41 題】

（ 　）27.進步曲線常作為監控學生進步及特教老師績效責任的指標。進步曲線最常應用在下列哪一種評量策略？(A)動態評量 (B)表現評量 (C)課程本位評量 (D)檔案評量。

【臺南市 109 國小暨幼兒園教甄，第 76 題】

（　）28.下列哪一個選項是課程本位測量（CBM）的特色之一？(A)具備診斷錯誤類型的功能 (B)專注於長期目標的達成 (C)一系列階層化的短期目標 (D)非標準化行為的測量

【中區聯盟 109 國中教甄，第 12 題】

（　）29.小平是一位 ADHD 的學生，他的學業技巧評量下列何者適用？ (A)替代性評量 (B)檢核表 (C)課程本位評量 (D)適應行為評量

【臺北市 110 國小教甄，第 31 題】

（　）30.某資源班教師想要了解學生在單位時間內數學正確反應的次數，作為其觀察學生進步情形及修正教學的依據。這是哪一種課程本位評量模式？(A)著重正確性的 (B)著重流暢性的 (C)著重實作性的 (D)標準參照的

【臺北市 108 國中教甄，第 61 題】

（　）31.周生老師把生活管理領域的教學內容編成評量題項，用來評估學生的學習成效；把學生可以獨立完成的項目列為已具備的能力，而未能獨立完成的部分列為教學目標進行教學，並採用教學─評量的循環步驟，過程中逐步提供適當的提示。周生老師採用下列哪一選項的評量方式？ 甲、動態評量 乙、生態評量 丙、實作評量 丁、課程本位評量 (A)甲乙 (B)丙丁 (C)乙丙 (D)甲丁

【中區聯盟 111 國小教甄，第 21 題】

（　）32.「直接測量學生進步情形，作為教師長期觀測與修正教學的依據」，請問這是屬於「課程本位評量」中的哪一種模式？(A)標準參照模式 (B)流暢性本位模式 (C)正確本位模式 (D)反應參照模式

【桃園市 107 國小及學前特教-C，第 20 題】

（　）33.有關課程本位評量的敘述，下列敘述何者錯誤？甲.答對題數相對於答錯題數的比例、答對題數相對於總題數(如小英在語文測試中答對了 50%的題目)。是屬 於標準參照的課程本位評量模式 乙.直接測量學生的進步情形，作為教師長期觀察與修正教學的依據。是屬於流暢性的課程本位評量模式 丙.課程本位評量僅是一種效標參照測驗，故不能做為鑑定工具 丁.課程本位評量結果可看出個人的進步狀況也可看出人與人之間的差異 戊.課程本位評量是標準化的評量技術，可以評鑑教學成效 (A)甲乙丙 (B)乙丙戊 (C)甲丙戊 (D)丙丁戊

【屏東縣 106 國小暨幼兒園教甄，第 1 題】

（　）34.洪老師請身心障礙學生偉華規劃並實施一天嘉義日環食旅遊活動，以評量在生活管理領域中休閒活動的學習成效，下列哪一選項較屬於洪老師的評量方式？ 甲、動態評量 乙、真實評量 丙、生態

評量 丁、課程本位評量 (A)甲乙 (B)丙丁 (C)甲丙 (D)乙丁
　　　　　　　　　　【中區聯盟 111 國小教甄，第 27 題】
（　）35.數據本位教學(data-based instruction)最常配合下列何種評量？
(A)檔案評量 (B)真實評量 (C)標準化評量 (D)課程本位評量
　　　　　　　　　　【新北市 105 國小暨幼兒園教甄，第 22 題】
（　）36.下列哪一選項的敘述較為正確？甲、教師觀察評量每一位學
生清潔打掃的精熟程度，是屬於功能性行為評量 乙、教師評量每一
位學生在教室內練習速食店點餐的學習表現，是屬於真實評量 丙、
教師讓學生做調整泡泡水比例的實驗，當學生不會時給予提示，是屬
於動態評量 丁、每教完一課，教師都會設計該課內容的評量單，是
屬於課程本位評量 (A)甲乙 (B)甲丙 (C)乙丁 (D)丙丁
　　　　　　　　　　【新北市 107 國小暨幼兒園教甄，第 54 題】
（　）37. Deno 等人(1985)發展的課程本位測量(curriculum-based
measurement)屬於下列哪一種課程本位評量模式？(A)著重正確性的
課程本位評量模式 (B)著重流暢性的課程本位評量模式 (C)標準參照
的課程本位評量模式 (D)以上皆是
　　　　　　　　　　【桃園市 108 國小及學前特教-B，第 12 題】
（　）38.小柳是一位閱讀能力低落的輕度智能障礙學生，艾老師想利
用課程本位測量(Curriculum- Based Measurement, CBM)來形成性的監
控小柳閱讀流暢性的表現，他讓小柳朗讀課本中的文章，以下何者是
最可能的測量結果?(A)在一分鐘時間內正確朗讀字數與錯誤朗讀字
數的比例 (B)在一分鐘時間內正確朗讀字數與總字數的比例 (C)在一
分鐘時間內正確回答理解問題的題數 (D)在一分鐘時間內正確朗讀
的字數
　　　　　　　　　　【新竹市 109 國中教甄，第 28 題】
（　）39.呂老師依據以下程序，對特教班學生進行「一位數乘以一 位
數」的評量，這是運用下列哪一種評量方式？(A)動態評量 (B)課程本
位評量 (C)任務分析 (D)標準參照評量

確定要測量的能力 → 確定行為目標 → 發展測驗題目 → 決定表現的標準 → 施測、計分和解釋測驗結果

　　　　　　　　　　【桃園市 109 國小及學前特教-B，第 8 題】
（　）40.特教班林老師班上來了一位新學生小明，她特地找一天在學
校放學後，跟著小明一起回家。除了觀察記錄小明一路回到家與在家

的生 活情況，並晤談小明和家長，以作為其設計課程之教學目標。
林老師是在為下列哪類變通性評量蒐集資料？(A)生態評量 (B)動態
評量 (C)實作評量 (D)功能性評量

【中區聯盟 107 國小教甄，第 21 題】

（ ）41.重度障礙及多重障礙學生普遍有智能低下的問題，針對重度
障礙及多重障礙的評量，下列何者評量較適合對其施測？(A)國語構
音測驗 (B)魏氏兒童智力量表 (C)比西智力測驗 (D)生態評量

【臺北市 110 國小教甄，第 30 題】

（ ）42.王老師至小明家進行家庭訪問時，觀察到小明家的廚房有流
理台，但是小明並不會使用流 理台，於是王老師設計了流理台教學，
王老師所進行的是屬於下列哪一種評量？(A)課程本位評量
(curriculum-based assessment) (B)生態評量(ecological assessment) (C)
實作評量(performance assessment) (D)功能性評量(functional
assessment)

【新北市 111 國小暨幼兒園教甄，第 59 題】

（ ）43.心評老師在決定學生安置環境時，會多方蒐集個人與環境特
質間交互關係的資料，以做出最好的專業判斷；請問此種評量方式為
下列何者？(A)動態評量(dynamic assessment) .(B)檔案評量(portfolio
assessment) (C)真實評量(authentic assessment) (D)生態評量
(ecological assessment)

【新北市109國中教甄，第36題】

（ ）44.針對有智能低下的多重障礙學生之評量，施測時用下列何者
評量較適合？(A)比西智力測驗 (B)魏氏兒童智力量表 (C)生態評量
(D)國語構音測驗

【桃園市 109 國小及學前特教-B，第 23 題】

（ ）45.下列哪一種評量方法需善用後設認知、晤談、放聲思考等方
式？ (A)生態評量(ecological assessment) (B)動態評量(dynamic
assessment) (C)檔案評量(portfolio assessment) (D)課程本位評量
(curriculum-based assessment)

【屏東縣 105 國小暨幼兒園教甄，第 17 題】

（ ）46.王老師至小明家進行家庭訪問時，觀察到小明家有流理台，
但是小明並不會使用流理台，於是王老師設計了流理台教學，王老師
所進行的是屬於哪一種評量？ (A)生態評量(ecological assessment) (B)
動態評量(dynamic assessment) (C)檔案評量(portfolio assessment) (D)
課程本位評量(curriculum-based assessment)

【屏東縣 105 國小暨幼兒園教甄，第 19 題】

( )47.以下哪一種評量方式比較適合評估多重障礙學生之各項能力？(A)標準化評量 (B)科技輔具評量 (C)檔案評量 (D)生態評量

【屏東縣 105 國小暨幼兒園教甄，第 49 題】

( ) 48.下列有關生態評量的敘述，何者錯誤？甲.生態評量的重點是評估個人需求所在，且滿足需求的資源提供 乙.以特定的評量工具評量學生。 丙.強調利用各種形式的輔助，幫助學生成功的適應與參與 丁.強調長期蒐集學生的作品以評估各項能力進步情形 戊.在評量過程中，評量者和學生充分互動及促使學習 (A)甲丙戊 (B)丙丁戊 (C)乙丁戊 (D)甲乙戊

【屏東縣 106 國小暨幼兒園教甄，第 4 題】

( )49.下列何種評量方法對於自足式特教班中的重度或是極重度的智能障礙學生是最適合的？(A)文蘭適應行為量表 (B)課程本位評量 (C)魏氏智力量表 (D)生態評量

【屏東縣 106 國小暨幼兒園教甄，第 15 題】

【參考答案】

1	2	3	4	5	6	7	8	9	10	11	12
A	C	A	B	D	D	D	A	D	A	D	A
13	14	15	16	17	18	19	20	21	22	23	24
D	C	D	D	B	A	C	B	C	C	D	C
25	26	27	28	29	30	31	32	33	34	35	36
C/D	D	C	B	C	B	D	B	C	D	D	D
37	38	39	40	41	42	43	44	45	46	47	48
B	D	B/D	A	D	B	D	C	B	A	D	C
49											
D											

第八章 評量工具(含信度和效度、測驗理論、測驗結果解釋、評量領域)

壹、信度

　　信度(reliability)是指可靠的品質或狀態；或是實驗、測試或測量程序在重複試驗中產生相同結果的程度，它是評量工具的必要技術性品質。一項具有可靠性的測驗在不同情境和條件下會產生類似的分數。如果測驗不可靠，它就是不穩定、不可預測或不正確的。表示信度統計的是信度係數(reliability coefficient, r)，它包括由 0 至 1 的數值。一個測驗如果信度係數 r = .70 以下將無法提供可以接受的信度，因為 30%以上的分數可能是由於錯誤或無法解釋的變異所造成的。

常用估計評量工具信度的方法有下列幾種(張世彗、藍瑋琛，2022)：

一、重測信度

　　重測信度或稱**再測信度**，包括針對仔細選擇的一組對象施予兩次測驗，並使用所得分數來計算信度係數，以描述這兩組分數間的一致性，又可稱為**穩定係數**。

二、複本信度

　　複本信度又稱**等量信度**，也可稱**互替型式的信度**，它是一種比較同一測驗兩種型式的分數，來估計其可靠性的過程。複本信度可透過對同一群體實施兩種型式的測量來建立，建立等量型式的信度，重要的是實施兩種測驗型式之間的時間要盡量的短。

三、測量標準誤

　　所有測驗本身都有些測量誤差存在，但內部一致性良好的測驗，可降低這種型式的變異性。測量標準誤愈小，測驗的信度就愈高；測量標準誤愈大，信度就愈低。測量標準誤提供了更正確反映個人在測驗分數上，如何接近其真實分數的範圍，例如：如果小明的測驗分數為 112，測量標準誤是 4，那麼大約有 95%的真正分數會落在 104 和 120 之間。若考量標記和分類時，測量標準誤就非常重要。許多包括

信賴區間的測驗都是由測量標準誤所決定。

四、內部一致性

這種信度形式在於尋求決定個體在所實施測驗上是否內部一致性的反應,換言之,不同項目之間的成就表現是否有變異性,或個體的成就表現是否相當一致。評量內部一致性的程序有兩種:**(1)折半信度**,包括同一測驗兩個部分的相關;**(2)庫李信度和 Cronbach's α 係數**。這兩種信度反映了各題目的作答反應與測驗總分之一致性,也反映了各題目之間作答的一致性。

五、評分者間信度

它關心測驗如何計分一致或由兩位評分者評定行為。

貳、效度

效度(validity)是評量工具的成效,也是測驗最重要的技術性特色。效度是關心「測驗所欲測量的內容到底有多好?」或「測驗能測量到所欲測量的範圍嗎?」。在探討評量工具上包括三種主要的效度形式:

一、內容效度

內容效度是指評估工具與其旨在衡量的目標構念相關和代表性的程度;或是指調查或測驗衡量它所要衡量結構的程度,例如:一份憂鬱量表如果只評估情感面向的憂鬱程度,而沒有考慮到行為面向的話,則這份憂鬱量表可能就缺乏內容效度。**表面效度**並無法替代完善建立的內容效度。現金效度關心的是商業性測驗的銷售量。不過,高銷售量並非評鑑測驗成效的一種適當標準。

內容效度的決定通常包括某些專家判斷的形式,也就是以內容主題專家的方式來驗證內容效度,或複份的編製。另外,亦可透過項目分析來量化分析內容效度,也就是針對一份測驗的個別題目分析其難易度、鑑別度、一致性或社會期待等。

二、效標關聯效度

效標關聯效度係指個人在某測驗的分數與一項標準測量的關聯。如果測驗分數和外在效標的相關愈高,表示效標關聯效度愈高。此種比較所產生的相關係數稱為效度係數,範圍由 -1.00 至 1.00。效標關

聯效度主要包含兩種形式：(1)**預測效度**是指測量測驗在預測未來成就表現上的成效，包括測驗成就表現與預測性測量上成就表現的相關。正相關愈高，表示預測效度良好；(2)**同時效度**是指測驗與另一可供比較的測驗或其他已具有效度測量的相關。

三、構念效度

構念效度又稱**建構效度**，比其他形式的效度更抽象，它是指測驗測量理論性構念或概念多好的程度。構念效度的建立包括仔細的鑑定和界定構念，然後引出和驗證有關構念的測驗成就表現的假設。

綜括來說，測驗最重要的效度特性品質，包括三種主要的形式：內容、效標關聯和構念。事實上，這兩種測驗概念之間存在令人驚訝的關係，可以是可靠的（信度）而沒有效度，但不可能有效度卻沒有信度(郭生玉，2010)。

參、常模

測驗常模是由常模組上的受試分數所發展出來的一組分數，是用來解釋測驗分數的依據。任何測驗的原始分數，若無法對照常模就難以看出其意義來。常模參照測驗的可信度取決於常模的可靠性。如果常模具有代表性，就可產生有效的比較。

一、常模參照與標準參照測驗

常模參照測驗包括相較於他人的成就表現來解釋學生的成就表現。雖然常模參照有許多用途，不過它最適用於作分類和安置特殊需求學生的決定。

標準參照測驗是指依據某些功能性水準或標準來解釋學生的成就表現。它與教學和測量學生小且各自獨立的知識單元有密切相關。若標準與內容有關時，測驗的成就表現就可與一項或一組能力的精熟標準相互比較。此種形式的評量資料最適用於作教學決定，例如：決定學生已精熟何種能力與學生接著需要學習何種能力。

二、常模類型

(一)年級等值常模

年級等值常模(grade equivalent norm)是一種衡量尺度，用於評估學生在不同學術領域相對於其他學生的進步情形。它是依據各個不同年級而

建立的標準化樣本,在測驗上所得的平均數而建立,此這種形式的分數是企圖將原始分數轉換為特定年級組的一般成就表現。它被稱為年級等值,因為它使用學校成績(二年級、三年級等)作為學生進步的尺度和衡量標準。分數表示為成績及學生在該年級上的月數,因此年級等值為 3.2,可解釋為等同於三年級 2 個月。

這種類型的評分最適合用來查看學生逐年進步的情況及他們與同齡者的比較情況,不過只因為學生在一個領域的成績更高,並不意味著他們屬於那個年級。

年級等值常模適用於隨年級而逐漸增加的特質,例如:算術計算、語言等各種基本技能的學習。不過,在運用它來解釋分數時應注意到下列限制,如表 8-1。

表 8-1 運用年級等值常模解釋分數時應注意的限制

限制	實例/理由
各年級等值常模的單位並不相等	如 2.0～3.0 與 5.0～6.0。
學生所得到的年級等值並不表示具有該年級的相同能力	如一位三年級的學生在國小國語文能力測 驗上得到的年級等值為 5.0,這並不表示 他學會了五年級學生所教的國語文教材。
年級等值常模很容易被視為成就表現的標準	如一位三年級的老師可能會期望他班上所有的學生都要達到四年級的常模水準。
極端的年級等值(如 6.0 和 6.10), 並不能代表學生的實際表現	因為這兩個極端的年級等值是依據外插法推算出來的,並不是由實際的測量所決定的。

(二)年齡常模

年齡常模(age norm)是依據各個不同年齡而建立的標準化樣本。在每個年齡組標準化樣本中,各年齡組兒童接受某一測驗後,求其原始分數的平均數,即得該測驗的年齡常模,由該常模可查出某一名受試兒童的測驗分數,相當於幾歲兒童的平均分數。年齡常模可以用來解釋受試者個人在正常發展中的成熟水準,具有個案研究或臨床研究的價

值。年齡常模主要適用於會隨著年齡而發展的特質，如身高、體重、智力等。這種常模最主要的缺點(張世彗、藍瑋琛，2022)：

　　■在解釋年齡常模應該要注意的是，不要認為學生獲得同樣的年齡常模，就表示他們具有相同的能力或技巧。

　　■心理與教育特質的生長，在各年齡階段並不是一致的。

(三)百分等級常模

　　百分等級是一種相對地位量數，是將分數劃分成一百個相等的部分。它是目前國內評量工具最普遍使用的一種常模轉換方式，以下是運用「百分等級常模」(percentile rank norm)解釋分數時應注意的限制，如表8-2。

表8-2 運用百分等級常模解釋分數時應注意的限制

限制	實例/理由
百分等級的單位並不相等	因為百分等級是次序量尺，而不是等距量尺。在分配兩端的百分等級差異，比分配在中央的百分等級的差異更能代 表真正的差異。
百分等級和答對測驗問題的百分比不同	例如：一個30題的測驗只答對15題，其百分比為50%，但百分等級可能是80。可見百分等級只表示分數在團體中所占的地位，而不能告訴我們其學習的熟練程度。

(四)標準分數常模

　　「標準分數常模」(standard score norm)是將原始分數用相同的平均數與標準差加以轉換得來的，用來表示個人的分數落在平均數之上或之下的距離。標準分數常模最常見的有下列四種：(1)z 分數：可表示個人的原始分數是在平均數上下幾個標準差。z = 0 時，表示原始分數與平均數一樣；z > 0 時，意味學生所得的原始分數高於平均數；z < 0 時，則表示學生所得的原始分數低於平均數；(2)T 分數：平均數為 50，標準差是 10。若學生的 T 分數 = 50，表示該生的得分恰好落在平均數的位置上；(3)離差智商：平均數為 100，標準差是 15；(4)標準九：是一個平均數為 5 而標準差為 2 的常態分配標準分數。

肆、其他有關測驗的認知

一、測驗結果的影響因素

(一)受試者方面
- 焦慮與動機
- 健康和情緒狀況
- 障礙類型
- 練習效果

(二)主試者或主受試者間的互動方面

■主試者的偏見。主試者可能會依照有關特別學生的資料，而寬鬆或嚴格地給分。

■主試者的文化和語言。評量上所涉及的學校人員應該接受文化認知上的訓練。

■測驗實施和解釋上的差異。例如：測驗實施時增強數量與讚美上的差異就可能會影響到測驗分數，尤其是對幼兒；測驗主試者面對獨特的或模稜兩可的答案時，也可能會發生其他的差異。

■計分錯誤。

(三)測驗本身方面

包括測驗的基礎和天花板效應或其對某類學生可能產生的偏見。測驗的基礎效應是主試者假定學生能夠回答較容易的項目，而測驗的天花板效應則是主試者假定學生將不會更為困難的項目。因而，主試者就據以做出有關學生成就表現的假定。可能有下列測驗偏見(Reschly, 1978)：

1.**平均一差異偏見**。由於某一組別在某種測驗形式上得分較低，這些測驗已被視為對於這些組別有所偏見。

2.**項目偏見**。測驗上特定項目的情境被認為超出某些個人的生活經驗之外，例如：一種潛在性對於低社經兒童有偏見的項目可能是「從臺北到洛杉磯有多遠？」，但是在決定測驗上那個項目 有偏見往往繫於主觀的判斷，在評定者間很少有一致性的看法。

3.**心理計量偏見**。是由問問題所決定，不同特質個體所建立的技術性品質（如效度和信度）類似嗎？

4.因素分析偏見。包括使用統計程序將彼此高度相關的項目組合在一起，是否與由同歷程所確認的其他因素有低相關。為了決定此種形式的偏見，我們可以注意不同組別在測驗某一因素指數上是否 偏高或偏低來加以了解。此種形式的偏見與心理計量偏見有關，因為它所著重的是構念效度的課題。

伍、測驗分數的解釋

就常模參照測驗來講，由於原始分數是無意義的，因此測驗發展者通常會在指導手冊中提供各種常模對照表，供使用者將原始分數轉化為前述的各種衍生分數來進行比較。在解釋測驗分數時，使用者需對各種衍生分數的涵義及常模特性有了解，才不至於發生解釋錯誤與誤用的情形(張世彗、藍瑋琛，2022)。

一、不同測驗分數的解釋方式

評量人員從各式各樣的測驗或量表所得到的分數，在進行解釋時，一般有兩種不同的方式：常模參照及標準參照。如果我們解釋個別學生的測驗分數，是拿他的分數來和測驗常模組學生的分數作比較，這種解釋測驗分數的方式稱為「**常模參照**」。這是一種以「**相對比較**」的觀點，來看待個別學生的測驗結果。國中會考成績排序、測驗原始分數轉換成 T 分數或百分等級等，都是利用常模參照的方式來解釋分數。

如果我們解釋個別學生的測驗分數是以描述他在某個界定清楚的領域上之工作表現有多好，或是他的表現已達到什麼樣的優異程度等術語來表示時，這種測驗分數的解釋方式稱為「**標準參照**」。這種解釋方式是採用「**絕對比較**」的觀點，來看待個別學生的測驗結果。一般來說，教師、醫師、語言治療師等證照考試，或是汽機車駕照考試等，都不需要注意排名或是跟別人的分數作比較，需要的只是與某一個標準來進行比較，如果考生的分數已達到或高過那個標準，就可以證明。

二、側面圖的分析

一旦測驗使用者想直接比較個人在各項測驗分數的高低時，分析側面圖將會是一種良好的選擇。凡是一種測驗包括有若干分測驗的，

均適合運用這種方法來解釋測驗分數,例如: WISC-V、或 VMI 等。至於採用「**區間形式**」來解釋側面圖,也就是將原始分數上下各加減一個測量標準誤,然後根據常模對照表將其轉化為各種衍生分數。

三、解釋測驗分數的基本原則

測驗使用者若能嚴格遵守,將可減少測驗分數解釋的謬誤及誤用的情形。

1.**測驗解釋者應該了解測驗性質和功能**。因為任一測驗都有其編製目的和獨特的功能。

2.**解釋測驗分數應該參考其他有關資料,以求周延**。如教育經驗、文化背景、面談內容、習慣、態度、興趣、動機、健康及其他測驗資料等。

3.**解釋測驗分數應該避免只給數字**。最好當面說明分數的含義或附加文字的說明。

4.**測驗分數的資料應予保密**。以免對學生造成不良的影響。

5.**解釋測驗分數盡量只作建議,勿作決定**。例如:從測驗分數來看,你應該念理工,不應該念文學。

6.**應以信賴區間來解釋測驗分數,以減少誤差的產生**。因為認為標準化測驗都有測量誤差存在。

7.**解釋測驗分數應該設法了解學生的感受**。如動機、注意、情緒、態度、健康等,以了解其測驗分數是否代表在最佳情況下所做的反應。

8 **對低分者的解釋應謹慎**。例如:「魏氏兒童智力量表」得到智商為 69 者,勿作這樣的解釋:「你的智能屬於低下」,以免造成自我貶抑的心理。

陸、評量領域

一、認知能力評量

(一)認知的涵義

認知為(1)個體經由意識活動對事物認識與理解的心理歷程。認知一詞的涵義廣泛,舉凡知覺、記憶、想像、辨認、思考、 推理、判斷、創造等複雜的心理活動均屬之;(2)個體知識獲得的歷程,即個體

在 生活環境中究竟如何獲知,知之後在必要時又如何用知。「認知發展」是除了智力發展之外,泛指一切認知行為的發展。據此而論,狹義的認知能力是指一般的心智能力,而認知能力遠較智力為廣泛(張春興,2011)。

(二)不同取向的認知能力發展觀

　　學者們對於認知能力發展有不同的取向:(1)生物學取向的;(2)社會文化取向的;(3)認知結構取向;(4)訊息處理取向的。

(三)認知能力的內涵

　　認知能力的內涵大致可包含知覺、記憶、注意、想像、思考、推理、作決定、問題解決、語言、後設認知等。

二、智力評量

(一)智力的涵義

　　Wechsler (1994)曾綜合各家觀點認為,「智力是個人了解及有效適應其周遭環境的綜合能力,而且強調智力非單一、獨特的能力,因而須由個體在不同情境中所表現出的各種心智活動來推估」。

(二)主要的智力學說

　　■因素分析論。因素分析論大致可分為兩大派別:(1)二因論(普通因素及特殊因素;(2)多因論(如三因論、群因論、階層論)

　　■認知發展論。智力認知發展論最為著名的代表人物首推瑞士發展心理學家 Piaget。

　　■訊息處理論。訊息處理論的集大成者為 Sternberg (1985)。他提出的「智力三元論」(triarchic theory of intelligence),認為人類的智力是由三種不同能力所組成,分別是組合智力、經驗智力及適應智力

(三)影響智力評量的因素

　　智力測驗結果會受到下列其他因素的影響(Sattler, 2020):(1)受試者本身的先天因素;(2)個人背景和環境因素;(3)人格特質因素;(4)測驗情境因素;(5)測驗本身要求的因素;(6)隨機變異因素。

三、語言評量

(一)語言涵義

　　廣義的語言是指人類思想與感情的符號化,用以與他人傳達情意或溝通行為的工具,舉凡言語、文字、手語、音樂、圖畫、雕刻等都

是；狹義的語言則是指口述的語言（說話）。

(二)語言的結構性成分

多數專家認為口語語言組成成分有三：(1)語言的形式（語音、語形及語法系統）；(2)語言的內容（語意系統）；(3)語言的功能（語用）。

■**語音**是研究語言的說話聲音，為語言其他方面（構詞、語法、語意和語用）的基礎。

■**語形/構詞**就是研究將聲音放在一起是有意義的，以及文字是如何由這些有意義的單元組合而成的。在語形（構詞）中，研究的單元就是 詞素，詞素是組成文字意義的最小聲音的組合。

■**語法**就是將詞素或文字串在一起，形成有意義的句子。

■**語意**就是文字內在的涵意，包括多變的語言元素，例如：字彙、分類、定義的能力、同義詞與反義詞的鑑別，以及曖昧和荒謬的察覺等。

■**語用**就是使用語言溝通的形式。

(三)誘發語言能力的方法

整體來說，用來評量兒童語言能力的方法主要有三種：(1)自發性語言；(2)語言模仿測驗；(3)圖片刺激測驗。

(四)書寫語言的評量

教師如欲評量 學生的寫字和作文的學習結果，可採用下列評量方式進行：正式評量、非正式評量、整體評量、評定量表、同儕評量和自我評量。

(五)語言評量的程序

■**蒐集資料**。蒐集有關兒童口語、語言及聽覺能力的資料是語言評量最根本的歷程，這些資料包括醫學資料、兒童問卷和學校紀錄等。

■**系統的觀察**。觀察人員可以在不同情境下觀察兒童，以便獲得有關兒童在各種不同情境的溝通行為資料。

■**溝通能力的評量**。溝通能力的評量主要包括正式評量和非正式評量兩大類。

■**諮詢會議**。一旦有關的資料蒐集完成之後，各類專業人員需安排一個會議，彼此溝通比較觀察結果和驗證資料的正確性，以期完整

描繪兒童的溝通能力。

(六)語言評量的其他考量因素

　　■**兒童的文化背景**。因為語言是由環境所決定的，所以評量人員必須考量兒童的文化背景。理想上，為了判斷兒童是否有語言障礙，應將其與具有相同語言背景的兒童相互比較。

　　■**兒童的年齡**。教師應體認語言是可發展性的，兒童可能會在幼兒期發展出一些聲音、語言結構及特殊語意。是故，評量兒童語言能力時，評量人員應知道並應用這些具發展性的語言常模。

　　■**語言與智力的關係**。在評量語言能力時，總不免也一起斷定智商的等級，因此，評量人員應注重語言評量工具所提供的資訊，而不是單純的著重於標準語言的能力。

四、知覺動作評量

(一)知覺動作的涵義

　　知覺動作是指整合透過感官接收的資訊，並以身體動作回應；它是一個基本的心理過程，協調知覺輸入與動作輸出，包括視覺動作、聽覺動作、觸覺動作等技巧(Salvia et al., 2016)。

(二)知覺動作的心理歷程

　　教學必須以兒童任何學習工作的整體活動為目標，這種整體活動包括四個過程：輸入、統合、輸出與回饋。「**感覺輸入**」是指從環境中和個體本身接收之能量形式，並將所接收的訊息在中樞神經系統加以處理，統整起來。「**感覺統合**」，是將所接收的感覺刺激在中樞神經系統組織、比較和儲存，並將目前和過去的感覺訊息統合。「**動作輸出**」，是由於中樞神經系統之支配所表現的動作。當輸出發生時，訊息亦持續地回饋，回饋本身具有使感覺訊息持續處理之功能。「**回饋**」是個體的輸出，它也含有核對的功能，可成為另一個輸入的來源，使知覺作用構成連鎖過程，促進知覺作用愈來愈精密和正確。

(三)知覺動作評量的原則

　　■篩選出視覺或聽覺障礙兒童

　　■宜謹慎施測肢體或感官障礙兒童

　　■仔細觀察兒童的行為

　　■小心評估年長的兒童

■決定訓練的需求

五、情緒與行為評量

(一)情緒與行為的涵義

張春興(2011)則認為，情緒指因某種事件（刺激）引起的身心激動狀態；當此狀態存在時，個人不僅會有主觀感受和外露表情，而且也會有身心反應伴隨產生。行為一詞在心理學上的廣義用法，已包括內在的、外顯的、意識的與潛意識的一切活動。

(二)負面情緒內涵與行為異常類型

■負面情緒的內涵。包括「憤怒、憂鬱、無助感、難過哀傷、焦慮、害怕、羞愧感、罪惡感」等。在實際生活中，我們的情緒並非單一出現，常常是幾種情緒交織出現。

■Quay(1979)將行為異常分為行為失常，焦慮—退縮，社會化攻擊，及不成熟四種類型。

(三)情緒與行為評量的方法

情緒和行為評量方法，通常可分為下列幾種：(1)直接觀察法；(2)晤談法；(3)自陳量表；(4)評定量表；(5)檢核表；(6)提名法。

六、性向評量

(一)性向的涵義

性向是指個人與生俱來的潛能。這種潛能可分為兩種：(1)是普通心智能力，亦即智力；(2)為特殊能力，是指個人心智運作中表現在各種領域的特殊才能或傾向，如舞蹈性向、戲劇性向等。性向測驗在於評估個人的能力或預測一個人在接受教育和指導的情況下能夠學習或做什麼。它代表了個人執行某種類型任務的能力水平。性向測驗通常用於評估學術潛力或職涯適合性，並可用於評估各種領域的心理或體能天賦。

(二)性向測驗的類型

■**多元性向測驗**是一種含括幾種分測驗，用以測量多種不同性向的測驗，如創造力性向測驗和區分多元性向測驗。

■**特殊性向測驗**只測量一種性向的測驗，例如：美術、文書或電腦性向測驗。這種測驗的目的在於測量每種特定心智活動的潛能，較不適用於職業分類與輔導，而適用人員選拔。

(三)性向測驗的特性

為了達到團體分類與篩選的目標，性向測驗逐漸具有下列幾項特性：

■採取選擇方式命題

■包含多種分測驗組合

■施測時間較長

■在效標驗證上容易同時驗證其區分性效度

■測驗結果以側面圖來顯示

七、人格評量

(一)人格的涵義

人格是由個人的心理能力、興趣、態度、性情、思考、情感、動機與價值等組合而成的獨特統合體。易言之，個人的人格有其獨特性和組織性。

(二)人格評量的方法

人格評量通常可分為五種方法，包含自陳量表、情境測量法、評定量表、觀察技術、投射技術等。

(三)人格評量的問題

人格測量所涉及的主要問題除前述人格主觀看法紛紜，而使人格的評量變得益發複雜外，尚包括其他三項主要問題：(1)人格評量的信度與效度較差；(2)受試者會有反應心向的問題；(3)受試者容易有假裝答案的問題。

八、成就評量

(一)成就的涵義

成就是指一個人在接受教育或職業訓練過程中所獲致的成果，這些成果包括學識、技術、能力等。

(二)成就測驗的用途

■篩選和安置

■診斷與補救

■評估教育方案

■評估學習成就

(三)標準化成就測驗

標準化成就測驗大約可分為三大類：

■**綜合成就測驗**是由多種的個別學科測驗所組成，可同時測量不同科目的學業成就者。這種測驗的目的在於測量學生在團體中的一般學業成就水準，測量結果常作為學校編班或升

學輔導之用；尚可用來作為評鑑教學或辦學績效的參考。最大的特點就是可直接比較學生各學科的成就水準，以確定學生各科學習的優缺點；應特別注意：(1)這種測驗的各分測驗通常題數不多，信度可能較低，因而各分測驗上的差異可能沒有顯著意義；(2)各分測驗所測量的目標和內容，不易和特定學校的教學相契合（郭生玉，2010）。

■**學科成就測驗**是指測量學生在某一特定學科的成就水準。學科成就測驗的優點，包含分測驗題數較多，可提供更適當的行為樣本和可靠的分數，作為診斷之用；較能適合某一特定學科的教學目標；比較容易適應班級教學。缺點是學生在不同學科的成就水準因標準化過程所依據的樣本不同而無法相互比較。

■**診斷性成就測驗**可對學習弱點做深入評鑑，這類測驗著重的並非成就內容測量上的廣度，而是深度。它們專注於若干有限度的教學內容或目標，從不同角度分析受試者的學習成果。診斷性成就測驗的目的是在分析和發現學生學習的困難，以作為補救教學的依據。診斷性成就測驗在編製上有下列特色：(1)有較多分測驗和題目來詳細測量每項能力；(2)測驗難度較低，以便能夠適當鑑別學習有困難的學生；(3)測驗題目有難易程度之分。不過，診斷性成就測驗亦有其缺點：(1)各分測驗的題數太少而影響到信度；(2)各分測驗的分數彼此間相關太高，而難以達到不同的診斷。

■**教師自編成就測驗**的範圍較窄，惟使用性較高。不過，教師自編成就測驗編製過程較不嚴謹，試題的信度和效度不高。

九、適應行為評量

(一)適應行為的涵義

適應行為是：(1)個人在社會中履行典型角色所需的日常任務水準，包括保持獨立性和滿足有關個人和社會責任的文化期望；(2)任何使個人能夠適當和有效地適應環境的行為(https://dictionary.apa.org)。

(二)評量方式

　　因為適應行為評量是評估個人和社會技能，所以這些評量就會使用一種獨特的非直接（間接）評量方式，而這種間接的評量方式乃是強調長時間測試的表現，而非僅僅一次的測試執行。不像評量人員在其他方面的測試期間給兒童所做的標準化評量，適應行為評量是依靠熟悉這個兒童的訊息提供者所提供的訊息來做評量。

(三)訊息提供者的角色

　　訊息提供者是成功使用適應行為評量的關鍵要素之一，通常是老師、父母或其他主要的照顧者。因為這些訊息提供者回應的正確性，可提供平衡而清楚訊息，讓這些訊息可很容易的用來評估細節。不過，有些訊息提供者會給予具有偏見或扭曲的答案。

十、發展性評量

(一)發展的涵義

　　廣義言之，發展是指自出生到死亡的一生期間，在個體遺傳的限度內，其身心狀況因年齡與習得經驗的增加，所產生的順序性改變之歷程。狹義言之，發展是指自出生到青年期或成年期的一段期間，個體在遺傳的限度內，其身心狀況因年齡學得經驗的增加，所產生的順序性改變之歷程（張春興，2011）。

(二)發展性評量的描述

　　發展性評量是專為測量幼兒的評量，尤其是嬰幼兒或學齡前兒童，約從出生至 6 歲左右。發展性評量提供可以預測的模式，它決定兒童是否在預期的年齡級距內，隨著正常的順序習得應該具備的技能。

(三)發展性評量的原則

　　■**兒童成長時是遵照可預測的順序及模式**。因此，編製發展性量表或測驗者就根據這個可預測的發展順序，來安排量表的項目。

　　■**較低技能發展是較高技能發展的基礎**。也就是說，擁有較高技能之前，某些技能是不可或缺的。

　　■**較高技能通常會在較低技能消失前出現**。通常較低技能在較高技能出現前不會完全消失。

　　■**兒童成長與發展有關鍵性時刻**。關鍵時期就是兒童生理、心理及情感上，已預備好學習某項技能的最適當時刻。當教師在關鍵時期

以後再介紹一項技能時，這種技能的學習將會變得愈來愈困難。

　　■**障礙兒童可能會跳過發展的部分階段**。障礙孩童通常會跳過發展階段，而可能會導致發展脫節。

　　■**重度障礙兒童可能會有不正常型態的發展模式**。例如：正常情形應在前幾個月會結合較高層次的動作模式，但重度障礙兒童通常會停留在原始的反射動作。

　　■**發展過程具有共同模式與個別差異**。

【充電補給站】

※張世彗、藍瑋琛 (2022)。特殊教育學生評量(第九版)。【第 2、5-15 章】
※張正芬等譯(2019)。特殊教育與融合教育的評量。【第 5 章】
※郭生玉(2010)。心理與教育測驗。【第 3 章】

歷屆教甄試題
【評量工具(含信度和效度、測驗結果解釋、評量領域)】

（　）1.哪些敘述是有關行為評量取向的特殊課題？甲：觀察方法的選擇　乙：採用非參與性觀察　丙：強調自然的概念　丁：關於操作性行為和選擇觀察行為　(A)甲丁　(B)甲乙丙　(C)甲丙丁　(D)乙丙丁
【桃園市 105 國小及學前特教-C，第 22 題】

（　）2.「學前兒童提早入學能力檢核表」（郭靜姿，2004）主要是評量學前兒童的何種能力，以協助鑑定人員了解兒童的能力是否適合提早入學？甲、學習能力　乙、資優程度　丙、入學準備度　丁、自我照顧　(A)甲乙丙丁　(B)丙丁　(C)甲丙丁　(D)甲丙
【桃園市 105 國小及學前特教-C，第 33 題】

（　）3.評量兒童語言時須考量的因素，何者為非？(A)兒童的文化背景　(B)兒童的社會情緒　(C)語言和智力的關係　(D)兒童的年齡
【桃園市 105 國小及學前特教-C，第 40 題】

（　）4.「情意評量」通常是希望瞭解受測者的何種表現？(A)一般典型　(B)生活情境　(C)認知理性　(D)學習成果
【桃園市 105 國小及學前特教-C，第 41 題】

（　）5.某師在建立注意力缺陷過動症量表時，以該量表分數和醫院臨床診斷出的注意力缺陷過動症兒童量表分數作相關係數分析，以確認該量表有效性之高低，該種作法為統計分析中的何種效度？(A) 構念效度　(B) 內容效度　(C) 區分效度　(D) 效標關聯效度
【中區聯盟 105 國小教甄，第 24 題】

（　）6.如果要對學生的學習結果進行學習成就測驗，請問所使用的成就測驗，哪一種效度是比較重要的？(A)預測效度　(B)內容效度　(C)構念效度　(D)同時效度
【桃園市 106 國小及學前特教-C，第 34 題】

（　）7.已知數學的測驗分數為負偏，且平均值為 50，那中位數可能為多少？(A)45 (B)50 (C)55 (D)無法得知
【桃園市 106 國小及學前特教-C，第 37 題】

（　）8.以下何者屬於投射測驗？(A)兒童自我概念量表　(B)華語兒童理解與表達詞彙測驗　(C)過動與衝動行為檢核表　(D)羅夏克墨漬測驗
【屏東縣 105 國小暨幼兒園教甄，第 26 題】

（　）9.二位老師想要記錄學生的離座行為，以採用適合的行為改變技術，他們二人應先取得以下哪一項信度？(A)折半信度　(B)內部一致

性 (C)評定者間信度 (D)複本信度

【屏東縣 105 國小暨幼兒園教甄，第 50 題】

（　）10.編製學科成就測驗，下列何種效度最為重要？(A)建構效度 (B)內容效度 (C)同時效度 (D)預測效度

【新北市 105 國小暨幼兒園教甄，第 21 題】

（　）11.下列關於測量標準誤的敘述，何者正確？(A)標準差愈大，測量標準誤愈小 (B)內部一致性信度愈高，測量標準誤愈大 (C)重測信度愈高，測量標準誤愈小 (D)測驗題數愈少，測量標準誤愈小

【新北市 105 國小暨幼兒園教甄，第 27 題】

（　）12.小明的魏氏兒童智力測驗智商得到 115 分，請問小明智商大約在多少人之前面？(A)64% (B)75% (C)85% (D)95%

【屏東縣 105 國小暨幼兒園教甄，第 9 題】

（　）13.施測魏氏兒童智力測驗(WISC-IV)時，受試者的補述未提昇原先答案品質，也未顯示對此題有何基本錯誤概念為：(A)不充分的答案 (B)弄糟的答案 (C)不完美的答案 (D)錯誤的答案

【屏東縣 105 國小暨幼兒園教甄，第 21 題】

（　）14.一位出生日期為 97年1月12日的幼兒，測驗日期為 105年5月10日，施測魏氏兒童智力測驗(WISC-IV)對照年齡常模的年齡組是：(A)8歲3個月28天 (B)8歲3個月 (C)8歲4個月 (D)8歲

【屏東縣 105 國小暨幼兒園教甄，第 22 題】

（　）15.某行為檢核表編製者計算學生量表中的單一題項和總量表得分的相關係數。編製者想檢視檢核表的何種證據？(A)評分者信度 (B)內部一致性 (C)重測信度 (D)社會效度

【桃園市 105 國小及學前特教-C，第 6 題】

（　）16.老師要教導小美正確指認冷熱水開關，為了評量她進步情形，請問老師在小美學習初期，應該使用以下哪一種通過標準？(A)持續時間 (B)能作正確步驟佔所有步驟的百分比 (C)反應時間 (D)回答正確率的改變

【新北市 105 國小暨幼兒園教甄，第 26 題】

（　）17.下列哪一項做法不屬於評量調整的做法？(A)提供考原班自然科考卷的學障生報讀 (B)提供易分心學生提醒 (C)把原班月考考卷改成每頁只呈現一題試題 (D)成績彈性採計資源班和原班評量結果

【新北市 106 國小暨幼兒園教甄，第 55 題】

（　）18.教師對學生報讀試題的評量調整方式，最適用於下列哪一類學習障礙學生？ (A)識字能力及口語理解能力皆缺乏的學生 (B)缺乏

識字能力，但具有口語理解能力的學生 (C)具有識字能力，也具有口語理解能力的學生 (D)具有識字能力，但缺乏口語理解能力的學生
【屏東縣 106 國小暨幼兒園教甄，第 35 題】

（　）19.國小階段對於特殊教育學生的評量調整，於學校層級依規定需經過那個單位(或組織)的審議通過？(A)校務會議 (B)學年會議 (C)特殊教育推行委員會會議 (D)教務會議
【中區聯盟 106 國小教甄，第 1 題】

（　）20.研究者研發一套新的智力測驗，得到重測相關係數 0.95，與成就測驗相關係數 0.93，請問 如何解釋這套測驗的品質？(A)有很高的信效度，適合測量智力 (B)很適合測量智力，但是不穩定 (C)信度很穩定，但不適合測量智力 (D)信效度皆不佳
【新北市 106 國小暨幼兒園教甄，第 33 題】

（　）21.小德為五歲幼兒園大班的兒童，目前仍然包尿布上學，王老師準備要為他撤除尿布並訓練他有如廁能力。你認為王老師在評估兒童如廁訓練的先備能力時，首先應先檢核：(A)能自己穿脫褲子 (B)大小便有規律性 (C)具有控制膀胱和肛門的能力 (D)能表示要上廁所
【新北市 106 國小暨幼兒園教甄，第 48 題】

（　）22.下列關於評量「適應性行為(adaptive behavior)」的描述，何者正確？ (A)適應性行為的評量是評估個人和社會技能，會採用直接的評量方式 (B)強調一次的測試執行，非長時間測試表現 (C)是一嚴謹的標準化測驗 (D)依靠熟悉兒童者提供的訊息來評量
【新北市 106 國小暨幼兒園教甄，第 36 題】

（　）23.某研究者編製 3-12 歲適應行為量表，從標準化樣本中比較各年齡組的適應行為分數，發現年齡愈大適應行為表現愈好，符合適應行為的理論特質，請問這屬於何種效度？(A)內容效度 (B)效標關聯效度 (C)同時效度 (D)建構效度
【新北市 106 國小暨幼兒園教甄，第 51 題】

（　）24.某國小三年級學生接受一項數學成就測驗，得到的年級等值為五年級。依測驗原理，下列敘述何者最適切？(A)該生數學程度已達五年級應有程度 (B)該生已學會五年級的數學課程內容 (C)該生此測驗得分達三年級學生正二個標準差以上 (D)該生此測驗得分等於五年級學生同一測驗得分之平均數
【屏東縣 106 國小暨幼兒園教甄，第 29 題】

（　）25.某生接受某智力測驗之智商為 90，若該測驗之測量標準誤為 5，則該生 95%信賴區間之智商，最接近下列何者？(A)70-110

(B)75-105 (C)80-100 (D)85-95

【屏東縣 106 國小暨幼兒園教甄，第 42 題】

(　　)26.下列有關常模之敘述何者錯誤？ 甲.愈強調教學方面，如數學資優班、閱讀障礙班等，需應用特殊團體性常模解釋分數 乙.在常態分配下透過同一樣本建立之常模可比較個案在不同分測驗的表現 丙.只要是標準化測驗，即可參照常模解釋測驗結果 丁.建立常模時，樣本越大越好，全國性常模優於特殊團體常模 戊.地區性常模適合學校作選擇的決定參考依據 (A)甲丙丁 (B)乙丙丁 (C) 乙丁戊 (D)丙丁戊

【屏東縣 106 國小暨幼兒園教甄，第 7 題】

(　　)27.為何在對身心障礙學生進行測驗施測時，一定要盡量照指導手冊的指導語來施測呢？其主要考量是為了測驗的 (A)信度 (B)效度 (C)標準化 (D)常模

【屏東縣 106 國小暨幼兒園教甄，第 19 題】

(　　)28.對於「標準化測驗」的描述，下列何者為非？(A)編製過程標準化 (B)施測過程標準化 (C)有常模參照 (D)有學生起點行為的分析

【屏東縣 106 國小暨幼兒園教甄，第 22 題】

(　　)29.下列關於試題鑑別度的敘述，何者正確？(A)數值介於-1 到 +1 之間 (B)試題最佳鑑別度為 0.5 (C)試題難度愈高，鑑別度也愈高 (D)鑑別度為 1 時，代表高分組與低分組皆答對此一試題

【屏東縣 106 國小暨幼兒園教甄，第 26 題】

(　　)30.某生接受某一成就測驗，對照常模，其 T 分數為 50，百分等級為 60。就測驗原理而言，下列何者最可能是造成此一現象的原因？ (A)受試者年齡較小 (B)測驗之難度較低 (C)常模樣本的測驗表現非常態分配 (D)未依受試者之性別對照性別常模

【屏東縣 106 國小暨幼兒園教甄，第 44 題】

(　　)31.某生接受智力測驗，95%信賴區間之智商為 90-106 之間。如果要對家長說明該生此一測驗結果的意義。下列何者較適切？(A)若接受成就測驗，則其測驗結果落在 90-106 之間的可能性為 95% (B)該生在此一測驗各分測驗之測驗結果皆落在 90-106 之間的可能性為 95% (C)若接受各種不同智力測驗，則各智商落在 90-106 之間的可能性為 95% (D)若接受同一智力測驗很多次，則各次智商落在 90-106 之間的可能性為 95%

【屏東縣 106 國小暨幼兒園教甄，第 45 題】

（　）32.某教師想要評估學習障礙學生對特定國字的默寫能力，下列何種評量方法較具效度？(A)要求學生將語句中的錯誤國字加以改正(B)要求學生依語詞注音寫出對應之特定國字 (C)教師口述語詞後要求學生寫出語詞所含之特定國字 (D)教師口述語詞後要求學生自幾個近似字中指認語詞所含之特定國字

【屏東縣 106 國小暨幼兒園教甄，第 49 題】

（　）33.畢保德圖畫詞彙測驗，主要評估下列哪一項能力？(A)詞彙辨識 (B)詞彙推理 (C)詞彙表達 (D)詞彙理解

【屏東縣 106 國小暨幼兒園教甄，第 50 題】

（　）34.下列哪一個測驗的信度係數最高？(A)平均數 100，標準差15，測量標準誤 5 (B)平均數 50，標準差 10，測量標準誤 2 (C)平均數50，標準差 10，測量標準誤 3.5 (D)平均數 100，標準差 16，測量標準誤 6

【中區聯盟 106 國小教甄，第 21 題】

（　）35.在一次標準化成就測驗中，老師採不同計分方式宣布甲乙丙三人的成績，甲的 PR 值為 68，乙的 T 分數為 70，丙的標準九為 5分，試問三人成績由高至低排列，下列何者正確？(A)甲乙丙 (B)丙甲乙 (C)乙甲丙 (D)丙乙甲

【中區聯盟 106 國小教甄，第 22 題】

（　）36.關於心理與教育測驗的基本特性，下列哪一個正確？(A)假定人類所有的特質都是可以測量的 (B)利用科學的方法，測驗的結果可以做到沒有誤差 (C)測量所得到的「構念」通常是直接觀察所得的結果 (D)測量的結果通常是絕對的分數，而非相對的比較

【中區聯盟 106 國小教甄，第 37 題】

（　）37.如果受試者在音樂性向測驗(平均數 100、標準差 15)的得分為 130，下列敘述何者正確？(A)轉換為 T 分數應為 80 (B)轉換為百分等級應為 93 (C)如轉換為標準九，應為 5 (D)符合音樂資優的基本門檻

【中區聯盟 106 國小教甄，第 18 題】

（　）38.在威廉斯創造力測驗中，下列哪一項屬於情意的特質？(A)精密性 (B)想像性 (C)流暢性 (D)獨創性

【桃園市 106 國小及學前特教-C，第 45 題】

（　）39.下列何者非為一般智能鑑定工具？(A)魏氏智力量表 (B)陶倫斯測驗 (C)比西量表 (D)瑞文氏圖形推理能力測驗

【桃園市 107 國小及學前特教-C，第 14 題】

（　）40.下列哪一種評量分為「教師評」、「同儕評」、「學生自評」三版本？(A)行為與情緒評量表　(B)國民中小學學習行為特徵檢核表　(C)情緒障礙量表　(D)青少年社會行為評量表

【桃園市 107 國小及學前特教-C，第 23 題】

（　）41.1天 9:00 至11:00 這2個小時的觀察時間內，佳佳出現離開工作區的次數為10次；另外1天 9:00 至 10:30 這1.5小時的觀察時間內，佳佳出現離開工作區的次數為8次。此時適用下列哪一種行為觀察紀錄？(A)次數比率紀錄　(B)持續時間紀錄　(C)反應時距紀錄　(D)頻率紀錄

【屏東縣 107 國小暨幼兒園教甄，第 22 題】

（　）42.鄭同學在某國語文成就測驗的得分為 79，而此份測驗的常模數據如下：平均數 82，標準 差 9，測量標準誤 3。請問，以 95% 的信賴區間而言，鄭同學真正的測驗分數最可能介於下列哪個範圍？(A)76~82　(B)73~85　(C)70~88　(D)67~91

【新北市 107 國小暨幼兒園教甄，第 26 題】

（　）43.下列哪個相關概念與其他三者差異最大？(A)學生在「情緒障礙量表」中奇數題與偶數題的分數有高相關　(B)學生在「圖形思考智能測驗」中的形狀組合與方格分解兩個分測驗的分數有高相關　(C)學生在校的數學成績與「國中教育會考」的數學成績有高相關　(D)學生在「中文年級認字量表」學期初與學期末的分數有高相關

【新北市 107 國小暨幼兒園教甄，第 49 題】

（　）44.下列有關信度、效度和鑑別度的敘述，何者正確？(A)內容效度較適合使用於人格測驗　(B)重測信度的高低會受到間隔時間長短的影響　(C)就教師資格檢定考試的品質檢核而言，預測效度最為重要　(D)補救教學的評量應該強調高鑑別度，以期有效區分學生程度

【中區聯盟 107 國小教甄，第 2 題】

（　）45.某師欲了解班上一位學生的語言和溝通能力，於是問了該名學生以下的問題：「有一個住了很多隻狐狸的小島叫做狐島，有另外一個 住了很多隻鱷魚的島叫做鱷島。請問，如果有一個住了很多隻獅子的小島叫做什麼？」（正確答案為：獅島）。請問這個題目所要測試的範疇最可能為以下何者？(A)語音　(B)句法　(C)構詞　(D)語用

【中區聯盟 107 國小教甄，第 24 題】

（　）46.甲生在原班出現干擾行為，特教教師入班觀察甲生的干擾行為，發現甲生的干擾行為出現次數多，且持續時間不一，短則一秒不到，長則超過一分鐘，且頻率不一，有時很頻繁，有時長時間未出現，

如果你要測量其干擾行為程度，請問哪一種最理想？(A)時間測量 (B)次數測量 (C)間隔測量 (D)行為結果測量

【屏東縣 107 國小暨幼兒園教甄，第 46 題】

( ) 47.甲生看到老師把餅乾放到兩個空箱子的其中之一(A)，老師在甲生不在時把餅乾放到另一個空箱子 (B)，乙生在場看到老師所有的行為。老師要乙生猜當甲生回來找玩具時會去開哪一個箱子，乙生的答案是 B，請問這個情境在測量甲生或乙生甚麼特質或能力？ (A)甲生和乙生的友情和默契 (B)甲生的第六感 (C)乙生的注意力 (D)乙生預測別人行為的能力

【屏東縣 107 國小暨幼兒園教甄，第 47 題】

( )48.下列哪一項數據不能進行加減乘除等進一步計算的測驗分數？
(A)PR 50, PR 35 (B)T35, T50, (C)IQ80, IQ105 (D)Z 1, Z 0.5

【屏東縣 107 國小暨幼兒園教甄，第 49 題】

( )49.如果學生有嚴重的寫字困難，又有嚴重的識字困難，下列哪一項測量工具可以幫助釐清學生的寫字困難之問題？(A)閱讀理解篩檢測驗 (B)國字測驗 (C)抄寫測驗 (D)以上皆是

【屏東縣 107 國小暨幼兒園教甄，第 43 題】

( )50.陳同學在班上的定期考查成績換算成標準分數後，結果如下：國語成績 z 分數為 1.52、英語成績為 PR68、數學的 T 分數為 65、社會的標準九分數為 5。請問該生在同儕中相 對優勢能力由高至低的排序何者正確？(A)數學、國語、英語、社會 (B)數學、國語、社會、英語 (C)國語、數學、社會、英語 (D)國語、數學、英語、社會

【新北市 107 國小暨幼兒園教甄，第 50 題】

( )51.呈現具體的行為特質，之後依觀察結果紀錄來評定該行為特質的品質，是屬於哪一種行為評量的方法？(A)評定量表 (B)提名法 (C)檢核表 (D)自陳量表

【桃園市 108 國小及學前特教-B，第 36 題】

( )52.若身為心評教師，通常哪一種統計方法可以分析測驗的構念效度？(A)因素分析 (B)迴歸分析 (C)變異數分析 (D)鑑別度分析

【桃園市 108 國小及學前特教-B，第 11 題】

( ) 53.有關試題難易度的設計與分析，下列哪一項敘述正確？(A)試題難易度通常以 P 值代表，P 值較大者，表示題目 較難 (B)從一份測驗總分的分佈曲線圖，無法得知試題 整體的難易度 (C)為確保試題的獨立客觀，其難易度應 該和測驗使用目的分開 (D)通常一個題目若有一半的人答對，該試題會有最大的區辨力

【桃園市 108 國小及學前特教-B，第 27 題】
（ ）54.在測試學童的聽覺記憶能力時，下列哪一個方式不恰當？(A)請學生十秒內說出四隻腳的動物名稱，說的越多越好 (B)請學生複述長度不一的句子 (C)請學生複述數字串，例如 6493769 (D)請學生複述其母語當中不存在的假詞

【桃園市 108 國小及學前特教-B，第 29 題】
（ ）55.下列何種情境屬於「施測情境調整」？(A)確認學生在答案卡的正確位置答題 (B)將試卷放大至B4大小 (C)糖尿病童攜帶糖水 (D)抄寫員寫下學生手語表達內容

【新北市109國中教師甄選-特殊教育科，第34題】
（ ）56.以下關於普遍性篩選測量工具的看法，何者正確？(A)偽陰性錯誤會延誤補救學生的學習困難 (B)評量結果低於篩選標準者即為特殊生 (C)通常僅針對單一學業領域進行測量 (D) WISC-IV是效度頗佳的普遍性篩選測量工具

【新北市109國中教甄，第41題】
（ ）57.王老師正在閱讀某生的WISC-IV結果(內容如下表)，請問他的解讀何者正確？

全量表(FSIQ)		
組合分數	百分等級	95%信賴區間
74	4	69-81

【甲】：FSIQ 的真分數為 74 【乙】：95%信賴區間表示二個測量標準誤的範圍【丙】：可完全排除該生為智能障礙【丁】：參照團體中有 96% 的人 FSIQ 得分贏過該生 (A)甲丙 (B)乙丁 (C)乙丙丁 (D)甲乙丙丁

【新北市109國中教甄，第3題】
（ ）58.某測驗指導語為：「本測驗共有 20 個目標字，施測時採團測方式進行，施測者會依序唸題，每題兩遍，控制唸題速度並適時提醒題號，每寫對一題計一分。例如：寫出『老師』的師」。請問上述施測歷程，並未牽涉到下列哪個能力的運作？(A)聲韻覺識(phonological awareness) (B)再認書寫 (C)注意力 (D)工作記憶(working memory)

【新北市109國中教甄，第4題】
（ ）59.小華的鑑定報告包含許多測驗資料，請問當中哪些測驗屬於常模參照解釋？【甲】：可正確完成 20%的數學課本練習題【乙】：每分鐘可用電腦打 30 個中文字且無錯誤【丙】：國文成績優於班上 90% 的同學【丁】：中文年級認字量表的年級分數為 9 年級(A)丁 (B)丙丁 (C)乙丙 (D)甲丙丁

【新北市109國中教甄，第9題】

（　）60.張老師選擇某數學計算測驗，作為一位疑似學習障礙學生初篩工具；在閱讀完指導手冊後發現，當初編製者收集各年級常模的時間為上學期期初，但他卻在下學期期末施測，則他在對照常模時，應有下列何種覺察或表現？(A)可能高估受試者表現　(B)可能低估受試者表現　(C)可自行決定對照該生下一年級之常模　(D)因為是篩選測驗，故不需考慮這麼多

【新北市109國中教甄，第11題】

（　）61.下列關於標準差的觀點何者錯誤？(A)用來表示團體中各分數離散情形的統計數　(B)用來表示個別差異的指標　(C)集中量數用中位數時，變異量數則用標準差　(D)標準差愈大，表示團體在某一測量方面愈不整齊

【新北市109國中教甄，第14題】

（　）62.已知某生的測驗分數對照全國性常模後，剛好位於平均數負一個標準差。若欲以標準分數標示其結果，何者正確？(A)標準九=2 (B)百分等級分數=16　(C)T分數=60　(D)Z分數=－0.1

【新北市109國中教甄，第54題】

（　）63.多數情緒行為障礙的評量是用以發現有關學生問題的本質和嚴重程度，也有專業人員會主張評量學生的優勢和有利的條件。下列哪一種評量工具可用來蒐集這類學生的優勢能力？(A)情緒障礙量表(SAED) (B)青少年社會行為評量表(ASBS) (C)性格與行為量表 (D)行為與情緒評量表(BERS)

【桃園市 109 國小及學前特教-B，第 5 題】

（　）64.吳老師要為學習障礙學生自編閱讀流暢性評量工具，下列哪一個選項的實施步驟是正確的?甲、用碼表測量學生讀完一小段300字文章的時間，並圈出讀錯的字　乙、運用音韻歷程分析讀錯的字　丙、開始編選題目　丁、確定提升閱讀能力是學生的個別化教育計畫目標，選定年級課文　戊、決定一分鐘內要唸出90個字　(A)甲戊丁丙　(B)乙戊丙甲丁　(C)丙戊甲丁　(D)丁戊丙甲

【新竹市 109 國中教甄，第 6 題】

（　）65.王老師幫班上身心障礙學生進行心理測驗，該測驗的標準差為10，測量標準誤為4，已知小華的分數為80，則小華在95%信賴區間的真實分數最接近為何？(A)介於70.0 到90.0 (B)介於72.2 到87.8 (C)介於73.5 到86.5 (D)介於76.0 到84.0

【新竹市 109 國中教甄，第 15 題】

（　）66.以下哪一項敘述最符合素養導向評量的概念？(A)聚焦在代數知識與一元一次方程式解題技能的評量 (B)重視一元一次不等式學習歷程的評量，學習結果比較不重要 (C)重視平面圖形全等的意義理解並應用在真實情境的評量 (D)將較複雜情境中的數量關係以算式表述的評量

【新竹市 109 國中教甄，第 24 題】

（　）67.以下何者為轉銜評量的重要項目？甲、生活技能的評量 乙、未來計畫的評量 丙、學業和行為技能的評量 丁、自我決定和自我倡議能力的評量(A)甲丙 (B)乙丙丁 (C)甲乙丁 (D)甲乙丙丁

【新竹市 109 國中教甄，第 26 題】

（　）68.下列哪一項是評估學生聲韻覺識的測量方式？(A)默寫注音符號 (B)模仿老師發音的正確性，老師說「ㄏㄨㄚ」，學生跟著念 (C)給學生假音「ㄍㄧㄚ」，要學生唸出來 (D)看國字填注音

【新竹市 109 國中教甄，第 42 題】

（　）69.某國小五年級共有甲乙兩班，五甲在數學期中考成績為 M=70，SD=3，五乙則為 M=70，SD=15，請問此次數學期中考成績最高的學生最有可能會出現在下列哪一個選項中？(A)五甲 (B)五乙 (C)兩班都有可能 (D)無法判斷

【臺北市 109 國小教甄，第 26 題】

（　）70.有關標準化測驗分數的描述，下列何者正確？(A)百分等級屬於比率量尺 (B)Z 分數的範圍為-3~+3 (C)智商在統計時可視為等距變項 (D)年齡當量是具有高參考性的標準分數

【臺北市 109 國中教甄，第 74 題】

（　）71.針對一個測驗的信度及效度的關聯而言，下列何者最不可能成立？(A)高效度、低信度 (B)高效度、高信度 (C)低效度、低信度 (D)低效度、高信度。

【臺南市 109 國小暨幼兒園教甄，第 62 題】

（　）72.「工作記憶」相關的測驗欲了解受試者哪兩項能力？甲、認知 乙、容量 丙、存取 丁、判斷 (A)甲乙 (B)丙丁 (C)甲丙 (D)乙丁。

【臺南市 109 國小暨幼兒園教甄，第 84 題】

（　）73.六歲的小凡想要在二張椅子之間搭一座橋讓玩具小汽車可以通過。在找到有效的方法之前，小凡嘗試了四種不同連接積木的方法。下 次小凡玩小汽車時，就用上次成功的方法搭起了一座橋。這個例子說明了訊息處理理論的哪一個假設？(A)改變機制的精確分析對認知成長至關重要 (B)認知改變是在一個自我修正的過程中產生的 (C)

知識應該要被具體詳細地描述 (D)兒童在表徵訊息與處理訊息的量是有限制的

【中區聯盟 109 國中教甄，第 50 題】

（　）74.某評量工具的題目為「ㄍㄡ這個聲音，如果把前面的音去掉後，還剩下什麼音呢？」請問這主要是評量學生的何種能力？(A)聲韻覺識 (B)言語機轉 (C)語意理解 (D)口腔動作。

【臺南市 109 國小暨幼兒園教甄，第 30 題】

（　）75.下列何者不是魏氏智力測驗施測時對受試者正確的回應方式？(A)對學生的作答給予適度的回應，如「不錯！」 (B)對於拒絕作答或時間未到，主試可以盡量鼓勵受試者，並在規定條件下，重述該試題一遍 (C)為維持施測過程之關係，要對其反應表示適當的關心 (D)避免使用直接的問句，如「你能不能說清楚一點？」。

【臺南市 109 國小暨幼兒園教甄，第 85 題】

（　）76.下列何者是「ADHD」兒童在魏氏智力測驗上表現的特徵？(A)在工作記憶和處理速度指數上得分顯著低於在語文理解和知覺推理上的得分 (B)工作記憶能力（算術、記憶廣度）表現尚可 (C)與正常對照組兒童相比，ADHD 兒童在智力測驗上的得分沒有差異 (D)「語文量表」得分高於「作業量表」得分。

【臺南市 109 國小暨幼兒園教甄，第 86 題】

（　）77.某班數學科成績的平均數為 55，標準差為 16，其中甲和乙的數學成績分別為 47 分和 87 分，下列敘述何者正確？(A)甲的 T 分數 45、乙的 z 分數 2 (B)甲的 T 分數 35、乙的 z 分數 2 (C)甲的 z 分數 1、乙的 T 分數 70 (D)甲的 z 分數-0.5、乙的 T 分數 65。

【臺南市 109 國小暨幼兒園教甄，第 87 題】

（　）78.魏氏智力測驗是根據哪一個理論編制而成的？(A)認知發展論 (B)二因論 (C)多因論 (D)階層論。

【臺南市 109 國小暨幼兒園教甄，第 96 題】

（　）79.有關個別學生測驗結果側面圖主要功能的敘述，下列何者較為適當？(A)了解學生的個別內差異 (B)了解學生學習的精熟程度 (C)診斷學生問題行為的成因 (D)了解學生的個別間差異。

【臺南市 109 國小暨幼兒園教甄，第 89 題】

（　）80.下列描述何者正確？(A)年齡當量(age equivalent)表示孩子的原始分數是某年級的平均表現 (B)發展分數(developmental scores)包括年齡當量和年級當量兩種 (C)百分等級及 T 分數係屬於標準分數系列 (D)一位 8 歲學生得到 5 歲組的平均分數，但並無 6 歲以下

的實際受測者，其得到的分數稱之為「外插分數」。

【臺南市 109 國小暨幼兒園教甄，第 75 題】

（　）81.下列哪一種評量分為「教師評」、「同儕評」、「學生自評」三種版本？(A)行為與情緒量表(BERS) (B)國民中小學學習行為特徵檢核表(LCC) (C)情緒障礙量表(SAED) (D)青少年社會行為量表(ASBS)。

【臺南市 109 國小暨幼兒園教甄，第 90 題】

（　）82.身為心評教師在選用相關測驗工具鑑定身心障礙學生過程中，下列關於測量標準誤的敘述，何者是正確的？ (A)無法估計測驗的真實分數 (B)測驗的錯誤分數無法解釋 (C)測量標準誤應由專家質化推估 (D)與測驗的信度沒有關聯性

【中區聯盟 109 國小教甄，第 1 題】

（　）83.下列哪一項目與測驗品質無關？(A)邏輯效度 (B)效標關聯效度 (C)社會效度 (D)建構效度

【中區聯盟 109 國小教甄，第 12 題】

（　）84.根據古典測驗理論，真分數(true score)不受何者的影響？(A)恆定誤差 (B)偏誤 (C)系統誤差 (D)隨機誤差

【中區聯盟 109 國中教甄，第 10 題】

（　）85.魏氏兒童智力量表第五版(WISC-V)測驗結果的組合分數中，工作記憶是由哪些分測驗所構成？(A)視覺拼圖與算術測驗 (B)記憶廣度與圖畫廣度 (C)數字序列與記憶廣度 (D)類同測驗與圖形等重

【中區聯盟 109 國中教甄，第 8 題】

（　）86.在魏氏兒童智力量表第五版(WISC-V)中某項分測驗的量表分數得到 13 分，其表現如何？(A)低於平均值 (B)一般平均水準 (C)高於平均值 (D)資優水準

【中區聯盟 109 國中教甄，第 49 題】

（　）87.小平的閱讀能力和同儕相當，喜歡和同學一起小組討論，但在進行學習活動時很容易分心，且常常離座。因服用短效型藥物的關係，下午的專心情形明顯較上午差。若要進行閱讀成就測驗，哪些評量調整方式較符合小平的需求？ ①增加題目的字距和行距 ②調整評量方式，由專人協助書寫 ③調整評量時間，延長測驗時間並在早上進行測驗 ④提供集中注意的提示 ⑤調整每一行的排版 ⑥使用隔離板減少干擾 (A)①②⑥ (B)③④⑤ (C)②⑤⑥ (D)③④⑥

【中區聯盟 109 國中教甄，第 15 題】

（　）88.下列何者為「標準化測驗」的必要條件？ (甲)必須為個別化測驗 (乙)必須經過信、效度的考驗 (丙)必須建立常模或參照的方式 (丁)施測方式、計分與解釋必須有一定的規範 (A)甲乙丙 (B)甲乙丁 (C)甲丙丁 (D)乙丙丁

【臺北市 109 國小教甄，第 27 題】

（　）89.下列何種方式較適合用來測試身心障礙學生的聽覺記憶能力？ (甲)請學生複述長度不一的句子 (乙)請學生複述數字串，例如：3687452 (丙)請學生複述自身母語當中不存在的假詞 (丁)請學生在三十秒內說出四隻腳的動物名稱，越多越好 (A)甲乙 (B)甲乙丙 (C)甲乙丁 (D)甲乙丙丁

【臺北市 109 國小教甄，第 28 題】

（　）90.某資源班教師欲自編一份評定量表，先將量表題目送請相關學者及資深資源班教師來看題目是否合適，主要目的應是該教師為建立這份評定量表的下列何者？ (A)同時效度 (B)構念效度 (C)內容效度 (D)內部一致性

【臺北市 109 國小教甄，第 29 題】

（　）91.在進行項目分析時，若某一試題之鑑別度指數(discrimination index，簡稱為D值)低於0.1，難度指數(P值)大於0.9，則下列解釋何者正確？ (A)題目太簡單、鑑別度低 (B)題目難度高、鑑別度高 (C)題目難易度與鑑別度皆適中 (D)題目太難、鑑別度低

【新北市109國中教甄，第56題】

（　）92.某測驗的題目為「ㄅㄢ這個聲音，如果把前面的音去掉後，還剩下什麼音呢？」請問這主要是評量學生的何種能力？ (A)聲韻覺識 (B)言語機轉 (C)語意理解 (D)口腔動作

【臺北市 110 國小教甄，第 22 題】

（　）93.某標準化語言發展量表經研究程序證實，語言障礙學生在該量表的得分顯著低於典型發展的學生，這是屬於何種效度的檢驗？ (A)內容效度 (B)效標效度 (C)預測效度 (D)構念效度

【臺北市 110 國小教甄，第 23 題】

（　）94.取得兒童的「語言樣本」是評量兒童是否有語言障礙的重要方式之一，下列何者是比較理想的做法？ (A)收集自然環境下的親子溝通的語言 (B)念字卡上的文字 (C)模仿老師的系列性的語句 (D)孩子獨自讀故事書

【臺北市 110 國小教甄，第 34 題】

( )95.評量自閉症兒童，下列哪一領域一定要優先評量？(A)認知 (B)動作 (C)溝通 (D)閱讀

【臺北市 110 國小教甄，第 40 題】

( )96.身為心評教師，若要設計一份學業成就測驗，下列有關試題難易度的設計與分析，哪一項敘述是正確的？(甲)通常一個題目若有一半的人答對，該試題會有最大的區辨力 (乙)從一份測驗總分的分佈曲線圖，可以得知試題整體的難易度 (丙)試題難易度通常以 P 值代表，P 數值較大者，表示題目較難 (丁)為確保試題的獨立客觀，其難易度應該和測驗使用目的分開 (A)甲乙 (B)甲丙 (C)乙丙 (D)乙丁

【臺北市 111 國小教甄能，第 44 題】

( )97.下列哪一項關於標準參照性測驗的描述是正確的？ (A)標準參照性測驗適用於了解學生學習困難之處 (B)能進行學生間能力的相互比較 (C)魏氏智力測驗是屬於標準參照性測驗 (D)標準參照性測驗適用於選拔性考試和總結性評定

【新北市 111 國小暨幼兒園教甄，第 42 題】

( )98.以下有四種不同自閉症篩選測驗之特異度(specificity)和敏感度 (sensitivity)資訊，請問何者偽陰性較高？(A)特異度 95.8%、敏感度 80.2% (B)特異度 93.5%、敏感度 88.0% (C)特異度 87.6%、敏感度 85.9% (D)特異度 80.6%、敏感度 91.9%

【桃園市 111 國小教甄- B，第 11 題】

( )99.以下是魏氏智力測驗第五版的各項技術性資訊，請問何者是其效度資料？ (A)分測驗重測相關係數介於 .77~ .88 之間 (B)四個語文分測驗評分者間一致性介於 .97~ .99 之間 (C)全量表智商與文蘭適應行為量表(Vineland-II)相關係數 .01 (D)分測驗折半相關係數介於 .72~.93 之間

【桃園市 111 國小教甄- B，第 13 題】

( )100.魏氏兒童智力量表第五版的五種主要指數分數中，兩種新出現的指數分數是取代魏氏兒童智力量表第四版的何項指數分數？ (A)語文理解 (B)知覺推理 (C)工作記憶 (D)處理速度

【桃園市 111 國小教甄選- B，第 17 題】

( )101.進行語言評量時，施測者刻意說：「小華很喜歡去做功課，像是打籃球、跑步和跳繩」，並要求受試者更正不當的詞彙。此較屬於下列哪一種評量？(A)語意評量 (B)語用評量 (C)語音評量 (D)語法評量

【桃園市 111 國小教甄- B，第 23 題】

（　）102.小貞在 A 測驗的得分為 85 分，A 測驗的平均數為 100、標準 差為 15、測量標準誤為 3。下列敘述何者比較正確？(A)小貞得分 PR 值為 85 (B)小貞得分 95%信賴區間為 79-91 (C)小貞得分換算為 T 分數應為 30 (D)小貞得分換算為 Z 分數應為-1.5

【桃園市 111 國小教甄- B，第 29 題】

（　）103.測量標準誤(SEmeas.)與下列何者關係最大？(A)信度係數的高低 (B)全距大小 (C)效度係數高低 (D)施測時間的長短

【桃園市 111 國小教甄- B，第 37 題】

【參考答案】

1	2	3	4	5	6	7	8	9	10	11	12
A	D	B	A	D	B	C	D	C	B	C	C

13	14	15	16	17	18	19	20	21	22	23	24
A	B	B	D	D	B	C	C	C	D	D	D

25	26	27	28	29	30	31	32	33	34	35	36
C	A	C	D	A	C	D	C	D	B	C	A

37	38	39	40	41	42	43	44	45	46	47	48
D	D	B	D	A	B	C	B	C	C	D	A

49	50	51	52	53	54	55	56	57	58	59	60
C	D	A	A	D	A	C	A	B	B	B	A

61	62	63	64	65	66	67	68	69	70	71	72
C	B	D	D	B	C	D	C	B	C	A	D

73	74	75	76	77	78	79	80	81	82	83	84
B	A	A	A	A	D	A	D	D	B	C	D

85	86	87	88	89	90	91	92	93	94	95	96
B	C	D	D	B	C	A	A	D	A	C	A

97	98	99	100	101	102	103					
A	A	C	B	A	B	A					

第九章 行為改變技術及正向行為介入與支持

壹、行為改變技術

一、理論基礎

(一)行為學習論

　　行為學習論，又稱「行為論」。這個理論的主要觀點有二：(1)學習是個體處於某種制約限制下所產生的反應；(2)將個體學習到的行為解釋為刺激與反應之間關係的聯結。行為學習論中三種最重要且對行為改變影響最大的理論，包含：(1)古典制約作用；(2)操作制約作用；(3)社會學習論(張世彗，2021)。

　　1.古典制約作用：學習取決於訊號和關聯

　　最初是由俄國生理學家巴夫洛夫(Ivan P. Pavlov,1849-1936)所提出。古典制約作用的形成，取決於幾個變項間的關係：(1)非制約刺激(UCS)，是指本來就能夠引起個體某一固定反應的刺激；(2)非制約反應(UCR)，指由非制約刺激引起的固定反應；(3)制約刺激(CS)，指原有的中性刺激，亦即與食物相隨或者是稍前出現的鈴聲或燈光；(4)制約反應(CR)，指由制約刺激所引起的反應。

　　古典制約作用可用來解釋教育上很多基本的學習現象。例如，學校或教室恐慌症大都是因為學生在校學習失敗或懲罰不當(UCS)，而引發恐慌(UCR)，進而對於整個學校情境(CS)也產生了恐慌(CR)。古典制約作用中的一般現象：

　　■古典制約作用是一種漸近過程，即制約刺激漸進地獲得引發制約反應的能力，稱為習得。

　　■增強與增強物

　　■類化與辨別

　　■消弱與自然恢復

　　■次級制約與高級制約作用

　　系統減敏感法是用來降低特定情境上的焦慮，其原理就在於這些相同的恐懼症也可經由配對鬆弛與產生害怕的刺激來降低。至於洪水法則是重複放置個體在真正產生最大焦慮的情境中，直至制約的害怕被消失為止。

　　古典制約取向的厭感原理主要在於聯結厭惡性刺激(如害怕或不舒服)與想要消除的目標行為在一起，如抽菸或酗酒等。此種方法是運用基本的古典制約程序來進行的。主要的古典制約取向的內隱制約技巧則是內隱厭感法，即讓個案想像要減少的目標行為，然後想像令人厭惡的後果。

　　2.操作制約作用：學習取決於行為後果

　　最初是由斯肯納(Burrhus Frederick Skinner, 1904-1990)所提出。斯肯納的「操作制約作用」實驗研究，看似簡單，實則涵義相當複雜。這個實驗說明了個體一切行為改變，乃是由本身對環境適應的結果所決定的。此種現象已成為日後解釋人類行為的一般法則(張世慧，2021)。

　　■凡是能使個體操作性反應的頻率增加的一切安排，均可稱為「增強」；至於能夠產生增強作用的刺激則稱為「增強物」

　　■增強時制是指採用後效強化原理從事操作制約作用學習實驗時，在提供增強物的時間或次數上，做各種不同的安排，進而觀察個體正確反應的頻率與各種增強方式的關係。增強時制有多種不同的增強實施方式，最主要有兩類：(1)立即增強與延宕增強；(2)連續增強與間歇增強。間歇增強又分為固定比率(FR)、變動比率(VR)、固定時距(FI)、變動時

距(VI)。

　　■連續漸進與行為塑造的程序是學習到第一個反應，再學習第二個反應，依序進行，直到最後反應完成為止。與古典制約作用相較，操作制約作用之後所學習到的反應行為，也會產生類化和辨別的現象。

　　■人類許多行為的學習都是經過此一歷程，而達到精熟和類似遷移的結果。操作制約作用建立後，如果個體在反應之後不再獲得增強物，該操作性反應就會逐漸減弱，最終消失，即是「消弱現象」。惟經過一段時間後，即使上次反應行為之後未曾獲得增強物，習得的反

應行為也會再度出現，稱為「自然恢復」。

■刺激控制是指行為在呈現區別性刺激下一致性發生的現象。

■不管是好或壞，處罰是控制個體行為最為常用的一種方法。在操作制約作用中，凡是能使個體操作性反應的頻率降低或消失的一切安排，均可稱為處罰；能產生處罰作用的刺激稱為懲罰物。

■生理回饋訓練主要在提供人們控制其本身生理功能的方法，如肌肉鬆弛或腦波。生理回饋法在於藉由監督生理功能及提供個體功能的回饋，這正是操作制約作用的運用。

3.社會學習論：學習取決於觀察

最初是由班都拉(Bandura)所提出。他的實驗充分地說明兒童會經由觀察他人所表現的攻擊性行為，而學習到該特殊的反應行為。班都拉的「社會學習論」中包括「環境」、「個人」與「行為」等三項因素，而稱為「**學習三元論**」。他強調除了環境因素外，個人對環境中人、事、物的認識和看法，更是學習（行為改變）的關鍵。也就是說，在社會環境中，環境因素、個人對環境的認知及個人行為三者，會產生交互影響，最後才能確定學習到的行為(張世彗，2021)。

班都拉的的社會學習論相當重視學習時個體本身的自主性。亦即個體即使未曾親身體驗行為後果的獎賞或懲罰，單憑觀察別人行為表現所帶來的獎賞或懲罰後果，或聽到別人對某種行為對錯的批評，他也會學到在何時何地該表現何種行為。

觀察學習是指個體只以旁觀者的身分，觀察別人的行為表現，就可學習到別人同樣的行為。此外,只憑見到別人直接經驗的行為後果,也可間接學習到某種行為. 觀察學習四個階段的歷程,包含：

■**注意歷程**是指在觀察學習時,個體學習須注意楷模所表現的行為特性,並瞭解該行為的涵義,否則就無法經由觀察學習而成為自己的行為。

■**保留歷程**是指個體在觀察學習到楷模的行為後,須將觀察所得轉換為心像或語文表徵,才能長久保留在記憶中。

■**再製歷程**是指個體將保留在記憶中的符號或心像表徵,轉變為適當行為。

■**動機歷程**是指個體雖然經由觀察學習到楷模的行為,但行為的

表現出來則會受到其動機因素的影響。

　　模仿是指個體在觀察學習時，向社會情境中某個人或團體行為學習的歷程。

(二)認知行為改變論

　　自 1930 年代後，有些認知心理學家認為過度強調刺激與反應之間的聯結，只能瞭解人類學習行為的片段，無法一窺全貌。例如：以下是幾個知名的認知學習的實驗：領悟學習實驗，強調個體學習的過程，不必經由練習或觀察，而是頓悟情境中各個刺激之間的關係，就可以學到解決問題的方法；以及方位學習實驗，認為學習是認知，而非經由刺激與反應的聯結歷程。行為主義已由初期強調刺激－反應間的關係，進展到對於思想、知覺與複雜的動機歷程等主題產生濃厚的興趣。這些學者認為自動物實驗所獲得的學習型態似乎無法全盤用來說明人類的學習和思想歷程。

　　認知行為改變論就是結合行為理論和認知學習理論，也就是說，藉由影響個體的內在認知去改變外在的不適當行為。認知行為改變術則是藉著轉換認知過程來改變個體的行為，此種認知過程在矯正上包括：知覺」、自我陳述、歸因、期望、信念及想像或心像等(張世彗，2021)。

二、基本行為原理

(一)增進適當行為的技巧

1.增強

　　增強指凡能使個體反應的頻率增加的一切安排。可分為**正增強**和**負增強**，均可強化行為。負增強有時會和懲罰相混淆，因兩者均包含厭惡性事件。不過懲罰會導致行為降低或消失；負增強則會造成行為強度的增加。

　　使用**負增強**最主要的限制，就是須冒著產生副作用的危險，而副作用中最顯著的是逃離或避開一切相關的人事物。運用增強原理時，應牢記有關原則(張世彗，2021)：

　　■增強作用是相對的，而非絕對的。

　　■增強取決於目標行為的出現。

　　■實施行為改變初期，只要出現受歡迎行為就應立即增強，其效果最大。

■一旦建立了行為與酬賞間的聯結，就應改為間歇增強，使行為更能夠持續出現。

■由外在增強轉為自然增強物。

■運用高頻率行為來增進低頻率行為，又稱為**普默克原理**(Premark Principles)。

2.次級增強物

次級增強物的分類有多種，具體增強物是我們能感受到的東西，例如：玩具；活動性增強物包括權利或喜愛的活動；社會性增強物包含人際動作或行為的正面行為後果，例如：口語表達或回饋；**代幣增強**又稱代幣制，是一種使用籌碼來縮短受歡迎行為和酬賞之間的動機系統，其後援增強物更為豐富多元，對人類行為的影響深遠。

3.行為契約

運用**行為契約**做為行為改變技術乃是基於 Premark 所發展出來的原理：「高發生率的行為可用來增進低發生率的行為」。常被稱為「祖母法則」。行為契約有五項要素(張世彗，2021)：

■要詳細列出雙方所期待的。

■個案的行為是易於觀察的。

■若個案不能達到預期行為，將不能得到任何增強物。

■若能持續地遵守契約，就有紅利條款來鼓勵個案。

■契約可以監控，記錄增強的次數。

4.增強效果的影響因素

■增強效果繫於行為和提供增強物間的時間。

■個體表現出受歡迎行為後立即提供增強物比 延宕提供增強物的效果要好。

■增強物數量也可決定反應行為是否能達到什麼程度；增強越多，反應就會越常發生。雖然增強的強弱直接與行為表現有關，但此種關係是有限制的。無限量的增強並無法保證高頻率的正確行為表現。一般來說，越是個體喜好的增強物越能導致其行為產生改變。

4.增強時制

增強時制是指訂定特定反應及反應次數之增強規則。最簡單的時制是每當某反應發生時 就給予增強，稱為連續增強。反之，若是在

出現幾次正確反應之後再給予增強，稱為間或部分增強。部分增強有兩項優點：(1)能提高使用增強物的有效性，尤其是我們使用的增強次數不多，以避免飽足發生；(2)部分增強給予增強物所花費的時間較連續增強少。

　　固定比率增強時制(FR)指達到設定的正確反應數目，方能獲得增強。**變動比率增強時制**(VR)指達到變動的正確反應數目，方能獲得增強。**固定時距增強時制**(FI)指在達到固定的時間數量之後，其反應行為方能獲得增強。**變動時距增強時制**(VI)指達到變動的時間數量之後，方能獲得增強(張世彗，2021)。

(二)降低或消除不適當行為的技巧

　　1.區分性增強

　　區分性增強(differential reinforcement, DR)是針對個體所表現的行為而非不適當的目標行為。它是一種正面的方法，採取此種策略仍能獲得增強。**(1)低頻率行為的區分性增強**(DRL)就是當不適當目標行為的次數減少，或未發生該行為的時間增加時，就提供增強的行為後果。這種技巧可用來漸進地降低或消除行為的頻率；**(2)區分性增強其他行為**(DRO)是指除不受歡迎的目標行為外，對學生所表現出來的其他行為均給予增強；**(3)區分性增強替代性行為**(DRA)就是增強一群正向行為，不管這些正向行為是否與不適當行為相容或不相容，來做為不受歡迎行為的另一種選擇，進而達到降低或消除不受歡迎的行為；**(4)區分性增強不相容行為**(DRI)是一種確認與目標行為不兩立行為的程序，然後增強學生表現出不相容或不兩立的行為(張世彗，2021)。

　　區分性增強的優點有：(1)它要求實施行為改變者針對且酬賞適當的行為；(2)它要求避開　懲罰及其可能的副作用；(3)它可由不同個人在多重情境中使用，有助於產生類化作用；(4)由於老師所傳遞的是正面行為後果，因此可提高正面的師生互動。

　　2.消弱

　　消弱(extinction)包括排除或中斷不適當行為之後果的增強效果，又稱為系統化忽視。如果用法錯誤，消弱也可能會降低受歡迎的行為。應用消弱這項技巧應考量幾項課題(張世彗，2021)：

　　■如果不適當行為受到多重增強物維持，就須決定哪個事件受到

增強。

■老師想要忽視的不適當行為可能會受到其他班上同學的模仿。

■消弱的效果並非立竿見影的。

■雖然行為已受到消弱，這項行為仍可能會再度發生。

3.反應代價

反應代價是指拿掉權利、籌碼或活動做為不適當行為之行為後果，或指個體因表現出特定的不適當行為而排除增強刺激。使用上，反應代價若與代幣制結合，效果更佳。

4.隔離

.隔離包括排除學生賺取正增強的機會，像有趣的活動、同儕注意及教師注意等。**非隱蔽性隔離**是指學生或兒童並沒有被排除於現有的增強環境；**排除性隔離**是將學生或兒童由增強性的情境或活動中排除，安置在一個較為低增強價值的區域，使得他無法觀察到同學的活動；**隱蔽性隔離**最具限制性、厭惡性。這種技巧包括由增強的情境中移動學生或兒童，並將學生安放在受到監督的隔離區，隔絕所有潛在的增強物。欲使隔離產生效果，應注意幾個因素(張世彗‧2021)：

■**兒童的特性**。對攻擊性和團體取向的兒童，隔離可能非常有效。針對退縮、被動、孤獨的兒童，隔離可能是一種酬賞。

■**一致性地使用**。運用隔離在個別兒童上，就須一致性地使用一段時間。

■**兒童對於規則的瞭解**。隔離規則應與兒童溝通；並應被張貼與一再重複。

■**隔離區的特性**。隔離區應不具有增強作用，避開無關的視覺刺激。

■**隔離的持久性**。放在隔離區時間太長或太短，可能會喪失介入效果。

5.斥責

斥責（口頭懲罰）是一種降低或消除不適當行為最少厭惡性且最常使用的懲罰技巧。如果謹慎且合理使用斥責，也能有效降低或消除不適當的行為。

6.過度矯正

過度矯正包括讓學生透過練習正確的行為與學習適當的行為來負責其不適當的行為。**恢復性過度矯正**是指在不適當行為發生後，要求個體過度產生適當行為，使適當行為恢復；**練習性過度矯正**又稱積極練習。在不適當行為發生後，要求個體重複地練習適當行為。另一種類似練習性過度矯正的作法稱為**勞動式懲罰**（體能活動）。就是在不適當行為發生後，要求個體做出與不適當行為沒關聯的體能活動，來消除或降低不適當的行為。運用過度矯正，應注意幾項特點：

■錯誤本質應決定過度矯正的本質，以避免讓矯正只是懲罰。

■過度矯正的程序應強調積極的、負責任的及合理的行為。

■師生應事先探討過度矯正的用途和合理性。

■進行中的活動和不適當行為應立即中斷，同時採取過度矯正，包括老師或父母系統化的口頭指示。

■針對正確的行為反應給予讚美和贊同。

■過度矯正完成後，應讓學生回歸到所進行的活動中。

■類似所有懲罰程序一樣，過度矯正應在不適當行為出現後立即實施。

過度矯正可能會與「負面實務」或「刺激飽足」混淆。「負面實務」需學生重複表現不適當行為，此種程序是基於假定重複性的表現會導致飽足。「刺激飽足」則繫於學生會對行為的前提事件感到滿足。藉由增進行為的增強物至厭惡的水準，飽足可降低行為。

7.處罰效果的影響因素

■處罰效果取決於行為和提供懲罰物間的時間。個體表現出不適當行為後立即提供懲罰

物比延宕提供懲罰物的效果為佳。

■最簡單的處罰時制是每當某反應發生時就給予懲罰物，稱為「連續性處罰」。若在出現幾次正確反應後再給予懲罰物，稱為「間歇性或部分處罰」。以處罰階段來說，「連續性 處罰」比「間歇性處罰」更能夠降低目標行為的出現率。

■行為發展之初就給予處罰，效果越佳；變化處罰的方式會有助於提升處罰的效果。

8.處罰的副作用

雖然處罰最能降低或消除不適當的目標行為，但也可能會製造更糟的行為後果或引發出其他問題。處罰後所產生的副作用，包含逃避和避免、攻擊行為、處罰的示範作用、處罰的持續性、習得無助等。

(三)建立新行為的技巧

教導新行為的技巧，包括行為塑造、促進、褪除或淡化」、連鎖、模仿、四段式行為訓練法等(張世彗，2021)。

1.逐步養成

逐步養成指區分性的增強微小的改變或漸次地接近最終的目標行為。

2.促進

促進是提醒我們表現已知行為或是協助我們表現不常從事行為的一種刺激。在行為塑造 和適當行為產生前，促進是提供語文、身體引導、姿勢、聽覺、位置或視覺的線索。

■**語文促進**指運用口頭或書寫的文字來引發特定的行為。

■**視覺促進**則包括書本上的圖解說明、汽車儀表板上每一按鈕圖畫等。

■**身體引導促進**指透過想要的動作或順序來移動個人的身體部分。

■**姿勢促進**是指透過使用手勢或任何類型的動作，學習者可觀察教師的行為，例如：指向或點頭，以給出有關正確反應的訊息。例如：教師問學習者：你喝什麼？教師透過指向杯子來促進學習者。

■**聽覺促進**可包括學習者可聽到任何類型的聲音，例如：警報或計時器。例如：老師要求學習者：10 分鐘內清理玩具。老師透過設定計時器在 10 分鐘內觸發來促進學習者。

■**位置促進**涉及老師將正確答案放在最靠近學習者的地方。例如：教師向學習者展示三個對象：一個球、一雙鞋子和一個蘋果，並問學習者：「指向您吃的那個。教師將蘋果放在最靠近學習者的地方。

促進要儘可能微弱，不過度強調，同時要儘快褪除或淡化，讓學生不依賴他們。

3.褪除或淡化

　　褪除或淡化是逐漸徹除促進或提示，但應該要漸漸的，使錯誤的發生降低。方法有幾種： 改變促進或提示的數量或品質。

　　4.連鎖

　　經由模仿、行為塑造、促進和褪除或淡化等方式學習到行為的各個步驟後，須依照合理順序學習組合這些步驟。一旦建立連鎖反應，唯有表現最後的要素才會獲得增強。教導一連串反應時，通常需藉由工作分析來確定其聯結。

　　■**前向連鎖**即一次教導順序上的一個聯結，由第一項開始。依此類推，直到所有聯結被表現，完成連鎖性行為為止。

　　■**後向連鎖**包括以逆向方式一次教導一個聯結。

　　■**完全任務呈現法**是用完整順序的方式教導所有聯結。

　　教導行為的連鎖可遵循幾項提高訓練成效的原則：

　　■確定應用工作分析法所認定的全部聯結對學習者不會太難。

　　■設計方法以確保學習者必須依正確的順序，演示學習過的所有聯結，才能獲得增強。

　　■應用和撤除簡捷的刺激控制法(提示、模仿和教學)，協助個體學習每項聯結。

　　■教導每項聯結時，應運用行為塑造和充足地給予增強。

　　5.模仿

　　模仿是一種學生透過觀察與模仿他人行為的學習過程。此種學習形式已被稱為模仿、觀察學習、複製、替代性學習及角色扮演等。

　　6.四段式行為技巧訓練法

　　模仿（示範）/指導/演練/回饋等四段式行為技巧訓練法（BTS）常一起運用來幫助個人獲得實用技巧。這種訓練法的目標是讓學習者獲得新技巧，且能在訓練外的適當場合中使用。許多策略可用來促進在適當場合使用這些技巧(張世彗，2021)：

　　■訓練應包括做不同的角色扮演。演練說明越接近真實情境，這些技巧越能產生類化。

　　■把真實生活融入訓練中，學習者就可在角色扮演中和真實的情況或人物演練技巧。

　　■提供學習者一些任務，讓其在訓練場所外的真實情境中做技巧訓練。

　　■訓練者也可在訓練場所外的情境中計畫提供一些增強。

　　運用團體的四段式行為技巧訓練法在小團體中會更有效，可讓每個人都有機會參與。

(四)維持行為的技巧

　　維持行為的技巧包括延宕增強、間歇性增強、逐漸褪除或淡化行為後果、轉換為自然發生的增強物及發展同儕支持等。

　　1.維持行為改變的程序

　　■**延宕增強**。建立行為時，採取立即性增強是非常重要的。俟行為一致地表現後，就可延宕增強物的出現，藉著逐漸增加所欲行為和增強之間的延宕，亦可用來維持行為。延宕增強物的變通性作法包括每項或幾項任務完成後，增進獲取積點與交換其他酬賞或活動之間的延宕。積點仍可因任務完成而獲得，但交換其他酬賞的機會則越來越減少。

　　採用延宕增強後，需更密集的觀察個體表現，以確定行為有無繼續朝向所欲的方向；最後，增強可完全撤除或只在個體行為完全正確，而延宕較長時間下始能給予增強。

　　■**間歇性增強**。連續增強行為建立後，間歇性增強就可有效用來維持行為。

　　■**逐漸褪除或淡化行為後果**。逐漸撤除或淡化比突然的完全撤除或淡化，個體會較不易察覺。最後此項行為後果就可完全撤除而不會使行為回到原有的情況。褪除或淡化方案可分成幾個層次：

　　‧「第一個層次」是高度結構且表現特定行為，以獲取特定的酬賞（經常且立即傳遞）。

　　‧「第二個層次」是行為和立即酬賞之間較少直接聯結。

　　‧「第三個層次」是學生仍接近酬賞，但卻對其行為負有更多的責任。

　　■**轉換為自然發生的增強物**。行為發展需要特殊的行為後果，以達高持續性的表現水準。一旦行為發展完成時，此種特殊的行為後果即可被取代。自然發生的行為後果或許無法自動支持適當行為，但若

是自然發生的行為後果可用來支持行為,則其在自然環境中就能提供有用的轉銜。

　　■發展同儕支持。同儕注意和贊同亦可做為強烈的增強物,用來建立、維持及類化目標行為;另一種同儕支持的方法包括同儕真正地監督行為和分配酬賞;提供酬賞或積點的學生亦可從同儕特定的受歡迎行為,因工作表現良好而獲得酬賞。使用同儕做為小老師並執行增強的優點有:(1)相較於採用標準教學程序,個體可接受更經常且個別化協助;(2)擔任小老師的同儕也會因經驗而受益。

　　2.行為的類化

　　類化是指行為改變發生在非訓練的情境中。類化包括「**刺激類化**」是指已被特定刺激(人或情境)強化的反應,在呈現不同但類似的刺激中發生的現象;「**反應類化**」是指行為的改變和發展類似於所訓練的行為。

　　教導學生充分足夠的實例,以確保學生能夠表現某種行為,是應用最為普遍的類化技巧**(實例增強)**。如果每一情境享有訓練情境的特性,那麼跨越情境的類化就更可能會出現。我們可藉由在自然環境中增進訓練情境的類似性,或在自然環境中介紹進訓練情境的要素來達到**(刺激增強)**。

　　間歇性增強時制可導致行為改變的維持。我們亦可使用延宕性增強來類化已建立的行為。如果已建立的行為無法由訓練情境類化至其他情境,就應延宕增強直到行為在其他情境一致出現為止。

　　3.自我管理

　　行為改變方案的最終目標是自我訓練、自我管理或自我控制。達成自我控制的策略與建議,包括:

　　■界定目標行為。界定我們想要增進、降低或維持的目標行為。

　　■蒐集基準線資料。實施行為改變介入前,常要蒐集與記錄基準線資料,此資料可作為發展行為改變方案的基礎。

　　■觀察和記錄行為。

　　■使用自我增強。自我增強是指學生表現出特定行為時,學習提供自己酬賞。

　　■自我處罰結合自我增強。

　　■重新建構控制行為的前提事件。為了在自我控制方案上使用刺激控制，就須重新建構引發特定行為的情境線索

　　■替代反應訓練。訓練另一項反應來替代一項非所欲的行為。

　　■使用自我教導訓練。教導學生藉由對自己的建議和特殊評論，來控制自己的行為。

(五)認知本位的行為改變技巧

　　認知本位的行為改變技巧是藉著轉換認知過程來改變個體的行為，認知過程在矯正上包 括知覺、自我陳述、歸因、期望、信念、及想像或心像等(張世彗，2021)。

　　1.想像式的系統減敏感法

　　想像式的系統減敏感法是指訓練個體能夠完全放鬆且在引起最少至最大的焦慮情境中 放鬆，直至消除這些情境所引起的焦慮。**想像式的洪水法**是訓練個體能夠完全放鬆且在最後引起焦慮的情境中放鬆，直至消除這些情境所引起的焦慮。想像式洪水法似乎比想像式系統減敏感法來得更有效。

　　2.內隱制約技巧

　　內隱制約技巧是因為它要求個體去想像目標行為及其後果；而被稱做「制約」，是因為 重點在學習，包括古典制約作用、操作制約作用及觀察學習。

　　3.自我教導訓練

　　自我教導訓練是加拿大臨床心理學家 Meichenbaum 所建立的的認知行為改變技術。基本假定是人們對他們自己所說的話，決定了他們在其他方面所做的事。認知行為改變取向著重於「讓個體瞭解負向內言對其的不良影響，然後運用自我教導訓練，鼓勵個體直接改變自己的內在語言，來降低或消除情緒困擾或不適應的行為(張世彗，2021)。

　　根據 Meichenbaum 的看法，要實施自我教導訓練，首先要設計出「正向內言」，以做為訓練的主要內容。正向內言可分為：(1)是用來對抗無法專心的自控內言；(2)為用來對付造成的困擾的負向內言。自我教導訓練的實施分為五個步驟：

　　■**認知示範**。由施教者示範以大聲自我教導自己表現出所欲訓練的行為。兒童在旁邊觀察學習。

■**外顯引導**。兒童在施教者的口語引導下，表現上述所欲訓練的行為。

■**外顯自我引導**。兒童大聲地自我引導自己表現出該行為。

■**褪除外顯自我引導**。兒童輕聲地自我引導自己表現出該行為。

■**內隱的自我教導**。兒童以內在語言引導自己表現出該行為。

4.理情治療法

理情治療法又稱為「ABCDE 理論」。此種治療法的基本前提是情緒困擾常源自於錯誤和非理性的思考。例如：絕對的思考方式。用一種不是全 部就是什麼都沒有，不是黑就是白的方式來看待事件。Albert Ellis 的「ABCDEF」理論主要是透過讓個體瞭解其信念系統對其情緒及行為後果的影響，讓個體能夠瞭解個人的理性信念會造成適當的情緒後果及適當的行為後果。其中，「A」（緣起事件）並不是直接導致「C」（情緒與行為之行為後果）的結果，而是個人對於緣起事件的看法「B」（非理性的信念）導致行為後果「C」。然後，協助個體辨認出他自己的非理性的信念，並進行猛烈的駁斥「D」（駁斥和干涉非理性的信念），以期個體的思考能由原有非理性的信念，轉換為新的理性思考，進而產生新的情緒和行為「F」。

5.認知治療

認知治療是一種處理行為和情緒異常的認知重組法，情緒困擾常源自於錯誤和負面的思考形式，必須改正。認知治療的基本概念稱為基模，它是組織個體經驗與影響其對於日常事件的知覺、解譯及歸因的一種基本的認知結構。凡發展出情緒問題的人，這些核心信念均傾向變成自動思想：習慣或經常地發生不適當的思考形式。

認知治療比理情治療法更強調治療者與個案之間的協同努力。在治療上，治療者試著建立信任關係，然後引導個案發現和檢視自己不適當思考形式下的認知錯誤。認知治療使用假設考驗的技巧。一旦治療者與個案發現錯誤信念或思想，他們會將其視為假設而非事實，同時試著根據贊成和反對的事實、尋找特定情境或感受的各種解釋及信念的真正涵義等來驗證假設。

Beck 的治療程序相當重視蘇格拉底對話的應用。這是一種透過不斷詢問對方名詞的定義、邏輯推理及據實的問答式談話，來協助當

事人體會想法和情緒間的關聯，並逐步澄清和改正自己的想法(張世彗，2021)。

6.壓力免疫訓練

壓力免疫訓練是設計來提供個體自我防衛的能力，可在面臨壓力時應用。此種治療形式教導因應能力，並讓個案經由三個階段來練習這些因應能力：

■**概念化**。在此階段，個案探討其過去的壓力經驗，來學習壓力的本質及其因應的方式。

■**能力獲得與演練**。在此階段，個案將學習特定的行為和認知因應能力，如放鬆、自我及因應陳述。

■**應用**。在此階段中，協助個案將新學習的能力轉銜至自然環境中。

7.問題解決訓練

問題解決訓練是一種認知行為治療的形式，讓個案學習確定、發現有效或適應的方法，來探討生活中所面臨問題。這種形式的治療可用來降低個案的情緒異常或增進他們適應社會的功能。

8.模仿

模仿對觀察者具有教導、促進、引發動機、降低焦慮、抑制作用等功能。恐懼或焦慮可能是由於預期負面結果或社會技巧不足所導致。運用模仿技巧可使這兩種情況改善。**現場模仿**即楷模以身置實境方式讓個案藉以減低其恐懼或焦慮；**參與模仿**指矯正者為個案示範會引發焦慮行為，然後鼓勵並指導個案參與演練。

貳、正向行為介入與支持

正向行為介入與支持(PBIS)是教育型的行為處理方法，著重於擬定策略時需考量問題行為的功能，先進行功能性行為評量，然後運用團隊合作發展和執行行為支持或介入計畫，採取正向、功能性及多元素的行為處理策略，來消除問題行為及提升個體自我管理能力。2. PBIS的行為處理採用「**功能評量本位的行為支持計畫**」、「**功能等值訓練**」或「**功能本位介入**」，目的在協助個體發展功能相同且符合社會期待的適當行為，來替代不適當行為，這樣不僅可擴展個體的正向行為，

且能長期預防行為問題的發生。

一、功能性評量

　　功能性評量是一種蒐集行為資料並分析其行為功能的過程。目的是要經由有效蒐集資料與分析，來增進行為支持或介入的效果和效率。功能性評量有幾項優點：(1)它可提供行為改變處理計畫更正確的資料；(2)它可發展一套系統化的行為處置計畫；(3)它有助於產生更完整的行為處置計畫。

　　A-B-C 行為分析法，即找出行為的前提事件(antecedent, A)、行為表現(behavior, B)與行　為後果(consequence, C)，並從中歸結出目標行為與前提事件、行為後果間的關係。最常使用來蒐集功能性評量資料的方法有三種：**詢問法、直接觀察**及**功能性分析**。詢問　法就是與個案或是瞭解個案者直接接觸和交談。面談與其他詢問方法在界定和縮小變項　範圍上是很有用的。直接觀察是指在日常生活中系統性地觀察問題行為者。這種蒐集行　為資料的方法常由教師或父母來負責。最常見的是A-B-C 行為分析法與功能性評量觀察表(FAO)，但需花費大量時間來蒐集和分析資料。功能性分析就是操弄目標行為發生之行　為後果。它是唯一要求明確顯示環境事件和問題行為間功能性關係的方法。優點是可直　接操弄變項來驗證假設。不過有時並不易認定維持行為的功能(張世彗，2021)。

　　就多數功能性評量來說，運用面談和直接觀察就可形成結論性陳述，確認問題行為指標和維持其功能之行為後果。如果運用面談和直接觀察無法達到目標，下一步策略就是實施系統性功能性分析操作。

二、PBIS 的歷程與建構等值性行為

　　PBIS 的歷程，包含選擇與描述目標行為、評量目標行為、擬定行為支持與介入計畫、執行計畫、以及評估執行成效。建構等值性行為模式的步驟為：(1)建立功能性診斷結論性陳述的圖解說明；(2)加上能夠產生競爭或等值問題行為的適當行為；(3)確定可提高適當行為並使問題行為產生不相關連、沒有效能及無效用的介入選擇。

建立功能性評量結論性陳述的圖解說明		界定等值性行為		使問題行為無用的介入選擇

二、行為支持與介入計畫的面向

(一)改變情境事件

探究更多長遠的情境事件，確認任何使這些事件比較不會產生影響的改變，列出可能改變的觀念。

(二)改變立即的前提事件

前提事件控制策略有下列幾種作法(張世彗‧2021)：

■**消除或減少**：引發目標行為的立即前提事件。

■**改變**：引發目標行為的立即前提事件。

■**分散**：引發目標行為的立即前提事件。

■**增加**：引發正向行為的立即前提事件和行為後果。

■**緩和**：背景因素的影響力。

■**中斷**：目標行為的鎖鏈。

■**中斷**：目標行為產生的增強效果。

根據先前的前提是件控制策略，有許多實際方法可依個體的實際情況來運用，包括：

策略	實際方法
調整情境	• 調整活動的時間或地點 • 調整座位 • 調整物理環境(如環境中的障礙物或複雜性) • 消除誘發的刺激 • 重新安排環境中的人 • 建立明確且適切的期望或作息時間表 • 妥善安排轉換時刻 • 增加促發正向行為的刺激或提示 • 提供功能等值的替代性感官刺激 • 安排飛後效增強(即獨立於行為問題或跟它無關的增強) • 刺激控制(即將個體的行為控制在某些刺激中) • 控制背景變項
調整課程和工作相關	• 調整工作或作業(份量、難度、完成方式、形式、呈現方式、要求策略、內容改變互動方式) • 使用教導的控制建立服從指令的行為(如規定、指令、提示) • 調整學習或工作時間表 • 改變從事活動的位置或姿勢

	• 提供符合個體需求的課程內容及教學活動 • 提供選擇工作或作業項目的機會
緩和背景因素效果	• 加入愉悅的刺激(如喝熱水、看美景照片) • 做暖身或放鬆活動
中斷反應	• 增加反應的努力 • 刺激飽足 • 保護或彌補措施(戴頭盔或手套) • 轉移刺激(即行為問題或先兆出現時,突然出現一種強烈的刺激) • 促進身心放鬆 • 感覺改變 • 感覺消弱 • 動手阻止 • 口頭暗示 • 促進溝通並表達關切 • 強化警覺裝置(如手靠近臉部就會發出警示的聲音)

(三)列出所喜愛的和替代性行為的教導策略

在多數情境中,降低或消除問題行為的關鍵就是有效的教導新行為。行為教導的內容可分為下列三類(鈕文英，2016)：

類別	次類別
替代技巧	-
容忍和因應技巧	情緒調整技巧
	問題解決技巧
	自我控制技巧
	容忍技巧
一般適應技巧	溝通技巧 (包含功能性溝通訓練、圖片兌換溝通系統)
	休閒技巧
	情況辨識技巧
	作選擇和決定的技巧
	社會技巧

(四)檢視改變行為後果的方法

　　實施行為改變者在檢試行為後果的處理上可採取下列參考策略和實務作法：

策略和實務作法		
增進正向行為的使用	提示正向行為	減少行為問題的效能
• 正增強 • 區別性增強 • 負增強	• 讚美和提示他人表現的正向行為 • 矯正性回饋 • 重新指示 • 以問題解決形式回顧和探討行為過程	• 消弱 • 自然懲罰 • 區別性增強 • 反應代價、隔離或過度 　矯正

【充電補給站】

※張世彗(2021)。行為改變技術-含 PBIS(第八版)。

※鈕文英(2016)。身心障礙者的正向行為支持(第二版)。

※李姿瑩等譯(2017)。行為改變技術-原理與程序。

歷屆教甄試題
【行為改變技術及正向行為介入與支持】

【行為改變技術】

（　）1.每次學生有正向行為表現，老師便給予具體的稱讚以增強學生的行為。老師所採用的「連續增強」較適用下列哪一個學習階段？(A)獲得 (B)維持 (C)調整 (D)類化

【桃園市 105 國小及學前特教-C，第 5 題】

（　）2.下列有關非後效增強(non-contingent reinforcement) 的敘述何者正確？(A)是一種後果策略 (B)是一種區別增強 (C)是一種前事策略 (D)可用來教導適當的行為

【桃園市 105 國小及學前特教-C，第 8 題】

（　）3.教師於上課提出問題，學生舉手回答問題，教師請學生回答，學生答對，教師給予加分作為獎賞。上述範例是屬於何種理論？ (A)認知論 (B)社會學習論 (C)古典制約 (D)操作制約

【桃園市 105 國小及學前特教-C，第 14 題】

（　）4.支配或影響行為改變的因素很多，雖然均會支配或影響到行為的改變，不過下列哪兩種因素似乎較具有教育上的意義？ (A)環境、學習 (B)成熟、學習 (C)遺傳、環境 (D)環境、成熟

【桃園市 105 國小及學前特教-C，第 20 題】

（　）5.邱老師想以「玩電腦」作為學生適當行為表現的增強。在開始執行前，他請家長和其他老師避免讓學生平時在 家中和其他課堂上有玩電腦的機會，以藉此增加玩電腦的增強價值。老師的作法屬於下列何種概念？ (A)制約動機消除操作 (B)制約動機建立操作 (C)非制約動機消除操作 (D)非制約動機建立操作

【桃園市 105 國小及學前特教-C，第 36 題】

（　）6.某資源班老師要求學生圖示他們在課堂期間叫喊及舉手的次數，並評定與反省其行為，以了解他們在控制教室秩序及舉手發言上的進步情形。這位老師運用何種支援教室中正向行為的方法？ (A)自我管理 (B)區分性增強 (C)行為契約 (D)自我教導訓練

【桃園市 105 國小及學前特教-C，第 39 題】

（　）7.對於「暫時隔離」(time-out)策略的運用原則，下列敘述何者正確？ (A)隔離過程不宜有社會刺激 (B)隔離的環境應該符合學生興趣 (C)應在行為問題發生前即施以隔離 (D)應隨機調整隔離規則且不宜事先告知學生

【臺北市 105 國小教甄，第 39 題】

（　）8.行為功能評量，「功能」一詞的意義與下列何者最接近？ (A)行為者的目的 (B)行為者的潛能 (C)行為問題的嚴重程度 (D)行為者對自身行為的看法

【新北市 105 國小暨幼兒園教甄，第 23 題】

（　）9.「殺雞教子」的典故，是指教師在採用何種行為改變技術時，應特別留意：(A)代幣制 (B)契約制 (C)區分性增強 (D)嫌惡行為矯正

【新北市 105 國小暨幼兒園教甄，第 33 題】

（　）10.劉老師在教室準備了學生偏好的水果，等學生靠近時，劉老師問：「你要什麼東西?」，學生沒有反應後，劉老師手指著水果圖片，並再繼續觀察學生的反應，並再提供少量肢體提示，直到學生做出反應，再提供學生想要的水果。這屬於？(A)時間延宕 (B)示範 (C)口令-示範 (D)提示褪除

【新北市 105 國小暨幼兒園教甄，第 42 題】

（　）11.阿德勒學派認為成人應該以鼓勵代替讚美，以下何者是鼓勵？ (A)你的數學考 100 分，好棒！ (B)你畫圖時好認真，真好！ (C)你的國語很好，但數學呢？ (D)你剛剛的全壘打，太厲害了！

【屏東縣 105 國小暨幼兒園教甄，第 25 題】

（　）12.在應用行為分析中，若教師希望學生的數學題答對比率能逐漸提升，以下何種設計是比較符合教師期望的設計？ (A)跨受試者設計 (B)跨情境設計 (C)逐變標準設計 (D)逐情境設計

【屏東縣 105 國小暨幼兒園教甄，第 29 題】

（　）13.小明每做對 5 題數學，老師就給他一塊餅乾，是以下哪一種增強方式？ (A)固定時距 (B)變動時距 (C)固定比率 (D)變動比率

【屏東縣 105 國小暨幼兒園教甄，第 31 題】

（　）14.當學生表現出不當行為時，教師即取走該生喜愛的物品，以抑制其不當行為。這屬於下列何種行為處理方法？(A)消弱 (B)過度矯正 (C)反應代價 (D)直接懲罰

【屏東縣 106 國小暨幼兒園教甄，第 28 題】

（　）15.某自閉症學生很不喜歡看到毛毛蟲，也很不喜歡吃葉菜類。為改正此一偏食特性，於是老師先拿出一張毛毛 蟲照片，並告訴學生每吃一小口蔬菜，就會把照片遮起一部分，直到吃完一小盤蔬菜，照片也完全遮掉了。 下列何者最符合老師所使用的教學策略？ (A)褪除 (B)負增強 (C)社會性增強 (D)系統減敏感法

【屏東縣 106 國小暨幼兒園教甄，第 39 題】

（　）16.老師在觀察一段時間後發現小明上課未經舉手任意發言的次數平均每節課 15 次，經 介入處理一個月後，達成目標，因此設定下個階段介入處理目標降為每節課不超過 10 次，此種設計在改變受試者目標行為實驗設計時，於不同階段有設定漸進式的不同達成標準，此種設計屬於？ (A)倒返設計 (B)時間系列設計 (C)多基線設計 (D)逐變標準設計

【新北市 105 國小暨幼兒園教甄，第 36 題】

（　）17.學生一邊跑步、一邊拍頭，老師就教他拍手，其策略為何？(A)區別性增強不兩立行為(DRI) (B)區別性增強替代行為(DRA) (C)區別性增強低頻率行為(DRL) (D)區別性增強高頻率行為(DRH)

【桃園市 106 國小及學前特教-C，第 9 題】

（　）18.國小特教班有位雷特氏症學生多多常出現扭轉手指的行為，當班上教師請多多兩手拍打她 喜歡的鈴鼓時，原本出現扭轉手指的行為就不再出現，請問這位教師運用哪種教學策略？(A)區辨性增強其他行為 (B)區分性增強替代性行為 (C)區分性增強不相容行為 (D)區分性增強低頻率行為

【新北市 106 國小暨幼兒園教甄，第 24 題】

（　）19.暫時隔離、代幣系統、過度矯正等行為介入策略，都屬於何種層面的策略？(A)生態改善 (B)前事控制 (C)行為教導 (D)後果處理

【臺北市 106 國小教甄，第 31 題】

（　）20.小杰為亞斯伯格症學生，在轉換至專科教室時經常出現欺負同學和口語、肢體攻擊的行為。老師要他到專科教室時，勾選這些行為發生的情形，然後與教師的紀錄相對照來決定得多少分，如果達到標準就可以選擇特定的激勵。這是何種方法的運用？ (A)前提控制 (B)自我監控 (C)代幣增強 (D)自我教導

【臺北市 106 國小教甄，第 38 題】

（　）21.集中式特教班王老師要求某智能障礙學生在 1 分鐘內「如果沒有出現敲頭的行為」，就可以喝一口鮮果汁飲料作為增 強物，然後再逐漸增長時距，直至個案的敲頭行為獲得良好的控制為止。這是何種區分性增強的運用？(A)區分性增強其他行為(DRO) (B)低頻率行為的區分性增強(DRL) (C)區分性增強替代性行為(DRA) (D)區分性增強不相容行為(DRI)

【臺北市 106 國小教甄，第 39 題】

（　　）22.集中式特教班教師將擺放教具的層櫃和籃子分別貼上圖片、照片或名稱字卡，以便於學生取用和歸位，請問這是何種策略的運用？(A)腳本教學　(B)工作分析　(C)視覺提示　(D)區分性增強

【臺北市 106 國小教甄，第 44 題】

（　　）23.在改變受試者目標行為實驗設計時，於不同階段有設定漸進式的不同達成標準，此種設計稱之為？(A)倒返設計　(B)時間系列設計　(C)多基線設計　(D)逐變標準設計

【中區聯盟 106 國小教甄，第 13 題】

（　　）24.一位智障生想與他人互動時，經常出現打人踢人的不當行為，以喚起他人的注意，此時老師教導他改採伸出手做出與人握手的動作，並予以增強，此種區別增強策略　比較屬於？　(A)DRI (B)DRA (C)DRL (D)DRO

【中區聯盟 106 國小教甄，第 12 題】

（　　）25.小文很怕狗，級任老師李老師便把她帶到不怕狗的同學群中，讓她看到其他同學和狗玩耍的情形，以降低她對狗的恐懼。李老師是希望以下列何種方法降低小文對狗的恐懼？(A)陪伴　(B)交替法　(C)親近法　(D)社會模仿

【中區聯盟 106 國小教甄，第 34 題】

（　　）26.安安和同學發生衝突，陳老師了解情況後提供他三個解決方法，讓他自己根據當下 的情況去作選擇，請問這是屬於自我決策中的哪個向度？　(A)獨立自發　(B)心理賦權　(C)自我管理　(D)自我實現

【中區聯盟 106 國小教甄，第 36 題】

（　　）27.敬儀在發音上有些不標準，他的老師逐一地矯正他的發音，一個一個字帶著他讀，　再將字合成詞彙甚至是進行整句的練習。過程中敬儀只唸對一次老師就馬上稱讚 他，直到他標準的說出一個句子。這種逐步增強是行為取向的學習理論中的哪一 種？　(A)削弱　(B)塑造　(C)維持　(D)類化

【中區聯盟 106 國小教甄，第 39 題】

（　　）28.對於注意力缺陷過動症兒童的輔導，如採 D. Meichenbaum 所提出的自我教導訓練 (self-instruction training)的理念，下列敘述何者較為正確？　(A)輔導目標強調內隱的自我教導　(B)輔導過程主要採取駁斥個案的非理性信念　(C)輔導重點強調行為與情緒的報應關係　(D)強調早年經驗對後來人格發展的影響

【中區聯盟 106 國小教甄，第 24 題】

（　　）29.大雄是重度自閉症學生，上課經常不看老師，無所事事，只是坐著一直玩自己的手，請問其「玩手」之最主要功能為何？ (A)獲得內在刺激 (B)獲得外在刺激 (C)逃避內在刺激 (D)逃避外在刺激

【桃園市 106 國小及學前特教-C，第 29 題】

（　　）30.對於「暫時隔離」(time-out)策略的運用原則，下列敘述何者正確？ (A)隔離的環境應該符合學生興趣 (B)應在行為問題發生前即施以隔離 (C)隔離過程不宜有社會刺激 (D)應隨機調整隔離規則且不宜事先告知學生

【桃園市 107 國小及學前特教-C，第題 17】

（　　）31.在特教諮詢值勤時間，資源班林老師傾聽高一 3班導師劉老師對該班ADHD學生隨意離座行為的抱怨。林老師隨即與劉老師約定入班觀察，接著提出行為輔導建議：「只要該生每15分鐘沒有離開座位就給予增強…」，下列何者最接近林老師所建議的行為改善策略？ (A)增強替代行為的差別增強(DRA) (B)相對立行為的差別增強(DRI) (C)增強其他行為的差別增強(DRO) (D)增強行為發生率的差別增強(DRL)

【屏東縣 107 國小暨幼兒園教甄，第 12 題】

（　　）32.特教班王生對於剛學會使用的溝通版頗好奇，每堂課總要按「老師，我有問題！」鍵超過 20 次，已嚴重影響教學進度，更對班中其他注意力專注度不佳同學形成顯著干擾…身為該班老師的您，最適合使用何種差別 性增強策略改善前述行為？ (A)相對立行為的差別增強(DRI) (B)增強替代行為的差別增強(DRA) (C)增強行為發生率的差別增強(DRL) (D)增強其他行為的差別增強(DRO)

【屏東縣 107國小暨幼兒園教甄，第13題】

（　　）33.請將下列增強物依「侵入或人為介入的程度」，由低至高排列： 1.以貼紙作為代幣 2.口頭稱讚 3.給予巧克力 4.從事一項活動中感受生理或心理的愉悅和滿足感 （A)3 1 2 4 (B)4 2 1 3 (C)2 4 1 3 (D)1 2 4 3

【屏東縣 107 國小暨幼兒園教甄，第 25 題】

（　　）34.對行為後果的操弄，下列哪一項使用是錯誤的？ (A)隨著學生的進步，調整增強的密度 (B)隨著學生的進展，逐步把原級增強替代為次級增強 (C)隨著學生的進展，調整等待增強物的時間 (D)隨著學生的進步，增加增強的次數

【屏東縣 107 國小暨幼兒園教甄，第 44 題】

（　）35.班級教師針對全班提供正向行為目標，並做全班增強系統，這樣措施在全校性的正向行為支持(PBS)是屬於哪一級的策略？ (A)第一級（初級） (B)第二級（次級） (C)第三級 (D)以上皆是

【屏東縣 107 國小暨幼兒園教甄，第 45 題】

（　）36.小林是國小資源班學生，無論是在早上或中午午休過後，都會有起不來的情況，所以希望能夠改變賴床習慣，他接受老師的建議採取了幾項改變賴床的前提事件：「甲、天天記錄自己起 床的時間。乙、起床後去叫別人起床，提醒自己不再回去睡。」這是哪一種建立期望行為之前提事件控制的策略？(A)安排建立期望行為的操作 (B)降低不受歡迎行為之可區別性刺激或暗示 (C)降低期望行為的反應難度 (D)安排可區辨的刺激或提示來引發期望行為

【桃園市 107 國小及學前特教-C，第 22 題】

（　）37.有關行為改變技術的策略，下列哪一方式是屬於消極增強的應用？ (A)忽視不適當爭取注意的行為 (B)在有好行為表現時，給予糖果 (C)抓住想離開座位學生，等其專心上課才放手 (D)斥責老師上課時說話的學生

【中區聯盟 107 國小教甄，第 16 題】

（　）38.當趙老師在特教班經營班級管理過程中，經評估後欲對王生的尖叫行為進行忽視法(Neglect)作為處理該行為的策略，而趙老師有已花了 兩星期進行介入，結果不但沒有讓尖叫行為減少反而使尖叫行為增加，此現象稱作什麼？ (A)消弱陡增 (B)自動恢復 (C)抗拒消弱 (D)刺激轉移

【中區聯盟 107 國小教甄，第 42 題】

（　）39.下列哪一項不是對情緒行為障礙學生必備的設備或措施？(A)行為契約 (B)情緒角落 (C)行為提示卡 (D)桌遊卡

【屏東縣 107 國小暨幼兒園教甄，第 38 題】

（　）40.下列何種實驗最適合「跨受試多基準線實驗設計」？ (A)以漸進提示法訓練三位智障生學騎單車的技能 (B)以忽視法減低學障生哭鬧行為 (C)以分化增強減少行為異常學生之不專注行為 (D)以反應代價法提升 ADHD 學生專注力

【中區聯盟 107 國小教甄，第 33 題】

（　）41.根據社會學習(或社會認知)論的觀點，認為一個人可能由於經歷行為的環境制約、增強、處罰和錯誤的認知，往往導致？ (A)自閉行為 (B)干擾行為 (C)攻擊行為 (D)焦慮行為

【臺北市 107 國小教甄，第 31 題】

（　）42.老師說：「小彥如果在這節課 40 分鐘內找同學講話，下節體育課就可以當隊長」，此屬於下面哪一類增強？ (A)區別性增強替代行為 (B)區別性增強其他行為 (C)區別性增強相容行為 (D)區別性增強不相容行為

【臺北市 107 國小教甄，第 35 題】

（　）43.普墨克原則(premack principle)的描述，下列哪一項是不正確？ (A)使用活動增強物 (B)使用次級增強物 (C)增強高頻率行為 (D)增強低頻率行為

【臺北市 107 國小教甄，第 47 題】

（　）44.下列哪一項對應用行為分析技術中提示（prompts）策略的敘述較為正確？(A)依據所需學習技能本身的難易度決定提示量的多寡 (B)均依據由多量到少量的原則 (C)需視學生個別的學習程度決定由少量到多量或由多量到少量的提示 (D)均依據由少量到多量的原則

【新北市 107 國小暨幼兒園教甄，第 39 題】

（　）45.程老師想以自我教導策略教導大虎刷洗洗手檯。下列哪一組是正確的教導步驟？ 甲、現在請你注意看老師的示範 乙、現在老師不說話，你自己小聲說並做同樣的動作 丙、現在在心裡默唸就好，你在心裡唸並做同樣的動作 丁、現在老師說什麼，你就做什麼，跟著老師的口令做動作 戊、現在老師會小聲說出該做的動作，你要大聲跟著老師說並做相同的動作 (A)甲→乙→丙→丁→戊 (B)丁→戊→乙→丙→甲 (C)甲→丁→戊→乙→丙 (D)丁→甲→戊→乙→丙

【新北市 107 國小暨幼兒園教甄，第 40 題】

（　）46.下列哪些做法較有助於促進身心障礙學生學習類化？甲、運用連續性增強方式 乙、在同一項模擬情境中安排很多次的練習 丙、在生活情境中進行隨機教學 丁、利用通例課程方案 (A)甲乙 (B)甲丙 (C)乙丁 (D)丙丁

【新北市 107 國小暨幼兒園教甄，第 43 題】

（　）47.為了能進行有效的問題行為分析，下列哪一選項較符合具體行為之敘述？ (A)小閩很好動且不聽話 (B)小美很愛大發脾氣 (C)莉莉咬她的手指 (D)小虎有自我刺激行為

【新北市 107 國小暨幼兒園教甄，第 60 題】

（　）48.關於反應代價(response cost)的敘述，下列何者為真？(A)屬於正懲罰(positive punishment) (B)屬於負增強 (negative reinforcement) (C)配合代幣方案(token economy)進行 (D)以上皆非

【桃園市 108 國小及學前特教-B，第 13 題】

（　）49.老師對資源班上課的學生說：「要努力完成學習單，未完 成者不能下課，須留下來繼續完成。」老師採行何種策略？ (A)區別性增強 (B)代幣制 (C)負增強 (D)過度矯正

【桃園市 108 國小及學前特教-B，第 42 題】

（　）50.有關「消弱」策略的描述，下列何者不正確？(A)適用於不具有傷害性、危險性與攻擊性的行為 (B)消弱初期，不適當行為的出現頻率和強度可能會增加 (C)當消弱期間原有的不適當行為型態改變，伴隨含攻擊行為的情緒行為，表示策略無效，應使用其他替代策略 (D)當行為問題的功能在引起注意時，消弱是有效策略

【臺北市 108 國中教甄，第 80 題】

（　）51.有關行為問題的處理策略，下列描述何者不正確？(A)教師給予矯正性回饋時，以平和而堅定的語氣態度，簡潔明確的告知 (B)反應阻擋（行為中斷）是指不適當行為開始出現時，立刻以最少的身體接觸介入，以中斷該行為反應的完成 (C)教師讚美和提示他人表現的正向行為必須是學生已具備的行為 (D)不適當行為造成環境損壞後，學生依要求恢復環境原狀，教師立即給予言語肯定

【臺北市 108 國中教甄，第 71 題】

（　）52.甲.消弱、乙.移除喜好刺激、丙.給予嫌惡刺激、丁.區別性增強，上述減少行為問題策略之選擇順序，以下何者最適當？(A)甲→乙→丙→丁 (B)乙→甲→丙→丁(C)丁→甲→乙→丙 (D)乙→丁→丙→甲

【臺北市 108 國中教甄，第 46 題】

（　）53.面對困難作業時，妃妃會出現「撞下巴」的行為，功能為逃避困難作業，此時特教班老師教導她「適當地拒絕語言或動作」。這是哪一種替代技能的應用？(A)逃避外在刺激 (B)取得外在刺激 (C)逃避內在刺激 (D)取得內在刺激

【臺北市 108 國中教甄，第 56 題】

（　）54.甲.重新安排環境、乙.將時間結構化、丙.重新指令、丁.提示正向行為、戊.實施活動前介入，上述常見的前事處理策略包括以下哪幾項？(A)甲乙丁戊 (B)甲乙丙戊 (C)甲乙戊 (D)甲丙戊

【臺北市 108 國中教甄，第 58 題】

（　）55.每次當小安主動幫助同學時，老師就會讓他當天的作業少寫一項，小安幫助同學的次數越來越多，請問老師的作法符 合下列哪一項原則呢？ (A)正增強 (B)正懲罰 (C)負增強 (D)負懲罰。

【臺南市 109 國小暨幼兒園教甄，第 3 題】

（　）56.老師想要改善阿中上課不斷問問題的情形，因為阿中的發問幾乎佔據了全班的討論時間。請問下列哪一個策略比較適合減少阿中過多的發問呢？ (A)區別性增強其他行為 (B)區別性增強不相容行為 (C)區別性增強替代行為 (D)區別性增強低頻率行為。

【臺南市 109 國小暨幼兒園教甄，第 5 題】

（　）57.老師向全班宣布：「如果這一節課全班的不專注的次數少於十次，那就讓大家提早 15 分鐘去上體育課」，請問老師應用了哪個策略來管理學生的行為？(A)互賴型團體後效 (B)獨立型團體後效 (C)依賴型團體後效 (D)非後效團體增強。

【臺南市 109 國小暨幼兒園教甄，第 6 題】

（　）58.下列哪一個例子是應用普馬克(Premack)原理呢？(A)如果你看了 30 分鐘卡通，你就要完成 3 張的數學考卷 (B)如果你想要吃冰淇淋，你要得到第一名 (C)如果你先玩桌遊，你就不能吃蛋糕 (D)如果你六點前完成功課，你就可以玩 30 分鐘的電腦。

【臺南市 109 國小暨幼兒園教甄，第 7 題】

（　）59.資源班教師進入普通班觀察小明在數學課的行為，小明知道資源班教師是來觀察他的表現，那一節課他沒有出現任何行為問題。請問這在描述甚麼現象呢？ (A)反應性(Reactivity) (B)觀察者飄移(Observer drift) (C)行為的複雜性(Behavior complexity) (D)觀察者期望效應(Expectancy)。

【臺南市 109 國小暨幼兒園教甄，第 11 題】

（　）60.「每當要寫數學習作時，胖虎就會丟鉛筆、嘴巴喃喃自語，接著班級導師就請胖虎到學務處去」。這樣的循環次數不 斷地在增加。請你以特教老師的專業，向導師說明其處理方式對於胖虎丟鉛筆、嘴巴喃喃自語的行為問題而言是符合 下列哪一個行為處理原則？ (A)正增強 (B)負增強 (C)正懲罰 (D)負懲罰。

【臺南市 109 國小暨幼兒園教甄，第 16 題】

（　）61.社會技巧訓練、放鬆訓練、訂立契約、專注力訓練等策略，都屬於何種層面的行為介入策略？(A)前事控制策略 (B)行為教導策略 (C)後果處理策略 (D)生態環境改善策略。

【臺南市 109 國小暨幼兒園教甄，第 21 題】

（　）62.小如是智能障礙的學生，說話時常不自覺地放大音量，老師每週二上午安排圖書館閱讀時間，小如在圖書館說話很大聲時，老師會提醒小如:「在圖書館說話要小聲」。小如每次到圖書館會說:「在圖

書館，說話要小聲、也會比出噓噓的 動作提醒自己」;有時候小如也會說:「我說話要小小聲」。下列哪一項是老師所使用的策略？(A)行為控制 (B)逐步養成 (C)自我引導 (D)提示。

【臺南市 109 國小暨幼兒園教甄，第 37 題】

( )63.當一群情緒不穩學生即將發生群毆之時，教師立即用更大敲擊聲(丟擲鉛水桶於地上，以阻止暴力行為發生，請問該師應用何種策略？ (A)前事控制策略 (B)認知中介策略 (C)後果處理策略 (D)行為介入策略。

【臺南市 109 國小暨幼兒園教甄，第 83 題】

( )64.「減敏感法」最適用於下列哪一種情況？(A)改善自閉症學生的感覺過度敏銳問題 (B)改善有暴力行為學生的情緒問題 (C)改善腦性麻痺學生的四肢張力過大問題 (D)改善癲癇患者腦部放電失控的問題

【中區聯盟 109 國小教甄，第 11 題】

( )65.有關「自然增強」，下列哪一項敘述為真？(A)藉具增強性質的「自然結果」而發生(B)目標是建立功能等值替代行為 (C)最適用的領域是生活技能領域 (D)最適用於有特殊需求的學生

【中區聯盟 109 國小教甄，第 13 題】

( )66.關於「社會學習論」(social learning theory)，下列敘述何者是錯誤的？(A)皮亞傑(Piaget)所提出 (B)強調觀察學習 (C)藉觀察與模仿而增進社會能力 (D)源於行為學派

【中區聯盟 109 國小教甄，第 14 題】

( )67.資源班簡老師在上課時，將教學投影片的重點以紅字標示，並請學生將紅字的關鍵字抄在學習單上。請問這是哪一種教學提示策略的運用？(A)刺激內提示(B)刺激外提示(C)感統提示(D)口語提示

【中區聯盟 109 國小教甄，第 19 題】

( )68.梁老師正在為他服務的學生草擬下一學年度的 IEP 目標，這些學生通常需要老師提供的反應提示才能達到較為困難的目標，請幫助梁老師把下列反應提示方式按照「提示量」從最多到最少的順序排列，正確的順序為何？ ①視覺提示 ②身體提示 ③言語提示 ④示範動作 (A)④③②① (B)③④①② (C)②④①③ (D)①②④③

【中區聯盟 109 國小教甄，第 45 題】

( )69.以下有關自我管理策略的描述，哪一些是正確的？ ①小岬在考試時對自己說出以下的話語:「再檢查一次，確保考卷上每一個問題都回答了。」小岬使用的是自我教導策略 ②小以每次聽到 CD

上的鈴聲，就會自己在表格上畫出笑臉(現在有專心)或哭臉(現在沒專心)，小以使用的是自我增強策略 ③小炳決定要改善自己起身離座的行為，每節課離開座位不可以超過兩次，小炳使用的是設定目標策略 ④小叮和自己約定只要每次完成 10 題數學練習題就能夠有十分鐘的遊戲時間，小叮使用的是自我提示策略 (A)①③ (B)①④ (C)①③④ (D)②③④

【中區聯盟 109 國小教甄，第 47 題】

（　）70.下列哪一項不是運用褪除的原理所設計的教學提示？(A)英文字母書寫的示範字從虛線轉變為實線 (B)延宕數學解題策略之圖片提示呈現的時間 (C)職業技能的操作，從動作示範提示轉變為口頭提示 (D)社會技能的實務演練，從人為提示轉變為自然提示

【中區聯盟 109 國中教甄，第 9 題】

（　）71.教導學生建立新的行為的過程中，比較適合運用哪一種增強策略？(A)間歇增強 (B)立即增強 (C)延宕增強 (D)不定時增強

【中區聯盟 109 國中教甄，第 17 題】

（　）72.順風是位重度智能障礙學生，他好不容易學會擦桌子，姚老師希望這個技能可以繼續維持與保留下來，請問下列哪一種策略的使用最能幫助他繼續保持這個技能？(A)提供間歇性的增強 (B)提供不同的情境讓他練習 (C)提供立即的增強 (D)提供不同的增強物

【中區聯盟 109 國中教甄，第 32 題】

（　）73.特教班的大熊在上課時，如果遇到不想做或不會做的學習任務，就會出現敲桌子的干擾行為。教師處理該行為時，哪一項是屬於後果處理策略的運用？(A)調整座位以便老師隨時指導其學習 (B)降低教材的難度 (C)實施消弱的措施 (D)事先安排助理人員協助他完成學習任務

【中區聯盟 109 國中教甄，第 35 題】

（　）74.下列何者屬於行為的操作型定義（operational definition）的敘述？ (A)小朱在上音樂課時會特別興奮 (B)小馬特別喜歡在上數學課時說髒話 (C)小楊在座位上坐超過五分鐘 (D)小侯在上美術課的前三分鐘內會尖叫五次

【中區聯盟 109 國中教甄，第 37 題】

（　）75.「為維護教學環境的安全，教師在職業教育教室的地板上張貼不同顏色膠帶，以指引實務操作活動的動線」，請問這是哪一種教學提示策略的運用？(A)姿態提示 (B)示範提示 (C)視覺提示 (D)動作提示

【中區聯盟 109 國中教甄，第 38 題】

（　）76.以下哪一種教學的提示線索最多？ (A)小香看著「拖地步驟檢核表」，每完成一個步驟打勾，最後完成拖地工作了 (B)老師口語提示拖地的每一個步驟，小香在老師的提示下拖地 (C)老師每示範一個拖地的步驟，小香就跟著做 (D)小香看著老師拖地的圖卡，依據圖卡的順序拖地

【臺北市 109 國中教甄，第 99 題】

（　）77.有關「暫時隔離」(time-out)策略的運用原則，下列敘述何者錯誤？ (A)應在行為問題發生後立即使用 (B)隔離的環境必須相當無趣 (C)隔離過程應提供社會互動 (D)應事先讓學生明瞭隔離的規則

【臺北市 109 國中教甄，第 57 題】

（　）78.有關行為介入策略「彈性忽略」的應用要領，下列敘述何者錯誤？ (A)適用於主要目的在尋求教師注意的行為 (B)在忽略學生行為時，教師不可講話但須維持眼神的接觸 (C)應該只有在正增強技巧也同時使用的狀況下使用 (D)此方法應該偶一為之，並伴隨大量的正向互動點綴其中

【臺北市 109 國中教甄，第 60 題】

（　）79.老師想要利用增強時制（schedule of reinforcement）強化特教學校學生在生活自理能力的 類化效果，下列哪一種做法最有可能成功？ (A)每次完成都給增強 (B)完全不給予增強 (C)固定放學前給增強 (D)不定時給予增強

【新北市 109 國小暨幼兒園教甄，第 36 題】

（　）80.下列哪一個作法屬於「提示褪除」？ (A)從肢體提示到口語提示 (B)選擇反例的差異由大變小 (C)將課文重點以螢光筆標記 (D)圖片提示由大變小

【新北市 109 國小暨幼兒園教甄，第 58 題】

（　）81.「那位賣蝦仁羹的歐巴桑的叫賣聲恐怕是最平板無奇的，但還沒看到她就拿著大碗小碗衝出來的大人小孩，每天不知凡幾。她的蝦仁羹，據『羹學界』人士表示，是確實『料好、實在、台灣第一』的。」(節錄自陳黎‧聲音鐘)若欲用操作制約(operant conditioning)解釋前述作者觀察到的現象，何者正確？(A)叫賣聲是次級增強物 (secondary reinforcer) (B)負增強：太晚衝出來→買不到蝦仁羹的 (C)正增強：立即衝出來→買到蝦仁羹 (D)以上皆正確

【新北市109國中教甄，第6題】

（　）82.在執行「行為鍊中斷法(interrupted chains)」時，下列觀點何者錯誤？(A)訓練目標在誘發學生出現主動性反應 (B)教學者會故意打斷學習者的例行性作息以引發挫折 (C)引發的挫折愈大，學習效果愈佳 (D)若學生5秒內未出現目標反應，應立即給予提示

【新北市109國中教甄，第50題】

（　）83.技安是一個 ADHD 學生，有過動衝動的問題，但是目前未穩定服藥，上課時當老師說到電視明星開演唱會的話題，他就會不舉手發言，而且內容也與課堂內容無關。每次他說完，同學就會哄堂大笑，他也會笑，老師必須要立即制止他，否則全班會鼓譟不安，無法安靜下來。根據上述的觀察紀錄，下列的分析何者錯誤？ (A)未穩定服藥是近前事事件 (B)同學哄堂大笑是環境反應 (C)不舉手發言的行為與內容是行為問題 (D)過動衝動是遠前事事件

【桃園市 109 國小及學前特教-B，第 26 題】

（　）84.小禮如果 15 分鐘內沒有說髒話，特教班老師就給她 1 張貼紙，第 30、45 分鐘分別可以得到 2 張和 3 張貼紙；但是如果小禮說髒話，不但這 15 分鐘得不到貼紙，下個 15 分鐘就算沒有說髒話也只能得到 1 張貼紙，重新開始循 環。這是哪一種增加正向行為的策略？ (A)負增強-累進增強時間表 (B)區別性增強高頻率的行為-累進增強時間表 (C)區別性增強不相容行為-累進增強時間表 (D)區別性增強其它行為-累進增強時間表

【桃園市 109 國小及學前特教-B，第 27 題】

（　）85.資源班吳老師想要運用操作制約理論來改善學習障礙學生拖延作業的問題，請問下列用法何者正確？ (A)選在中午 12 點下課鈴聲響起前，要求學生寫作業，讓 學生後來聽到下課鈴聲也會想要寫作業 (B)利用學生想要吃午餐之前，拿出作業，寫完之後，才 可以吃午餐 (C)先撥放學生喜歡的音樂，再呈現作業要求，讓學生寫 作業時，也可以聯想到喜歡的音樂 (D)引導學生先分析準時寫作業與拖延的後果，再製造機會讓學生可以準時交作業，以獲得後果

【桃園市 109 國小及學前特教-B，第 29 題】

（　）86.郭老師在桌子表面鋪上一層毯子，以減少特教班學生轉動餐盤所製造的聲響。這是哪一種反應中斷策略之應用？(A)刺激轉換 (B)感覺消弱 (C)刺激厭膩 (D)感覺改變

【桃園市 109 國小及學前特教-B，第 40 題】

（　）87.鍾老師為班上情緒行為障礙學生設計一份行為契約，契約制度將使用不固定/變動比率 20 (variable ratio, VR20)來 提供增強物，

下列何種做法是正確的？ (A)每集到 20 點，就可以兌換增強物 (B)平均 20 天，就可以獲得增強物 (C)觀察到了第 20 秒，就可以記錄以兌換增強物 (D)平均累積 20 點，就可以獲得增強物

【桃園市 109 國小及學前特教-B，第 47 題】

（　）88.小恩是中度智能障礙學生，與同儕相處時有社會技巧缺陷，常常靜靜的聽別人聊天而鮮少加入話題聊天，曾老師觀察小恩其實會開啟話題，也會延續話題，只是加入同儕聊天話題的意願不高。曾老師可以採用下列何種教學策略來提升小恩加入話題的意願?(A)後果操弄 (B)角色扮演 (C)影片示範 (D)前事演練

【新竹市 109 國中教甄，第 9 題】

（　）89.教師告訴學生：「教室是不是很熱？」屬於哪一種提示策略？ (A)身體提示 (B)手勢提示 (C)直接口語提示 (D)間接口語提示

【臺北市 110 國小教甄，第 42 題】

（　）90.陳老師教重度智能障礙學生穿褲子。他先以示範方式(1)以雙手拿起褲子(2)將褲子拿近學生腳旁(3)將右腳伸入右 邊的褲腳裡(4)再將左腳伸入右邊的褲腳裡，只留最後一個步驟讓學生自己(5)把褲頭往上拉至腰部。等學生精熟這 最後的步驟後，則進行第四和第五個步驟之教學，讓學生將第四和第五個步驟串聯起來做。如此類推，直到完成所 有步驟。李老師運用了下面一種策略？ (A)分項連鎖 (B)完全連鎖 (C)正向連鎖 (D)反向連鎖

【臺北市 110 國小教甄，第 44 題】

（　）91.「你以前的頭髮很亂，看起來沒有精神；今天的髮型很清爽，看起來很有活力。」上述說法屬於哪種「斥責不良行為」的表達方式？ (A)雙重責備 (B)先責備後忽視 (C)先責備後肯定(D)先肯定後獎賞

【中區聯盟 111 國中教甄，第 3 題】

（　）92.在暫時隔離法(time-out)中進行隔離室介入時有所謂「雙十原則」，下列敘述何者為真？ (A)當目標行為發生時，指示語不超過十字或在十秒內送入隔離室 (B)隔離室為十平方公尺，隔離時間為十分鐘 (C)年齡不超過十歲，每歲以十分鐘為原則 (D)隔離室距離教室不超過十公尺，每週隔離不超過十次

【中區聯盟 111 國中教甄，第 4 題】

（　）93.小明是一位情緒行為學生，上課時會故意用手敲桌子以引起老師對他的注意。經老師多次觀察之後，每次制止他的行為就會延宕他的教學流程。此時老師應該選擇何種處理策略較佳？ (A)忽視策略(B)斥責策略(C)過度矯正策略(D)生理回饋策略

【中區聯盟 111 國中教甄，第 5 題】
(　　)94.下列哪一種斥責表達方式具備「斥責不良行為並提出理由及應取代的良好行為」？　(A)雖然過去都會舉手發問，但是這次卻沒有，不過老師還是肯定你的表現(B)不過是個小缺點，但是有改進了，雖然時間隔的有點久(C)有時免不了犯錯，但是稍加改進也就可以了，不過同學們會原諒你的過錯(D)怎麼可以隨便說話，沒有舉手就是不對，記得要先舉手經老師同意就沒問題了

【中區聯盟 111 國中教甄，第 6 題】
(　　)95.小昱是國小六年級自閉症學生，有社交上的缺陷，只要教學環境從教室內轉換到室外時，就會大吵大鬧，下面哪一個作法對小昱較為適當？　甲、請同學角色扮演，讓小昱帶領大家到達操場上體育課　乙、把當日課表貼在桌上，讓小昱知道課程的進度　丙、請同學口頭提醒小昱今天有體育課活動　丁、把時鐘放在小昱桌上，知道上課時間(A)甲　(B)乙　(C)丙　(D)丁

【中區聯盟 111 國中教甄，第 11 題】
(　　)96.晴晴上課時不斷和鄰座同學說話，嚴重干擾老師上課。特教教師想利用A-B-C分析法了解晴晴的干擾行為。下列哪一項是屬於「A」的部分？　(A)干擾行為的定義及目標(B)同儕關係及教室座位安排(C)干擾行為出現的頻率或持續時間(D)該生出現干擾行為時老師的反應

【中區聯盟 111 國中教甄，第 36 題】
(　　)97.「彈性忽略」是常用行為處理策略，有關其運用原則，下列敘述何者正確？　(A)此策略宜合併正增強技巧同時使用　(B)較適用於行為功能係為逃避外在刺激時　(C)教師在忽略時不可講話但應與學生有眼神接觸　(D)此方法應經常使用並避免大量的正向互動

【臺北市 111 國小教甄，第 19 題】
(　　)98.老師對小鋼進行標的行為觀察時，發現小鋼在氣憤而攻擊同儕前，會出現握拳、眼睛瞪人的動作和表情，這些動作和表情屬於行為分析中何種層面的因素？　(A)先兆　(B) 立即前事　(C) 遙遠前事(D)行為後果

【臺北市 111 國小教甄，第 41 題】
(　　)99.特教老師使用 ABC 行為分析身心障礙學生行為動機時，下列何種行為動機較偏向感官刺激行為？　(A)當你不注意他時，他會出現這個行為　(B)即使周圍沒人在，他也會出現這個行為　(C)當他遇到困難的工作時，他會出現這個行為　(D)當他得不到他想要的事物時，他會出現這個行為

【臺北市 111 國小教甄，第 46 題】

（　　）100.莊老師為了提高學生完成功課的動機，設計增強制度，如果學生能確實完成功課 5 次，就 能抽 1 次彩蛋，裡面有獎品但也有可能沒有獎品。請問莊老師是使用增強作用中的哪種增 強策略？ (A)定時增強 (B)變時增強 (C)定率增強 (D)變率增強

【新北市 111 國小暨幼兒園教甄，第 24 題】

（　　）101.小光因為生氣而推倒了自己桌上的所有物品，吳老師便請小光撿起地板上的東西，並把弄倒的物品恢復原狀，同時又要求小光將班上所有同學桌上的物品排整齊，請問吳老師運用到何種後果處理策略？ (A)過度矯正策略 (B)回歸原狀策略 (C)反應代價策略 (D)消弱策略

【新北市 111 國小暨幼兒園教甄，第 47 題】

（　　）102.「每當要寫國語練習字時，小花就會開始騷擾其他同學、亂丟 東西，接著班級導師就請她到外面罰站」，這樣的循環次數不斷的增加。請問導師這樣的處理方式是屬於下列哪一個原則？ (A)正增強 (B)負增強 (C)正懲罰 (D)負懲罰

【桃園市 111 國小教甄- B，第 39 題】

【行正向行為介入與支持】

（　　）103.處理身心障礙學生問題行為的行為支持計畫，下列哪一項屬於前事控制策略？ (A)區別性增強其他行為(DRO) (B)隔離 (C)調整教學分組 (D)自我管理訓練

【中區聯盟 105 國小教甄，第 12 題】

（　　）104.有關身心障礙學生問題行為的功能評量，可運用下列何種方式實施直接評量？ (A) 行為動機評量表 (B) 軼事紀錄報告分析 (C) 問題行為問卷 (D) 功能評量晤談

【中區聯盟 105 國小教甄，第 13 題】

（　　）105.有關正向行為支持的敘述下列何者有誤？ (A)目的在提升學生的適當行為表現以取代行為問題 (B)由特殊教育教師擬訂再由團隊共同執行介入方案 (C)介入分為前事、行為教導、後果等策略 (D)應以功能評量結果為基礎擬定介入策略

【桃園市 105 國小及學前特教-C，第 3 題】

（　　）106.功能性行為評量(functional behavior assessment, FBA)會涉及到幾項步驟，這些步驟的順序如何排列？ 甲：詳述行為發生的情境。 乙：確認問題行為。 丙：檢視評量資料。 丁：基於所蒐集的

資料，形成有關行為功能的假設。 戊：使用面談、評定量表、觀察、瀏覽發生紀錄和其他技術，蒐集有關行為的資料。 (A)乙→甲→戊→丁→丙 (B)甲→乙→戊→丙→丁 (C)乙→甲→戊→丙→丁 (D)乙→甲→戊→丁→丙

【臺北市 105 國小教甄，第 31 題】

（ ）107.老師發現某自閉症學生大聲尖叫係為了逃避噪音的外在刺激，請問此一分析屬於行為的何種面向？ (A)行為後果 (B)行為功能 (C)行為目標 (D)行為頻率

【臺北市 105 國小教甄，第 37 題】

（ ）108.若某學生出現問題行為係為了引起老師和同儕的注意，下列何者較可能是此一行為的功能？ (A)獲得內在刺激 (B)逃避內在刺激 (C)獲得外在刺激 (D)逃避外在刺激

【臺北市 106 國小教甄，第 32 題】

（ ）109.正向行為支持的模式 ABC 分析是指行為的：(A)觀察、訪談、評估 (B)觀察、評量、記錄 (C)前事、行為、後果 (D)平靜、激躁、平復

【臺北市 106 國小教甄，第 33 題】

（ ）110.王中明是五年級情緒障礙學生，有注意力缺陷、過動、衝動現象。張老師觀察到他去美術教室上課時常忘記帶紙張、色筆、顏料等文具，為避免他屢次回去拿文具回來時干擾他人，引發不愉快，進而導致與他人發生衝突行為，因此張 老師教導他在上課前先列必需品清單提醒帶東西，這種策略稱為：(A)正向行為介入計畫 (B)個別化指導計畫 (C)個別化增強計畫 (D)個別化教學評估計畫

【臺北市 106 國小教甄，第 34 題】

（ ）111.下列何者對「正向行為支持(positive behavior support)」 的描述有誤？ (A)藉由系統化方法重新設計個體的生活環境 (B)強調瞭解問題背後原因，以設計廣泛性的介入方案 (C)強調客觀及系統介入行為問題的方法，其方式源自於 實驗室研究結果 (D)目標在提升個體生活品質及減少行為問題

【桃園市 106 國小及學前特教-C，第 10 題】

（ ）112.關於行為功能的類別階層，下列描述何者正確？ (A)個體使用自己的方式獲得實體增強物，此種行為的功能稱為「負增強直接獲得實際 物品」 (B)個案過去曾出現此行為便可以逃避環境的嫌惡刺激，因而習得該行為,此種行為的功能稱為「負增強社會中介逃避」 (C)透過他人逃避環境的嫌惡刺激，稱為「負增強直接逃避」 (D)行為

本身就可以產生增強作用，稱為「獲得內在增強或逃避內在不舒服」

【新北市 107 國小暨幼兒園教甄，第 23 題】

（　）113.小虎一遇到困難的學習單時就出現大聲尖叫並咬手的行為，於是教師每次在新的學習單 出現時先給予示範，並且將困難的內容拆解成簡單小步驟等方式解決此問題。這是哪一種行為處理的策略？(A)改變學習環境條件 (B)操作行為前事事件 (C)改變學生個體條件 (D)操作行為後果事件

【新北市 107 國小暨幼兒園教甄，第 41 題】

（　）114.某特教班教師針對特定學生的叫罵、破壞物品及打人等攻擊性行為，實施下列行為改變的過程，這位教師最可能使用哪一種行為處理的方法？(A)正向行為支持 (B)問題解決訓練 (C)行為教導策略 (D)功能性評量

【臺北市 108 國中教甄，第 57 題】

（　）115.下列哪一項是正向行為支持計畫的行為教導策略？ (A)社會技能訓練 (B)調整時間 (C)調整座位 (D)區別性增強其他行為

【桃園市 108 國小及學前特教-B，第 40 題】

（　）116.有關行為功能介入方案「標的行為」的界定，下列何者較恰當？(A)學生難以遵守團體規範 (B)學生上課任意離開座位(C)上課不準時進教室 (D)學生段考時遇到不會寫的題目，衝出教室

【臺北市 108 國中教甄，第 48 題】

（　）117.鄭教師針對特教班學生亂發脾氣、打人等攻擊性行為，實施下列行為改變的過程。她最可能使用哪一種行為處理的方法？(A)行為教導策略 (B)正向行為支持 (C)功能性評量 (D)刺激控制

【桃園市 109 國小及學前特教-B，第 3 題】

（　）118.小強會以「抓阿英頭髮」的行為來取得她的注意。特教班老師教導小強「適當的人際互動行為」。這是哪一種替代技能的應用？(A)逃避外在刺激 (B)取得內在刺激 (C)取得外在刺激 (D)逃避內在刺激

【桃園市 109 國小及學前特教-B，第 4 題】

（119-120題）情境描述：

小正為國中特教班自閉症學生，每次上團體課時，他就會毆打其他同學，直到他被帶離教室為止；請試著運用行為功能評量(functional behavioral assessment)的觀點來回答下列問題。

（　）119.若小正的老師嘗試用A-B-C敘述分析法(A-B-C descriptive analysis method)記錄其行為；請問A部分(立即前事)應填入下列何訊息？【甲】：小正的自閉症特質【乙】：小正的醫療史與用藥情況【丙】：毆打行為發生前的教室情境【丁】：小正毆打同學的次數(A)甲乙丙丁 (B)甲乙丙 (C)乙丙 (D)丙

【新北市109國中教甄，第19題】

（　）120.若小正的老師發現「降低課程內容難度」為一效果頗佳的「前事正向行為策略」，可直接消除該問題行為；請問小正的行為功能最有可能是下列何者？(A)逃脫 (B)獲得注意 (C)獲得感官刺激 (D)以上皆是

【新北市109國中教甄，第20題】

（　）121.小志是一位情緒障礙學生，教師在他的行為功能介入方案中，訂有「改變班上同儕對小志的排擠態度，營造支持性的班級氣氛」的策略，請問這是屬於正向行為支持的哪一個介入面向？(A)前事控制 (B)生態環境改善 (C)行為教導 (D)後果處理

【新北市 109 國小暨幼兒園教甄，第 37 題】

（　）122.上課時，小紀會因要引起老師的注意而製造聲響影響上課，如果要採用「後果處理策略」你會建議班級老師採用以下何種處理方式？(A)忽略小紀的行為 (B)隔離到教室後面 (C)增加叫小紀回答問題的次數 (D)教導小紀主動舉手回答問題

【新北市 109 國小暨幼兒園教甄，第 31 題】

（　）123.某位身心障礙學生的行為目的是為了想參與特定的活動、引起老師注意或得到喜 愛的物品等，請問這些目的較屬於何種行為功能？ (A)獲得外在刺激 (B)逃避外在刺激 (C)獲得內在刺激 (D)逃避內在刺激

【臺北市 109 國中教甄，第 91 題】

（　）124.某教師進行功能性評量時，發現個案在標的行為發生前，總會出現自言自語地來 回踱步。請問此一舉動屬於行為脈絡中的何者？ (A)情境 (B)先兆 (C)結果 (D)立即前事

【臺北市 109 國中教甄，第 58 題】

( )125.訂定行為功能介入方案時，下列語句何者屬於「標的行為」？(A)舉手並經老師同意後再發言 (B)與同儕衝突時能暫 離現場使自己冷靜 (C)課堂中未經同意即擅自離座游走 (D)以上皆是

【臺北市 109 國小教甄，第 24 題】

( ) 126.王老師針對小安用手強力拍打臉或頭的行為進行行為功能評量，在統整連續 10 天的直接觀察紀錄後，王老師分析其行為問題如下表，試問小安行為問題最有可能的功能為何？(A)獲得社會關注 (B)獲得自動增強 (C)逃避要求 (D)逃避社會關注

情境/活動	立即前事	標的行為	事後結果	學生反應
學習活動	教師口語指令伴隨手勢提示	手拍打臉或頭	教師安撫並帶到一旁冷靜	停止拍打臉或頭

【中區聯盟 109 國中教甄，第 34 題】

( ) 127.進行全班性的正向行為支持計畫時，下列哪一個不是同儕媒介（peer mediation）會採用的策略？ (A)角色扮演 (B)合作學習 (C)同儕指導 (D)直接教學

【中區聯盟 109 國中教甄，第 36 題】

( ) 128.特教班的小彤不喜歡掃地，一到清掃時間他就發脾氣、把櫃子裡的掃除用具推倒，老師每每受不了他的吵鬧行為就讓他坐在老師的座 位上畫圖，請問小彤的「行為功能」以及「維持的事後結果」最可能為何？ (A)獲得感官刺激，增加未來吵鬧行為的發生率 (B)逃避注意，降低未來吵鬧行為的發生率 (C)逃避工作，增加未來吵鬧行為的發生率 (D)逃避感官刺激，降低未來吵鬧行為的發生率

【中區聯盟 109 國小教甄，第 38 題】

( )129.「正向行為支持」與下列哪項較無關？ (A)行為改變技術 (B)應用行為分析 (C)生態評量 (D)功能評量

【中區聯盟 109 國小教甄，第 6 題】

( ) 130.小瑛為國小三年級的身心障礙學生，閱讀流暢度低。每當老師請小瑛閱讀課文時，小瑛會咒罵老師或同學，嚴重干擾課堂進行，老師只好請她到輔導室冷靜。探究其咒罵的行為是要逃避閱讀課文。如果你是小瑛的資源班教師，依照互競行為模式(competing behavior pathway)，優先順序上要先教導小瑛甚麼行為才能符合其行為問題的功能呢？ (A)到輔導室冷靜 (B)表達需要休息 (C)增加其閱讀速度 (D)咒罵後快速冷靜。

【臺南市 109 國小暨幼兒園教甄，第 9 題】

（　）131.全校性正向行為支持(School-wide positive behavior support)、多層級支持系統(Multi-tier system of supports)、介入反應 模式(Response to intervention)這三個語詞的共同要素不包含下列哪一項？(A)依學生的需求給予相對應的支持 (B)專業團隊的重要性 (C)及早介入的重要性 (D)依證據做決策。

【臺南市 109 國小暨幼兒園教甄，第 12 題】

（　）132.功能性評量的三大要素為何？ 甲、行為 乙、前因 丙、情境 丁、後果 (A)甲乙丙 (B)乙丙丁 (C)甲乙丁 (D)甲丙丁。

【臺南市 109 國小暨幼兒園教甄，第 25 題】

（　）133.重度智能障礙的欣欣缺乏口語能力，最近上課時經常出現拉扯自己的頭髮、突然尖叫等行為，然而這些行為在體育課時卻較少發生。下列何種方式最能幫助老師判斷欣欣行為的原因？(A)事件觀察記錄 (B)生態評估 (C)行為功能分析 (D)李克式量表

【臺南市 109 國小暨幼兒園教甄，第 100 題】

（　）134.某 4 歲的注意力缺陷過動症幼兒，經常出現與同儕言語衝突，甚或動手打人的攻擊行為，教師欲了解該生行為問題的動機和介入策略，適合採用何種評量方法？(A)生態評量 (B)檔案評量 (C)功能評量 (D)動態評量。

【臺南市 109 國小暨幼兒園教甄，第 33 題】

（　）135.當學生在課堂上，一遇到書寫類型的作業，便會出現拍打自己的頭部等自傷行為，請問在行為問題發生前，下列哪些方式較為合適？ 甲、暫時減少書寫作業的量 乙、變換作業完成的方式，如改為黏貼式的作業 丙、將頭部套上保護帽,降低對頭部的自我刺激 丁、在手部套上沙包,增加反應耗力 戊、將寫字作業穿插在學生覺得較容易的作業中 (A)甲乙丙 (B)乙丙丁 (C)甲丁戊 (D)甲乙戊

【新北市 111 國小暨幼兒園教甄，第 28 題】

（　）136.小光每次遇到困難的作業時，就出現以用手打頭的自傷行為，因此陳老師給予作業時，先 提示步驟及重點、降低作業難度，請問陳老師採取正向行為支持中的哪一種策略？(A)行為前事控制 (B)行為教導策略 (C)行為後果處理 (D)行為等值代價

【新北市 111 國小暨幼兒園教甄，第 23 題】

【參考答案】

1	2	3	4	5	6	7	8	9	10	11	12
A	C	D	A	B	A	A	A	B	C	B	C
13	14	15	16	17	18	19	20	21	22	23	24
C	C	B	D	A	C	D	B	A	C	D	B
25	26	27	28	29	30	31	32	33	34	35	36
D	C	B	A	A	C	C	C	B	D	A	A
37	38	39	40	41	42	43	44	45	46	47	48
C	A	D	A	C	A	C	C	C	D	C	C
49	50	51	52	53	54	55	56	57	58	59	60
C	C	D	C	A	C	C	D	A	D	A	B

61	62	63	64	65	66	67	68	69	70	71	72
B	C	A	A	A	A	A	C	A	B	B	A
73	74	75	76	77	78	79	80	81	82	83	84
C	D	C	C	C	B	D	A	C	C	A	D
85	86	87	88	89	90	91	92	93	94	95	96
D	B	C	A	D	D	C	A	A	D	B	B
97	98	99	100	101	102	103	104	105	106	107	108
A	A	B	D	A	B	C	B	B	C	B	C
109	110	111	112	113	114	115	116	117	118	119	120
C	A	C	D	B	A	A	D	B	C	D	A

121	122	123	124	125	126	127	128	129	130	131	132
B	B	A	B	C	C	D	C	C	B	B	C
133	134	135	136								
C	C	D	A								

第十章 ICF 與 DSM-5

壹、ICF

一、緣起

　　「國際健康功能與身心障礙分類系統」(International Classification of Functioning, Disability & Health, ICF)的簡稱，是由聯合國「世界衛生組織」(World Health Organization, WHO)於 2001 年正式發表。ICF 重新看待「身心障礙」的定義，不僅將身心障礙侷限於個人的疾病及損傷，同時須納入環境因素與障礙後的影響，使服務提供者能更可貼近身心障礙者的需求 (https://zh.wikipedia.org)。

　　ICF 分類系統補充了世界衛生組織的「國際疾病與相關健康問題統計分類第十版」(ICD-10)的不足，因為 ICD 中只包含了疾病診斷與健康條件的資訊，卻沒有功能性狀態的描述。依據《身心障礙者權益保障法》規定，身心障礙分類系統改變，由原本 16 類障礙類別轉換為 ICF 的 8 大身心功能障礙類別。鑑定報告由醫師改為依據醫事、社工、特教、職評等人員籌組專業團隊，實施身心障礙鑑定及需求評估新制，以核發身心障礙證明，來提供所需的福利及服務。

二、ICF 的分類

　　ICF 是分類系統，而非評估系統，在 ICF 架構中，「功能限制」是極具關鍵性的概念，也是整個模型的重點。功能限制分為工作、家庭角色與自我照顧三面向，障礙概念則涵蓋在身體系統、功能活動與參與三個主要領域中。ICF 分類主要由「身體功能(body functioning)」、「身體構造(body structure)」、「活動與參與(activity and participation)」、「環境因素(environment factor)與個人因素(personal factor)」等四項身體功能障礙類別所組成，如表 10-1：

表 10-1　ICF 分類的組成概念

障礙類別	定義	代碼	代碼對應表
身體功能	身體系統的生理、心理功能。	**b**	b1 心智功能 b2 感覺功能與疼痛 b3 發聲與言語功能 b4 心血管、血液、免疫與呼吸系統功能 b5 消化、代謝與內分泌系統功能 b6 泌尿生殖與生殖功能 b7 神經肌肉骨骼與動作有關的功能 b8 皮膚與有關構造功能
身體構造	身體的解剖部位,如:肢體、器官組織和其組成單位。	**s**	s1 神經系統構造 s2 眼、耳與有關構造 s3 涉及發聲與言語的構造 s4 心血管、免疫與呼吸系統構造 s5 消化、代謝與內分泌系統有關構造 s6 泌尿生殖與生殖有關構造 s7 動作有關構造 s8 皮膚與有關構造
活動與參與	活動是指可由單獨的個人執行之工作或任務;參與是指存在有兩人以上的生活情境之參與。	**d**	d1 學習與應用知識 d2 一般任務與需求 d3 溝通 d4 行動 d5 自我照護 d6 居家生活 d7 人際互動及關係 d8 主要生活領域 d9 社區、社交、公民生活
環境因素與個人因素	與人們日常生活和居住相關之自然、社會和態度的環境。	**e**	e1 產品與科技 e2 自然環境與人為環境 e3 支持與關係 e4 態度 e5 服務、制度與政策

三、ICF 新制與舊制身心障礙類別及代碼對應表

新制(8 類)		舊制(16 類)身心障礙類別代碼	
		代碼	類別
第一類	神經系統構造及精神、心智功能	06 09 10 11 12 14	智能障礙者 植物人 失智症者 自閉症者 慢性精神病患者 頑性（難治型）癲癇症者
第二類	眼、耳及相關構造與感官功能及疼痛	01 02 03	視覺障礙者 聽覺機能障礙者 平衡機能障礙者
第三類	涉及聲音與言語構造及其功能	04	聲音機能或語言機能障礙者
第四類	循環、造血、免疫 與呼吸系統構造及其功能	07 07 07	重要器官失去功能者-心臟 重要器官失去功能者-造血機能 重要器官失去功能者-呼吸器官
第五類	消化、新陳代謝與內分泌系統相關構造及其功能	07 07 07 07	重要器官失去功能-吞嚥機能 重要器官失去功能-胃 重要器官失去功能-腸道 重要器官失去功能-肝臟
第六類	泌尿與生殖系統相關構造及其功能	07 07	重要器官失去功能-腎臟 重要器官失去功能-膀胱
第七類	神經、肌肉、骨骼之移動相關構造及其功能	05	肢體障礙者
第八類	皮膚與相關構造及其功能	08	顏面損傷者
備註	依身心障礙者狀況對應 第一至八類	13	多重障礙者
		15	經中央衛生主管機關認定，因罕見疾病而致身心功 能障礙者
		16	其他經中央衛生主管機關認定之障礙者(染色體異常、先天代謝異常、先天缺陷)

四、使用 ICF 的好處

使用 ICF 對服務對象與健康專業人員都有好處(https://zh.wikipedia.org)：

(一)服務對象方面

ICF 取代了以往只關心個人的醫學診斷結果，在醫學與社會方面的觀點上整合個人健康狀態，並將個人生活的所有層面都表現在 ICF 分類中。雖然診斷對於定義疾病原因、即決定醫療處遇很重要，但功能性狀態的侷限，才是用來規劃或執行適當處遇的最佳資訊(Lollar & Simeonsson, 2005)。以語言治療師為例，他需觀察服務對象是如何進行每天的活動，並記錄其功能性狀態。這項紀錄資訊可用來確定個人能力如何被改善、以及環境能如何被改善，以促進個人表現的程度(Bornman, 2004)。

(二)健康專業人員方面

ICF 不僅可使用在復健治療上，也能使用在與其他醫療、政府健康相關行政、與政策制定者之間的交流。所有項目都有定義明確的描述，能清晰應用於日常生活評估中。使用 ICF 統一且標準化的架構，對不同領域群體之間的溝通有所幫助。

貳、DSM-5

一、概述

「精神疾病診斷與統計手冊第五版」(Diagnostic and Statistical Manual of Mental Disorders, Fifth Edition, DSM-5)是由美國精神醫學學會於 2013 年出版的分類學和診斷工具。DSM-5 涵蓋了 22 類障礙、異常或疾病的診斷標準：

■神經發育障礙(Neurodevelopmental Disorders)

■精神分裂症譜系和其他精神障礙(Schizophrenia Spectrum &Other Psychotic Disorders)

■雙相情感障礙和相關疾病(Bipolar and Related Disorders)

■抑鬱症(Depressive Disorders)

■焦慮症(Anxiety Disorders)

■強迫症及相關疾病(Obsessive-Compulsive & Related Disorders)

■創傷和壓力源相關疾病(Trauma- & Stressor-Related Disorders)

■分離障礙(Dissociative Disorders)

■軀體症狀和相關疾病」(Somatic Symptom & Related Disorders)

■餵養和進食障礙」(Feeding & Eating Disorders)

■消除障礙」(Elimination Disorders)

■睡眠-覺醒障礙」(Sleep-Wake Disorders)

■性功能障礙(Sexual Dysfunctions)

■性別焦慮症(Gender Dysphoria)

■破壞性、衝動控制和品行障礙(Disruptive, Impulse-Control, and Conduct Disorders)

■物質相關和成癮性疾病(Substance-Related and Addictive Disorders)

■神經認知障礙(Neurocognitive Disorders)

■人格障礙(Personality Disorders)

■性慾障礙(Paraphilic Disorders)

■其他精神障礙和附加代碼(Other Mental Disorders and Additional Codes)

■藥物引起的運動障礙和藥物的其他副作用(Medication-Induced Movement Disorders & Other Adverse Effects of Medication)

■其他可能成為臨床關注焦點的疾病」(Other Conditions That May Be a Focus of Clinical Attention)

二、特定障礙、異常或疾病的診斷標準

在美國，DSM 是精神疾病診斷的主要準則。以下僅針對與特殊教育關聯度較高且常見的特定障礙、異常或疾病的診斷標準作描述：

(一)注意力不足過動症

注意力不足過動症的診斷標準如下：

A.1 或 2 有一種成立：
1. 下列 9 項注意力不足症狀中，出現大於或等於 6 項，且症狀持續出現至少 6 個月，足以達到直接在社會及學業/職業之影響，且造成與其應有的發展程度不相符合，才稱為注意力不足。

(1)在學校功課、工作或其他活動上，經常無法注意到細節或因粗心而造成錯誤。

(2)經常無法在工作或遊戲活動中持續維持注意力

(3)別人說話時經常似乎沒在聽

(4)經常無法完成老師、家長或他人交辦的事務，包括課業、家事或工作的職責（不是對抗行為或不了解指示）

(5)經常難以組織工作或活動

---

(6)經常逃避、不喜歡或拒絕參與需要持續使用腦力的工作，如學校工作或家庭作業

(7)經常遺失或忘了工作或遊戲所須的東西，如玩具、鉛筆、書等

(8)常容易受到外界刺激所吸引

(9)容易忘記每日常規活動，需要大人時常提醒

2.下列 13 項過動及衝動症狀中，出現大於或等於 6 項，且症狀持續出現至少 6 個月，足以達到直接在社會及學業/職業之影響，且造成與其應有的發展程度不相符合，才稱為過動及衝動。

《過動》

(1)在坐位上無法安靜的坐著，身體動來動去

(2)在課堂中或其它須乖乖坐好的場合，時常離席、坐不住

(3)在教室或活動場合中不適當的跑、跳及爬高等（青少年或成人可僅限於主觀感覺到不能安靜）

(4)無法安靜的參與遊戲及休閒活動

(5)經常處於活躍狀態，或常像「馬達推動」般四處活動

(6)經常說話過多

《衝動》

(7)問題尚未問完前，就搶先答題

(8)不能輪流等待 (在需要輪流的地方，無法耐心等待)

(9)經常中斷或干擾其他人，如貿然插嘴或打斷別人的遊戲

(10)不會三思而後行

(11)做事情經常不耐煩

(12)在活動或任務中以快步調的方式進行(缺乏認真和系統)

(13)難以拒絕誘惑或機會(儘管這些事情有負面影響)

B.某些注意力不足或過動-衝動的症狀，會在 12 歲以前就出現

C.某些症狀在兩種情境以上明顯的呈現，如學校、工作或家裡

D.上列症狀必需有明顯證據顯示會干擾或降低社交、學習或職業功能的品質

E.需要排除有廣泛性發展障礙、精神分裂症或其他精神異常及情緒障礙(如情緒異常，焦慮、分離情緒異常)

F.不排除自閉症類群異常(ASD)的共病

G.四種表現型式：綜合型、注意力不足型、過動/衝動型、(局限性)注意力不足表現型

H.17 歲(含)以上，只要符合注意力不足或過動及衝動之 4 項症狀，即可症狀診斷標準

註：DSM-5 之診斷標準(畫底線為與 DSM-Ⅳ-TR 不同之處)

(二)自閉症類群障礙

自閉症類群障礙的診斷標準如下：

自閉症類群障礙的診斷需同時符合下列 A、B、C、D 四項標準：

A.有持續且跨情境的社會溝通及社會互動上的缺損，下列 3 項都需具備(以下例子為列舉而非盡舉)

  1.在社會-情緒的互動上有缺損；其範圍從，如社會互動異常及無法維持雙向對談，到較少分享興趣、情緒或情感，到無法起始或回應社會性互動。

  2.在社會互動上有非口語溝通行為的缺損；其範圍從，如難以合併使用口語及非口語的溝通，到眼神注視及肢體語言的異常，或有理解及肢體動作的異常，到完全缺乏臉部表情及非口語溝通。

  3.在發展、維持及了解人際關係的缺損；其範圍從，如難以做出符合各種情境的適當行為，到分享想像性遊戲或交朋友方面有困難，到對同輩完全缺乏興趣。

B.侷限、重複的行為、興趣及活動，4 項中至少需具備 2 項

  1.固著或重複性的動作、使用物品及言語(如仿說等)。

  2.過度堅持同一性、常規，儀式化的使用語言或非口語的行為，極度抗拒改變。

  3.非常侷限及固定的興趣，對於興趣極度的專注。

  4.對於感覺刺激的輸入過度反應及過度反應不足、對於環境中的感覺刺激有異常。

C.症狀必須在早期發展階段出現(但症狀可能不會完全顯現，直到環境或情境中的社交要求超出兒童的能力)。

D.症狀導致在社會、職業、或其他日常重要領域功能有臨床上顯著的困難。

E.這些表現不能被其他智能障礙(智能發展障礙)或發展遲緩所解釋。智能障礙和自閉症經常伴隨發生，要作智能障礙及自閉症共病之診斷，社會溝通技巧必須低於預期的發展水準。

【充電補給站】

※台灣精神醫學會(2014)。DSM-5 精神疾病診斷準則手冊(修訂版)。
※林萬億‧吳慧菁‧林珍珍(2011)。國際健康功能與身心障礙分類系統(ICF)與我國身心障礙者權益保障。社區發展季刊，136，278-295。
※The ICF: An overview。
https://www.cdc.gov/nchs/data/icd/icfoverview_finalforwho10sept.pdf

歷屆教甄試題
【ICF 與 DSM-5】

【ICF】

（　）1.腦性麻痺學生若領有身心障礙證明，其普遍的共同障礙類別是哪一類？(A)第一類 (B)第三類 (C)第七類 (D)第八類

【臺北市 105 國小教甄，第 25 題】

（　）2.根據 ICF 新制身心障礙鑑定與需求評估制度，第一類為神經系統構造及精神、心智功能障礙者，它包括舊制以下何種障礙類別？甲、癲癇症者 乙、智能障礙者 丙、聽覺障礙者 丁、自閉症者 (A)甲、乙、丙 (B)乙、丙、丁 (C)甲、丙、丁 (D)甲、乙、丁

【新北市 106 國小暨幼兒園教甄，第 26 題】

（　）3.從傳統障礙分類模式到現今 ICF 分類系統，下列哪項描述錯誤？ (A)ICF 以醫療模式作為障礙分類系統 (B)社會模式將障礙視為個人與社會文化和環境下互動之產物 (C)ICF 為生物心理社會模式 (D) ICF 強調以需求為主，可避免不必要之標記

【桃園市 106 國小及學前特教-C，第 28 題】

（　）4.有關根據 ICF 新制身心障礙鑑定之敘述，下列何者正確？(A)因新制規定之鑑定團隊中包含醫事、社工、特教、職評人員，故特教鑑定可以完全等同身心障礙 (B)自閉症者和智能障礙者都屬第一類障礙 (C)分為輕度障礙到極重度障礙四種等級 (D)對於無法恢復之障礙將無「有效年限」之限制，會載 於身心障礙證明中

【桃園市 107 國小及學前特教-C，第 35 題】

（　）5.特殊教育對象中的聽覺障礙學生若領有身心障礙證明，在新制身心障礙類別中應為哪一類？(A)第一類 (B)第二類 (C)第三類 (D)第七類

【桃園市 107 國小及學前特教-C，第 5 題】

（　）6.某位身心障礙學生的身心障礙證明所載明的障礙類別為第一類和第七類，該生較有可能屬於何種特教障礙類別？(A)視障兼肢障 (B)學障兼語障 (C)智障兼肢障 (D)學障兼聽障

【臺北市 107 國小教甄，第 18 題】

（　）7.將《特殊教育法》中的身體病弱，對照 ICF 新制分類系統，其包括下列哪些 ICF 分類？(甲)循環、造血、免疫與呼吸系統構造及其功能損傷 (乙)消化、新陳代謝與內分泌系統構造及其功能損傷 (丙)泌尿與生殖系統構造及其功能損傷 (丁)神經、肌肉、骨骼之移動相關

構造及 其功能損傷 (A)甲乙 (B)甲丙 (C)甲乙丙 (D)甲乙丙丁

【桃園市 108 國小及學前特教-B，第 9 題】

( )8.智能障礙、自閉症或情緒行為障礙幼兒若領有身心障礙證明，通常係屬於何種障礙類別？(A)第一類 (B)第二類 (C)第五類 (D)第八類。

【臺南市 109 國小暨幼兒園教甄，第 32 題】

( ) 9. ICF 鑑定身心障礙類別中「神經、肌肉、骨骼之移動相關構造及其功能損傷」對應於特殊教育學生不會歸類在哪一類？(A)肢體障礙 (B)身體病弱 (C)多重障礙 (D)其他障礙。

【臺南市 109 國小暨幼兒園教甄，第 82 題】

( )10.醫生鑑定的結果顯示小易具有中度智能障礙，其身心障礙證明上的障礙類別與程度編碼應為：(A)b110.4 (B)b117.2 (C)b122.0 (D)b140.3

【新竹市 109 國中教甄，第 19 題】

( )11.許小明是小學三年級的學生，領有身心障礙證明。身心障礙證明上面寫著「障礙類別第 1 類(b122.2)」，請問代表什麼意思？(A)口語表達功能障礙，障礙等級是輕度 (B)整體心理社會功能障礙，障礙等級是中度 (C)閱讀功能障礙，障礙等級是輕度 (D)書寫功能障礙，障礙等級是中度

【桃園市 111 國小教甄- B，第 10 題】

( )12.智能障礙、視覺障礙之特教生，分別屬於 ICF 的第幾類？(A)第一類、第二類 (B)第一類、第三類 (C)第六類、第八類 (D)第一類、第七類

【桃園市 111 國小教甄- B，第 38 題】

( )13.根據2012年「國際健康功能與身心障礙分類系統」(簡稱ICF)，下列身心障礙歸入ICF之類別，何者正確？甲、聽覺障礙歸入「皮膚與相關構造及其功能損傷」類 乙、學習障礙歸入「涉及聲音與言語構造及其功能」類 丙、自閉症歸入「神經、肌肉、骨骼之移動相關構造及其功能」類 丁、情緒行為障礙歸入「神經系統構造及精神心智功能」類(A)甲乙(B)丙丁(C)甲丁(D)乙丙

【中區聯盟 111 國小教甄，第 20 題】

【DSM-5】

( )14.根據精神疾病診斷與統計手冊的第五版(DSM-5)，下列何者為思覺失調症主要症狀？甲、妄想現象 乙、幻覺現象 丙、整體混亂或僵直行為 丁、減少情感表達或動機降低 (A)甲乙 (B)甲乙丙 (C)

甲乙丁 (D)甲乙丙丁

【桃園市 105 國小及學前特教-C，第 23 題】

（ ）15.心理異常診斷和統計手冊第五版(DSM-5)根據自閉症者在「侷限的興趣及重複的行為」與「社交溝通」二大核心障礙的表現狀況，進行程度上的區別。其中需要「非常大量的協助」相當於何種程度？(A)中度 (B)極重度 (C)重度 (D)輕度

【臺北市 105 國小教甄，第 29 題】

（ ）16.關於精神疾病診斷與統計手冊第五版(DSM-5)的關鍵改變，下列何者為非？(A)取消五軸診斷改採無軸診斷 (B)運用光譜式疾病分類模式的比重增加 (C)輕度神經認知疾患的新診斷強調疾病的早期發現與 早期治療 (D)物質使用疾患與身體症狀疾患的診斷準則強調生理 症狀甚於行為與心理症狀

【桃園市 105 國小及學前特教-C，第 26 題】

（ ）17.依據目前最新的精神疾病診斷與統計手冊第五版(DSM-5)，有關注意力不足過動症(ADHD)的敘述，何者正確？(A)亞型有二，包括「主要為過動-衝動型」及「主要為不專注型」 (B)症狀出現年齡為七歲以前 (C)性別比例是女多於男 (D)青年或成人必須至少符合亞型的五項症狀

【桃園市 106 國小及學前特教-C，第 3 題】

（ ）18.下列何者不包含在 DSM-5 對自閉症診斷的準則中？(A)社會溝通和社會互動 (B)非口語溝通的缺陷 (C)溝通發展遲緩 (D)狹窄反覆固定的行為和興趣

【桃園市 106 國小及學前特教-C，第 14 題】

（ ）19.在精神疾病診斷與統計手冊第五版(DSM-5)中，將注意力不足過動症(ADHD)歸類於哪一種疾患？(A)神經發展性疾患 (B)社會溝通性疾患 (C)思覺失調及精神性疾患 (D)睡眠覺醒疾患

【桃園市 106 國小及學前特教-C，第 16 題】

（ ）20.根據「精神疾病診斷與統計手冊第五版(DSM-5)」所敘述之「自 閉症類群障礙(ASD)」的診斷標準，下列描述何者是正確的？ 甲、有持續且跨情境的社會溝通及社會互動上的缺損 乙、侷限、重複的行為、興趣及活動 丙、症狀必須在早期發展階段出現(但症狀可能不會完全顯 現，直到環境或情境中的社交要求超出兒童的能力) 丁、智能障礙和自閉症經常伴隨發生，要做智能障礙及自閉症共病之診斷，社會溝通技巧必須低於預期的發展水準 (A)甲乙丙 (B)甲乙丙丁 (C)甲乙丁 (D)甲乙

【桃園市 107 國小及學前特教-C，第 40 題】
（　　）21.DSM-5 有關特定的學習障礙症(Specific Learning Disorder)，是指 a.存在學習和運用學術技巧的困難，雖然經過針對性的處遇介入，仍至少有一項(列舉)症狀持續六個月以 上。b.經由個別準則化學業成就測驗與完整臨床評估確認，在量化的評量中，受影響的學業技巧顯著低於該年齡層應達之程度，導致學業或職場表現或日常活動上有顯著的困擾。滿幾歲者，能展現導致功能顯著減損的學習困難史的文件檔案，可能可以取代準則化的評估？ (A)16 (B)17 (C)18 (D) 20

【桃園市 107 國小及學前特教-C，第 3 題】
（　　）22. DSM-5 對注意力不足／過動症做了一些修改，下列何者有誤？ (A)容許和泛自閉症同時診斷 (B)症狀初次出現的年齡為 12 歲以前 (C)超過 17 歲則過動或衝動的症狀至少有六項 (D)置注意力不足／過動症於神經發展異常中

【桃園市 108 國小及學前特教-B，第 6 題】
（　　）23.依據 DSM-5 對泛自閉症的定義，下述何者正確？(A)包含雷特症(Rett's Syndrome) (B)在三歲以前須出現症狀 (C)分成社會溝通缺陷、社交互動限制，以及侷限的重複行為、興趣和活動三個範疇 (D)依照受損與嚴重程度分為三個等級

【桃園市 108 國小及學前特教-B，第 8 題】
（　　）24.依據《精神疾病診斷與統計手冊第五版》(DSM-5)所敘述之「注意力不足過動症(ADHD)」的診斷標準，何者有誤？(A)不排除自閉症類群障礙(ASD)的共病 (B)某些注意力不足或過動-衝動的症狀，會在7歲以前就出現 (C)17歲（含）以上，只要符合注意力不足或過動及衝動之四項症狀，即達症狀診斷標準 (D)有綜合、注意力不足、過動/衝動、及(侷限性)注意力不足等四種表現類型

【臺北市 108 國中教甄，第 68 題】
（　　）25.精神疾病診斷與統計手冊(DSM-5)對注意力缺陷過動症的診斷條件，下列敘述何者正確？甲、症狀持續至少六個月乙、症狀於 7 歲前即已存在 丙、症狀須在兩種以上的場合出現 丁、影響學業、工作及人際關係的適應或表現 戊、排除精神分裂症或其他精神障礙的疾病過程 (A)甲丙丁 (B)甲乙丁 (C)甲丙丁戊 (D)甲乙丙丁戊。

【臺南市 109 國小暨幼兒園教甄，第 18 題】
（　　）26.智能障礙診斷觀念在 DSM-5 版(2013)的改變及意義，下列何者說明有誤？(A)強調智力及適應功能的缺損必須是發生在 18 歲之前 (B)智能障礙名稱從「mental retardation」改為「intellectual disability」

(C)更強調臨床評估的重要性 (D)直接依據適應功能缺失程度來區分障礙的嚴重程度

【桃園市 109 國小及學前特教-B，第 45 題】

（　）27.從 DSM-IV-R 版(2000)至 DSM-5 版(2013)，針對自閉症診斷的變革，下列說明何者有誤？(A)已經沒有廣泛性發展障礙(PDD)的名稱 (B)已經從三大項基準整併為兩大項基準 (C)仍然保留亞斯伯格症為輕症診斷名稱 (D)仍然保留症狀必須在早期發展階段出現

【桃園市 109 國小及學前特教-B，第 30 題】

（　）28.根據美國精神醫學學會所出版的《精神疾病診斷與統計手冊》(The Diagnostic and Statistical Manual of Mental Disorders)第五版 (簡稱DSM-V)對品行疾患(Conduct Disorder，CD)的診斷標準，個案需在過去一年出現幾類的違規行為，下列選項中哪一類並不包括在內？(A)攻擊他人或動物 (B)有報復心 (C)詐欺或偷竊 (D)嚴重違反規範

【新北市109國中教甄，第67題】

（　）29.有關《精神疾病診斷與統計手冊》第五版(DSM-V)與第四版（DSM-IV）自閉症診斷之比較，下列敘述何者正確？(A) DSM-V 將自閉症、亞斯伯格症、雷特症，合併稱為自閉症類群障礙 (B) DSM- IV 規定症狀須於三歲前出現，DSM-V 則是改為症狀需於六歲前出現 (C) DSM-V 將 DSM- IV 中的社交互動缺損與溝通缺損合併為社會溝通及社會互動缺損 (D) DSM-IV 就指出自閉症者對感覺刺激過高或過低的反應

【新北市 109 國小暨幼兒園教甄，第 51 題】

（　）30.精神疾病診斷與統計手冊(DSM-5)對自閉症的相關改變，下列敘述何者錯誤？(A)不再定義亞型 (B)去除已知醫學疾 病或遺傳狀況 (C)名稱改為泛自閉症或廣泛性發展障礙 (D)主要症狀的分類從三大特徵改為兩大特徵

【臺北市 109 國小教甄，第 18 題】

（　）31.依據美國精神疾病診斷手冊第五版(DSM-5)，下列何者為書寫障礙學生的主要鑑定基準？ 甲、書寫文字表達明晰度 乙、書寫文字表達流暢性 丙、文法與標點符號正確度 丁、書寫文字表達組織性 (A)甲乙 (B)甲乙丙 (C)甲丙丁 (D)乙丙丁

【桃園市 111 國小教甄- B，第 22 題】

【參考答案】

1	2	3	4	5	6	7	8	9	10	11	12	13
C	D	A	B	B	C	C	A	B	B	B	A	C

14	15	16	17	18	19	20	21	22	23	24	25	26
D	C	D	D	C	A	B	B	C	D	B	C	A

27	28	29	30	31								
C	B	C	A	C								

第十一章 特殊教育課程(含學習環境規劃)

壹、課程與課程設計的定義

「**課程**」(curriculum)的定義是相當紛歧的，狹義可為教授的學科或教材；廣義可包括學習者在學校引導下，發生於學校內、外的所有經驗(方德隆, 2005；Oliva, et al., 2019)。大致上，課程定義共分五大類如下：

課程即科目	課程即目標	課程即計畫	課程即經驗	課程即研究假設
•課程是一種學習領域、學習科目、教材或教科用書。	•課程是一系列目標的組合，是達成教育目標的手段。	•課程是是學生的學習計畫，其中包含學習目標、內容、活動，甚至評鑑工具和程序。	•課程是一種學習經驗，是學習者、學習內容與教學環境間互動後產生的經驗歷程和實際結果。	•將課程視為有待教師在教室情境教學過程中考驗的一套研究假設。

「**課程設計**」(curriculum design)是指課程工作者從事的一切活動，包含對達成課程目標所需的因素、技術和程序，進行構想、計畫、選擇的慎思過程。Klein (1985)則認為課程設計係指課程的組織型式或結構，也就是課程的選擇、安排與組織。就課程設計的性質而言，課程設計是撰寫教學目標、學生的學習具體目標、選擇組織安排教學活動、執行評鑑工作的科學技術。此外，他認為課程設計包含兩個層面：(1)理論基礎；(2)技術方法。前者包括學生中心、學科中心和社會中心等基本觀點。課程設計者應該依照這些理論基礎，據以形成均衡的課程，但實際運用時常有所偏重；後者是指依據理論基礎，安排各課程因素。這些課程因素就是知名 Tyler (1949)所指出，進行課程設計時需要回答

的四項根本問題，包含目標、內容、組織和評鑑。如圖 11-1：

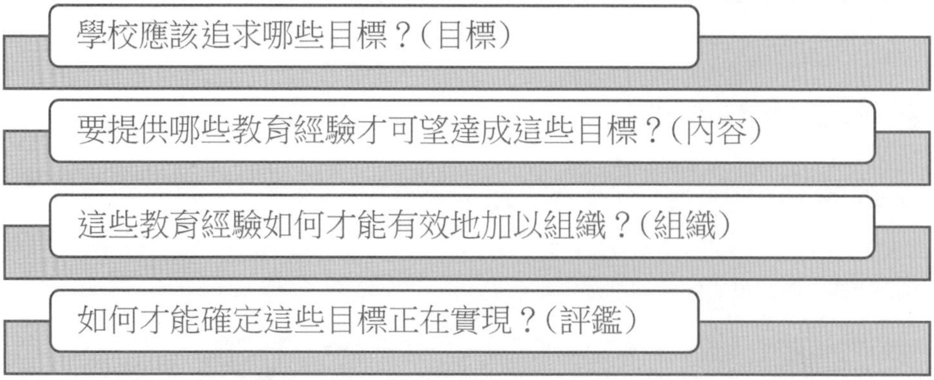

> 學校應該追求哪些目標？（目標）

> 要提供哪些教育經驗才可望達成這些目標？（內容）

> 這些教育經驗如何才能有效地加以組織？（組織）

> 如何才能確定這些目標正在實現？（評鑑）

圖 11-1　Tyler 的課程設計要素

　　課程設計與課程發展常會遭到混用，實際上它們並不相同。「**課程發展**」(curriculum development)是指課程經過發展的歷程與結果，強調演進、成長的課程觀念，即課程發展是將教育目標轉化為學生學習的方案，並強調實際行動與發展演進，以顯示課程並非只是純粹思辨的理論產物，而是付諸教育行動的歷程與結果。課程發展的重點是強調課程目標、內容、活動、評鑑程序所發展的「過程」，包含課程決定的互動和協商，與強調方法技術的課程設計是不同的。

貳、課程的結構

　　普通課程的結構(方德隆，2005)：

一、正式課程

　　這是指在學校排有授課時間的學習活動，也是日課表中排定的科目。

二、非正式課程

　　非正式課程是指在學校指導下學生參與的活動。例如：展覽、朝會。

三、潛在課程

　　潛在課程是學生在正式課程及非正式課程之外的學習經驗。

四、空無課程

上述三種課程都是在學校實際上發生或經驗到內容或活動，可稱為實有課程；與其相對的，就是空無課程。這種課程是指學校課程中所缺乏，該有卻未有的部分。例如：學校所強調及忽視的心理歷程。

參、課程的類型

一、普通課程的組織類型

普通課程依不同的課程定義，可分為六種組織類型（林本、李祖壽，1971）：

(一)科目課程

科目課程又可稱為學科課程或分科課程，是以學科為本位的傳統課程類型。雖然科目課程普遍存在，但有很多批評。

(二)相關課程

這是以科目課程為基礎，任兩個以上的科目，透過各科的聯絡教學，以增進科目間橫的聯繫與內容整合，使學生獲得較為完整的學習經驗，但並未打破科目界限。

(三)融合課程

又稱合科課程，是將有關科目合併為一個新的科目，使學生獲得較為完整的學習經驗。

(四)廣域課程

這種課程是將人類實際生活或文化活動分成若干大範圍，而將有關知識或材料重組，但不細分科目，以擴大知識領域。例如：歷史、公民、社會學、地理、經濟學合為社會學科。但這類課程編製不易，而且較缺乏知識結構的完整性，不易作深入探討。

(五)核心課程

核心課程的理念源自精粹主義(essentialism)的理論，認為在教育過程中，有些科目是具有較大的重要性，因此每個學生都要修習這些科目。因此，核心課程與共同課程及強迫課程三者之間有其共通之處。依Lounsbury 和 Vars 的定義：「核心課程是一種課程組織的形式，通常要用一段很長的時間來教學，而教學內容則強調直接與學生有關的問題」。核心課程所獨具的特點如下：1.核心課程是由所有學生所共同必

修的課程所組成。2.核心課程融合了一些不同學科而成。3.核心課程的內容是跨越各學科領域的一些生活上的問題,因而採用問題解決法來進行教學(https://terms.naer.edu.tw)。

(六)活動課程

活動課程原則上是指站在使兒童進行某種活動的觀點,而著手設計教育內容的課程。因此一般將活動課程和經驗課程及生活課程視為相同內涵。課程專家(Oliver)指出活動課程是以學習者為中心,強調學習者全面發展,並由所有學習者共同在學習情境中合作選擇和組織題材,透過統整且富變化的學習過程,以培養具社會創意的個人。活動課程的特點有五:(1)師生合作計畫;(2)社會導向模糊;(3)問題解決為主要方法;(4)課外活動不太需要;(5)特殊需求以特殊學科來滿足

(https://terms.naer.edu.tw)。

肆、特殊教育課程與課程設計

一、智能障礙課程的類型

智能障礙課程的類型如下(鈕文英,2003):

(一)功能性課程

功能性課程主要是以生活中實用與必備的技能為主,以增進中重度障礙者生活獨立和環境參與。

(二)發展性課程

發展性課程主要是以認知發展理論為基礎依據一般兒童 0-6 歲在各領域的發展順利編寫而成。

(三)生態課程

生態課程也是功能性課程的一種,它強調個體因生活環境不同其生活需求亦有不同。因此,所學習的技能亦因生態環境不同而有差異。強調所教導的課程須讓中重度障礙者在其所屬的生活環境,包括能在目前與未來的環境達到生活的獨立環境的參與生活品質的提升。

二、通例與全方位課程設計

(一)通例課程設計

1.涵義

通例教學是促進學習類化的一種教學方法。此種教學方法運用通例課程設計(general case programming)的過程，針對教學目標及行為表現的環境進行分析，將影響該行為表現的刺激與反應變化系統化地納入教學範例中，使學生經由一組謹慎選擇的範例有效的學會新技能，並能對未教過的例子做正確的反應（何素華，1995）。

2.課程設計過程

通例課程設計的過程包含：(1)界定教學範圍；(2)分析刺激與反應變化的範圍；(3)選擇教學與評量範例；(4)安排教學範例的順序；(5)依範例順序進行教學；(6)以未經訓練的範例進行評量。

(二)全方位課程設計

1.涵義

全方位課程設計(Universal Design for Curriculum)或稱為全方位學習設計(universal design for learning, UDL)是指為所有人設計的課程、為差異設計的課程，以滿足所有學生的學習需求為前提的課程發展觀點，考慮到課程、教學方法與評量方面彈性應用，讓所有學習者皆能透過合適的學習管道去參與普通課程的學習(Rose & Meyer, 2002)。

2.特徵

全方位設計應用在課程發展上具有以下特徵：

■多元表徵。教師利用多種的方式來呈現學習教材，像文字、視覺、聽覺的方式來提供所要學習的資訊

■多元表達。允許學生選擇其偏好的方式進行學習和反應。學生可依自己的能力、喜好、作答方式來表達意見

■多元參與。挖掘學生的興趣，提供適當的挑戰，增加其學習動機，教師設計的教材尊重學生的能力、喜好與興趣，讓他們有選擇權與控制權，並能決 自己的學習時間與速度，以提升學生的自主性與學習動機。

3.全方位設計學習的原則

■一般功能。指根據學生的不同能力來設計教學，並對全體學生提供相同的使用方法。

■彈性設計。指教學因應學生個人的廣泛潛能及偏好來設計，因此學習及課程均具高度的選擇性。

■直接簡易。教學依循直覺及可預測方式來設計，過程中盡可能簡化或避免不必要的複雜步驟。

■辨識資訊。教學是為了能將資訊有效傳遞給學生而設計，故應超越周遭環境及學生感官能力的限制。

■錯誤容忍度。指教學設計應事先考慮學生個別的學習速度及先備技巧，教師提供充分線上練習作為補充教學，並給予學生嘗試錯誤的機會。

■低生理負荷。指在學習過程中減少非必要的肢體疲勞，以提高學生的專注力。

■接近與使用時的大小及空間。指學習考量到學生實際接觸時的規模大小與適當空間，期望克服學生在體型、姿勢、行動能力及溝通需求上的限制。

■學習者社群。即學習環境在促進師生及同儕間的互動。

■教學氣氛。教師應設法營造接納的學習氣氛，並對學生抱持高度期待。

三、課程組織與運作

Giangreco 和 Putnam 指出有 8 種課程組織與運作方式如下(調整自呂美娟等譯，2002)：

課程組織	內涵	示例
學科本位課程 (discipline-based curriculum)	各學科教師在不同時間，分開個別教學。	學生一節接著一節上課，每節課都教不同學科。
平行式課程 (parallel curriculum)	兩個以上相關學科教師同時教導相關的教材。	社會科教師進行明鄭時期的單元教學時，國文科教師同時教授學生如何撰寫歷史事件的研究報告，以明鄭時期為例。
多學科課程	統整兩種以上學	社會科與自然科教師共同

(multidisciplinary approach)	科，以著重於主題、議題或觀念的單一學科或單元的方式呈現。	進行氣候變遷之單元教學，社會科教師著重於社會各部分的氣候變遷，自然科教師則是著重於氣候變遷的過程。
跨學科式課程 (interdisciplinary approach)	統整所有學科，以主題或單元方式建構資訊，學生從各個學科中學習和使用資訊以解決問題或探究新觀念。	統整的學習主題是少子化，學生收集和閱讀有關少子化的各種資料，提出有關少子化問題的解決方案並發表。當學生接觸社會問題和科學觀念時，會實際應用閱讀、數學和寫作表達等技能。
主題統整課程 (integrated day)	一天的學習開始於解決一個疑問，問題或主題	學生尋求各種資源，並提出解決的各種解決方法。
多層次課程/教學 (multilevel curriculum/instruction)	學生雖然在同一課程領域內學習，但每個學生的課程結果不同	學生以小組方式討論故事，有的學生經由人物分析以瞭解故事內容，有些學生則是找出故事主角的姓名。
重疊式課程 (curriculum overlapping)	學生雖然一起學習，但各有不同的課程領域的學習結果。	小組學習中，二個學生的目標是短文內容，但第三個學生的目標是回應他人時，可維持眼神接觸和輪流進行。
場地本位課程 (field-based approach)	在社區本位情境中，學生習得各種知識和技能。	利用社區情境，教導學生功能性技能，並使課堂的學習能力能類化到真實情境中，以便成為社區中積極主動的成員

四、學習環境

(一)定義

　　Jonassen (1999)認為學習環境是學習者共同體一起學習或相互支持的空間，學習者控制學習活動，並運用信息資源和知識建構工具來解決問題。喬納森認為學習環境是以技術為支持的，在學習過程中技術是學習者探索、建構和反思學習的工具，提出了認知工具和學習策略

的重要性並還考慮了社會背景的支持因素問題(https://baike.baidu.hk)。

(二)對學習環境的理解

　　1.學習環境最基本的理念是以學習者為中心。

　　2.學習環境是一種支持性的條件。

　　3.學習環境是為了促進學習者更好的開展學習活動而創設的。

　　4.學習環境需要各種信息資源、認知工具、教師、學生等因素的支持。

　　5.學習環境可以支持自主、探究、協作或問題解決等類型的學習。

　　6.學習環境：是影響學習者學習的外部環境，是促進學習者主動建構知識意義和促進能力生成的外部條件。

　　7.學習環境是一種學習空間，包括物質空間、活動空間、心理空間。

　　8.學習環境和學習過程密不可分，是一種動態概念，而非靜態的。它包括物質和非物質兩個方面，其中既有人際互動的因素，又有豐富的學習資源。

　　9.學習者在學習環境中處於主動地位，由學習者自己控制學習。

(三)型式

　　學習環境的型式可分下列幾種(盛群力等，2005；張海珠，2013)：

　　1.物理學習環境

　　物理學習環境包括學習者學習的自然環境，噪音，空氣，光線等環境。這些環境影響者學習者的情緒與學習動機。

　　2.資源學習環境

　　學習資源是指那些與學習內容相關的訊息，例如：教材、教案、參考資料、書籍、網絡資源等。

　　3.技術學習環境

　　技術學習環境主要有學習過程中學習者可自由選擇學習理論，支持系統要有良好的規劃，能夠激發學習者學習興趣，同時該環境可以支持學生進行小組討論和協作學習。

　　4.情意學習環境

　　情意學習環境主要包含：心理因素、人際互動和策略。學習者的學習觀念、學習動機、情感、意志等心理因素對學習動機的激發，學

習時間的維持和獲得良好的學習效果有着直接的影響；人際互動的順暢對學習者的學習也很重要；教學策略和學習策略直接影響着學習者的學習效果的好壞。

【充電補給站】

※呂美娟、李玉錦、施青豐譯(2020)。特殊教育課程與教學。
※李翠玲(2022)。特殊教育課程與教學：案例與問題導入。
※鈕文英(2003)。啟智教育課程與教學設計。

歷屆教甄試題
【特殊教育課程 (含學習環境規劃)】

【特殊教育課程】

( )1.具有書寫學習障礙學生的教育課程調整，將「寫出」改為「說出」，是何種調整方式？(A)重整 (B)減量 (C)替代 (D)分解

【中區聯盟 105 國小教甄，第 16 題】

( )2.具有書寫學習障礙學生的教育課程調整，將「寫出」改為「說出」，是何種調整方式？(A)重整 (B)減量 (C) 替代 (D) 分解

【中區聯盟 105 國小教甄，第 16 題】

( )3.下列何者非為針對身體平衡感不佳的學生在活動時所應採取的調整策略？(A)提供支撐物 (B)使用止滑地板 (C)減少活動時間 (D)拉大腳部著地範圍

【中區聯盟 105 國小教甄，第 30 題】

( )4.下列哪一項目與「全方位課程設計(Universal Design for Curriculum)」比較無關？(A) EBD 學生 (B)特教法 (C)科技輔具 (D)無障礙環境

【中區聯盟 105 國小教甄，第 43 題】

( )5.下列哪一項目與「全方位課程設計(Universal Design for Curriculum)」比較無關？(A) EBD 學生 (B)特教法 (C)科技輔具 (D)無障礙環境

【中區聯盟 105 國小教甄，第 43 題】

( )6.透過多元表徵(representation)、多元表達(expression)及多元參與(engagement)，於課程設計之初即考量所有學 生的個別差異，使每位學生在融合教育下都能達到有效的學習。請問這是何種課程模式？(A)校本課程設計 (B)多感官學習設計 (C)功能性課程設計 (D)全方位學習設計

【臺北市 105 國小教甄，第 49 題】

( )7.下列有關身心障礙教育課程的敘述中，哪一個是正確的？(A)生態課程強調學生完全而且獨立參與生活中有意義而完整的活動 (B)功能性課程乃透過發展評量找出合乎學生發展順序的課程目標和內容 (C)分類幾何圖形型板（例如三角形、圓形等）是功能性課程的目標 (D)生活核心課程較具功能性並具有容易類化之特色

【新北市 105 國小暨幼兒園教甄，第 34 題】

( )8.在發展課程的初始，就加入了調整的概念，讓課程具有多種

形態、多元形式及多個層次，應用在所有學生身上的是哪一種課程？
(A)主流式課程(mainstreaming curriculum) (B)多層次課程(multi-level curriculum) (C)適異性課程(differential curriculum) (D)全方位課程(universal curriculum)

【屏東縣 105 國小暨幼兒園教甄，第 13 題】

(　　)9.內建式課程調整作法有改變(modification)、修整(adaptation)、調適(accommodation)、替換(alteration)，依調整程度從低(普通教育課程成分居多)至高(特殊教育課程成分居多)的順序情形為哪一個？
(A)修整-調適-改變-替換　(B)調適-修整-替換-改變　(C)調適-修整-改變-替換　(D)替換-改變-修整-調適

【屏東縣 105 國小暨幼兒園教甄，第 16 題】

(　　)10.對於重度和極重度智能障礙學生,其課程包含哪些特質? (甲)適合年齡(乙)實用性 (丙)社區本位 (丁)家庭參與(戊)多與正常兒童互動(己)統合其他領域專家的治療　(A)(甲)(乙)(丙)(丁) (B)(乙)(丙)(丁)(戊) (C)(甲)(乙)(丙)(丁)(戊)(己) (D)(乙)(丙)(丁)(戊)(己)

【連江縣 106 國小教甄，第 41 題】

(　　)11.下列敘述何者正確？甲、核心課程以生活為核心或以職業為核心設計的課程對智能障礙學生最為適用。乙、生活技能課程包括功能性學業技能、日常生活和社區生活技能。丙、發展性課程以兒童生理及心理發展為基礎，課程組織依據一般兒童發展順序安排。丁、部分學者症候群學生可針對其優勢領域提供充實性課程。(A)甲、乙、丙、丁 (B)甲、乙、丙 (C)甲、丙 (D)前述三個選項皆非

【新北市 106 國小暨幼兒園教甄，第 21 題】

(　　)12.利用分析學生解決生活問題或成功扮演成人角色所應具備之能力，再據此決定課程範圍和內容，訂定教學目標、評量標準和設計教學活動的課程設計稱為：(A)功能性課程 (B)能力本位課程 (C)生態本位課程 (D)生活經驗課程

【新北市 106 國小暨幼兒園教甄，第 25 題】

(　　)13.以滿足所有學生學習需求為前提，在設計課程之初即精緻地融入課程的可調整性，以多元且彈性的方式呈現課程內容，讓所有學生都能透過適合的學習方式去參與學習，這是下列何種課程？(A)學校本位課程 (B)功能本位課程 (C)生態本位課程 (D)全方位課程設計

【臺北市 106 國小教甄，第 43 題】

(　　)14.集中式特教班學生的課程應著重實用知識和技能,及增進生活適應能力。這是屬於何種課程？(A)發展性課程 (B)功能性課程 (C)

非正式課程 (D)潛在性課程

【臺北市 106 國小教甄，第 40 題】

(　　)15.在課程中教導學生日常生活中會使用的技巧或是畢業後生活所需的技巧，這叫做什麼課程？(A)普通教育課程 (B)功能性課程 (C)潛在課程 (D)非正式課程

【臺北市 106 國小教甄，第 49 題】

(　　)16.為提供身心障礙學生適性課程，特殊需求領域之生活技能課程包括哪些？(A)生活管理、社會技巧、溝通訓練 (B)學習策略、生活管理、社會技巧 (C)生活管理、職業教育、社會技巧 (D)溝通訓練、動作機能訓練、輔助科技應用

【桃園市 106 國小及學前特教-C，第 18 題】

(　　)17.對認知低落、無法持續注意的學生，教師穿插動態及靜態活動方式進行教學，並提供立即頻繁之讚美，屬於何種課程調整方式？(A)評量方式的調整 (B)學習內容的調整 (C)學習歷程的調整 (D)學習環境的調整

【桃園市 106 國小及學前特教-C，第 26 題】

(　　)18.資源班教師建議普通班教師在課程設計初始，考量班上學生的異質性，運用適合學生個別特質與能力的多元教材呈現、多元學習表現及多元選擇和參與機會。請問這屬於何種課程模式的應用？(A)合作教學 (B)全方位學習設計 (C)廣泛性課程模式 (D)多層次教學

【臺北市 107 國小教甄，第 37 題】

(　　)19.身心障礙學生所需的自我決策課程，屬於特殊需求領域的哪一個科目？(A)學習策略 (B)社會技巧 (C)職業教育 (D)生活管理

【臺北市 107 國小教甄，第 39 題】

(　　)20.智能障礙學生的性教育十分重要，然而許多智障學生的性防衛知能尚未建立，為了學生的安全考量，假如你是特教教師，請問以下哪個性教育課程規劃是正確的？甲、教導學生身體隱私的部位 乙、教導學生使用公共廁所時勿鎖門，以策安全 丙、教導尊重異性的行為 丁、教導性教育的資訊以學生進入青春期最為適當 (A)甲、乙、丙、丁 (B)甲、乙、丙 (C)甲、丙 (D)甲、丙、丁

【臺北市 107 國小教甄，第 42 題】

(　　)21.教師在數學領域內教導學生錢幣的認識與計算，有的學生經由分類認識錢幣;有的學生經由買賣遊戲學會 100 以內錢 幣的計算;有的學生透過廣告單學會看物品的標價，這種在同一課程領域內學習，而每位學生所學的結果不同，此課程組織稱為: (A)多層次課程與教學

(B)主題統整式課程 (C)重疊式課程 (D)平行式學科

【臺北市 107 國小教甄，第 45 題】

（　）22.泛自閉症學生最可能需要的特需課程？(A)功能性動作訓練課程、學習策略課程 (B)學習策略課程、社會技巧課程 (C)社會技巧課程、創造力課程 (D)創造力課程、輔助科技應用課程

【中區聯盟 107 國小教甄，第 27 題】

（　）23.下列哪一類學生相對比較不適合使用發展性課程？(A)發展遲緩幼兒 (B)學習障礙學生 (C)視覺障礙學生 (D)低功能自閉症學生

【中區聯盟 107 國小教甄，第 38 題】

（　）24.為了實現融合教育，學校在課程上須符合不同特性的學生，因此有多層次課程的設計，該課程設計的核心為何？(A)指特教生學習與其他同學完全不同的課程 (B)指特教生雖然和其他同學參與相同的科目或學習活動，但他的學習內容與目標是不同於其他同學的 (C)指特教生在相同的課程目標下，學習相同的內容，但在學習的量與形式上卻有所不同 (D)指特教生在相同的科目或領域下，學習不同層次的內容和目標

【中區聯盟 107 國小教甄，第 40 題】

（　）25.下列哪一項目與「生態課程」無關？(A)重度障礙學生 (B)自然環境 (C)考慮能力發展階段 (D)提供輔具

【中區聯盟 107 國小教甄，第 48 題】

（　）26.特殊教育課程設計的學派基礎上，以下內容何者為非？(A)哲學是學校課程觀的最根本基礎 (B)近年強調營造「友善校園」是受到正向心理學的啟發 (C)「特教醫療化」是將特殊教育社會文化的問題以醫療的模式解釋與處理 (D)「優點大爆炸」的教學活動源自於人本心理學的理念

【新北市 107 國小暨幼兒園教甄，第 33 題】

（　）27.阿福是國小六年級的智能障礙學生，下列哪一項課程內容對他較為適當？(A)使用臉書的遊戲學習蔬菜的種類和金錢概念 (B)能學會數數 1-5 (C)學會看時鐘並正確說出幾點鐘 (D)能在具體情境中，解決分數的兩步驟問題

【新北市 107 國小暨幼兒園教甄，第 46 題】

（　）28.為特殊教育學生做課程調整時，哪一組步驟的順序最適當？甲、評估學生能力現況 乙、針對目標和內容決定採用何種課程調整方式 丙、分析普通教育課程的教學目標 丁、列出達成目標所需的重要能力 戊、設計課程，協助學生達成教學目標 (A)甲→乙→丙→丁

→戊 (B)丙→丁→甲→乙→戊 (C)丁→甲→丙→乙→戊 (D)丙→乙→甲→丁→戊

【新北市 107 國小暨幼兒園教甄,第 55 題】

(　)29.吳老師為情緒行為障礙學生開設社會技巧的課程,下列哪一個課程內容具有實證(evidence-based)效果,較能提升學生的社會技巧?(A)教導廣泛性的技能(如:自我概念),全面提升學生的能力 (B)教導特定技巧(如:衝突應對技巧),聚焦需要提升的能力 (C)教導內向問題的課程和外向行為的課程類似,都能提升社會技巧 (D)基本的學業技巧對社會技巧沒有特別的幫助,不一定要包含在內

【新北市 107 國小暨幼兒園教甄,第 56 題】

(　)30.以下哪一項做法並非在改善寫作歷程中「轉譯」的困難?(A)提供語音輸入軟體 (B)使用鍵盤打字輸入 (C)使用語音報讀軟體 (D)使用錄音再由他入繕寫

【新北市 107 國小暨幼兒園教甄,第 57 題】

(　)31.「能利用卡片寫作,傳達對他人的關心。」改寫成「能利用卡片寫出對他人的感謝。」是運用以下何種課程調整原則?(A)簡化 (B)替代 (C)分解 (D)重整

【桃園市 108 國小及學前特教-B,第 35 題】

(　)32.「使用直接教學法教導特殊學生數學」,是屬於下列何種課程調整的範圍?(A)學習內容調整 (B)學習評量調整 (C)學習環境調整 (D)學習歷程調整

【桃園市 108 國小及學前特教-B,第 35 題】

(　)33.「遷就學生學習的劣勢,提供相關訓練或替代方案,以增進其學習與生活的能力。」屬於哪一種特殊教育課程調整的類型? (A)補償性 (B)矯正性 (C)輔助性 (D)功能性

【桃園市 108 國小及學前特教-B,第 45 題】

(　)34.李老師想教導學生自我決策(self-determination),請問他的課程應包含下列哪些能力的涵養?【甲】:做選擇【乙】:自我擁護(self-advocacy)【丙】:重視自己(self-esteem)【丁】:承擔合理的決策風險【戊】:問題解決技巧(A)甲 (B)甲丁戊 (C)甲丙丁戊 (D)甲乙丙丁戊

【新北市109國中教甄,第52題】

(　)35.國語領域老師和社會領域老師共同商量,在四月份要特別以清明節為主題,在各自領域提供相關知識。請問這是哪一種課程設計類型? (A)核心課程 (B)融合課程 (C)相關課程 (D)廣域課程

【桃園市 109 國小及學前特教-B，第 38 題】

（　）36.下列有關活動課程的敘述，哪一個較不正確？(A)以問題解決為主要的教學方法　(B)以學科知識的學習為課程主要內容　(C)以學生的能力興趣為主要核心　(D)以師生合作計畫的觀點出發。

【臺南市 109 國小暨幼兒園教甄，第 44 題】

（　）37.下列哪一選項符合功能性課程所訂立的學習目標？甲、能在沒有紅綠燈的地方能夠安全過馬路　乙、能說出圖卡上食物的名稱　丙、能用計算機計算四則運算的問題　丁、能用剪刀剪開食物包裝　(A)甲乙　(B)乙丁　(C)甲丁　(D)甲丙。

【臺南市 109 國小暨幼兒園教甄，第 45 題】

（　）38.「通例課程設計」（general case programming）是常用於特教班的重要教學策略，該策略在因應特教班學生的哪一種學 習特性呢？(A)類化遷移能力弱　(B)訊息處理能力弱　(C)長短期記憶力弱　(D)概念習得能力弱。

【臺南市 109 國小暨幼兒園教甄，第 4 題】

（　）39.「通例課程設計」（general case programming）是常用於特教班的重要教學策略，該策略在因應特教班學生的哪一種學習特性呢？(A)類化遷移能力弱　(B)訊息處理能力弱　(C)長短期記憶力弱　(D)概念習得能力弱。

【臺南市 109 國小暨幼兒園教甄，第 4 題】

（　）40.小魯是一位學習障礙學生，他對數學不感興趣，上課時經常放空或直接趴在桌上睡覺，廖老師為了提高他的學習動機，在每節課的教 學活動中加入趣味數學桌遊，同時也以小魯最喜歡的機器人貼紙來增強其課堂上的專注行為。請問廖老師使用了哪一種課程調整方式？(A)學習內容的調整　(B)學習歷程的調整　(C)學習環境的調整　(D)學習評量的調整

【中區聯盟 109 國小教甄，第 41 題】

（　）41.以下關於身心障礙學生和特殊教育班級課程規劃的說明，哪一些是正確的？①透過 IEP 會議確定學生的特殊教育需求　②IEP 中有關學生領域/科目的調整需經學校特殊教育推行委員會審議　③特殊教育的課程融入學校課程計畫後，需送學校課程發展委員會審議　④經學校課程發展委員會通過的學校課程計畫，需陳報主管機管進行審查　⑤巡迴輔導班學生的課程計畫由巡迴輔導班設班學校的課程發展委員會進行審查　(A)①②③　(B)①②③④　(C)①②④⑤　(D)①②③④⑤

【中區聯盟 109 國小教甄，第 42 題】

(　　)42.以下何者不包含在彈性學習課程的範疇中？(A)特殊需求領域課程 (B)社團活動 (C)技藝課程 (D)生活課程

【中區聯盟 109 國小教甄，第 43 題】

(　　)43.下列關於社會技巧課程規劃作法的描述何者不適當？(A)應選用學生所屬教育階段的學習重點來設計課程 (B)應依學生的能力和需求選擇適切的學習重點來規劃課程 (C)可依學生的需求拆解或合併各個階段的學習重點 (D)無需依照學習表現和學習內容的編碼順序採用學習重點

【中區聯盟 109 國中教甄，第 16 題】

(　　)44.一位七年級身心障礙學生，英文學習成就明顯落後同齡同儕，26 個英文字母仍無法辨認，也不會拼寫，因此在原班上課時常因聽不懂 而分心。針對該生在英文的學習狀況，下列的課程調整描述哪一個最合適？(A)提供兩節外加英文課，以進行英文補救教學 (B)提供該生抽離式課程，依學生能力與需求規劃適合的學習內容 (C)老師在原有課程中進行多層次教學，將教材依該生能力進行簡化和減量的調整 (D)提供該生注意力訓練，以提升英文課的專注力，進而增進其英文學習成效

【中區聯盟 109 國中教甄，第 27 題】

(　　)45.教師依智能障礙學生的能力和需求，採取工作分析法和多感官教學法，這是何種層面的課程調整做法？(A)學習內容 (B)學習歷程 (C)學習環境 (D)學習評量

【臺北市 109 國中教甄，第 64 題】

(　　)46.小倫是八年級集中式特教班就讀的自閉症學生，繪畫能力比一般學生好，音樂表現則與同儕相差不大。以下課程安排較適合小倫？(A)由特教班教師外加一節繪畫為主的課程 (B)在特教班以個別化教學方式上藝術與人文領域的課程 (C)由普通班教師外加一節繪畫為主的課程 (D)到普通班上藝術與人文領域的課程

【新竹市 109 國中教甄，第 5 題】

(　　)47.大祥是國中九年級的亞斯伯格症學生，能與同學互動但人際關係不佳，在校課業成績中等，對數學特別有興趣且成績優異。家長希望他將來可以進大學就讀。下列哪一選項最適合大祥的課程規劃？甲、社會技巧課程 乙、溝通訓練課程 丙、普通教育課程 丁、資優領域充實課程 (A)甲乙丙 (B)甲乙丁 (C)甲丙丁 (D)乙丙丁

【新竹市 109 國中教甄，第 10 題】

（　　）48.下列哪一項是特殊教育教師在規劃學生課程時較需優先考量的要素？(A)生理年齡　(B)障礙類別　(C)安置場域　(D)學習功能

【新竹市 109 國中教甄，第 16 題】

（　　）49.以下關於國中特殊教育課程安排的順序，哪一項是最恰當的？(A)IEP 會議→教務處排課表→課發會→特推會　(B)特推會→IEP會議→教務處排課表→課發會　(C)IEP會議→特推會→課發會→教務處排課表　(D)特推會→IEP會議→教務處排課表→課發會

【新竹市 109 國中教甄，第 18 題】

（　　）50.資源班或巡迴班的外加式課程較適合安排在以下那些時間？甲、彈性學習課程時間　乙、綜合領域上課時間　丙、不列在學習總節數內的時段　丁、經特推會審議通過減修/免修之領域和科目的上課時間　(A)乙丁　(B)甲丙丁　(C)乙丙丁　(D)甲乙丙丁

【新竹市 109 國中教甄，第 21 題】

（　　）51.小妙缺乏金錢概念，在金錢的保管和使用上也常常出現問題，媽媽希望李老師能在上課時強化此方面的能力，以增加小妙未來獨立生活的機會。根據媽媽的請求，李老師最應該優先提供的課程為以下哪一項？(A)功能性數學　(B)學習策略　(C)生活管理　(D)社會技巧

【新竹市 109 國中教甄，第 25 題】

（　　）52.教師針對身心障礙學生具有學習功能輕微缺損的領域，運用情境教學法及口語提示法，這屬於何種層面的課程調整？(A)學習歷程　(B)學習內容　(C)學習環境　(D)學習評量

【臺北市 110 國小教甄，第 48 題】

（　　）53.下列哪一項有關多層次課程的敘述較為適當？甲、領域課程主題相同，學生間的學習目標層次不同　乙、領域課程主題相同，進行不同類型的教學方法　丙、將學生進行異質性分組，達到相同學習成果　丁、學生的學習活動內容一樣，學習評量標準化(A)甲乙　(B)丙丁　(C)甲丙　(D)乙丁

【中區聯盟 111 國小教甄，第 18 題】

（　　）54.小嵐是五年級轉學進來的身心障礙學生，林老師對其進行學習能力診斷，認為小嵐的同年級普通教育課程尚能學習，但經常有爆發脾氣及打人行為。小嵐的學習方式宜採用下列何種型態？　(A)外加式課程　(B)完全抽離式課程　(C)外加式課程且完全抽離式課程　(D)普通班學生學習課程且在普通班上課即可

【中區聯盟 111 國小教甄，第 19 題】

（　　）55.勇成是亞斯伯格症學生，雖能與同學互動但人際關係不佳，

在校課業成績中等，對自然科學領域特別有興趣且成績優異。家長希望他將來可以進大學就讀。下列哪一選項最適合勇成的課程規劃？甲、溝通訓練課程 乙、普通教育課程 丙、學習策略 丁、資優領域充實課程 戊、社會技巧課程 (A)甲乙丙丁戊 (B)甲丙丁戊 (C)甲乙丙 (D)乙丁戊

【中區聯盟 111 國小教甄，第 24 題】

( )56.黃老師要求全班同學說出所畫作品的顏色，亮亮是無法用口語表達的學生，他拿完成的作品給老師看，老師說：「哇！很漂亮喔！這是哪一種顏色的蘋果啊？」接著就拿出顏色圖卡，讓亮亮用手指出顏色圖卡。試問黃老師採用的是下列哪一項課程調整方式？(A)學習歷程 (B)學習環境 C)學習內容 (D)學習評量

【中區聯盟 111 國小教甄，第 32 題】

( )57.關於全方位設計課程(universal design curriculum)的敘述，以下何項正確？(A)屬於事後調整 (B)設計出的課程適合所有學生 (C)設計課程時考慮不同學生的需求 (D)根據特殊教育學生需求調整普通課程

【臺北市 111 國小教甄，第 40 題】

( )58.曉明智力中等，目前讀小二，說話結結巴巴，有時還會聳動肩膀或眨眼，請問他的藝術領域課程內容該如何調整？(A)減少份量 (B)省略較難部分 (C)改寫部分內容 (D)維持不變

【臺北市 111 國小教甄，第 48 題】

( )59.在集中式特教班的生活管理課程中，教導智能障礙學生使用握柄加粗的湯匙進行吃飯練 習，主要的理論依據與下列何者有關？(A)感覺統合理論 (B)動作學習理論 (C)心智理論 (D)認知行為理論

【新北市 111 國小暨幼兒園教甄，第 21 題】

( )60.新北市某國小集中式特教班林老師為具有音樂學習優勢的小月，邀得校內音樂老師為其進行每週一次的外加打擊樂課程，下列哪一項最貼近林老師所做的課程規劃與實踐？(A)實用課程 (B)廣域課程 (C)替代課程 (D)充實課程

【新北市 111 國小暨幼兒園教甄，第 53 題】

( )61.小中是國小三年級學生，被鑑定為智能障礙輕度，安置於分散式資源班接受特殊教育。老師幫他做的課程調整，主要考量小中的何種狀況？ (A)認知功能 (B)學習功能 (C)班級資源 (D)心智年齡

【桃園市 111 國小教甄- B，第 4 題】

( )62.陽光國小三年丁班有一位輕度智能障礙的學生，上國語課時，

陳老師請全班同學練習造詞造句，另外提供該名智能障礙學生有視覺引導的生字練習本學習生字。請問陳老師為智能障礙學生做了哪些課程調整？(A)學習歷程、學習評量 (B)學習環境、學習評量 (C)學習內容、學習歷程 (D)學習內容、學習環境

【桃園市 111 國小教甄- B，第 5 題】

（　）63.王老師應用全方位設計原則在課程發展上，標示課文中的關鍵資訊與重要概念，以幫助學生進行學習。此屬於全方位課程設計的哪一項特徵？(A)多元方法 (B)多元表徵 (C)多元參與 (D)多元表達

【桃園市 111 國小教甄-B，第 7 題】

【學習環境規劃】

（　）64.王老師在新學期所負責的班級，有一名低視力的學生小明，這是王老師第一次遇到視障學生，在詢問了許多專業教師的建議及閱讀許多資料後，為了給小明一個適當且安全的學習環境，採取了許多措施，下列作法何者較不適當？(A)由合格的專科醫師對小明的視覺狀況評估後，建議並教導小明使用適當的光學儀器(如:放大鏡、望遠鏡及 擴視機等)(B)為了讓小明能方便了解課本內容，王老師幫小明將所有的課文都錄音，讓他能輕鬆閱讀。(C)提醒全班同學注意教室的門只能全開或全關，並且教室地板隨時保持整齊清潔。(D)安排小明的教室座位時，應避免讓小明直接面向光源而坐，但須保持光線充足。

【屏東縣 106 國小暨幼兒園教甄，第 17 題】

（　）65.資源班李老師透過學習情境的安排，包括張貼明確的班規、組織班級的物理空間，以避免分心等來支持注意力異常的特殊學生。這是何種教育實務的使用？(A)行為介入 (B)環境支持 (C)反應介入 (D)教學介入

【臺北市 106 國小教甄，第 50 題】

（　）66.小英是一位重度手部靈巧度困難學生，下列哪一選項可讓教師在規劃學習環境時給予幫助？甲、學習使用遙控設備以控制個人的環境 乙、利用手杖偵測行動中的障礙物 丙、行動時利用視覺輔具 丁、使用輔具以眨眼方式控制電腦 (A)甲乙 (B)乙丙 (C)丙丁 (D)甲丁。

【臺南市 109 國小暨幼兒園教甄，第 50 題】

（　）67.下列哪些教學環境規劃可以提供低成就資優學生更多成功的學習經驗？ 甲、在教室內設置個別成績表現圖，激勵學生學習 乙、在教室內提供多樣化的課外讀物，以提高學習興趣 丙、選擇某一學科為主，在教室內設置不同能力水準的學習區 丁、調查學生喜歡的增強物後，將增強物作為教室布置的一部份 (A)甲乙 (B)甲丙 (C)丙

丁 (D)乙丁。

【臺南市 109 國小暨幼兒園教,第 61 題】

(　)68.小瑾是即將升七年級的腦性麻痺學生。單腳萎縮,走路不穩,且無法長久站立, 平時需要步行器、電動輪椅轉換教室;雙手雖能寫字,但肌耐力不佳,字體偏大且歪斜,無法寫在格子內,且書寫速度較同儕慢。以下哪些安排較不符合小瑾的學習需求?(A)開學前帶小瑾認識校園環境,如:電梯、無障礙廁所位置,並實際練習使用 (B)安排小瑾的教室在一樓無障礙廁所旁 (C)因轉換教室需花費較多時間,美術、音樂、自然等課程皆移到小瑾的教室上課 (D)提供延長作答時間及代謄答案卡應考服務

【臺北市 109 國中教甄,第 80 題】

(　)69.對於使用輪椅的肢體障礙學生,下列哪一項有關教室物理環境的規劃較為適當?(A)主要通路走廊與無障礙廁所開門方向平行時,則應另設置垂直於牆面之無障礙標誌 (B)教室出入口地面應平順不得設置門檻,門扇的門框距離為86公分 (C)學生座位安排在靠近廁所的窗戶邊,比較不會影響動線 (D)提供一般同學所使用的書桌,以方便與同學一起分組互動

【中區聯盟 111 國小教甄,第 17 題】

【參考答案】

1	2	3	4	5	6	7	8	9	10	11	12	13
C	C	C	B	B	D	D	D	C	C	A	B	D
14	15	16	17	18	19	20	21	22	23	24	25	26
B	B	C	C	B	D	C	A	B	D	D	C	D
27	28	29	30	31	32	33	34	35	36	37	38	39
D	B	B	C	A	D	A	D	C	B	C	A	A
40	41	42	43	44	45	46	47	48	49	50	51	52
B	A	D	A	B	B	D	C	D	C	B	C	A
53	54	55	56	57	58	59	60	61	62	63	64	65
A	A	D	A	C	D	A	D	B	C	B	B	B
66	67	68	69									
D	D	C	A									

第十二章 特殊教育教學法/策略/訓練

壹、學習階段

所有個體需要一段時間來了解已學習過的概念。並非每個人都能第一次就掌握住概念；學習障礙兒童和青少年在這些情境上甚至會更為明顯。因此，在教學方面，考量學生的學習階段是很重要的。這些階段依序包括（張世彗，2019）：

一、習得

在此一階段，學生接觸並接受新知識和概念，但是尚未完全掌握它。學生需要教師多方支持和引導。

二、精熟

在此階段，學生開始捕捉住知識和概念，但是仍然需要練習。

三、維持

褪除直接教學和增強之後，現在學生能夠維持高度的成就表現水準。

四、類化

學生擁有知識和概念並予內化，且能應用到其它情境。

凡是能了解學生學習階段的教師，就可提供適當的教學，來協助學生由某一階段的學習遷移至下一個階段的學習。學習障礙兒童和青少年通常在每個學習階段都需要許多的支持，他們可能比其他兒童和青少年在學習階段上的移動來得緩慢，且可能需要協助以順利遷移至下一個學習階段，尤其是類化階段。

貳、教學法

一、編序教學法

(一)涵義

編序教學法(Programmed Instruction)是將教材分析成一連串之細目，編成一連串之問答題或試題，然後指導學生利用細目書本、教學機或電腦進行自學的一種方法。

(二)過程

　　編序教學法之過程可分為三步驟：(1)**提式教材**：將編好的一連串教材細目，利用工具逐次提示出來，以供學生學習；(2)**學生作答**：學生根據呈現之教材逐次作答，作答方式大致分為填充和選擇兩種；(3)**核對正誤**：學生作答之後，可立即得到回饋。通常第一個答案之正確答案和第二個問題一齊呈現出來，使學生在學習第二個位提前，可以根據標準答案核對自己答案的對錯（高廣孚，1988）。

(三)步驟

　　教材編序步驟如下：

■界定範圍。

■蒐集有關之技術用語、事實、法則、原理與個案。

■將這些材料盡可能的以直線發展順序安排，必要時也可分支。

■將教材中之細目分布均勻，使學生能完全精通所學內容，不可有所偏失。

■利用現有增強呈現方式，選擇個體所作之有效反應增強，並藉著控制變項來促使個體做出更複雜的反應。

■設法使先前學過部分，能間歇出現在後來教材中，並加強複雜程度。

(四)優點與限制

　　編序教學法優點與限制如 下（高廣孚，1988）：

優點	限制
(1)補救班級教學的缺點。	(1)不易普遍推行。
(2)提高學習效果。	(2)課程編制困難。
(3)減少學習挫折。：	(3)情意陶冶不易達成。
(4)易於診斷學習困難。	(4)教育理念趨於偏頗。
(5)改進教育品質。	

二、結構化教學法

(一)涵義

　　結構化教學法是一種組織班級的系統，也是一種教學過程，以自閉症類群障礙的認知、需求、興趣為考量，調整環境以增進其獨立能力與行為管理（楊宗仁、李惠蘭，2010）。

(二)要素

結構化教學包含四項要素(Mesibov& Howley, 2003)：

■**物理環境結構化**又稱為**空間結構**。指物理空間的規劃和安排，教師安排教室裡的設備、教具和情境，讓每個活動空間都有一致的、視覺清楚的區域，來增加環境的組織與意義，增進自閉症學生對教室的理解。

■**時間表**。即提供視覺提示，告訴自閉症學生在一天中有什麼活動及活動順序，提醒他們注意自己的責任，也讓自閉症學生預測與了解他們將會如何，以及什麼順序發生。

■**工作系統**又稱**個別化工作系統**。這是基於自閉症學生的時間表發展而成，目的是為了告訴自閉症學生某項活動或工作的實施順序，並指導他們要做什麼工作。以視覺化的結構組織方法，幫忙他們有效地完成工作。

■**視覺線索**又稱**視覺提示**。視覺線索主要包含三方面：(1)視覺清晰。運用視覺的明顯區分，在重要或相關的資訊上吸引或提升自閉症學生的注意力，讓自閉症學生一看就知道要做什麼；(2)視覺組織。即以清楚的視覺引導，將空間和工作籃組織起來，協助他們了解部分和完成之間的關係位置；(3)視覺教導。是用文字或圖像提示，給予學生如何完成工作的訊息，以說明工作步驟及完成目標，讓自閉症學生一看便能清楚知道如何完成該項作業。

三、直接教學法

直接教學法是由教師為整體教學的中心，並將整個教學結構化、系統化。教學過程中，教師應伴隨鼓勵與回饋，並提供有利學習的教學氣氛，讓學生增加學習成就和減少挫折。直接教學法的內涵包含有（鈕文英，2003；盧台華，1985）：

(一)教學設計

教師須能系統化的將學生背景知識與新知識有效連結，並有效分析所運用的策略及順序，讓學生能逐步學習，因此需把握下列重點：

■確立重要的行為目標。

■確認課程內容的重要概念

■設計問題解決策略

　　■決定必要的教學程序

　　■設計教學腳本，事先規劃好相關教學內容及活動

　　■選擇適當範例並系統性呈現

　　■提供大量練習與複習機會

(二)教學組織

　　在教學組織上的重點包含：

　　■小組教學

　　■持續性評量

　　■教學時間安排，最好不超過 10-15 分鐘

(三)教學技術

　　在教學技術上的重點包含：

　　■同聲反應。當教師問問題時，請全體學生一起練習回答。

　　■清晰的反應訊號。老師可透過拍手、手勢、點頭等方式來指示學生一起回答的時機。

　　■快速的節奏。教學速度上應由慢至快，並給予短暫的停頓時間，讓學生能思考後而回答。

　　■座位安排。透過半圓形的安排，讓所有學生皆能看到與聽到老師，以利教學進行。

　　■指導和監控。隨時聆聽學生回答與觀察學生的學習反應，才能依其學習情形作適當調整。

　　■糾正錯誤。師需糾正學生做出的錯誤反應

　　■診斷與補救。老師應能找出學生錯誤原因及類型，進行教導並再測驗，以確保導正學生的概念。

　　■增強。運用行為改變技術來提高學生的學習動機。

四、自然環境教學法

　　自然環境教學法是為統稱各種自然語言介入的方式，教學主張於自然環境中(如：教室、學校、家庭及社區)進行；教學內容以功能性為重點，以學習者為中心，促使學習者產生自發性與類化性溝通行為及學習的一種教學方式(黃志雄，2002)。

　　本研究所稱自然環境教學是指以學習者為中心，在自然環境中，運用環境的安排及教學策略進行溝通訓練。自然環境教學策略包括示

範(model)、提示－示範 (mand-model)、時間延宕 (time delay)和隨機教學 (incidental teaching)。

五、情境教學法

情境教學法(milieu teaching, MT)，由 Hart 和 Risley 早於 1975 年提出，早已被廣泛應用於語言訓練中。情境教學法講求行為分析及社交互動，步驟有三：(1)提問—示範(mand-model)；(2)時間延宕(time delay)；(3)隨機教學(incidental teaching)。**提問—示範**是指先向兒童**提問**，如「要咩呀？」或「做咩呀？」，如果兒童沒有回答，便隨即**示範**正確的回答，如「波」或「畀」(Rogers-Warren & Warren, 1980)。當兒童能反覆模仿治療師的示範後，便會**延宕**口頭的提示，務求能減少兒童依賴**提問—示範**。經過反覆練習後，當兒童已經不再需要**提問—示範**時，訓練目標便會轉移到延長句式，或學習新詞彙，如「要」。**隨機教學**是指以上步驟是在一個自然的溝通情境中進行的，大多是在遊戲中。就是借助遊戲中的自然對答來教授語言。

其後有人提出**加強版情境教學法**(enhanced milieu teaching, EMT)，由**環境設置、循循善誘/循序漸進的互動**及**情境教學法**三者所組成，算是第三代的自然教學法(Hancock & Kaiser, 2006)。**環境設**是指設計一個促進學習的環境，如設計吸引兒童的遊戲、以及設計鼓勵以語言來實際溝通的情境等。兒童在這個情境中，能夠保持興趣，且會有多次練習以口語溝通的機會。**循循善誘/循序漸進的互動**是指治療師在跟兒童對話時，要提供恰到好處的回應。回應的語句需是剛好比兒童的語言程度稍高的，不論是語意上還是語法上，同時還要做到讓兒童主導遊戲及不論口語與非口語的溝通舉動都需要回應等。

六、建構式教學

(一)建構主義之內涵

建構主義(constructivism)認為學習者本身在習得知識中扮演一個最根本且主動的角色，並從中建構和重組自己獨一無二的世界(余民寧，1997)。也就是說，建構主義論者認為，知識並非由被動收穫而得，而是認知個體主動建造構築而成的。教師是學生建構知識過程中的促進者，而且強調學習者的先備知識對於其後續學習的重要性。建構教學理念有以下基本內涵（朱則剛，1996； Wheatley,1991）：

■知識是建構而來。但並非所有知識都要學習者建構。

■教學的目標應鎖定在協助學習者參與知識的創造與發明及解決問題能力的培養，而不只是知識複製與記憶。

■建構式教學是以學習者為本位，重視學生主動參與學習，強調發現學習及解題能力的培養。這種教學觀點也很重視學習者的自然想法及先備經驗。

■建構教學相當強調情境學習。這種取向的學習情境是自由的、開放的及合作的情境，也是師生共同建構和維持的。此外，更是充滿刺激與挑戰、質疑與辯證的學習情境。

■教學活動歷程一方面鼓勵學生反省，另一方面倡導合作學習。

■強調以學生為本位的教學，教師角色則為問題情境設計者、協調者及協助學生知識建構的促進者。

■教學評量須從學習者解題的歷程著手。評量重點在於知識概念的轉變與心理能力的提昇，教師必須在學習過程中不斷評估學生的發展情形，以做為調整教學方向或方式的依據。從建構教學的需求來看，教學評量須採更多元方式才能瞭解學生的知識成長。

(二)建構主義教學設計原則

建構主義教學設計原則，如表 12-1（徐照麗,1996）：

表 12-1 建構主義教學設計原則

學生經驗特質	以學生已具備的認知能力為進一步學習的基礎
學習目標	原則一：設計問題導向或認知層次較高的目標 原則二：學習目標由老師輔導學生決定 原則三：目標兼顧學習過程(如何)與學習內容(什麼)
學習內容	原則一：師生角色-由學生主導自己學習方向,老師輔導與支援學習活動的進行 原則二：豐富資源-安排一個學生可以自由運用器材或靈活運用資源的環境, 原則三：合作學習-組織一個可以自由表達個人看法,相互溝通、尊重的合作學習情境

七、交互教學法

　　這種教學法是依據可能發展區、專家鷹架和期望教學等理論所提出的閱讀理解教學法，可使學生的閱讀理解和閱讀文章所使用的總結，質問、澄清和預測獲得增進；主軸是師生輪流引導對話，包含四項主要策略(Palinscar & Brown, 1984)：

　　1.**提出問題**。指導學生閱讀後，要求其根據文章重點提出相關的問題，避免問及不重要或細節的訊息。在提出問題策略上，教師可提供學生題幹來形成問題，如以「6W」協助學生發問。

　　2.**摘要**。指導學生針對文章內容所出現的重要概念加以統整，學生若能摘要重點，排除不必要或重覆的訊息，則表示其已能理解所閱讀的內容，而且能確認閱讀文章的重點。

　　3.**澄清疑慮**。指導學生確認不能理解之處。在過程中，這是一種理解監控的策略，如反覆閱讀。

　　4.**預測**。 指導學生根據文章題目、大綱、圖畫等預測文章的可能內容，及根據文章上一段的內容陳述，預測下一段會發生什麼事或有那些訊息。

八、社會性故事教學

　　社會故事是一種個別化的本文和故事，從學生的觀點描述特定的社交情境。這種描述可能包含情境發生的地點和原因，他人的感受和反應如何，或激發其感受和反應為何？(Kuttler, Myles, & Carlson, 1998)。故事可能是書面文件與可用圖片配對錄音帶或錄影帶。社會故事有四種基本句型，如表 12-2：

表 12-2 社會故事的基本句型

句型	說明	例句
描述句	對事實事件的確實或假設描述；指出社會觀點、情節和情境，引導故事的發展；是主題中最重要的觀點，出現率最高	‧我的名字是○○○。（常出現在第一句） ‧有時老師會要我們排隊。 ‧下課時，很多小朋友在操場打球。
	描述或說明其他	‧我的老師知道數學（知識/想法）。

觀點句	人的內在想法或認知；描述或說明其他人的內在感覺或信念；描述或說明其他人的生理情況或健康	・我的姐姐通常喜歡彈鋼琴（情感）。 ・有些小孩相信有中秋節兔子（信念）。 ・許多小孩喜歡花生和果醬三明治當做午餐（觀點）。 ・許多小孩決定認真寫完功課再休息（行動）。 ・有時，人們吃太多時會覺得不舒服（生理情形/健康）
指導句	指在情境中，建議可做的反應或選擇	・我試著坐在座位上。 ・我可以要求爸爸媽媽擁抱我。 ・在遊戲場，我可以決定玩溜滑梯或是其他東西。
肯定句	強調一個觀點，指的是一個法律或規定；給學生保證，讓其安心；通常緊跟在一個描述句、觀點句或指導句之後	・大部分的人在點心後吃晚餐，這是一個好主意（強調一個重要的觀點）。 ・我會試著把我的安全帶弄緊，這是非常重要的（遵從法律）。 ・廁所沖水時會有聲音，這是很平常的(保證)。

九、鷹架教學

(一)涵義

　　鷹架教學(Scaffolding Teaching)又稱支架式教學，是指當學生在學新一項新能力與概念時，教學者要提供怎麼樣的準備最能協助他成長。鷹架理論的發展背景主要是延伸近側發展區(Zone of Proximal Development, ZPD)，也就是學生收到一個任務、面對一項挑戰時，其難度是否介於「學生無法達到」（就算有協助）與「學生可達到」（就算沒協助）之間，學生可透過協助達到的區間，而鷹架主要就是用於比喻在這 ZPD 區間要提供給學生的協助(Wood et al., 1976)。

　　Dyson (1990)認為鷹架的意義應該包含「垂直」與「水平」兩個層次：垂 直鷹架是將學習內容配合學習者的意圖與需求加以結構化處理，並在教學互動中鼓勵學 習者認知的複雜化，以培養其應用能力；水平鷹架則強調教師的支持與學習內容應配合 學習者的社會背景和

經驗，而非孤立的教學支持

(二)主要元素

鷹架理論的主要元素：

■暫時性的。當學員變熟悉後，鷹架是逐漸被指導者移除的。

■雙向互動、可調整的。專家與學習者間的互動，必須是互動合作而不是單方面的傳遞。

■調整輔助後能被發展的能力。學習應該發生在近側發展區，也就是在挑戰難度與既有能力之間取得平衡。

(三)鷹架支持類型

鷹架支持的類型包含喚起學習 者的興趣、減少自由度（簡化問題）、讓學習者保持對目標或任務的方向、對學習者指出關鍵特質、對學習者挫折的掌控、提供示範等六種，而這些鷹架的支持主要來自成人專家與兒童之間的互動(Wood et al., 1976)。

十、精熟學習法

精熟學習法是假定學生必須學習每種能力順序，以利學習一種任務。就像爬梯子一樣，如果錯過一些階梯就可能會掉落下來。運用此種教學法必須徹底了解每一學科領域的能力順序。精熟學習取向的步驟如下：(1)建立學科領域上能力的順序；(2)教師試著決定學生已學得多少，順序內還有哪些是未知的；及(3)順序上應從何處開始教學。布魯姆(Bloom)認為精熟學習的教學過程大致如下（張世彗，2019）：

(一)引導階段

教師常利用上課時間告訴學生他們要學習的內容、方法、精熟標準評量程序及成績評定方式等。

(二)教學步驟

教師首先將一學期的教材分成許多連續的小單元，每一單元的教材份量約需一至二週才能教完。教完後則測試，如有錯誤須校正，學生只需對錯誤之處重新學習即可。然後，施予第二次形成性測驗以確定是否精熟該單元。至於在第一次測試中達到精熟標準者，則可先進行充實學習的活動，然後再進入下一單元的學習。

批評者質疑此種學生必須習得每種特定能力以學習任務或學科。他們認為學習是以較整體的方式發展的，反對兒童必須按部就班學習

每項次要能力。

十一、工作分析法

　　工作分析法(task analysis)是將一種複雜行為或任務分解和順序化為組成的小步驟，也是教導障礙個體複雜功能性和職業技巧的基礎。建構工作分析步驟的工作指引(Alberto & Troutman, 2013)：(1)界定目標行為或任務；(2)確定學習任務的必要技巧：「學生需要知道甚麼？」；(3)確定所需的材料來演示任務；(4)觀察有能力的人演示任務，並依序列出成功完成任務所必要的步驟。

　　教師必須採取步驟來確保學生有能力將所學習到特定技巧類化至其他情境。一旦完成工作分析，學生需要更多練習任務中的各項小步驟。針對學業性任務、訓練軟體的電腦可以讓練習數量是沒有限制的。以下是刷牙的其工作分析步驟：

```
┌─────────────────────────────┐
│        拿取刷牙用具          │
└─────────────────────────────┘
              ↓
┌─────────────────────────────┐
│          握住牙刷            │
└─────────────────────────────┘
              ↓
┌─────────────────────────────┐
│         打開水龍頭           │
└─────────────────────────────┘
              ↓
┌─────────────────────────────┐
│        洗漱口杯及牙刷        │
└─────────────────────────────┘
              ↓
┌─────────────────────────────┐
│         .拿取牙膏           │
└─────────────────────────────┘
              ↓
┌─────────────────────────────┐
│         打開牙膏蓋          │
└─────────────────────────────┘
              ↓
┌─────────────────────────────┐
│      擠適量牙膏在牙刷上      │
└─────────────────────────────┘
              ↓
┌─────────────────────────────┐
│         關上牙膏蓋          │
└─────────────────────────────┘
              ↓
┌─────────────────────────────┐
│   刷牙（1-6 部位）每顆牙齒表面 │
└─────────────────────────────┘
              ↓
┌─────────────────────────────┐
│     吐掉多餘牙膏在洗手台上    │
└─────────────────────────────┘
              ↓
┌─────────────────────────────┐
│   繼續刷完所有牙齒直至乾淨    │
└─────────────────────────────┘
              ↓
┌─────────────────────────────┐
│            漱口             │
└─────────────────────────────┘
              ↓
┌─────────────────────────────┐
│      洗淨牙刷、漱口杯        │
└─────────────────────────────┘
              ↓
┌─────────────────────────────┐
│       將刷牙工具歸位         │
└─────────────────────────────┘
```

十二、區分性教學與差異化教學

(一)涵義

區分性教學(differentiated instruction)，又稱**差異化教學**，是指重新調整教室的進行讓學生在取得知識、了解概念和表達其所學得有多種選擇(Tomlinson, 2012)。甄曉嵐(2012)則將其界定為:「因應同一班級之不同程度、學習需求、學習方式及學習興趣之學生提供多元學習輔導方案的教學模式」。也就是，區分性教學意指教學以學生為中心，教師在實施區分性教學活動之前，須主動瞭解每一位學生的先備知識與經驗、學習風格、興趣、動機、學習成就、學習速率、自我期許及家庭所能提供的資源與支持等，再依上述的個別差異點進行教學活動。

(二)教學方式

區分性教學為了因應學生的差異，需經由教材、教學方法或學習成果之重新調整如下:

調整向度	項目	實例
教材	材料	・簡化教材　・刪減教材內容　・以其他教材取代
	形式	・提供不同形式的教材，如有聲書　・提供有圖片或多媒體的教材
教學	感官經驗	・調整學習過程所使用的感官刺激，如將聽講加入看和操作
	教學形式	・教師單向授課調整為提問讓師生雙向互動 ・將一節課分成幾個小節，每小節都提供學生練習，增加學生練習之機會，減少學生練習的份量。 ・除講授內容外，也教導學生一面聽講一面做筆記 ・先講授再練習，調整為先操作後提問，再講解
	情境	・調整上課地點　・調整上課人數
評量與作業	內容	・寫試卷改為寫報告　・寫讀書心得改為講給他人聽
	標準	・延長時間　・降低作業難度　・降低作業份量
	形式	・同意報讀或使用計算機　・個別作業改為小組作業 ・寫單字改為拼字卡或填充
成績	標準	・改變計分形式，由得分改為通過與否 ・改變作業或各項所占的百分比
	計算方式	・提供加分作業　・採累加方式，滿分不限

參考林素貞等譯（2013）調整

(三)區分性教學的優點

　　區分性教學可以幫助教師與不同的學習方式聯繫起來。並非所有學生都會對課堂教學做出回應；有些學生透過閱讀可能比使用電腦學得更好。讓學生選擇他們的學習方式，使他們能夠以最適合他們的方式實現學習目標。

　　在某些教室中，需要對身心障礙學生進行區分。區分性教學讓所有學生都有機會跟上學習目標的步伐。無論教師在教什麼，有些學生會發現某些材料很吸引人，而另一些學生則不會，而且學生會在不同時間內學習相同的材料。為了讓教師所教的東西更有可能引起每一位學生的共鳴，區分性教學激勵他們以有利於自己興趣和獨特學習的方式學習材料。

十三、圖片兌換溝通系統

　　圖卡兌換溝通系統(The Picture Exchange Communication Systems, PECS)，是針對無口語或低口語兒童所設計的溝通訓練方法。在結構化的情境下，教學者藉由個案對於增強物的喜愛與需求，進一步促進溝通意願，利用圖卡協助個案發展主動溝通的能力。圖卡兌換溝通系統的教學分成六階段，最初個案藉由圖卡來傳遞訊息，到最後能逐漸發展出句子結構及自發性回應，並應用在生活中。以下介紹各階段的訓練重點（鈕文英，2016）：

　　1.階段一：以圖卡易物

　　這個階段由兩個訓練者合作進行，一名為「溝通者」，另一名為「提示者」。首先，溝通者坐在兒童對面，提示者坐在後面，溝通者需引誘兒童去拿喜愛的物品，當提示者看到兒童欲拿取喜愛物時，可用肢體協助提醒兒童拿取圖卡給溝通者。待溝通者確認兒童拿到圖卡後，要立即回饋，把兒童想要的物品交給他。

　　2.階段二：增進自發性溝通

　　這個階段強調：拉長兒童與溝通者及兒童與溝通簿之間的距離，激發主動意願。先拉長兒童與溝通者之間的距離，鼓勵兒童從眼前的溝通簿中拿取圖卡，交給溝通者，再拉長兒童與溝通簿之間的距離。若兒童不知如何進行時，提示者可用肢體適時協助，等到他學會這項技能，再慢慢退出。

3.階段三：區辨圖片

這個階段為訓練兒童從溝通簿的數張圖卡中，挑選有想要物品的圖卡，並交給溝通者。可由兩張圖卡開始練習區辨，例如：讓兒童指出喜愛物與討厭物的圖卡。然後，再逐漸增加圖卡數量，直到兒童能從數張圖卡中，找出最符合需求者。

4.階段四：句型結構

這個階段的目標，是要訓練兒童能拿起「我要」及喜愛物的圖卡，並且由左至右貼在句型條上，再從溝通簿將句型條摘下交給溝通者，以換取需求物。

5.階段五：接受性語言訓練

溝通者問兒童：「你想要什麼？」兒童能拿出「我要」及喜愛物的圖卡，並自發性回應。

6.階段六：刺激自發性反應

除了問兒童「你要什麼？」外，溝通者可增加「你看到什麼？」「你聽到什麼？」「這是什麼？」等句型，以刺激兒童自發性反應，並回答常見的問題。

十四、多層次教學

多層次教學 (multi-instruction)是指在相同的課程內，進行不同類型的學習；採用不同教學方法、不同的學習活動，接受不同的學習成果(吳淑美，1996)。簡言之，便是在情境中，以同一教學主題，達成學生個別間不同的目標。在課程活動中，強調的是部分參與，目的在使每一個學生都能發揮能力，因而產生參與感及成就感。

十五、核心反應訓練

核心反應訓練(Pivotal response training, PRT)最早由 Koegel 與 Schreibman 發展，主要理論是根據應用行為分析中「刺激－反應－後果」的概念進行訓練，核心反應訓練強調透過自然情境及提高動機幫助兒童習得核心技能，進而對其他行為（如語言、社會互動、認知能力等）產生衍生性影響。所謂核心反應，又稱核心行為，係強調直接以最具有核心的功能性行為進行介入，藉由改變核心行為，連帶影響改變其他數種的行為。

PRT 包括以下核心領域 －多重線索的反應、動機、自我管理、

自我主動等核心中樞，以人體中樞核心反應的架構來進行介入教學(鳳華等人，2015； Koegel & Koegel, 2012)。其教學訓練的基本元素如下(Koegel et al., 1989)：

1.為提高兒童的學習動機，充份給予兒童選擇其喜愛玩具之自由權，根據兒童的興趣，時常變化玩具類型。

2.明確地描述指令，給予示範、提示，重視自然後果之增強，當兒童有接近自發性的行為時，立即給予鼓勵。

3.穿插兒童已習得之技能於新技能中，維持兒童學習動機。

4.提供許多相似例子，讓兒童與研究者（教學者）輪流遊戲，以提高其社會能力。

十六、活動本位介入教學

(一)涵義與要素

活動本位介入教學(activity-based intervention, ABI)，是指將學習目標整合於幼兒日常活動或其感興趣的功能性活動之中來學習。此種教學方法是「由幼兒所主導，是在例行的或已設計好的活動中，嵌進幼兒個別的長期或短期目標，並且利用合乎邏輯的行為因果來引發功能性和生產性的能力(Bricker & Cripe, 1997)。

活動本位教學包含四個基本要素(Pretti-Frontczak & Bricker, 2004)：

■教學由幼兒主導，並重視幼兒的互動；

■將教學融入例行性、計劃性或由幼兒創發的活動中；

■所習得的是功能性和類化性的技能；

■系統化地運用自然合理的前事與後果。

(二)教學策略

常用的教學策略有下列幾種(Bricker & Cripe,1997；Pretti-Frontczak & Bricker,2004)：

■**遺漏**(forgetfulness)：指教師遺漏了某項學習材料或用具，或教師過度強調活動中幼兒熟悉或重要的部分，而遺漏了其他部分。

■**新奇法**(novelty)：幼兒通常會被新的玩具或活動所吸引，利用此特性可以引發幼兒出現教師期望的行為反應。

■**看得見卻拿不到法**(visible but unreachable)：將物品擺放於幼兒看得見卻拿不到的位置，可刺激幼兒社會性、溝通和問題解決能力的發展，

尤其適於溝通能力訓練。

■**違反期望法**(violation of expectation)：指將活動或例行作息中的某一個熟悉的部分或步驟省略或改變，使其與幼兒所期望的不相符。

■**片段分次法**(piece by piece)：對於需要組合片段物件或使用到多項或多次物件的活動，教師可逐次限量分配提供片段物件，所以幼兒必須逐次地要求給予所需的片段物件。

■**尋求協助法**(assistance)：安排必須要教師或同伴協助使用的器材，或需要師生共同參與的活動，如此將使幼兒必須要求教師或其他幼兒的協助才得以進行活動。

■**干擾妨礙法**(sabotage)：刻意且隱密地干擾活動進行，可刺激幼兒的問題解決技巧和溝通行為發展。

■**中斷或延遲**(interruption or delay)**法**：中斷或延遲指教師將幼兒的某一連鎖行為予以中止，使其無法繼續該行為；延遲則指暫停活動或略加延宕，以引起幼兒的反應。

十七、蘇格拉底教學法

這種教學方法又稱**產婆法**，就是教師用一連串相關問題激發學生思考，他從不給學生現成的答案，他用反問和反駁的方法，使學生不斷地修正觀念，接受他的思想影響。此時，教師所扮演的是知識「接生婆」的角色，而不是「填鴨者」。蘇格拉底運用這種辯證法，從正反二面切入事象本質，可啟發人的思想，使人主動分析、思考問題，證明真理的具體性與相對性，在一定條件下可向自己的反面轉化。

十八、聽覺口語教學法

聽覺口語教學法是一種幫助聽覺障礙兒童利用殘存聽力，藉由佩戴合適的助聽器或以植入人工電子耳的方式，協助聽覺障礙兒童透過聽能學習口語溝通的聽語訓練方式。將聽能、語言、說話、認知，依據其一般兒童發展程序，在自然且有意義的生活情境中，學習傾聽、說話及語言。這種教學法的特色包括：(1)強調聽能的學習方式；(2)持續的聽能管理；(3)一對一個別化診斷教學；(4)重視父母的深度參與；(5)運用生活中的自然情境學習語言；(6)融合到普通學校就讀。聽覺口語教學法的服務對象：主要教導對象為聽覺障礙兒童的家長，在自然生活情境中為聽覺障礙兒童進行語言刺激與輸入

(http://www.chfn.org.tw/service/learn/12)。

十九、嵌入式教學

　　嵌入式教學法(Embedded Instruction, EmI)強調以學生為本位的介入法
(McDonnell et al., 2014)。在普通教室典型的作息和活動中執行 EmI，可讓教
師持續教導適合全班性的學業內容的同時，還能在一整天中高結構性
地創造嚴重認知障礙學生練習的機會。

　　EmI 有下列特徵：(1)為普通教育情境中的學生先界定期望的學習
成果；(2)在每一堂課或上課期間要經過系統性分析、規劃出傳遞教學
的時機；(3)教學是奠基於實踐有效教學程序，意指控制好教學示例、
反應提示、褪除、錯誤校正和增強程序；(4)依據學生表現的資料來決
定教學有效性。

二十、社區本位教學

　　社區本位教學是指以社區資源為本位的教學內容。社區本位教學
利用社區情境，教導智能障礙學生功能性技能，並使課堂的學習能力
能類化到真實情境中，以便成為在社區中積極主動的成員（張勝成、王明
泉，1999）。

二十一、故事結構教學

　　故事結構教學是以故事結構分析法為主要教學策略，利用每篇故
事基本的結構元素，協助學生閱讀故事體文章時，對整體文章內容的
理解與記憶。而故事結構分析法會利用圖表來呈現故事中每個結構元
素，將閱讀材料內容結構化，可幫助閱讀者更容易瞭解閱讀材料(黃瓊
儀，2003)。故事結構約可包含五至七個元素，最常包括主角、時間與地
點、主要問題、事情經過、主角反應、故事結局等(王瓊珠，2004；Hughes, et
al.,1997)。

　　透過分析故事結構要素分析，將故事內容結構化；並注重故事字
面理解及引申推論之寓意，不僅能訓練學生語言理解，也能增進其口
語表達、語用技巧，甚至書寫能力。相關故事結構教學法，通常會融
入大聲朗讀、問答命題、摘要、重複說故事等方法，以提升學生學習
興趣與教學成效(王瓊珠，2004)。

二十二、功能性溝通訓練

功能性溝通訓練(Functional communication training, FCT)是針對嚴重行為問題最常見和最有效的干預措施之一。FCT 是一種差異強化(DR)程序，在該程序中，個人被教導一種替代反應，導致同一類強化被確定為維持問題行為。問題行為通常被置於消退狀態（即強化不再跟隨問題行為）。功能性交流訓練不同於其他基於功能的 DR 程序，因為替代反應是一種可識別的交流形式（例如，發聲、手語）。FCT 干預通過三個階段進行。進行功能分析以確定作為問題行為強化物的環境事件和引發問題行為的條件(Michael,1982)。通過將發現用於維持問題行為的強化物重新分配給該交際反應，社會可接受的交際反應得到加強。最後，FCT 治療擴展到不同環境和護理人員。

二十三、同儕中介式教學

(一)涵義

同儕中介教學（介入）是指在教師的監督與指導下，利用同儕擔任指導者與學習者，幫助學生有效發展學業及社會技能，此策略適合應用在任何年齡、群體、不同能力水準的教學對象，更可廣泛應用於各種學習領域(Cole &Chan, 1990)。

(二)特徵

在形式上，同儕中介教學具有四個特徵，分別為：(1)教師指派和訓練學生成為教導者角 色；(2)在教學過程中由學生教導其他學生；(3)教師在過程中負責監控和幫助學生；(4)運用結構化的設計增進學科和社會學習目標。符合上述特徵之策略包含(Kroeger & Kouche, 2006)：

■合作學習。這是透過合作來增進學生間的互動，以達成認知與情意學習。過程中,小組成員透過異質分組、積極互賴、面對面互動、個人責任、人際技巧及團體歷程，共同達成小組目標。故合作學習中每個成員都有其重要任務，也為小組的學習狀況負起責任，同時學習人際互動技巧及參與小組反省討論。

■同儕教導。同儕教導包含同儕小老師和全班性同儕教導。同儕小老師取向的教學策略又可分為反向角色教導、同年齡同儕教導、跨年齡同儕教導等。至於全班性同儕教導則是由教師將學生配對，互為指導者與學習者，並於全班性活動中進行雙向的同儕教學，包括全班

性同儕指導、同儕交互指導教學、以及同儕協助學習策略。

二十四、替換式數學教學

(一)涵義

　　替換式數學教學主要是結合明確教學、認知負荷理論及建構式教學進行教材與教學設計，以進行有效的適性教學。明確教學是根據行為心理學而來的，教師直接教導學生明確的步驟，課前先分析教材，以設計結構化教材，了解學生能力，設定目標；課程中透過示範解說明確的知識和步驟，引導學生練習並給予立即回饋（詹士宜，2013）。認知負荷理論則是基於人類的工作記憶容量有限，若訊息過多反而會造成學生認知負荷過大。有效的訊息選擇與處理才能提高學習成效。建構式教學認為學生不是被動的學習者，生活中的數學問題也不是只有一種固定樣態，學生須能主動選擇與排除無關因素才能真正解決問題（詹士宜，2014）。

(二)設計原則與替換方法

　　替換式數學設計分為「水平題型」與「垂直題型」。水平題型是透過相似的題型讓學生不斷練習和理解，並習得技巧或概念；垂直題型則是一種新概念或技巧，必須詳細解釋和說明，甚至更多的例題，直到了解才開始水平題型的練習（詹士宜，2013）。替換方法可從教材著手，也可從教學策略做變化。以教材為例，可做的替換如下：

　　■垂直替換。主要是考量學生先備能力做概念替換，學生越有困難需分割的概念越細，或省略太簡單的概念替換。

　　■水平替換。為同類型的題目做些微變化，例如：數字替換，先從小的數值開始，讓學生可專注於了解計算規則或應用問題的意思，然後再調整數值為適合學生的能力；語詞替換，如人名、物品名稱、動詞替換；語句替換，藉由語句替換可讓學生容易理解題目；情境替換，用學生熟悉的問題情境，增加學生對應用問題的理解。教師在教學過程中須根據學生學習特性，及教學後反應和需求來調整策略。教學策略包含適切提問、彈性使用策略、營造情境、提供輔助、利用各種表徵、示範解題、解題練習、放聲思考等。

二十五、單一/分割嘗試教學

(一)涵義

單一嘗試教學(discrete trail teaching)是根據應用行為分析理論基本三要素：『刺激(Antecedents)→行為表現 (Behavior)→結果(Consequence)』所發展出來的一種教學法，強調教學刺激、行為與結果相互聯結的關係。它是一種教學過程用於發展大部分的技能，如認知、溝通、遊戲、社交和獨立技巧等，這種方法將教學技能細分到最小的教學單位，一次只教導一個技能直到該技能精熟為止，在教學過程中，給予學習者適當協助並使用大量的增強，增加正確反應並減少不正確的反應（鳳華，2002）。

(二)教學呈現方式

■聚焦階段。只呈現教學刺激，教學重點在於確認學生學會該教學刺激與反應的連結。

■辨識階段。逐漸加入新的教學刺激，教學重點在確認該教學刺激與反應的連結。

■熟練階段一。隨機的呈現教學刺激及其他相關的教學刺激，教學重點在熟練該教學刺激與反應的連結。

■熟練階段二。隨機的呈現教學刺激與其他的教學刺激，教學重點在熟練該教學刺激與反應的連結。

■類化訓練。將訓練情境中所學到的新技能類化到不同情境。

二十六、自然取向語言教學

這是由 Krashen 和 Terrell 所發展的語言教學方法。它主要在於促進課堂環境中的自然語言習得，強調互動，並降低有意識的語法學習和刻意糾正學生錯誤，盡可能讓學習環境沒有壓力。在自然方法中，不強調也不強制語言輸出，而是在學生接受了大量可理解的語言輸入後自發地產出語言(https://zh.wikipedia.org)。

貳、教學策略/原則

一、增進識字的策略

(一)建立音韻覺識

教授音韻覺識的策略，如學習計算中文字上的音韻，來分割中文字的聲母和韻母，同時認識聲調。

(二)使用脈絡線索

脈絡線索可協助學生透過句子或章節的脈絡來識字。一旦資訊重覆或另有資訊支持來源時，語言重覆就會發生。

(三)運用結構分析

指透過分析有意義的國字單位，如部首(火部)來識字。閱讀者可認識中文字的結構元素（如偏旁）這些線索組合句子的前後脈絡來識字。

(四)強化視力國字

視力國字指立即可認知，無須遲疑或進一步分析的國字。流暢性閱讀需要多數字為視力國字。一旦選擇的閱讀材料包含太多困難的非視力中文字，其結果是費力且令人挫折的。

(五)組合認字線索

鼓勵閱讀者使用所有的認字線索，如脈絡線索、結構分析和視力國字。在閱讀歷程中若遇到未知的字而中斷時，他們就需要這些策略。閱讀者通常會一起使用幾個線索，直到他們認識這個未知的字。

二、識字教學取向

(一)分散識字法

這種識字教學法是將生字打散於不同課文中，隨著課文學習而識字，讓學生個別學習每個字的形音義

(二)集中識字法

這是將形體相近的文字集中教學，讓學生在學習該生字的同時，也能辨認相似形體的文字。例如：課文為「天氣晴晴河水清，小小青蛙大眼睛；小青和小靖，看到蜻蜓好心情。」學生一下子就可以學習到「睛」、「清」、「青」、「靖」、「晴」、「情」等字。

(三)部件識字法

部件識字法是指透通過對漢字部件結構的分析，進行識字的一種方法。部件識字又稱漢字分部教學法，包含部件分色教學法（黃碧雲，1990）。漢字分部教學法是運用文字學的知識，有系統的根據說文解字中的部首，分類的向學生介紹漢字。部件分色教學則進一步將各字中的部件以不同顏色標示，凸顯其在各字中扮演的角色等性質，讓學生學習時留下鮮明記憶。

它的缺點則在於機械式記憶，不易保存；而有的部件沒有名稱，必須另外命名，造成學習困難。經過實驗教學之後，也發現實驗結果在學習效果上出現兩極的現象。

(四)圖解識字法

是將文字以圖像方式呈現，透過圖像來解釋文字意義的一種方法，因此它是一種文字圖像化的視覺學習策略。

(六)基本字帶字教學法

這是透過給基本字加偏旁部首的辦法「歸類識字」，引導學生利用熟字記憶生字，同時啟發學生理解中文字的形義關係、形音關係及義音關係，使學生能夠統一聯繫字的形音義，以提高識字的效率。

(七)形聲字識字教學法

形聲字識字教學法係指導學生以「部首表義」及「聲旁表音」為識字線索，學習一組具備相同「聲旁」的多個國字。例如：「場、湯、腸」等字皆具備「昜」之聲旁，亦即這三個字皆具有「尢」的音韻特性，教學時提示學生根據同韻及不同部首的特性，同時辨識這一組字。

(八)意義化識字教學法

這種教學法係利用國字的六書原理及文字本身可能的意義線索或記憶線索，設計有助於學生記憶中文字的意義化教學內容。例如：「琴」字的意義化教學內容為「二個小公主今天一起彈琴」。

(九)字族文識字教學法

就是以一個字為母體字，加上不同偏旁來衍生出許多字形類似的字族字，然後根據這些字族編寫文章。例如：「人」部，可組成「他、們、夥」等字，然後根據這些字族編寫程易讀的韻文。

(十)字理識字教學法

就是根據六書造字原理，運用直觀、聯想實物或圖形的方法，來聯繫字形與字義，達到識字目的的教學法(張世彗，2019)。

三、增進閱讀理解的策略

(一)閱讀前、中、後的理解活動

閱讀理解可在閱讀前、中、後教導，其教學流程，如圖 12-1 (Richek et al,1996)：

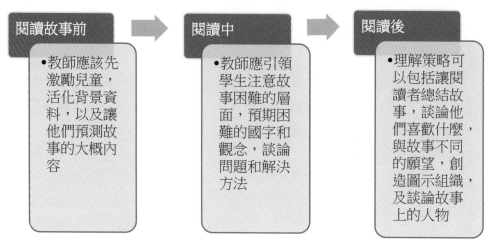

閱讀故事前
- 教師應該先激勵兒童，活化背景資料，以及讓他們預測故事的大概內容

閱讀中
- 教師應引領學生注意故事困難的層面，預期困難的國字和觀念，談論問題和解決方法

閱讀後
- 理解策略可以包括讓閱讀者總結故事，談論他們喜歡什麼，與故事不同的願望，創造圖示組織，及談論故事上的人物

圖 12-1 閱讀前中後理解活動的流程

(二)活化背景知識

這種方法使用學生本身的經驗和語言作為原料。學生開始先對著教師口述故事（或自己寫故事），然後這些故事變成他們閱讀教學的基礎。透過語言經驗法，學生將書寫材料概念化成如下：「我能思考什麼，我能談論什麼」；「我能說什麼，我能寫什麼」；「我能寫什麼，我能閱讀」；「我能閱讀他人寫給我閱讀的東西」，並沒有嚴格的控制字彙、語法或內容。

(三)建立有意義的字彙和概念

為有效閱讀，閱讀者需擁有國字新詞的意義及其所蘊含的概念知識。學生閱讀愈多，就會獲得愈多國字新詞的意義與語音。

(四)閱讀-寫作連結

教師可提供每位學生一本筆記本，師生彼此在筆記本上書寫個人的訊息。各種主題都可以討論，教師可問學生他們多喜歡一本書或詢問有關他們的生日、假期或所發生的事情。俟學生撰寫一些東西後，教師再回應。

(五)學習閱讀理解策略

下列有幾種針對閱讀理解的學習策略：

■SQ3R 技術(Mayer, 1987)。包含下列步驟：瀏覽(survey)→提問(question)→閱讀(read)→背誦(recite)→複習(review)。

■SCROL 策略(Grant, 1993)：包含下列步驟：瀏覽(survey)-主標題和次標題→連結(connect)標題-找出每一段落之間的關係→閱讀(read)文章-試著從文章內容找到標題所提供的線索→劃線(outline)-將重要的觀念劃線，試著找出和每一段落標題相輝映的內容，並寫下來→回頭看(look back)-確定前項步驟所寫的內容是否正確。

■REAP 技術(Eanet, 1978)：包括下列步驟：

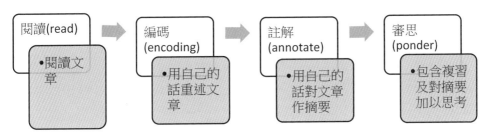

■改寫策略。指學生學習將文章放入他們本身的單字中。他們使用記憶術來憶起所閱讀的文章。詢問自己有關主要的觀念和兩種支持性的細節，並將本文放入自己的單字中。

■文章結構分析策略。教導學生文章結構的學習策略有以下幾點：(1)確認文章結構；(2)辨認文章中所表達的的適當觀念；(3)在文章結構中觀念之間的適當聯結(Cook& Mayer, 1988)。其教學方式包含：(1)非正式的團體演講、討論，針對不同形式的說明式文章的架構做說明、舉例並討論；(2)學習單的練習；(3)給予學習單回饋，並評估其正確性；(4)口頭詢問文章內容。

四、增進閱讀流暢的策略

(一)神經心理印象法

它是一種快速調和的閱讀系統，學生坐在教師前面，兩個人一起閱讀。在近距離的情況下，教師的聲音直接傳入學生的耳朵。閱讀時，學生或教師將手指指向這個特定的單字。有時教師的聲音可快速且聲量超過學生，其餘時間教師則閱讀得比稍微落後的學生來得緩和。在

未事先看到閱讀材料的情況下,時間允許且學生不感到厭煩下儘可能涵蓋多頁。

(二)重複閱讀

就是一種給予學生重複練習,以增進其口語閱讀流暢的策略。

(三)預測性書籍

預測性書籍包括一再重複的型式或疊句,有許多是民俗故事和童話虛構故事。讓年幼兒童閱讀幾次後,他們就能學習說故事者一起預測國字,並開始說疊字。在兒童能夠閱讀之前,使用預測性書籍是主動融入兒童的一種優越方法。他們開始發展語言知識並期待要說什麼。閱讀故事時,這種經驗可協助他們發展認字能力(Richek et al., 1996)。

五、特定的閱讀補救教學取向

(一)文句脈絡教學法

這種方法是由讀者透過對文章、詞彙不斷猜測和驗證的過程來了解文章內容和詞彙的意義,這種方法也可用來增進詞彙的學習。文句脈絡教學法的教學步驟如下(歐素惠、王瓊珠,2004):

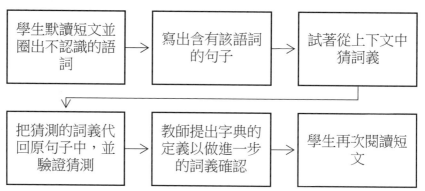

(二)語意構圖教學法

這種教學法是指學生能將詞彙做分類,並建構出詞彙的層級關係圖,透過概念圖的建構活動來了解詞義。這種方法也可用來增進詞彙的學習。其教學步驟如下 (Bender, 2006):

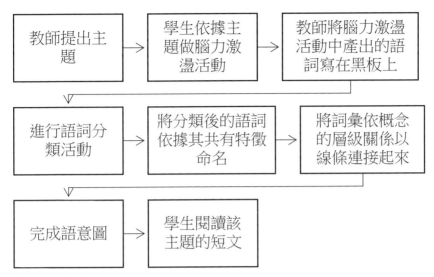

(三)多重感官法

多重感官法有下列特性：(1)藉由提供視、聽、觸和運動等學習管道的連接，來協助語文資料；(2)運用強調依 ABC 次序排列的高結構發音教學；(3)包括豐富且反覆的練習；(4)擁有計劃仔細的連續練習；(5)強調明確的教授語言規則系統，以引導閱讀和拼音。

多重感官法使用幾種感官來增強學習，如視覺、聽覺、動覺及觸覺的。為激發所有這些感官，兒童傾聽教師說國字，對他們自己說國字、聽他們自己說國字、追索國字時感受肌肉動作用指尖接觸外表，注視著手追索國字的動作，在追索時一邊聽到自己說出這個國字(張世彗，2019)。

六、書寫表達策略

自我調整寫作策略(Self-regulated Strategy Development, SRSD)可促進學生發展寫作計畫與檢討策略的能力(De La Paz, 1999)。它的目標在於(1)協助學生發展寫作知識與寫作過程所涉及的能力策略；(2)監控和管理寫作所需能力的發展中支持學生；(3)提高學生發展有關寫作的正向態度。發展自我調整寫作策略的六個階段(Harris & Graham, 1996)：

1.發展背景知識。在小組中，學生思考有關主題已知部分並從不同來源發現額外資料。

2.討論它。學生彼此與教師探討已學過的東西，然後討論計劃使用的特定寫作策略。

3.**示範它**。學生示範使用寫作策略的方法，寫作時將思考大聲說出來。

4.**記憶它**。學生評論並大聲說出寫作策略。

5.**支持它**。學生使用寫作策略開始寫故事。

6.**獨立表現**。學生現在獨自使用寫作策略。

階段之間可視學生及教師需求重新排列、連結、重複、改變及刪除，且各階段亦具交互循環特性，師生可重回前一階段或繼續目前的階段。自我調整寫作策略教學的特徵包含：(1)廣泛且直接教學；(2)強調師生間交互學習；(3)給予學生個別化回饋與支持；(4)標準取向的教學；(5)學習過程具發展性；(6)熱忱教師的參與 (Graham & Harris, 2003)。

七、認知策略

在記憶策略方面，大致可分為下列三類 (邱上貞，1991)：

1.**反覆處理**。指學習者將接收的訊息反覆在運作記憶中出現，以免喪失。方式包含口語複誦、反覆抄寫、反覆地看及組合運用。

2.**組織化**。指建構所學習的訊息後，再存入記憶歷程。例如：大綱法、建構法、類聚法。

3.**精緻化**。指學習者利用各種方法將已習得的資訊加入新學習的資訊中。包含空間關係取向的視覺精緻化（如舉例法、心像法等）；語文聯結取向的語意精緻化（作筆記法、問答法等）；同時使用前述兩者的方法。

在理解策略方面，由於閱讀是個複雜歷程，此種策略是用來協助學生解決閱讀問題。例如：教導學生辨識文章結構，可促進學生的閱讀理解。

八、融合教育策略

1.成人支持：成人的介入支持兒童的參與和學習。策略：示範；參加兒童的遊戲；讚美與鼓勵。

2.同儕支持：運用同儕來幫忙兒童學習重要的目標。策略：示範；同儕協助；讚美與鼓勵。

3.活動簡化：將複雜的活動切割成小片段，或者減少步驟。策略：工作分析；改變或者減少步驟；結束時都是成功的。

4.喜好運用：如果兒童無法受益於學習，找出兒童的喜好。策略：讓兒童拿著一個兒童喜愛的玩具；採用兒童喜好的活動；運用兒童喜好的人。

5.特殊器材的運用：使用可以讓兒童參與或者可以提昇其參與度的輔具。策略：使用輔具讓兒童得以進入活動場地；使用輔具增進參與。

6.環境支持：改變物理的、社會的、時間的環境以提昇兒童的參與學習。策略：改變物理環境；改變社會環境；改變時間環境。

7.素材調整：改變素材，讓兒童儘可能地獨立參與。策略：讓素材或者設備放在最佳的位置(高度等)；固定素材；修正反應,讓素材大一點或亮一點。

8.隱性支持：在活動中，安排事件自然地發生。策略：安排輪流的次序；在一個課程中，巧妙地安排活動的順序

九、零推論教學原則

就是盡量在真實、自然的環境下進行教學，強調部分參與原則，以替代性方案或活動或輔助性策略來確保學生有更的參與層面。在教導重要技能時，強調使用自然刺激、自然結果與自然時間表。由於學生的類化能力較差，故在進行教學時，能夠到現場就不在模擬情境中教學，避免學生在應用時會遭遇困難。因此，課程盡量在班級外滿足學生的需要，上國語課認識學校，我們就到校園中每一處來上課；數學課就到校園裡數數，透過這樣的教學可使學生上課情緒更好、學習效果更顯著。

十、自我管理策略

行為改變方案的最終目標是自我訓練、自我管理或自我控制。自我管理包括在各種情境達到管理制約某人的行為。自我管理是個人試圖以一個現在的行為，去控制另一個之後發生的目標行為。自我管理包含行為控制及被控制的行為。行為控制包括在前提事件及行為結果出現時運用自我管理策略，例如提醒、社會性增強、自我監控及撰寫行為契約等（張世彗，2021）。

(一)自我管理策略的種類

■設定目標和自我監控。設定目標包含寫下明確的目標行為層級

及擬訂行為發生的時間計畫。設定目標配合自我監控及其他自我管理策略會更有效。個人應設定可達到的目標較能成功。目標設定通常結合自我監控，目標行為發生時，可記下每個實例，讓你能評估達成目標的進展。

　　■**蒐集基準線資料與觀察記錄行為**。實施行為改變介入之前，通常要蒐集與記錄基準線資料，此項資料可作為發展行為改變方案的基礎。

　　■**重新建構控制行為的前提事件**。行為經常會受到特定的人、環境條件及事件的影響。例如，學生可能在同學面前要比在其父母、老師或其它大人面前，會有不同的表現。主因在於情境線索會影響到行為，最後個人就會學到在特定情境下表現出特定行為，稱為**刺激控制**(stimulus control)。為了在自我管理計畫上使用刺激控制，就須重新建構引發特定行為的情境線索。首先，個人須決定行為發生或不發生的情境；其次，個人要決定適當行為發生的情境；然後個人應該在重建的情境中表現出期望的行為。

　　自我管理計畫常會運用前提控制事件來影響行為，前提事件控制程序有六種不同的型式(張世彗，2021；Miltenberger, 2012)：

類型		內涵
建立期望行為	呈現期望行為之可區別性刺激或暗示	期望行為沒有出現的原因之一，可能是這個行為之可區別刺激沒有出現在個人的環境中。例如，吃健康食物之可區別性刺激是冰箱中有健康食物。
	安排建立期望行為的操作	建立操作是種環境事件或生理狀態，改變刺激物的價值來作為增強物。一旦建立操作發生時，就可引發導致增強的行為。例如，連續跳有氧舞蹈 1 小時和流很多汗，就是一種建立操作，可使喝水行為受到強化。
	降低期望行的反應難度	如果兩種行為有同等效果，那麼反應難度較小的行為就會比反應難度較大的行為容易發生。
降低不受	排除不受歡迎行為之可區別性刺激或暗示	如果不受歡迎行為之可區分性刺激或提示線索不存在，從事該行為的可能性就會變小。
	消除不受歡迎行	可藉由消除不受歡迎行為已形成的條件，使

歡迎行為	為所建立的操作	不受歡迎行為的結果受到較少的強化，雖然不見得每次都能實現，但在一些情況下是有用的策略。
	增加不受歡迎行為的反應難度	如果競爭性行為的發生需要付出很多的努力，它就不太可能干擾期望行為。

■**行為契約**。行為契約是個以文字在書面文件上記載目標行為安排在某段期間內達到某種程度目標行為之附帶結果。雖然行為契約是由另一個人來實施行為結果，因為行為契約是設計來影響目標行為未來的發生，也被視為是種自我管理策略。

■**安排增強和處罰**。自我增強是指個人表現出特定行為時，學習提供自己酬賞。自我處罰是指個人表現出特定行為時，提供自己厭惡性的行為後果。由於個人並不喜歡執行自我處罰，因此自我處罰應該組合自我增強。

■**社會支持**。社會支持是個人生活中的某些人為行為目標的出現，提供一個自然的情境或線索，或很自然地為目標行為提供增強的情況。

■**使用自我教導和讚美**。個人可以透過特定的方式跟自己說話，來影響自己的行為。在需要特定目標行為的情況時，透過自我教導告訴自己該做什麼、要如何去做。在適當行為發生後，立即表達自我讚美，提供自己行為確實的評價。

■**替代反應訓練**。替代反應訓練包括訓練另一項反應來替代一項非期望的行為。人們經常
在日常生活中使用替代反應來控制許多行為。人們會遮蓋眼睛來避免看到令人困擾的事物，吃口香糖來避免抽煙，以及運動來避免吃。

(二)自我管理計畫的步驟

■決心執行自我管理

■首先須界定要改變的目標行為，才能正確記錄並執行自我管理策略。

■設定目標與自我監控

■實行功能性評量，以決定目標行為和競爭性替代行為的前提事件及行為後果，並結合自我監控的執行。

　　■選擇適當的自我管理策略，來修正自己的目標行為。

　　■評估改變情形

　　■必要時，重新評估自我管理策略

　　■實施維持策略，將目標行為維持在所期望的水準上。

十一、時間延宕教學

　　時間延宕是一種教學策略，教師教導過程中有系統地讓學生等候或延緩作答時間。它有兩種形式：(1)固定時間延宕；(2)漸進式時間延宕。「固定時間延宕」是指在每次教學中，總是提供一致的固定時間提示，通常約 3-5 秒。進行固定時間延宕教學時，需先有零秒延宕，指的是教師需先依所有的教學步驟，按照順序進行教學；當教師說明一個步驟後，請學生於教師提示下完成此步驟，直到完成所有教學步驟後，時間延宕才從第一個步驟開始。至於「漸進式時間延宕」即在每次教學中，逐漸增加給予提示時間的間距。教學流程如下（廖淑戎，2002）：

　　　1.決定教學目標

　　　2.學生學習前的能力評量

　　　3.使用工作分析法決定教學步驟

　　　4.實際教學

　　　5.教學後的評量

十二、教學提示策略

　　提示是一種輔助教學工具，能增加學生給予正確回應的機會。學習新技能時需要有效的提示。提示有不同類型（張世彗，2021；鈕文英，2016）：

(一)文字或書面提示

　　這種提示可以清單或其他方式呈現。例如，教師對學生說：「做家務」，然後給他一個書面家務清單，從而給予提示。

(二)視覺提示

　　視覺提示可以包括、照片、圖畫、白板、或電子設備等。例如，教師對學生說：「拍手」，然後播放有一個人在拍手的影片提示學生。

(三)聽覺提示

　　這種提示可以包括任何類型的聲音，如鬧鐘或計時器。例如，老師說：「5 分鐘內清理玩具」，然後設置計時器提醒學生。

(四)動作提示(全部/部分)

　　教師以動作協助學生完成整個指定活動。例如：教師叫學生「拍手」。教師給予的動作提示可以是手握着學生的雙手，並擺動學生的雙手做出拍手的動作。

(五)姿態提示

　　姿態提示可以包括指出物品、點頭等。例如，教師問：「你可以用甚麼來盛載飲品？」，然後教師指向水杯，用手勢動作做提示。

(六)口頭提示(全部/部分)

　　教師給予完整或部分的口頭提示。例如，教師對學生說：「星期一之後是星期幾？」然後說「星期二」或「星期 mmmm」作語言提示。

(七)位置提示

　　這種類型或促進涉及老師將正確的答案放在最靠近學習者的地方。例如：教師向學習者展示了三個對象…一個球、一雙鞋子和一個蘋果，並問學習者：「指向您吃的那個。」教師將蘋果放在最靠近學習者的地方。

【充電補給站】

※呂美娟、李玉錦、施青豐譯(2020)。特殊教育課程與教學。
※李翠玲(2022)。特殊教育課程與教學：案例與問題導入。
※張世彗(2019)。學習障礙(第三版)。【第 5、9-13 章】
※王瓊珠(2018)。學習障礙-理念與實務。
※陳麗如(2007)。身心障礙教材教法。
※林素貞等譯(2013)。特殊需求學生教材教法。

歷屆教甄試題
【特殊教育教學法/策略/訓練】

（　）1.在刺激呈現和給予提示之間加入的時間，剛開始是零秒，意即刺激和提示同時呈現，而後拉長時間屬於哪一種策略？(A)褪除 (B)時間延宕 (C)示範 (D)消弱

【屏東縣 105 國小暨幼兒園教甄，第 2 題】

（　）2.王老師運用反覆處理或複習策略(rehearsal)指導九九乘法，下列敘述哪一個做法是正確的？(A)王老師將九九乘法表貼在學生眼睛所及的固定地方，讓學生一再的接觸 (B)王老師將九九乘法表貼在學生眼睛所及的各個地方，讓學生一再的接觸 (C)王老師重複用同一種方法，要學生反覆背誦九九乘法表 (D)王老師要求學生在九九乘法表同樣的地方背 10 次

【屏東縣 105 國小暨幼兒園教甄，第 14 題】

（　）3.下列哪一個不是活動本位學習(Activity based learning)的特徵？(A)教導在自然情境下一連串的行為 (B)與生活情境結合，且有自然後果 (C)強調技能本位的個別化教育計畫 (D)對學生具有功能性

【屏東縣 105 國小暨幼兒園教甄，第 15 題】

（　）4.下列哪一個不是作息本位教學(Routines-Based Intervention)所強調的教學做法？(A)活動本位教學(Activity based learning) (B)自然情境教學(milieu teaching) (C)嵌入式教學(Embedding Interventions) (D)功能性教學(functional instruction)

【屏東縣 105 國小暨幼兒園教甄，第 18 題】

（　）5.特教班的教學非常適合採用何種分組方式？(A)同質分組 (B)個別差異小的團體 (C)隨意分組 (D)異質分組

【屏東縣 105 國小暨幼兒園教甄，第 20 題】

（　）6.以下何者較符合替換式數學教學初期之舉例？(A)教 10 以內加法時，呈現 5+5=10, 6+4=10, 7+3=10 (B)教 5 以內加法時，呈現 2+1=3, 2+2=4, 2+3=5 (C)三角形有三個角，梯形有四個角，五邊型有五個角 (D)時鐘的長針指到 12，是整點鐘；長針指到 6，是半點鐘

【屏東縣 105 國小暨幼兒園教甄，第 28 題】

（　）7.在教導重度視障生的過程中，教師不應該採用以下哪一項調整作法？(A)採用報讀考試 (B)製作立體化教具 (C)以 Powerpoint 呈現教材 (D)隨時檢視學生的理解程度

【屏東縣 105 國小暨幼兒園教甄，第 34 題】

（　　）8.對於缺乏溝通意圖的泛自閉症兒童，以下哪一種教學策略是較恰當的？(A)視覺式的社會故事(social story) (B)鷹架教學法(scaffolding instruction) (C)直接教學法 (direct teaching) (D)環境教學法(milieu teaching)

【屏東縣 105 國小暨幼兒園教甄，第 37 題】

（　　）9.教師若使用直接教學法教學「天氣」，以下何者是符合直接教學法的論點？(A)由學生先觀察一週天氣變化，自行歸納出天氣種類 (B)教師教學晴天時，應呈現不同地點或時間的晴天圖片 (C)若教師的教學目標是會辨識晴天和雨天時，則不需呈現陰天的圖片 (D)教師只需在教學單元結束後進行完整的總結性評量

【屏東縣 105 國小暨幼兒園教甄，第 38 題】

（　　）10.以兒歌「小皮球，香蕉油」，訓練兒童找出押韻的漢字，是屬於哪一個層次的音韻覺識訓練？(A)聲音層次 (B)音素層次 (C)音節層次 (D)語詞層次

【屏東縣 105 國小暨幼兒園教甄，第 43 題】

（　　）11.學生癲癇發作時，教師應採取以下哪一項保護學生的措施？(A)壓制學生的四肢，以防噪動 (B)在口中塞入手帕，以防咬斷舌頭 (C)將頭偏向一側，以防嗆到口水 (D)發作完畢時立即給予開水，補充水分

【屏東縣 105 國小暨幼兒園教甄，第 47 題】

（　　）12.下列哪一項符合直接教學法的理念和特質？(A)所有學生均可學習，學生需負起學習成敗的責任 (B)係根據後設認知、溝通分析和知識系統邏輯分析的三項理論所發展出來 (C)強調分散式教學，每節課含新教、練習和複習 (D)範例的正例選擇著重差異越小越好，以減少推論

【中區聯盟 105 國小教甄，第 17 題】

（　　）13.下列關於聽覺障礙教學的敘述何者不正確？(A)讀話訓練是經由視覺管道獲取語音訊息的方法 (B)說話訓練是以訓練說話方式來達成溝通的目的 (C)綜合溝通法結合手語、口語及各種可能的溝通方式進行 (D)聽能訓練時通常不必配戴聽覺輔助器材，自然方式進行

【中區聯盟 105 國小教甄，第 21 題】

（　　）14.針對單側半身麻痺的國小痙攣型腦性麻痺學生，下列何者非為學校最需提供的特教服務？(A)協助發展自我照顧技能 (B)提供無障礙的空間環境 (C)專業團隊的評估與追蹤 (D)給予簡化教材與社交技巧課程

【中區聯盟 105 國小教甄，第 25 題】

（　　）15.針對在說話句型、結構有顛倒、混淆或省略等不合語法現象的學生時，下列何者是較應採行的教學策略？甲、注重學生的發音結構與練習　乙、教師可在學生述說之後重述正確句子　丙、教導學生使用語言溝通板　丁、教師放慢說話速度與學生做對話練習 (A)甲乙 (B)甲丁 (C)乙丙 (D)乙丁

【中區聯盟 105 國小教甄，第 35 題】

（　　）16.下列何者為特教領域應用資訊融入教學的主要特色？甲、操作簡便　乙、提供延宕滿足　丙、提供充足練習機會　丁、學習者可自訂進度 (A)甲乙丙 (B)甲丙丁 (C)乙丙丁 (D)甲乙丙丁

【中區聯盟 105 國小教甄，第 31 題】

（　　）17.自足式特教班學生的障礙程度趨於重度，教導這類中重度障礙學生時，下列何種教學模式最適合？(A)通例課程方案 (B)過程本位教學 (C)社區本位教學 (D 同儕教學

【中區聯盟 105 國小教甄，第 40 題】

（　　）18.教師因應學生的需求而調整教學方法，這種調整策略屬於下列哪一種性質？(A)內在調整策略 (B)外在調整策略 (C)輔助性策略 (D)課程組織調整策略

【中區聯盟 105 國小教甄，第 41 題】

（　　）19.環境教學法(milieu teaching)的特徵不包括下列哪一項？(A)於日常生活情境中進行教學 (B)強調功能性 (C)安排利於目標行為的環境 (D)教師扮演主控者的角色

【中區聯盟 105 國小教甄，第 42 題】

（　　）20.小明想利用「思考帽」幫他決定星期日要不要跟同學去爬山。他應該使用下列哪一套思考帽？ (A)藍帽→白帽→黃帽 (B)黑帽→黃帽→紅帽 (C)白帽→綠帽→黃帽 (D)黃帽→黑帽→紅帽

【桃園市 105 國小及學前特教-C，第 4 題】

（　　）21.老師在教導形狀的詞彙時以水果舉例，要學生討論並將不同的水果依形狀列表比較，以幫助學生連結新習得詞彙與先備知識。老師使用了下列哪一種語詞教學策略？(A)語意特徵分析 (B)語詞聯想 (C)語意整合分析 (D)語意構圖

【桃園市 105 國小及學前特教-C，第 7 題】

（　　）22.李老師常會運用小老師制(tutoring)來幫助資源班的學習障礙學生，這是何種分組配置學生的經驗類型？(A)合作學習小組 (B)團體教學 (C)配對 (D)個別化教學

【桃園市 105 國小及學前特教-C，第 17 題】

（　）23.特殊教育學生小明因肌力問題而有攪拌食物的困難，紀老師先讓其他學生攪拌或加水後，再讓小明攪拌，以增進其在普通班的融合。紀老師採取的是何種融合教育策略？(A)特殊器材的運用 (B)同儕支持 (C)素材調整 (D)隱性支持

【桃園市 105 國小及學前特教-C，第 19 題】

（　）24.某生有注意力固執的現象，例如：在從事某些行為或活動時很難要求他做其他的事情。下列何者非為資源班教 師所應採取的策略？ (A)課程設計使某生能轉移注意力固執源至與課堂學習 有關的事情上 (B)讓某生多練習注意力轉換行為或活動 (C)安排會引起某生注意力固執的活動再加以訓練 (D)將某生座位安排在講桌附近以利教師注意其行為

【桃園市 105 國小及學前特教-C，第 28 題】

（　）25.趙老師在教導本課的生字「韶」，他將韶字依結構分為立、日、刀、口後，先帶學生學習各部分結構，再帶學生反覆練習韶字的筆順及筆畫。趙老師使用的是何種識字教學法？ (A)字族文 (B)部件 (C)集中 (D)分散識字法

【桃園市 105 國小及學前特教-C，第 37 題】

（　）26.如果學生對作業的量及難度，表現出缺乏動機的行為，下列何者不是教師可以調整的方式？(A)減量呈現 (B)分段呈現 (C)簡易困難交錯呈現 (D)省略作業

【桃園市 105 國小及學前特教-C，第 38 題】

（　）27.下列何者非為視覺障礙學生在倚賴觸覺「以手代目」，達到探索環境與辨識物品目的時易受到的教學限制？(A)距離遠近限制 (B)空間大小限制 (C)時間速度限制 (D)口語輔助理解限制

【桃園市 105 國小及學前特教-C，第 30 題】

（　）28.下列何者非為特教領域應用資訊融入教學主要的特色？(A)操作簡便 (B)提供延宕滿足 (C)提供充足練習機會 (D)學習者可自訂進度

【桃園市 105 國小及學前特教教-C，第 34 題】

（　）29.有關設計來幫助學障學生發展表達性口語的活動，何者為非？(A)告訴我為什麼你要刷牙、去上學等 (B)看圖說話 (C)讓學生確認「湯、佳、唐」有不同聲母的國字 (D)先起頭說一段故事，然後讓學生完成它

【桃園市 105 國小及學前特教-C，第 42 題】

（　）30.資源班王老師班上有位新進的全盲學生，何者不是王老師教學時應注意到的基本原則？(A)互動性 (B)做中學 (C)具體性 (D)經驗的統合

【桃園市 105 國小及學前特教-C，第 43 題】

（　）31.林老師想幫助班上閱讀困難的學生學習後設認知技巧，下列哪一種教學法較為適宜？(A)精熟教學法 (B)發現教學法 (C)編序教學法 (D)交互教學法

【桃園市 105 國小及學前特教-C，第 46 題】

（　）32.學校經常舉辦示範教學、觀摩教學以及教學演示等教學措施是受下列哪一種教學理論的影響？(A)認知學習論 (B)社會學習論 (C)學習條件論 (D)訊息處理學習論

【桃園市 105 國小及學前特教-C，第 50 題】

（　）33.教師將學習任務或活動分解成為小步驟，引導學生學習過程中的每項步驟，繼而支持他們將所有步驟組合在一起，而使學生精熟複雜的活動。這是何種教學策略的運用？(A)同儕媒介教學 (B)工作分析 (C)直接教學 (D)應用行為分析

【臺北市 105 國小教甄，第 40 題】

（　）34.以自閉症兒童能理解的形式，解釋社會情境脈絡和相關概念，並說明期待的行為，來協助他們更獨立且正確地展現技能的是何種教育方法？(A)圖畫式活動時程表 (B)協助式溝通 (C)正向行為支持 (D)社會性故事

【臺北市 105 國小教甄，第 41 題】

（　）35.下列何者是聽覺障礙學生聽能訓練的第四階段，也是最高層次的能力？(A)聲音的偵測 (B)聲音的分辨 (C)有意義的聲音理解 (D)聲音的辨識

【臺北市 105 國小教甄，第 42 題】

（　）36.下列哪一組教學方法強調自然情境及由學生主導？(A)隨機教學、工作分析法 (B)直接教學、多感官教學 (C)核心反應訓練、活動本位教學 (D)結構化教學、圖片溝通兌換系統

【臺北市 105 國小教甄，第 45 題】

（　）37.「能分辨語調、語氣等超語段特質」係屬於溝通訓練中哪一方面主軸的能力指標？(A)讀話訓練 (B)聽能訓練 (C)說話訓練 (D)口腔動作訓練

【臺北市 105 國小教甄，第 46 題】

（　）38.老師教導學習障礙學生學會逐步檢核錯誤之處，依不同需求使用不同的問題解決方法及自我提醒學習行為，請問這些都屬於哪一方面的學習策略？(A)組織策略 (B)理解策略 (C)管理策略 (D)環境調整策略

【臺北市 105 國小教甄，第 47 題】

（　）39.下列哪一項訓練不是針對聽知覺能力的改善？(A)聲源定位訓練 (B)聲韻覺識訓練 (C)口腔動作訓練 (D)聽覺記憶訓練

【臺北市 105 國小教甄，第 50 題】

（　）40.特教班教師進行春節的語文教學時，依學生能力訂出「高組：能寫出春節的課文大意」、「中組：能說出春節的由來」、「低組：能指認春節習俗的圖片」等不同的教學目標。請問這是何種教學法的應用？(A)故事結構教學 (B)全語言教學 (C)交互式教學 (D)多層次教學

【臺北市 105 國小教甄，第 48 題】

（　）41.老師教唱「小星星」，刻意在歌詞停頓下來:「一閃一閃」，要讓學生接唱下去，請問老師使用的語言訓練原理為何? (A)要求訓練 (B)命名訓練 (C)覆誦訓練 (D)互動式語言訓練

【新北市 105 國小暨幼兒園教甄選第 25 題】

（　）42.小明是有四則運算困難的學習障礙學生，李老師讓他在學習數學應用問題的解題過程使用電子計算機，這是使用哪一種調整？(A)學習內容 (B)學習歷程 (C)學習評量 (D)學習環境

【新北市 105 國小暨幼兒園教甄，第 32 題】

（　）43.全方位設計的教學，與下列何項教學的理念最接近？(A)編序教學 (B)建構式教學 (C)區分性教學 (D)生活經驗統整教學

【新北市 105 國小暨幼兒園教甄，第 31 題】

（　）44.楊老師將某個數學單元切成三個教學概念，每一個概念都經歷教師示範、學生練習、評量、回饋等循環，請問楊老師使用何種教學方法? (A)自然環境教學法 (B)隨機教學法 (C)結構教學法 (D)直接教學法

【新北市 105 國小暨幼兒園教甄，第 37 題】

（　）45.以下那一個學習目標最難？(A)利用普遍單位實測比較教室內傢俱的長短 (B)利用個別單位實測比較教室內傢俱的長短 (C)比較教室內傢俱的長短 (D)比較常見文具的長短

【新北市 105 國小暨幼兒園教甄，第 39 題】

（　）46.當使用圖片兌換系統一旦學生能夠使用圖片以物易物後，接下來應該要進行哪個步驟的教學？(A)圖片區辨 (B)增加主動性 (C)

回答問題 (D)使用句子條

【新北市 105 國小暨幼兒園教師甄選，第 43 題】

( ) 47.王老師要小明自己對班上同學說明助聽器的功能、保養的方法並讓同儕試戴，請問這樣的作法主要可協助小明增加哪個向度的自我決策能力？(A)自主 (B)自律 (C)自我選擇 (D)自我倡導

( ) 48.許多專家學者主張用社會故事來協助身心障礙學生了解社會互動的內涵，使其表現適當的社會行為，教師撰寫故事時要用：(A)第一人稱 (B)第二人稱 (C)第三人稱 (D)第一、第二人稱交互撰寫

【臺北市 106 國小教甄，第 46 題】

( ) 49.小鴻是學習障礙的學生.學業經常挫敗且缺乏自信，資源班的許老師欲協助其改善自尊心低落.及缺乏自信的問題下列哪一項作法最適合? (A)教導學習策略.增進其學習成效 (B)請媽媽在家幫忙複習功課 (C)增加作業量.加強練習 (D)請普通班教師多加督導其課業

【連江縣 106 國小教甄，第 1 題】

( ) 50.處理學生憂鬱症時，除了藥物治療外，教育人員應優先介入那些技能？ (A)培養休閒娛樂技能 (B)讓他自我報告說出憂鬱的原因 (C)實施排除負面解讀和評價的認知重建 (D)同理心讓他知道每個人都會有憂鬱症

【臺北市 106 國小教甄，第 37 題】

( ) 51.小清是重度腦性麻痺的學生，餵食時，其咀嚼食物能力欠佳，不易吞下食物，請問王老師該如何順利地協助他進食？(A)給他喝大量的水 (B)盡量使雙唇閉合咀嚼食物 (C)按摩雙頰以方便咀嚼 (D)將頭部抬高幫助吞食 7

【新北市 106 國小暨幼兒園教甄，第 27 題】

( ) 52.王小美是典型的選擇性緘默症學生，在校時，大部分時間不願意開口說話，如果你是她的老師，以下何種輔導方式最為適當？(A)與語言治療師合作加強說話溝通訓練 (B)教導圖畫兌換溝通系統的技能 (C)安排資源班說話的課程 (D)以兒童的需求彈性鼓勵說話

【新北市 106 國小暨幼兒園教甄，第 28 題】

( ) 53.重度與多重障礙兒童正確的移位原則是：(A)利用斜坡輔具搬動 (B)從兒童的雙臂向前搬動 (C)利用滾動兒童的身體來移動 (D)先抬高兒童身體再移動

【新北市 106 國小暨幼兒園教甄，第 29 題】

( ) 54.身心障礙學生實施社區本位教學的最大功能是：(A)增進社會大眾對身心障礙者的認識 (B)培養良好的休閒能力 (C)促進個人社

會生活適應能力 (D)增進個人的認知能力
【新北市 106 國小暨幼兒園教甄，第 30 題】

（ ）55.考量身障學生的個別間差異，在教學設計時就同一課程領域設定高、中、低組不同的教學目標，請問這屬於何種教學法？(A)回應式教學 (B)交互式教學 (C)鷹架式教學 (D)多層次教學
【臺北市 106 國小教甄，第 29 題】

（ ）56.為兼顧在普通班特殊需求學生的個別差異和目標，普通班採用何種教學策略較適當？(A)直接教學 (B)複式教學 (C)抽離教學 (D)差異化教學
【臺北市 106 國小教甄，第 42 題】

（ ）57.TEACCH 是一個強調結構化教學的介入方案，它的工作系統需要提供學生哪方面的訊息？甲、需做那些作業 乙、需完成多少作業 丙、知道作業已完成 丁、作業在何時進行 (A)甲乙丙 (B)乙丙丁 (C)甲乙丁 (D)甲丙丁
【臺北市 106 國小教甄，第 45 題】

（ ）58.張老師教導一位重度障礙學生開啟瓶子，他將教導和練習分散在學校一天中有關的活動或工作中，這種教學模式稱：(A)自然提示教學 (B)隨機提示教學 (C)多樣範例教學 (D)嵌入式教學
【臺北市 106 國小教甄，第 47 題】

（ ）59.當智能障礙學生正確讀出「奇異果」，集中式特教班教師給予讚賞，並說「對了，它是水果。」這是何種教學原理的運用？(A)逐步養成 (B)促進 (C)類化 (D)有系統的回饋
【臺北市 106 國小教甄，第 48 題】

（ ）60.下列有關差異化教學的敘述,何者有誤? (A)差異化教學主要是從教學內容及過程兩方面來進行調整,至於教學結果則不需調整 (B)受到 Gardner 博士多元智慧理論的影響 (C)大腦相容學習研究對差異化教學提供穩固的理論基礎 (D)設計良好的 e 化課程可以被視為高度差異化的教學
【連江縣 106 國小教甄，第 48 題】

（ ）61.小林老師訓練有注意力缺陷過動症的小五學生使用自我調整(self-regulation)策略來控制其衝動行為，結果發現他對自己的衝動能有更多控制力，產生正向的自我概念。小林老師使 用下列哪一種取向的策略？(A)社會情緒取向 (B)操作制約取向 (C)認知策略取向 (D)心理分析取向
【新北市 106 國小暨幼兒園教甄，第 42 題】

（ 　）62.李老師為屬初始溝通者 (beginning communicator) 的小華擬定溝通訓練計畫，下列何者非李老師須考量的議題？(A)功能性溝通訓練計畫 (B)教導如何引起成人和同儕的注意 (C)教導修復溝通的能力 (D)教導要求和拒絕的能力

【新北市 106 國小暨幼兒園教甄，第 44 題】

（ 　）63.以下何者是屬於促進課程層次融合的做法？(A)提供無障礙的通道 (B)提供肢障學生輪椅 (C)教導無口語學生使用溝通圖卡溝通 (D)教導學障生使用電腦文書軟體寫作業

【新北市 106 國小暨幼兒園教甄，第 46 題】

（ 　）64.「有些讀者投入在課文及相關故事的情節裡，也讀出興趣和心得，但不知道偏離了作者的意思。」此時，教學應加強下列哪種學習？(A)認知策略的知識與技能 (B)後設認知策略的知識與技能 (C)支持性策略 (D)動機態度策略

【新北市 106 國小暨幼兒園教甄，第 52 題】

（ 　）65.在結構化教學中，學生被要求獨立完成桌上的活動，並在完成時直接把材料放進右手邊的「結束」盒中。請問老師採用的是何種教學策略？(A)時間結構化 (B)空間結構化 (C)工作系統 (D)視覺提示

【新北市 106 國小暨幼兒園教甄，第 53 題】

（ 　）66.在閱讀教學中，使用澄清、摘要、提問和預測的教學方法是指下列何種教學策略？(A)交互教學 (B)引導式教學 (C)結構式教學 (D)直接教學

【新北市 106 國小暨幼兒園教甄，第 54 題】

（ 　）67.以下哪個做法有助於學生學習自我決定的技能？ (A)把預定完成的工作填在 3*3 的賓果板上，學生每完成一連線的工作就給一個獎勵。(B)使用聲音提示學生專心完成數學計算，每完成 10 題就給一個獎勵。(C)先讓學生說出工作順序再進行工作，每完成一項就給一個獎勵。(D)讓學生跟著個別工作表依序完成指定工作項目，每完成三項就給一個獎勵。

【新北市 106 國小暨幼兒園教甄，第 56 題】

（ 　）68.下列哪些屬技能領域的教學目標？甲、排列出洗手步驟的圖卡 乙、圈出文章中的關鍵訊息 丙、能利用部首查字辭典 丁、能利用故事結構法來閱讀故事書 (A)甲、乙、丙、丁 (B)甲、乙、丙 (C)乙、丙、丁 (D)甲、丙、丁

【新北市 106 國小暨幼兒園教甄，第 57 題】

（　）69.智能障礙學生性教育的教學原則是智障程度越嚴重，教育的內容應著重在：　(A)與性相關的接觸　(B)基本生理常識　(C)與性相關的態度　(D)保護自己免受性侵害

【新北市 106 國小暨幼兒園教甄，第 35 題】

（　）70.要讓智能障礙學生學會身體性器官各部位的名稱，教師介紹男性生殖器時，應該如何命名？　(A)「陰莖」　(B)「小鳥」　(C)「尿尿的」　(D)「小雞雞」

【新北市 106 國小暨幼兒園教甄，第 43 題】

（　）71.小明就讀國小二年級，語言理解能力正常，但有語言表達困難，表達內容只有簡短句子或關鍵字，經個別化教育計畫會議決議，目標設定為促進個案口語表達技能，下列教學安排何者不適合？(A)安排在普通班中，引發具溝通需求的情境　(B)外加數節溝通訓練課程(C)課程內容以身體語言與建立關係為主　(D)鼓勵教師與同學定時打電話與小明聯絡討論

【桃園市 106 國小及學前特教-C，第 42 題】

（　）72.丁丁是一位弱視學生，下列哪一項教學方式的調整較不適當？(A)安排弱視生坐在教室前幾排　(B)教師可多採用口語提示　(C)教師可多使用非觸覺性肢體語言，增加學習動機　(D)教室光線需保持明亮

【桃園市 106 國小及學前特教-C，第 21 題】

（　）73.小慧就讀特教班，在學校時都能自己刷牙洗臉，老師希望小慧回家後也能自己刷牙洗臉。下列何者是特教班老師在學校教導小慧時，應該加強的重點？(A)提高熟練度　(B)學習類化　(C)運用增強物(D)學習保留

【桃園市 106 國小及學前特教-C，第 33 題】

（　）74.教導中輕度聽覺障礙學生的口語能力時，下列何種方式不適合？　(A)標記法　(B)視話法　(C)提示法　(D)語調聽覺法

【桃園市 106 國小及學前特教-C，第 35 題】

（　）75.針對學習能力強之特殊需求學生，教師在教學活動中的提示應採何種原則？(A)最少提示(B)局部提示(C)充分提示(D)不做提示

【桃園市 106 國小及學前特教-C，第 38 題】

（　）76.重度障礙學生的溝通訓練實務中，在溝通輔具的運用部分，下列哪一選項較不會優先考量？(A)學生需求與能力評估、設備的選用　(B)輔具的準備與調整　(C)輔具操作能力訓練　(D)溝通系統的開發

【桃園市 106 國小及學前特教-C，第 40 題】

（　　）77.對於工作分析(Task Analysis)法的描述，下列何者較不正確？(A)是屬於物理性分析 (B)工作分析得越仔細，學習者所必須具備的基本條件越少 (C)工作分析的相關記錄能看出學習者的進步情形 (D)採全方位課程理念設計教學活動

【中區聯盟 106 國小教甄，第 11 題】

（　　）78. Vygotsky 主張之鷹架教學(scaffolding teaching)，下列敘述何者較為正確？(A)是一種完形心理學取向的教學模式 (B)教學者的支持必須在學習者的近側發展區內 (C)強調早年經驗學習的影響 (D)其理念主要受到 Skinner 編序教學的影響

【中區聯盟 106 國小教甄，第 20 題】

（　　）79.阿武是視覺障礙伴隨肢體障礙的輪椅生，其最佳矯正視力低於 0.3、上肢手部功能低，下列哪一選項為規劃阿武學習環境需考量的重點？甲.將阿武之座位安排在教室內側 乙.以眼控方式協助阿武使用電腦輔具 丙.講義、作業單須寫字之部分改為圈選或勾選 丁.將阿武之講義、作業單放大 (A)甲丁 (B)甲丙 (C)甲乙 (D)丙丁

【屏東縣 106 國小暨幼兒園教甄，第 20 題】

（　　）80.教導身心障礙學生如何去學習、如何使用策略、如何自我監控，這都是屬於下列哪一個領域的範疇？(A)多元智能 (B)推理類化 (C)後設認知 (D)認知學習

【屏東縣 106 國小暨幼兒園教甄，第 21 題】

（　　）81.下列何者為對構音異常兒童最常使用的介入方法？(A)感覺統合治療 (B)實施聽知覺能力訓練 (C)配合耳鼻喉科的手術治療 (D)配合發音原理指導正確的發音方法

【屏東縣 106 國小暨幼兒園教甄，第 40 題】

（　　）82.普通班老師在進行教學時需要透過一些調整,以提供聽障學生優質的學習環境。請問下列關於教學調整的論述，何者錯誤? (A)學習環境的調整:教室光線充足但要避免光線直射聽障學生的眼睛,以利學生能更方便有效 的讀唇 (B)生活與心理輔導:要忽視聽障生的偏差行為,只嘉獎聽障生的良好表現,才不會傷害其自尊心 (C)教學的調整:利用熟悉、具體的物品或例子來解釋抽象難懂的概念 (D)教學的調整:教導班上學生如果聽障生讀不懂我們說的話，可以利用肢體語言或筆談，不要輕易放棄溝通

【連江縣 106 國小教甄，第 8 題】

（　　）83.下列有關教導自閉症者的溝通方法，何者敘述正確? (甲)圖形兌換溝通法：包含兩個元素，分別是溝通器具(如身體語言、語音

輸出設備)和符號系統(如打手語、圖片溝通符號),對於缺乏口語能力的孩子,可建議使用此溝通系統 (乙)自然語言範例:使用有趣的教具,讓學生有機會參與具吸引力的遊戲教材,再使用增強來鼓勵其溝通。每天只要學生有口語溝通或願意試著溝通,就給予增強 (丙)功能性溝通訓練:首先要對學生的行為分析其功能(如逃避、獲得注意),接著選擇有效的溝通方式。此方法可幫助學生處理行為問題、學習溝通其需求 (丁)擴大及替代溝通系統:此方法共分為六個階段,包含教導學生能使用圖片、造句與回答問題等。對於缺乏口語能力的孩子,可建議使用此溝通系統 (A)只有(甲) (B)只有(乙)(丙) (C)只有(甲)(丙) (D)(甲)(乙)(丙)皆是

【連江縣 106 國小教甄,第 38 題】

( ) 84.有關交互教學法(reciprocal teaching)的敘述,何者正確? (甲)以鷹架教學理論為基礎,先由教師協助,轉為同儕協助,最後由學生自己承擔學習責任 (乙)教學內容包括自問自答、預測、澄清、摘要四個步驟 (丙)較適用於具有相當識字能力而缺乏閱讀理解能力者 (丁)強調故事的主角、發生背景、經過、結局等成份 (A)(甲)(乙) (B)(甲)(丙) (C)(丙)(丁) (D)(乙)(丁)

【連江縣 106 國小教甄,第 45 題】

( )85.李老師觀摩蔡老師教學,發現蔡老師的教學方法有三個特色,(1)學生必須負起學 習的責任、(2)重視小組團隊合作以解決問題、(3)教學過程強調問題的引導與解決;下列哪一個教學方法比較符合上述所觀察到的特徵?(A)問題導向學習 (B)學習共同體 (C)價值澄清法 (D)翻轉教學法

【中區聯盟 106 國小教甄,第 49 題】

( ) 86.以下關於聽覺口語法的敘述,何者正確?(A)強調口語與手勢並用 (B)強調視覺線索的應用 (C)強調最大化運用學生的殘存聽力 (D)強調讀話的重要性

【中區聯盟 107 國小教甄,第 28 題】

( )87.下列何者屬於「區分性教學(Differentiated Instruction)」?(A)教師應用組織精密、系統層次分明的教材與教法,直接預防與補救學生學業 (B)教師將教學有順序地分為五個階段歷程,分析、設計、發展、教學及評量 (C)教師允許每位學生能夠思考、學習適合的課業水準和提供學生選擇機會 (D)教師安排有意義的學習環境,鼓勵學生去發現問題、思考問題、解決問題

【中區聯盟 107 國小教甄,第 45 題】

（ ）88.教導泛自閉症學生時，下列哪一項實作是最應優先考慮的？
(A)採用生態課程 (B)建立班規 (C)提供視覺提示 (D)進行工作分析
【中區聯盟 107 國小教甄，第 47 題】

（ ）89.下列是四位國小老師所設計「促進聽障學生溝通能力」的學習目標，請選出最合適者：【甲師】：「能理解他人對自己的讚美。」【乙師】：「能閱讀與學生年級相符的教材。」【丙師】：「能表現教師要求的班級常規。」【丁師】：「能辨識同儕肢體語言的意涵。」 (A)甲師+丁師 (B)乙師+丙師 (C)丙師+甲師 (D)丁師+乙師
【屏東縣 107 國小暨幼兒園教甄，第 4 題】

（ ）90.教師們熱烈討論該為一位曾因不理解性別認同而嘲笑班上某位同學是「娘泡」，目前正在接受二級輔導的亞斯伯格症學生小安設定什麼樣的性別認同學習目標，下列何者應是最合適的組合？(A)性別特質+性別角色 (B)身體自主權+性行為 (C)性別與情感+自我開展 (D)性的多元面貌+反性別暴力
【屏東縣 107 國小暨幼兒園教甄，第 11 題】

（ ）91.下列是四位老師針對教導視覺障礙學生時教學資源的選用，請選出最不正確者：【甲師】：應用不同的點字記號區辨各式國語字形 【乙師】：使用觸覺地圖促進學生對地形的學習理解 【丙師】：為學生申請擴視機協助放大教材字體方便閱讀 【丁師】：事先錄製單元有聲教材提供學生預習和複習之用 (A)甲師 (B)乙師 (C)丙師 (D)丁師
【屏東縣 107 國小暨幼兒園教甄，第 14 題】

（ ）92.面對新入班的智障伴隨視障學生，中正國小特教班老師最適合進行的教學歷程調整為何？(A)增加聽與說的教學活動設計 (B)多利用價值澄清與自主學習策略 (C)將多感官刺激活動融入教學 (D)延長上課時間提供反覆練習機會
【屏東縣 107 國小暨幼兒園教甄，第 15 題】

（ ）93.有關「身心障礙者教學策略」的敘述，下列何者正確？(A)「建構學習（constructivist learning）」強調重要概念的學習，課程的呈現方式是由部分到整體。 (B)「多元智力理論」主張教學應從補救學生的缺陷，開展學生的智能著手。 (C)「直接教學（direct instruction）」強調由學生主導課堂裡的活動，以提供一種有利於學習的教室氣氛。(D)力量卡策略（power card strategy）是利用泛自閉症者的特殊興趣或喜愛的英雄人物作為學習動機， 編寫成個人化劇本，並提供視覺線索，以引導他們發展適當的社會行為。
【屏東縣 107 國小暨幼兒園教甄，第 27 題】

（　）94.對融合班級內有聽障學生，下列哪一項教師上課的調整，才能幫助聽障學生在班上的學習？(A)簡化教材 (B)說話聲量放大 (C)減少作業 (D)面對學生說話

【屏東縣 107 國小暨幼兒園教甄，第 48 題】

（　）95.下列哪一項不是針對讀寫字有效的教學策略？(A)重複寫 10 遍以上 (B)自我教導 (C)部件教學 (D)基本字帶字

【屏東縣 107 國小暨幼兒園教甄，第 50 題】

（　）96.對於雙重特殊性學生之教育需求，下列哪一個策略是針對學生的弱勢設計的？(A)學習行為契約 (B)獨立研究 (C)區域方案 (D)情意教育

【屏東縣 107 國小暨幼兒園教甄，第 42 題】

（　）97.下列是四位目前無法正常上下學的學生，其中哪一位最不符合接受床邊教學服務？(A)甲生病情嚴重不宜上下學 (B)乙生需住院治療至少三個月 (C)丙生暫住療養院無法離開 (D)丁生腳部骨折需要持續復健

【屏東縣 107 國小暨幼兒園教甄，第 21 題】

（　）98.工作分析在特殊教育教材教法非常重要，跟下列哪一項概念比較接近？(A)零類化原則 (B)視覺化原則 (C)結構化原則 (D)小步驟原則

【桃園市 107 國小及學前特教-C，第 6 題】

（　）99.社會性故事常用來提高社會互動技巧，故事中出現此句：「許多小孩決定認真寫完功課再休息」，這是社會性故事 的何種基本句型？(A)觀點句 (B)指導句 (C)描述句 (D)肯定句

【桃園市 107 國小及學前特教-C，第 18 題】

（　）100.自足式特教班學生的障礙程度趨於重度，教導這類中重度礙學生時，下列何種教學模式最適合？(A)通例課程方案(B)過程本位教學(C)社區本位教學(D)同儕教學

【桃園市 107 國小及學前特教-C，第 26 題】

（　）101.王老師要小明自己對班上同學說明助聽器的功能、保養的方法並讓同學們試戴看看，請問這樣的作法主要可協助小明增加哪個向度的自我決策能力？(A)自主 (B)自律 (C)自我選擇 (D)自我倡導

【桃園市 107 國小及學前特教-C，第 27 題】

（　）102.關於圖片交換溝通系統訓練(PECS)，以下敘述何者錯誤？(A)由 Andrew Bondy 博士與 Lori Frost 於 1994 年設計出來，目的就是希望結合功能性溝通與隨機教學的精神，利用孩童對增強物的喜好，

引發出「主動性」的溝通 (B)第一階段學習如何溝通,從一張圖片開始。第二階段,利用增加距離、維持技能來增進自發溝通 (C)第五階段主要應用句為「我要」的句型結構,訓練要求 的表達行為 (D)許多研究結果學齡前自閉症兒童經過六階段的訓練,個 案可以誘發口語溝通,效果卓著

【桃園市 107 國小及學前特教-C,第 31 題】

( )103.有關重度及多重障礙學生的教學策略,以下敘述何者為非?(A)所設計的教學應考量類化至不同的情境 (B)善用區別性增強策略,以進行班級經營 (C)教學目標應以促進學生盡可能獨立生活為主 (D)教學目標的設計應以該學生心理能力發展的程度為主

【桃園市 107 國小及學前特教-C,第 38 題】

( )104.關於自閉症兒童的「核心反應訓練」,何者正確?甲、著重誘發兒童的學習動機和對多重刺激加以反應的能力 乙、將兒童從自然情境當中抽離,去做密集且大量的訓練 丙、強調提升兒童在實驗控制情境下獨立學習的能力 丁、較少使用如閃示卡(flash cards)、圖卡等訓練式教材 (A)甲乙 (B)丙丁 (C)乙丙 (D)甲丁

【桃園市 107 國小及學前特教-C,第 41 題】

( ) 105.小英說話節律有明顯不自主地重複及首語難發等現象,請問老師該如何協助小英? 甲、不要幫小英完成句子或補充字詞 乙、應先協助小英完成句子或補充字詞 丙、同儕協助翻譯小英的句子 丁、眼神避免過度注視小英以防她更加緊張 (A)甲丁 (B)甲丙 (C)乙丙 (D)乙丁

【新北市 107 國小暨幼兒園教甄,第 47 題】

( )106.以下哪些描述符合多層次課程/教學? 甲、讓多障生在自然課,以動作機能訓練為學習目標 乙、讓無口語的學生使用手勢來回答問題 丙、異質小組上課 丁、數學課為不同年段相近認知能力學生,設定相同學習目標 戊、社會課簡化智障學生的學習目標 (A)甲乙 (B)乙丙 (C)丙丁 (D)丁戊

【新北市 107 國小暨幼兒園教甄,第 22 題】

( ) 107.教師在教導智能障礙學生「適當穿著」的單元,有的學生經由分類認識冬、夏季的衣 物;有的學生學習依季節選擇不同的衣物;有的學生透過廣告單內的衣物,學習生活中不同場合的合適穿著。這種在同一課程領域內依學生能力與需求,設計不同教學目標的課程組織稱為:(A)主題統整式課程 (B)平行式課程 (C)重疊式課程 (D)多層次課程教學

【新北市 107 國小暨幼兒園教師甄選，第 28 題】

（　）108.小英是動作控制困難且無口語的腦性麻痺學生，但能使用帽子上的紅外線指示器選取紙本溝通板上的注音符號與他人溝通。以下關於小英溝通行為的說明，哪些是正確的？ 甲、頭是主要控制部位 乙、小英使用間接選擇的操作方式 丙、小英具有讀寫能力 丁、溝通伙伴需要幫忙拼出小英所指的注音符號 (A)甲乙丙丁 (B)甲乙丙 (C)乙丙 (D)丙丁

【新北市 107 國小暨幼兒園教甄，第 25 題】

（　）109.抽象概念的教學是聽障教育最大的挑戰，學生對於事件的了解常停留在事件的表象，無法進入其深層涵義。請問教師在教學時，可應用何種方式加強對抽象概念的教學？(A)使用圖片、具體物品等提示 (B)運用生活中的舉例加以說明 (C)利用角色扮演方式加強體驗 (D)利用廣泛閱讀增加理解

【新北市 107 國小暨幼兒園教甄，第 29 題】

（　）110.智能障礙者的性教育概念，以下何者是正確的？ 甲、無性能力，缺乏性情感和需求，不能生育 乙、愈來愈多智能障礙者可建立持久的情感關係 丙、比其他同儕較晚進入青春期 丁、若缺乏性教育資訊和社會化機會，易造成不當社會行為 (A)甲乙 (B)乙丙 (C)乙丁 (D)甲丁

【新北市 107 國小暨幼兒園教甄，第 30 題】

（　）111.以下有關「故事結構教學法」之敘述何者為非？(A)是從 1990 年代初期人類學者分析故事寓言所演變而來 (B)強調故事主要元素與故事架構，且使用文字呈現 (C)是教導閱讀理解時經常使用的方法 (D)除了敘述文與故事型態外，其餘文體並不適用

【新北市 107 國小暨幼兒園教甄，第 35 題】

（　）112.丁老師要教導一位二年級低功能的自閉症學生學習說出「我要去廁所」這個句子，以下 何種形式最符合認知學派的教學？(A)把句子分析成「我」「要」「去」「廁」「所」五個不同的意思教導。(B)把句子分析成「你要去」「廁所」兩個不同的意思教導。(C)把「我要去廁所」當成一個語詞教導 (D)先教「廁所」再教「去」，最後教「我要」。

【新北市 107 國小暨幼兒園教甄，第 59 題】

（　）113.許多腦性麻痺的學生缺乏嘴唇緊閉的力量，導致食物或口水流出。以下何種方法可增強嘴唇肌肉的強度或促進雙唇正常的開合？(A)矯正正確的坐姿，讓下巴內縮 (B)大人用固定、反覆的動作輕拍或

輕敲雙唇四周 (C)使用固定帶維持上半身直立姿勢 (D)提供棒棒糖讓舌頭做伸出內收的運動

【臺北市 107 國小教甄，第 30 題】

（　）114.在評估與輔導自閉症學生的學習上，強調為學生建構適合的環境、依據學生的需要與能力，持續且彈性的調整協助的程度，此種策略稱為？(A)思想泡 (B)心智理論的應用 (C)鷹架理論的應用 (D)結構化教學的應用

【臺北市 107 國小教甄，第 32 題】

（　）115.針對聽覺障礙學生的聽能訓練，若依聽知覺發展設計編序教材，下列何者的順序較為適切？(A)聲音區辨、覺察、確認、理解 (B)聲音覺察、區辨、確認、理解 (C)聲音理解、區辨、覺察、確認 (D)聲音確認、區辨、覺察、理解

【臺北市 107 國小教甄，第 40 題】

（　）116.患有心臟疾病或血液疾病的學生都是屬於身體病弱的障礙，由於每位學生的健康狀況不同，在體能活動學習方面應如何處理才是正確的：(A)體育課程用靜態的美勞課替代 (B)申請在家教育休養以避免身體受到感染 (C)依醫師的建議進行體適能活動 (D)實施床邊教學替代體能活動

【臺北市 107 國小教甄，第 41 題】

（　）117.針對自閉症學生社會技巧的教學，強調讓學生從學習特定的社會技巧、扮演主動的角色、演練社會技巧，並實際類化到現實生活中。教學者需注意學生的動機、情緒、先備知識，以幫助學生進行學習，此種教學策略是依據哪個學派的理論？(A)行為學派 (B)認知學派 (C)認知行為學派 (D)社會學派

【臺北市 107 國小教甄，第 43 題】

（　）118.由 Palinscar 和 Brown 所提出的交互教學(reciprocal teaching)常被應用於學習障礙學生的閱讀理解教學，此教學模式包括哪些學習策略的指導？(A)傾聽、說出、閱讀、寫作 (B)瀏覽、摘要、理解、統整 (C)預測、提問、澄清、摘要 (D)音韻覺識、基本字帶字、句子閱讀、統整摘要

【臺北市 107 國小教甄，第 44 題】

（　）119.下列哪一種教學法可以達成普通學生與身心障礙學生的融合與學習？ (A)直接教學法 (B)協同教學法 (C)多層次教學法 (D)小組合作學習法

【臺北市 107 國小教甄，第 46 題】

（ ）120.吳老師班上的大華為雙重特殊資優生，他想引導大華的父母親幫助大華，你會建議他提出下列哪項建議？ (A)應著重在補救大華的障礙問題 (B)介入幫助大華完成學校的作業 (C)多鼓勵大華參加學校課外活動 (D)安慰並告訴大華他能力不及處

【桃園市 107 國小及學前特教-C，第 44 題】

（ ）121.圖形兌換溝通系統(PECS)是針對自閉症者缺乏表達能 力而設計的擴大溝通的方法，其過程有六個階段，其中第一個階段為下列何者？ (A)能獲得大人注意並且增加距離 (B)能用各種圖片進行兌換的動作 (C)擴大先前熟悉的互動 (D)在一系列圖片中能區辨不同

【桃園市 108 國小及學前特教-B，第 15 題】

（ ）122.小華是一位輕度智能障礙的小一新生，他在記憶、專注與理解能力方面都明顯落後於同儕。資源班老師決定採用「工作分析教學法」來指導他每日營養午餐的用餐歷 程。下列哪一項不是「工作分析教學法」的特質？ (A)小步驟的教學 (B)以示範教學為主 (C)教學過程應給予協助 (D)教學過程由統整而分化

【桃園市 108 國小及學前特教-B，第 18 題】

（ ）123.下列何者非「自然取向語言教學」的特徵？ (A)提倡功能性溝通 (B)強調教學發生於日常情境中 (C)教師扮演主控者的角色 (D)溝通意圖能引發自然後果

【桃園市 108 國小及學前特教-B，第 34 題】

（ ）124.某學習障礙學生在學習注音符號時，可以唸出個別的注音，卻不會拼音，應優先為他安排下列哪一種教學？(A)自然發音 (B)字族文識字 (C)音韻覺識 (D)基本字帶字

【桃園市 108 國小及學前特教-B，第 38 題】

（ ）125.針對身心障礙學生進行識字教學時，下列哪一種作法較為正確？ (A)低頻字應該先教 (B)部首相近的字一起教 (C)字義易混淆的字一起教 (D)選用學生已會的字做為教學內容

【桃園市 108 國小及學前特教-B，第 43 題】

（ ）126.下列哪一個學科領域適用「交互教學法」指導學生？ (A)語文之閱讀理解 (B)數學之公式計算 (C)自然之實驗觀察 (D)社會之地圖繪製

【桃園市 108 國小及學前特教-B，第 44 題】

（ ）127.有關社會性故事，下列敘述何者不正確？(A)提供視覺的線索，適合自閉症學習 (B)符合所有理解程度的學生 (C)描述一個情境、觀念或社會技能 (D)將社會情況中的思考、感覺及反應連結起來

【臺北市 108 國中教甄，第 43 題】
（ ）128.有關重度障礙學生自我決策，下列描述何者不正確？(A)並非所有智能障礙學生已具備足夠的經驗以發展必要的自我決策行為心理特質 (B)教師應該推動重度障礙者決定自己的喜好 (C)少數無法表達自己喜好、興趣、或需求的重度障礙學生，可由親近的父母代為決定 (D)智能障礙者通常很少對其個人基本生活事件表達意見，即便決定這些事件會直接影響到他們的生活

【臺北市 108 國中教甄，第 44 題】
（ ）129.某國中巡迴輔導老師利用六書原理及文字本身可能的形音義線索或記憶線索，設計有助於學生記憶漢字的方法，例如：「琴」是「二位學生今天一起彈琴」。這是哪一種識字教學法的應用？(A)字源識字教學法 (B)基本字帶字教學法(C)意義化識字教學法 (D)字族文識字教學法

【臺北市 108 國中教甄，第 64 題】
（ ）130.有關視覺障礙者之定向行動訓練，下列敘述何者不正確？(A)聽知覺訓練幫助瞭解自己所處的周圍環境(B)學習使用盲人手杖(C)尚不具備定向行動能力時，導盲犬可將視覺障礙者帶到目的地(D)身處陌生環境時參考盲用地圖

【臺北市 108 國中教甄，第 65 題】
（ ）131.當學生呈現注意力問題時，教師可以提供的協助方式？甲.使用信號提示，如走動到學生旁提醒專心、乙.減少操作活動，避免不耐煩、丙.調整座位、丁.完整詳細的指示(A)甲乙 (B)甲丙 (C)乙丁 (D)丙丁

【臺北市 108 國中教甄，第 66 題】
（ ）132.教導特殊學生口語技巧的一般原則，下列敘述何者正確？(A)在特定的環境中教語言(B)先教理解後教表達(C)隨機教學，無需額外教學讓學生硬背(D)多問問題，最好是開放性問題

【臺北市 108 國中教甄，第 67 題】
（ ）133.哪一種溝通訓練是先對行為問題做功能性評量，然後教導個體運用適當的溝通技能，以表達他的需求？(A)功能性溝通訓練 (B)環境教學法(C)關鍵反應訓練 (D)圖片兌換溝通系統

【臺北市 108 國中教甄，第 69 題】
（ ）134.哪一種策略是引導學生自主完成任務的技術和原理，可以讓學習障礙學生負責自己的學習，成為主動學習者，能夠選擇學習情境的適當策略，甚至能夠將這項策略類化至其他情境？(A)自我決定

(B)直接教學(C)自我教導訓練 (D)學習策略教學

【臺北市 108 國中教甄，第 73 題】

（　）135.有關數學學習障礙學生的教學策略，下列敘述哪一個正確？(A)教學方案的重點在加、減、乘、除四則運算 (B)明確指出他們在方法或過程中的錯誤 (C)讓學生自己一個人學習核心技巧 (D)使用一致的教材促進成功的練習經驗

【臺北市 108 國中教甄，第 75 題】

（　）136.玲玉老師依據以下步驟，協助學習障礙學生變成語文學習的主動者。這是哪一方面學習策略的應用？(A)詞彙能力 (B)閱讀理解(C)閱讀流暢度 (D)識字

【臺北市 108 國中教甄，第 76 題】

（　）137.萱萱在接受了一段時間的聽能復健後，逐漸可以聽出「巴」和「趴」、「米」和「里」等聲音組的差異，這表示她在言語感知上已經達到哪一個階段？ (A)偵測 (B)區辨 (C)注意 (D)理解

【桃園市 108 國小及學前特教-B，第 41 題】

（　）138.詹老師欲教導學生因應天氣的變化穿著合適的衣服，他將教學目標訂為：「能挑選出在夏天適合穿著的服裝。」此目標屬於情意領域的哪一個層次？ (A)接受(receiving) (B)反應(responding) (C)價值判斷(valuing) (D)組織(organizing)

【桃園市 108 國小及學前特教-B，第 14 題】

（　）139.小嘉有數學學習障礙，其主要困難出現在基本運算，老師教學後訂定了一個目標：「小嘉能在 5 分鐘內正確地計算一位數與一位數的加法至少 15 題」。請問這樣的描述是屬於哪一個學習階段的目標呢？(A)維持階段 (B)類化階段 (C)流暢階段 (D)獲得階段。

【臺南市 109 國小暨幼兒園教甄，第 1 題】

（　）140.老師在資源班進行數數教學時，他示範後，馬上引導學生練習並給回饋，確定學生熟練後再讓學生獨自練習，請問這是屬於下列哪一種教學法？(A)編序教學法 (B)結構教學法 (C)直接教學法 (D)交互教學法。

【臺南市 109 國小暨幼兒園教甄，第 14 題】

（　）141.小欣是 3 歲的發展遲緩幼兒，較少主動使用口語表達需求，老師為了訓練他主動溝通的意圖，在體能課時，老師刻意將他最喜歡

的彩色球放到較高處，來引起小欣主動表達溝通的意圖，下列哪一項是老師所使用的教學策略？(A)多感官教學法 (B)自然環境教學法 (C)同儕教學法 (D)社會故事教學法。

【臺南市 109 國小暨幼兒園教甄，第 35 題】

（　）142.老師規定小杰每天到學校需要把鞋子放在有自己名字的鞋框內、進到教室要把今天的課程圖卡排起來，上完一堂課程 要把它拿下放在完成盒內，小杰的老師所使用的策略是？(A)直接教學法 (B)工作分析教學法 (C)認知教學法 (D)結構化教學法。

【臺南市 109 國小暨幼兒園教甄，第 36 題】

（　）143.國小三年級的小芳被診斷為學習障礙，主要為書寫困難，識字能力相當三年級，下列哪一選項是教師教學需優先考量的重點？甲、訓練仿寫文章以提升閱讀理解能力 乙、先加強識字的學習以增加識字量 丙、加強字彙的部件分析教學以改善組字的書寫問題 丁、安排詞句組織練習以提升寫作能力 (A)丙丁 (B)甲乙 (C)甲丁 (D)甲丙。

【臺南市 109 國小暨幼兒園教甄，第 46 題】

（　）144.對於增加學習障礙學生口語表達能力的訓練,「為什麼你喜歡看海綿寶寶？」和「你有沒有看過寶可夢？」兩個問句相比，為何前者是較好的問句？(A)因為前者的字數較多 (B)因為前者是孩子較熟悉的題材 (C)因為前者是開放式的問句 (D)因為前者的題材較能引起興趣。

【臺南市 109 國小暨幼兒園教甄，第 47 題】

（　）145.小倉是發展遲緩幼兒，媽媽教他認識自己的身體，幫他洗澡的時候利用浴室的大鏡子，一邊洗一邊說出該部位的名稱，這種教學方法屬於下列何種教學法？(A)結構化教學 (B)情境教學 (C)直接教學 (D)引導式教學。

【臺南市 109 國小暨幼兒園教甄，第 49 題】

（　）146.下列哪一項教學方法應以身心障礙學生先備經驗為基礎，並強調透過師生與同儕對話的過程進行教學？(A)編序教學法 (B)結構教學法 (C)精熟教學法 (D)交互教學法。

【臺南市 109 國小暨幼兒園教甄，第 52 題】

（　）147.對於「交互教學法」的敘述，何者為非？(A)可增進學生對學習內容後設認知能力的一種教學法 (B)學生之間相互提供支持的「同儕對話」，亦即 Vygotsky 強調由自我調整到他人調整的過程 (C)師生人數比以一位老師教 4~6 位低閱讀能力學生為原則 (D)在教學過

程中非常強調「師生對話」的歷程。
【臺南市 109 國小暨幼兒園教甄，第 98 題】
（　　）148.相較於傳統的教師中心教學，建構式的教學比較強調下列何者？　(A)學習結果重於歷程　(B)學習者的主觀經驗　(C)教師的知識傳遞　(D)反覆的練習與記誦。
【臺南市 109 國小暨幼兒園教甄，第 53 題】
（　　）149.普通班的林老師兼顧班上身心障礙學生和普通學生的個別差異，依照學生能力將數學或國語領域的教學目標區分為高、中、低三組不同的目標進行教學。請問林老師應用下列哪一種教學法？　(A)合作學習法　(B)合作教學法　(C)多層次教學法　(D)協同教學法。
【臺南市 109 國小暨幼兒園教甄，第 54 題】
（　　）150.王老師正在設計七年級國文科「另一個春天」的作業單，以下哪一項作業單的題目是屬於 Bloom 的認知分類層次中的「分析」層次？　(A)請找出課文中老太太有哪些節儉的事例　(B)寫出「羞赧」的意思　(C)請寫出注音─陰「霾」　(D)為什麼作者會說：「那頭銀髮是我春天在希臘旅行，捕捉到的最美麗的一幅風　景」？
【臺北市 109 國中教甄，第 81 題】
（　　）151.以下哪些是針對特定畏懼症最常用的行為介入技巧？　①後效管理　②系統減敏法　③短暫隔離法　④評定量表觀察法　(A)①②　(B)①③　(C)②③　(D)③④
【中區聯盟 109 國小教甄，第 3 題】
（　　）152.某智能障礙學生，在學習時經常出現類化的困難，在教學上老師可以採取下列何者來提升其類化能力？(A)運用多元增強物(B)提供多感官刺激　(C)安排不同教學情境　(D)進行短期記憶訓練
【中區聯盟 109 國小教甄，第 7 題】
（　　）153.某輕度智能障礙學生在訊息理解上有困難，資源班教師宜優先教導其下列何種學習策略？(A)視情境主動回應他人　(B)理解常用指令與基本句型　(C)表達正確且符合情境的訊息　(D)發展出個人適切的溝通模式
【中區聯盟 109 國小教甄，第 8 題】
（　　）154.針對自閉症兒童的「結構化教學」設計，下列哪一項班級經營要項最相關？(A)班級氣氛的營造　(B)教室物理環境的安排　(C)教學管理　(D)行為管理
【中區聯盟 109 國小教甄，第 18 題】

（　）155.哲學家蘇格拉底所提出的「產婆法」，下面哪一類特殊學生最適用？ (A)情緒行為障礙學生 (B)學習障礙學生 (C)智能障礙學生 (D)資賦優異學生

【中區聯盟 109 國小教甄，第 22 題】

（　）156.「全方位設計學習」(universal design for learning, UDL) 的適用對象為何？ ①重度障礙學生 ②輕度障礙學生 ③資優學生 ④普通班的一般學生 (A)①②③④ (B)①②③ (C)①② (D)②④

【中區聯盟 109 國小教甄，第 23 題】

（　）157.小安為國小三年級具有注意力缺陷過動症之學生，上課時常常分心，下列哪一項策略可能無助於注意力的改善？ (A)盡可能填補課堂的空白時間 (B)提供作業或考試延長時間的評量調整 (C)移除環境中不相關的刺激 (D)安排同儕小老師協助提醒

【中區聯盟 109 國小教甄，第 26 題】

（　）158.大雄是一位視覺障礙學生，患有弱視並伴隨視野損傷。下列哪一項教學或教材調整不適合他？(A)點字書 (B)多感官教學 (C)電腦語音報讀 (D)放大字體

【中區聯盟 109 國小教甄，第 30 題】

（　）159.讀書方法的理論中，PQRST 過程與 SQ3R 大同小異，差別在於 PQRST 多了下列哪一種步驟？(A)發問 (B)閱讀 (C)背誦 (D)自我測驗

【中區聯盟 109 國小教甄，第 35 題】

（　）160.資源班老師在教導一位識字困難的學生認識「台」這個字，並配上不同部件進一步認識「始」、「抬」、「治」、「胎」、「怠」、「颱」、「苔」等字。這是：(A)集中識字教學法 (B)基本字帶字識字教學法 (C)部件識字教學法 (D)分散識字教學法

【中區聯盟 109 國小教甄，第 49 題】

（　）161.適合學習障礙學生的教學法，下列何者為非？(A)書空識字法 (B)認知訓練 (C)後設認知訓練 (D)圖表組織

【中區聯盟 109 國中教甄，第 14 題】

（　）162.在資源班教數學的周老師除了要學生按著特定五個步驟解文字題，每個步驟還同時要自我指導、自我提問和自我監控，請問周老師是應用下列哪個學習策略？(A)認知—後設認知解題策略 (B)替換式數學 (C)後設認知解題策略 (D)情境數學

【中區聯盟 109 國中教甄，第 19 題】

（　）163.有關社會故事(social story)的描述，下列何者錯誤？(A)應以第三人稱撰寫，以便讓自閉症者瞭解他人的觀點 (B)發明者 Gray 建議社會故事的句型要包含描述句(descriptive sentence)和指示句 (directive sentence) (C)可在文字中搭配圖示或照片協助自閉症者理解 (D)著重描述和解釋社會情境的線索，提醒自閉症者社會能接受的反應。

【臺南市 109 國小暨幼兒園教甄，第 17 題】

（　）164.依照 Carol Gray 的社會性故事撰寫原則，下列哪一個句子寫法應該要避免使用？(A)成人常常會用握手來與人打招呼 (B)遇到熟識的人時，你應該要主動和對方握手打招呼 (C)隨著練習，握手打招呼對我來說會越來越容易 (D)隨著年紀增長，爸媽會期望我要學習握手的禮儀

【中區聯盟 109 國中教甄，第 21 題】

（　）165.聽覺障礙者在人工電子耳手術 (或稱人工耳蝸植入手術)的醫療介入後，後續需要強化何種訓練，以提昇其聽覺理解以及口語清晰度？ (A)讀話練習及語文理解訓練 (B)發聲練習及聽能理解訓練 (C)構音訓練及聽力訓練 (D)聽能訓練及說話訓練

【中區聯盟 109 國中教甄，第 22 題】

（　）166.關於低視能學生的教育措施，下列哪一項不適當？ (A)學習活動的空間避免擺放有礙行動的物品 (B)教室座位避免安排在直接面向光源的位子 (C)避免讓學生獨自探索環境以免發生危險 (D)提供擴視設備或放大字體的教材

【中區聯盟 109 國中教甄，第 23 題】

（　）167.下列何者是「執行功能」(executive functioning)的例子？ (A)將學習任務優次排定 (B)流暢地閱讀一篇短文 (C)回憶事實 (D)認字

【中區聯盟 109 國中教甄，第 24 題】

（　）168.依學生能力的差異將班上的學生分組，並因應各組學生需求與學習型態，訂定不同的學習目標與學習活動，以進行不同難度的教材練習，這是哪一種教學策略的運用？ (A)通用課程設計(universal design for learning, UDL) (B)介入反應模式(response to intervention, RTI) (C)隨機教學(incidental teaching, IT) (D)多層次教學(multitiered instruction, MI)

【中區聯盟 109 國中教甄，第 26 題】

（　）169.鄭老師出 15 題數學題給小新和小燕作答，他們都答對 10 題。在老師的引導下，小新可以多答對 4 題；而小燕則只多答對 1 題。

這說明二位小朋友在哪方面的差異？ (A)近側發展區（zone of proximal development, ZPD） (B)鷹架作用（scaffolding） (C)模仿學習（imitative learning） (D)自發概念（spontaneous concepts）

【中區聯盟 109 國中教甄，第 39 題】

（ ）170.下列何者不是增進學生閱讀理解的策略？ (A)編寫並提問學生有關該文本的問題 (B)將老師的經驗與文本的內容做連結 (C)為文本內容作總結 (D)為文本內容建構視覺表徵

【中區聯盟 109 國中教甄，第 43 題】

（ ）171.唐老師打算運用差異化教學模式來處理歷史課本中的課文在概念或使用語言的複雜度超過班上認知障礙學生理解程度的問題，請問以下那一項安排比較不適當？(A)強化學生使用教材的技巧如理解、記憶策略 (B)運用教材中人物或事件相關的影音媒體來輔助教學 (C)提供替代教材給理解有困難的學生 (D)在課堂上指導學生畫重點且繪製人物/事件關係圖。

【新竹市 109 國中教甄，第 30 題】

（ ）172.王老師是國小五年級普通班教師，某天正在執行差異化教學法，請問下列哪些做法較符合 王老師的教法？甲、非常重視學生的準備度、興趣、學習風格 乙、由課程內容、實施過程、實施成果三項要素實施教學調整 丙、經常主動調整課程、教學方法、資源、學習活動、學生作業 丁、在教學中重視的是大部分能力中等學生的教育需求 (A)甲乙丙 (B)乙丙丁 (C)甲乙丁 (D)甲乙丙丁

【新北市 109 國小暨幼兒園教甄，第 34 題】

（ ）173.某智能障礙學生的短期記憶力較弱，下列何種教學策略最能因應此一特質？ (A)重複練習 (B)核心反應 (C)社會增強 (D)嘗試錯誤

【臺北市 109 國小教甄，第 16 題】

（ ）174.盲生學習以腳區辨不同的地面，辨認音源的方向和移動路線，以及依風向判斷自己所處的環境。這些都屬於定向行動訓練中的哪一部分？(A)定向系統 (B)概念發展 (C)感覺訓練 (D)行動技能

【臺北市 109 國小教甄，第 39 題】

（ ）175.甲、隨機教學；乙、直接教學；丙、情境教學；丁、結構化教學；戊、工作分析法；己、活動本位教學。上列哪些屬於自然學派的教學法？(A)甲丙己 (B)乙丁戊 (C)甲乙丙戊 (D)甲丙丁戊己

【臺北市 109 國小教甄，第 40 題】

（　）176.某國小書寫表達障礙學生在寫字時常呈現字體忽大忽小或歪歪扭扭的現象，且常字形顛倒，多出或少掉筆畫，請問資源班教師應優先採用以下何種教學策略來改善該生的學習問題? (A)筆畫順序教學法 (B)字族文教學策略 (C)集中識字記憶策略 (D)部首部件分析結合鏤空字描繪

【臺北市 109 國小教甄，第 41 題】

（　）177.資源班教師針對數感有問題，數值概念弱，無法依序列出數字，不懂分辨數字大小的情形的數學學習障礙學生，以下何者為較應採行的教學策略?(A)使用數線圖或長條圖來教導數值 (B)使用估計活動來教導數值 (C)使用測量活動 來教導數值 (D)使用計算機來教導數值

【臺北市 109 國小教甄，第 43 題】

（　）178.針對身心障礙學生，在生活管理自我決策的學習表現上，是指他們可以達成下列何者? (甲)具備自我激勵能力 (乙)執行自訂目標並檢核結果 (丙)獨立行動的能力 (丁)維持個人物品與環境的整齊清潔 (A)甲乙 (B)乙丙 (C)丙丁 (D)乙丙丁

【臺北市 109 國小教甄，第 44 題】

（　）179.某資源班教師指導身心障礙學生考試作答時間和順序的分配方法、應試結果分析 及應試前的預測等學習策略，這些都是屬於哪一個主題的學習內容？ (A)認知策略 (B)態度和動機策略 (C)環境調整和學習工具運用策略 (D)後設認知策略

【臺北市 109 國中教甄，第 53 題】

（　）180.下列四項聽能訓練的教學目標，若依能力層次由低至高排列，其正確順序為何？ 甲、能察覺有無聲音；乙、能理解聲音的意義或功能；丙、能指認這是什麼聲音； 丁、能分辨兩種聲音的異同。 (A)丁甲丙乙 (B)丁丙甲乙 (C)甲丙丁乙 (D)甲丁丙乙

【臺北市 109 國中教甄，第 62 題】

（　）181.大雄為自閉症學生，資源班教師為增進他的共享式注意力，在設計教學時著重他的自發性動機、自我管理能力和對多重線索的反應。試問教師係掌握何種教學法的要素？ (A)核心反應訓練 (B)應用行為分析 (C)結構化教學法 (D)社會故事介入

【臺北市 109 國中教甄，第 65 題】

（　）182.某特教學校教師訓練無口語學生使用圖片兌換溝通系統，下列訓練步驟何者正確？甲、區辨圖片；乙、增進自發性能力；丙、以圖卡易物；丁、句型結構訓練；戊、接受性語言訓練。(A)甲乙丙

戊丁 (B)乙甲丙戊丁 (C)甲乙丙丁戊 (D)丙乙甲丁戊

【臺北市 109 國中教甄，第 72 題】

（ ）183.為了協助小裕能夠專注學習，以下哪一項導師的作法較不適合小裕？ (A)安排適當座位 (B)走動教學 (C)設計活潑有趣且具意義的教材和活動 (D)使用調頻系統

【臺北市 109 國中教甄，第 86 題】

（ ）184.某巡迴輔導教師訓練視覺障礙學生追蹤獨走技能、直線行走獨走技能、人導法及持杖技巧，這些課程內容係針對哪一個層面的定向行動訓練？ (A)感覺訓練 (B)行動技能與運用 (C)定向系統與應用 (D)概念發展與統整

【臺北市 109 國中教甄，第 75 題】

（ ）185.為了教導缺乏學習動機的學習障礙學生小隆，教師的教導策略可採用？ (A)加速學習 (B)提供成功經驗 (C)過度學習 (D)運用工作分析法

【臺北市 109 國中教甄，第 92 題】

（ ）186.吳老師能有效應用輔助性語言刺激策略，教導班上無口語自閉症學生使用輔助溝通系統進 行雙符號的表達。請問以下哪一種知識是吳老師能有效教學的關鍵？ (A)內容知識（Content Knowledge，簡稱 CK） (B)教學相關知識（Pedagogical Knowledge，簡稱 PK） (C)科技教學知識（Technological Pedagogical Knowledge，簡稱 TPK） (D)學科教學知識（Pedagogical Content Knowledge，簡稱 PCK）

【新北市 109 國小暨幼兒園教甄，第 21 題】

（ ）187.宋老師採用結構化教學策略，在教室門口走廊地板上用膠帶貼成數個方格，每個方格上利用班上同學的照片或姓名字卡，訓練同學能依指定位子站立。對於宋老師的做法之說明哪 些是正確的？甲、使用的是視覺提示策略 乙、照片和姓名卡不宜一直固定位置 丙、要教導同學記住自己的位置 丁、符合多感官刺激的策略 (A)甲乙 (B)乙丙 (C)丙丁 (D 甲丙

【新北市 109 國小暨幼兒園教甄，第 22 題】

（ ）188.洗手步驟先分成「濕、搓、沖、捧、擦」再把「搓」的動作細分成「內、外、夾、弓、大、 立、腕」，這是利用何種工作分析的方法？ (A)列舉式 (B)範圍程序式 (C)階層式 (D)順攝式

【新北市 109 國小暨幼兒園教甄，第 30 題】

（ ）189.全方位學習設計（universal design for learning, UDL）已成為特殊教育教學的新典範，下列哪一項敘述是不正確的？(A)教材設

計能使每位學生有機會達成學習目標 (B)針對不同能力學生之設計應有彈性 (C)運用多媒體教材設計 (D)針對身心障礙學生之個別差異進行調整

【新北市 109 國小暨幼兒園教甄，第 29 題】

（　）190.對於重度智能障礙伴隨精細動作有困難的學生在飲食訓練方面，下列何種方式較不適當？(A)加粗湯匙把手 (B)使用防滑碗 (C)使用小湯匙 (D)使用碗身較深的碗

【新北市 109 國小暨幼兒園教甄，第 35 題】

（　）191.下列何者不是情境教學法（Milieu teaching）的特徵？(A)採自然取向 (B)必要時老師要示範 (C)強調學生使用正確的文法 (D)安排能促進溝通的情境

【新北市 109 國小暨幼兒園教甄，第 40 題】

（　）192.李老師是新任國小資源班教師，在班級經營規劃時，下列哪些是特殊教育教法所規範之原則？ 甲、與教學夥伴進行專業分工，做好小組教學 乙、教學目標明確、活動設計多樣，提供學生學習策略與技巧，適時檢視教學效 能及學習成果 丙、透過各種教學與班級經營策略，提供學生充分參與機會及成功經驗 丁、運用各種輔助器材、無障礙設施、相關支持服務與環境佈置等措施，提供最少限制之學習環境 (A)甲乙丙 (B)乙丙丁 (C)甲乙丁 (D)甲乙丙丁

【新北市 109 國小暨幼兒園教甄，第 44 題】

（　）193.小班能識字，是書寫障礙學生，下列哪一選項是教師教學需優先考量的重點？ 甲、訓練仿寫文章以提升閱讀理解能力 乙、安排詞句組織練習以提升寫作能力 丙、加強識字的學習以增加識字量 丁、加強字彙的部件分析教學以改善組字的書寫問題 (A)甲乙 (B)丙丁 (C)甲丙 (D)乙丁

【新北市 109 國小暨幼兒園教甄，第 50 題】

（　）194.對於低視力的學童，下列哪一項介入比較適當？ (A)進行定向行動訓練 (B)培養音樂專長 (C)提供點字教學 (D)進行視覺功能訓練

【新北市 109 國小暨幼兒園教甄，第 54 題】

（　）195.老師在班級中劃分出圖書角與放鬆區，並以文字搭配圖畫提醒學生各區應有的活動，在作 業繳交區標示各作業繳交方式。請問這是採納下列哪一個教學法的要素？ (A)直接教學法（direct instruction） (B)結構教學法（TEACCH） (C)環境教學法（milieu teaching） (D)回應式教學法（responsive teaching）

【新北市 109 國小暨幼兒園教甄，第 55 題】
(   ) 196.阿國是就讀普通班六年級的學習障礙學生，他寫字有很大的困難，無法記住筆順、字的結 構散亂、無法一邊寫一邊思考、抄寫速度慢、偶爾有鏡體字與反轉字。下列哪些策略較能 改善阿國的書寫問題？ 甲、書空練習 乙、設計寫字遊戲 丙、忽略錯誤 丁、學習組字規則 (A)甲乙 (B)甲丙 (C)乙丁 (D)丙丁

【新北市 109 國小暨幼兒園教甄，第 56 題】

題組
(   ) 197.吳老師的教育哲學是「寧願學生學習之初犯點小錯誤，也不要過度倚賴提示。」如果他想教一位學生使用圖卡交換策略取得自己喜歡的飲料；請問他應採用下列何種提示順序？【甲】：拉著學生的手撕下飲料圖卡【乙】：教師示範撕下飲料圖卡，請學生模仿【丙】：教師口語提示學生「你需要什麼？」【丁】：讓學生獨立操作 (A)丁丙乙甲 (B)乙丙丁甲 (C)甲乙丙丁 (D)丁乙丙甲 【新北市109國中教甄，第1題】 (   ) 198.承上題，如果吳老師想將上述圖卡交換訓練融入每日午餐中進行，則何種教學法較不適宜？(A)零推論(zero inference)理論..(B)集中練習(massed practice)原則 (C)鑲嵌式教學(embedded instruction)　(D)隨機教學法(incidental teaching) 【新北市109國中教甄，第2題】

(   ) 199.在教導特殊學生自我管理(self-management)策略時，下列介入觀點何者錯誤？(A)過程中教師不宜有任何明確的教學或示範 (B)自然增強較外在增強為佳 (C)允許學生記錄並評估自己的行為表現 (D)可運用於專心行為的訓練

【新北市109國中教甄，第28題】
(   ) 200.以下關於盲生的教育考量何者錯誤？(A)點字學習初期，需給予每日一至二小時的訓練時間 (B)減少回搓動作與指尖壓力有助於提升點字摸讀速率 (C)經過點字速讀訓練後，盲生閱讀速率仍低於明眼人 (D)有聲書與報讀科技的普及，已可取代盲生學習點字的需求

【新北市109國中教甄，第30題】
(   ) 201.余老師想運用教學層級模式的概念(instructional hierarchy model)來訂定學生學習目標，請依技能發展順序由低至高加以排序？【甲】：類化(generalization)【乙】：獲得(acquisition)【丙】：適應(adaptation)【丁】：流暢(fluency) (A)丁甲乙丙 (B)丙乙丁甲 (C)

乙甲丁丙 (D)乙丁甲丙

【新北市109國中教師甄選-特殊教育科，第31題】

（　）202.許老師在教學的前十分鐘想要明確、有效率地帶領學生熟悉本節課的教學重點。屆時他會結構化地呈現教材，並透過教師示範、學生練習、回饋與校正等步驟掌握學生的精熟程度。請問許老師採用的教學方法最可能為下列何者？(A)合作學習(cooperative learning) .(B)問題解決式學習(problem-mediated strategies) (C)Fernald多感官教學法(multisensory approach) (D)直接教學法(Direct Instruction)

【新北市109國中教甄，第42題】

（　）203.何者並非「入班協助或訓練」之主要服務對象？(A)鑑輔會核定安置特教班之學生 (B)鑑輔會核定安置資源班之學生 (C)鑑輔會核定之疑似身心障礙學生 (D)尚未鑑定，但已發覺補救教學無效之學生

【新北市109國中教甄，第53題】

題組
（　）204.新北國中特教班的老師，想要運用核心反應訓練(Pivotal Response Training，簡稱PRT)的概念於教學中，請問這位老師對PRT的理解何者錯誤？(A)以應用行為分析(ABA)的理論為基礎 .(B)針對關鍵而非零散的技能進行訓練 (C)建議在人為、結構化的環境進行訓練 (D)因勢利導，依據學生的喜好選擇教材 【新北市109國中教甄，第59題】 （　）205.承上題，以下何者並非PRT的核心技能？(A)動機 (B)自我管理 (C)主動 (D)對單一線索做回應 【新北市109國中教甄，第60題】

（　）206. E. D. Hirsch, Jr.發現當讀者具備相關專業背景時，便能迅速讀懂該領域的相關書籍。請問此發現說明下列何者閱讀技能的重要？(A)瞬認字(sight vocabularies) (B)世界知識(world knowledge) (C)閱讀流暢性(reading fluency) (D)聲韻覺識(phonological awareness)

【新北市109國中教甄，第61題】

（207-208 題）情境描述：普通班的張老師為兼顧班上特殊生的需求，積極在班上執行區分性教學。請試回答下列問題。
（　）207.如果張老師想要讓班上特殊生獨立地進行學習活動，以下的作法何者正確？(A)練習的題目最好為已經學過的技能或內容 (B)練習的題目最好包含大量、複雜的目標技能 (C)學生解題的成功率

愈低愈好，表示有發現學習困難 (D)題目難易度隨機呈現，以免暗示答案

【新北市109國中教甄，第79題】

（　）208.張老師在提供同儕中介式教學(peer-mediated strategies)時，下列觀點何者錯誤？(A)由同儕助教(peer tutoring)提供示範與回饋 (B)同儕助教不需特別訓練即可成為自然支持者 (C)促發學生間產生觀察學習(observing learning)的效果 (D)有助於被協助學生練習自我表達與求助技巧

【新北市 109 國中教甄，第 80 題】

（　）209.哪一種教育實務的訓練方式是利用聽覺障礙兒童的殘存聽力，藉由佩戴合適的助聽器或以植入人工電子耳的方式，透 過家長協助他們的孩子藉由聽能以學習口語溝通？ (A)口語教學法 (B)聽覺口語教學法 (C)線索說話 (D)綜合溝通法

【桃園市 109 國小及學前特教-B，第 10 題】

（　）210.雅各是一位重度智能障礙的學生，不認識國字與數字，因此教導他手持卡片搭公車時，需要老師、家長、民眾、公車司機等支持者的協助。請問此項教學活動是採何種模式來進行？ (A)社會模式 (B)個人模式 (C)醫學模式 (D)宗教模式

【桃園市 109 國小及學前特教-B，第 15 題】

（　）211.教師看見小平穿外套需要幫忙時，就靠近小平，忍住暫不給予協助且期待的看著他，教師等待他並給予至少5秒鐘的回應機會，如果小平從溝通卡中指著「要幫忙」的圖片，教師就提供其所需要的協助。請問以上是運用什麼策略？ (A)直接教學(B)間接教學(C)結構化教學(D)自然時間延宕

【桃園市 109 國小及學前特教-B，第 19 題】

（　）212.王老師為自閉症學生在工作盒上面貼了一張組裝原子筆的步驟說明圖，又在工作盒裡面放入數枝待組裝的原子筆。請問王老師是運用哪一種教學法？ (A)結構化教學法(B)工作分析法(C)直接教學法(D)隨機教學法

【桃園市 109 國小及學前特教-B，第 20 題】

（　）213.介入情緒行為障礙的有效策略，何者不包括在內？(A)支持性的介入 (B)持續的評估和進展監測 (C)固定單一的模式 (D)新技巧的練習

【桃園市 109 國小及學前特教-B，第 25 題】

（　）214.林老師正在訓練自閉症兒童學習圖片兌換溝通系統，林老師宣稱已經訓練到第三階段，但是根據教室觀察，當林老師呈現兩張圖片在桌上供其辨識時，林老師手中的增強物卻要藏在背後，避免自閉症兒童搶奪增強物。請問你要如何建議林老師改善這種情形，才能讓自閉症兒童學習更獨立？ (A)把增強物放在透明罐子中讓兒童看得到拿不到 (B)更換增強效力低一點的增強物 (C)拉長老師和自閉症兒童的訓練距離 (D)需要再退回前面第一階段的訓練

【桃園市 109 國小及學前特教-B，第 31 題】

（　）215.藍老師讓資源班學生將國字個別寫在小卡片上，並將每個字的部件分割剪下，再讓學生試著拼部件，組合成完整字，以利學生掌握國字中的部件位置關係。請問這是哪一種提升寫字能力的教學策略？ (A)部件累加設計 (B)部件組合練習 (C)自我監控書寫 (D)基本筆順教學

【桃園市 109 國小及學前特教-B，第 34 題】

（　）216.在識字教學課程中，老師想要將文字符號的刺激由刺激提示 轉移到自然線索。請問下列哪一種教學方法符合這個原理？(A)象形文字識字教學法 (B)部件識字教學法 (C)部首識字教學法 (D)注音識字教學法

【桃園市 109 國小及學前特教-B，第 41 題】

（　）217.有關合作教學的說明，下列哪一選項較為適當?甲、強調普通班教師與特教教師在教學前共同議課，規劃一個統整的單元，在不同地點執行教學乙、體育課時，普通班教師與教師助理一起在操場上教導所有學生丙、教師採用分站教學是合作教學的模式之一丁、生物課時，普通班教師與特教教師一起在同一個班級教導同一班所有學生 (A)甲丁 (B)乙丙 (C)甲乙 (D)丙丁

【新竹市 109 國中教甄，第 4 題】

（　）218.蘇老師將複雜的技能或教材，予以分解成更簡單、更細小的分項技能，再教導給班上身心障礙學生，蘇老師採取是哪一種教學方法?(A)直接教學 (B)合作教學 (C)工作分析 (D)隨機教學

【新竹市 109 國中教甄，第 7 題】

（　）219.丁老師為班上自閉症學生小雨所設計的社會性故事有以下兩個句子：「學校走廊上掛了很多種型態的畫作，有版畫、粉彩畫、油畫、炭筆素描等」、「同學們都不喜歡他們桌上的物品被別人弄倒掉在地上」。請問以上的句子依照順序分別屬於哪一種句型?(A)觀點句、指導句 (B)描述句、肯定句 (C)肯定句、指導句 (D)描述句、

觀點句

【新竹市 109 國中教甄,第 29 題】

（ 　 ）220.劉老師為小美訂定的閱讀理解學習目標為「找出作者的立場」、「評斷文章的完整性」和「說出文章的優缺點」,顯示出小美需要強化的閱讀理解歷程為以下哪一種?(A)比較評估 (B)推論訊息 (C)詮釋整合 (D)提取訊息

【新竹市 109 國中教甄,第 29 題】

（ 　 ）221.針對重度障礙學生需要訓練「功能性技能」,下列哪一項對功能性技能的描述是正確?(A)功能性技能應該取代課綱的核心素養 (B)學生能夠立即應用這些技能於日常生活當中 (C)功能性技能應該多安排在教室課堂的工作樣本練習 (D)功能性技能的表現不會影響學生的升學或就業

【新竹市 109 國中教甄,第 36 題】

（ 　 ）222.在閱讀能力的教學重點中,以下哪一項描述不正確?(A)字彙的教導應強調孤獨字的重複練習 (B)詞彙教學重點在詞彙的擴充與概念的分類 (C)重複閱讀可以改善認字的自動化 (D)透過交互教學提升閱讀理解能力

【新竹市 109 國中教甄,第 43 題】

（ 　 ）223.有關追述法(tracking method)的使用,以下哪一個描述是不正確的?(A)訓練學生聽話時的專注力 (B)每次口述的長度可以不一,由敘述者決定長短 (C)計算每分鐘正確追述的字數 (D)敘述內容中的語言相關線索會影響學生的表現

【新竹市 109 國中教甄,第 45 題】

（ 　 ）224.下列哪些身心障礙教育常用的課程與教學方法最接近108課綱的素養導向教學?甲、功性課程 乙、直接教學 丙、主題式課程 丁、生態課程 (A)甲、乙 (B) 丙、丁 (C)甲、丁 (D)乙、丙

【新竹市 109 國中教甄,第 47 題】

（ 　 ）225.分割嘗試教學方法(discrete trail teaching)的步驟,下列哪一個是正確的?(A)示範動作並給學生提示 →示範動作給學生看→口語指令並給學生提示 (B)示範動作加上口語→示範動作給學生看→示範並給學生提示 (C)示範動作給學生看→示範動作加上口語→口語指令給學生提示 (D)口語並給學生提示→示範動作加上口語→口語指令給學生提示

【新竹市 109 國中教甄,第 49 題】

（　）226.小芬為一位有語暢問題的學生，老師應該如何幫助這位學生？　(A)重複或重述學生的話，確定暸解學生所說的話　(B)告訴學生「放輕鬆，慢慢說，別急，想好再說。」　(C)刻意注意學生說話的行為　(D)打斷學生說話且糾正說話行為

【臺北市 110 國小教甄，第 32 題】

（　）227.小傑是一位重度多重障礙學生，在語文課程中其認知未達到班上程度，在非學業領域內的調適與聚焦應考慮下列哪項技能，可以減少同儕拒絕重度障礙與多重障礙學生融入學業領域的課程中？(A)寫作　(B)識字　(C)社會互動　(D)閱讀課本

【臺北市 110 國小教甄，第 33 題】

（　）228.某資源班教師為增進自閉症學生的共享式注意力，在教學時著重學生的自發性動機、自我管理能力和對多重線索的反應等要素。該教師係採用下列何種教學法？　(A)社會故事介入　(B)結構化教學法(C)應用行為分析　(D)核心反應訓練

【臺北市 110 國小教甄，第 36 題】

（　）229.昌民是重度和多重障礙的腦性麻痺學生，教導他在他的作業本上簽名，下列哪一項不適合？　(A)字卡　(B)鉛筆　(C)貼紙　(D)附印泥的印章

【臺北市 110 國小教甄，第 39 題】

（　）230.有意的自我監控是重要的學習策略，但在下列的哪一個活動中，成效不佳？　(A)閱讀理解　(B)數學解題　(C)電腦打字　(D)情緒調控

【臺北市 110 國小教甄，第 45 題】

（　）231.小莫是書寫障礙學生，能識字，伴隨有人際關係不良問題，下列哪一選項是教師教學需優先考量的重點？甲、設計大富翁遊戲，讓小莫表現他的優點，獲得同學對他的肯定　乙、綜合活動採分組方式進行，讓小莫每日記錄交友狀況　丙、以角色扮演方式，教導小莫練習禮貌的口語行為　丁、加強字彙的部件分析教學，以增加小莫的識字量(A)甲丁　(B)乙丙　(C)甲丙　(D)乙丁

【中區聯盟 111 國小教甄，第 10 題】

（　）232.華益是安置在集中式特教班的智能障礙學生，在教導華益適當的生活行為時，下列哪一選項的教學措施較為適當？　甲、利用快速唸名的重複練習乙、採用工作分析法進行教學　丙、強調健康、恢復正常功能的教學　丁、教學中使用立即與連續性增強　(A)甲乙(B)丙丁(C)甲丙(D)乙丁

【中區聯盟 111 國小教甄，第 14 題】

（　）233.曲老師利用圖片兌換系統培養身心障礙學生溝通能力時，下列哪一個選項的排序較為正確的？　甲、句型結構乙、以物易物丙、圖片區辨丁、自發性表達(A)甲丁乙丙(B)乙丙甲丁(C)丙乙丁甲(D)丁甲丙乙

【中區聯盟 111 國小教甄，第 29 題】

（　）234.資優班大中老師想以「霸凌」為議題進行「高層次思考」課程，並安排一系列的學習活動。依據認知分類模式，下列哪一項活動的認知層次最高？　(A)師生共讀《告白》這本有關霸凌議題的書，並請學生寫讀書心得(B)根據學校「反霸凌」政策製作宣傳海報，並於朝會時間公開宣導(C)分析自治小市長候選人「校園霸凌再見」的政見，推薦最佳政見(D)加入校內「反霸凌」社團，與社團成員定期集會聲援反霸凌事件

【中區聯盟 111 國小教甄，第 33 題】

（　）235.有關教學評量調整的敘述，下列何者較為適切？　①視覺障礙學生有視野缺陷，將考試卷題目字體放大②腦性麻痺學生的注意力短暫，將適度延長考試作答時間③學習障礙學生有書寫障礙，將文字填空題改為圈選方式④自閉症學生有理解困難，在考試卷上提供視覺化提示(A)①②③　(B)②③④　(C)①②④　(D)①②③④

【中區聯盟 111 國小教甄，第 37 題】

（　）236.針對身心障礙學生提供的識字教學法，下列敘述何者較為適切？　①先學習日常生活中出現頻率較高的高頻字　②集中識字法具有「字不離詞、詞不離句」的特點　③部件識字法是透過漢字「部件」結構分析進行識字，部件不包括部首　④基本字帶字識字法透過基本字加偏旁部首的方式引導學生利用熟字記生字(A)①②　(B)②③　(C)③④　(D)①④

【中區聯盟 111 國小教甄，第 44 題】

（　）237.以下哪些敘述是與口語聽覺障礙學生溝通時宜注意事項？(甲)避免在背光處說話　(乙)保持眼光接觸　(丙)刻意放慢語速　(丁)面帶微笑　(A)甲乙　(B)丙丁　(C)甲丙　(D)乙丁

【臺北市 111 國小教甄，第 18 題】

（　）238.江老師在社會技巧的單元活動設計中，期望學生透過正確的情緒理解與辨識，運用適當的方法解決在生活中可能遇到的衝突情境。這是屬於素養導向教學設計中的何種層面的分析？　(A)表現任務(B)價值定位　(C)情境脈絡　(D)學習資源

【臺北市 111 國小教甄，第 24 題】

（　　）239.某注意力缺陷過動症學生，在課堂上常會因情緒上的焦慮發出怪聲，試問以下何者為較可行的教學輔導策略？ (甲)建議父母至醫療院所提高該生過動症用藥劑量 (乙)申請特教學生助理人員到課堂協助與改善該生行為 (丙)教導該生干擾性較少的替代行為或是轉移其注意力 (丁)請該生協助拿教具或操作電腦，給予課堂上合法活動機會 (A)甲丙 (B)乙丙 (C)乙丁 (D)丙丁

【臺北市 111 國小教甄，第 34 題】

（　　）240.以下哪些敘述是輔導自閉症學生的行為問題時宜注意的事項？ (甲)由行為的結果著手 (乙)一定要去除情緒行為問題 (丙)了解其行為功能 (丁)由生態觀點考量學生與環境的交互作用 (A)甲乙 (B)丙丁 (C)甲丙 (D)乙丁

【臺北市 111 國小教甄，第 38 題】

（　　）241.小芳具有學習障礙，在上課時經常無法專注，閱讀理解和組織能力也有顯著的困難，就這些問題所需要的學習策略，下列何者最為適切？ (A)認知策略、態度和動機策略 (B)認知策略、後設認知策略 (C)後設認知策略、學習工具運用策略 (D)態度和動機策略、學習工具運用策略

【臺北市 111 國小教甄，第 43 題】

（　　）242.強調教師在自然情境中，依個別學生語言能力，提供學生在其近側發展區域內(zone of proximal development)適當 的語言支持，協助學生較複雜的口語能力，是屬於哪種語言教學模式？ (A)自然情境語言教學 (B)共同活動教學法 (C)鷹架式語言教學 (D)歸納教學法

【臺北市 111 國小教甄，第 49 題】

（　　）243.在每次午餐時間，透過學生想要吃的動機，藉此讓孩子有動機向特教老師表達，得到他想吃的食物而獲得滿足，進而幫助學生發展出與人社會互動的能力，此種方式稱為？(A)環境教學法 (B)隨機教學法 (C)分立訓練 (D)核心反應訓練

【新北市 111 國小暨幼兒園教甄，第 22 題】

（　　）244.學生能將一個字音的聲韻結構分析出來，例如：將「媽」分析為「ㄇ」、「ㄚ」，請問是下列哪一項的能力？(A)口語理解 (B)語音覺識 (C)詞素辨識 (D)聽音辨位

【新北市 111 國小暨幼兒園教甄，第 25 題】

（　　）245.江老師要將生活管理中做決定的能力融入其他領域課程進行教學，下列哪些活動最適合？甲、給予四項作業任務，允許學生自

己安排完成順序 乙、用工作表讓學生依序完成打掃工作，過程中並勾選所完成之工作項目 丙、運用檢核式的紀錄表，讓學生勾選紀錄實驗結果 丁、指導學生根據自己擁有的金錢及需要程度勾選欲購買的物品 (A)甲乙 (B)乙丙 (C)丙丁 (D)甲丁

【新北市 111 國小暨幼兒園教甄，第 27 題】

（　）246.彭老師在教導一位識字困難的學生閱讀有關介紹植物的課文，並進一步教導認識「根」、「莖」、「葉」、「花」、「菜」等字。這是：(A)集中識字教學法 (B)基本字帶字識字教學法 (C)部件識字教學法 (D)分散識字教學法

【新北市 111 國小暨幼兒園教甄，第 36 題】

（　）247.某智能障礙學生，在學習時經常出現類化上的困難，在教學上特教老師可以採取下列何種方法來提升其類化能力？(A)安排不同教學情境 (B)運用多元增強物 (C)提供多感官刺激 (D)進行短期記憶訓練

【新北市 111 國小暨幼兒園教甄，第 37 題】

（　）248.下列是幾個教師實踐「零推論原則」(zero inferences)的作法，請從中選出最具可行性者：(A)張老師利用午休時間，加強四則運算表現欠佳學生的習作練習 (B)王老師利用手機視訊，觀察學生在家生活自理及家事操作表現 (C)林老師先在生活教室教導洗手，再帶學生到社區賣場進行演練 (D)陳老師利用開學前的家庭訪視，細心觀察學生居家與社區環境

【新北市 111 國小暨幼兒園教甄，第 40 題】

（　）249.下列何種教學策略可以協助自閉症學生「中央連貫性」(central coherence)的不足？(A)運用結構化環境提醒學生學習與遊戲的地點 (B)運用社會故事中觀點句來強化社會技巧教學認知的記憶 (C)運用圖卡交換系統進行溝通訓練 (D)以概念圖進行自然科學教學內容的呈現

【新北市 111 國小暨幼兒園教甄，第 41 題】

（　）250.針對特定領域/科目具有學習功能缺損的學生，穿插一些遊戲活動或將教學活動分段進行，並多安排學生練習與表現的機會，提供適度的讚美、足夠的包容，再施以有效的行為改變策略和積極性的回饋方式調整；亦得調整教學地點和情境，以激發並維持學生的學習興趣與動機，此項做法是進行何種調整？ (A)學習內容 (B)學習歷程 (C)學習評量 (D)學習環境

【新北市 111 國小暨幼兒園教甄，第 50 題】

（　　）251.在撰寫社會性故事時，哪一項因素是最需要優先考量的？
(A)學生目前需要學習的技能　(B)學生學科能力　(C)學生的認知功能
(D)學生的年齡
【新北市 111 國小暨幼兒園教甄，第 51 題】

（　　）252.老師教小欣脫外套，小欣脫完外套後沒有將外套掛好，老
師指著外套和衣帽架，對小欣說：「脫完外套後，應該要做什麼？」
請問老師使用了下列哪一組輔助策略？　(A)手勢與直接口語　(B)動作
協助與間接口語　(C)手勢與間接口語　(D)動作協助與直接口語
【新北市 111 國小暨幼兒園教甄，第 52 題】

（　　）253.王老師規劃社會領域教學，下列他所做的哪一件事，符合
多層次教學的理念？　(A)以「認識社區中的便利商店」為主題設計課
程　(B)將「能說出便利商店的功能」與「能到便利商店購物」設為單
元目標　(C)指導 A 組學生「以悠遊卡購買麵包」，B 組學生「用現金
依購物清單購物」　(D)將課程分為「認識便利商店標誌」、「認識便利
商店功能」和「到便利商店購物」三個小單元
【新北市 111 國小暨幼兒園教甄，第 55 題】

（　　）254.有關盲生教具製作原則，下列敘述何者不正確？(A)合宜的
大小程度(不超過單手可觸摸的範圍）　(B)兼顧概念的局部與全部　(C)
兩個觸覺點應該保持 0.5 公分的距離　(D)材質多變化 (呈現不同觸覺
效果）
【桃園市 111 國小教甄- B，第 28 題】

（　　）255.韓老師班上有位 ADHD 學生，為了協助該生有較好的學
習成 效，韓老師將該生座位調整到教室前方，上課時也常點名該生
回答能力所及的問題，回家功課多以操作或小組討論的任務進行。請
問以下何者不是韓老師所使用的調整策略？(A)學習內容調整　(B)學
習歷程調整　(C)學習環境調整　(D)學習評量調整
【桃園市 111 國小教甄- B，第 9 題】

（　　）256.下列哪一項學習內容，與自我倡議(self-advocacy)的理念較
無直接關係？(A)當自己有困擾時會找人討論　(B)能為自己的功課與
學習負責　(C)了解自己身為障礙者的各項權利　(D)能向老師說明自己
在學習上的需求
【桃園市 111 國小教甄- B，第 19 題】

（　　）257.下列哪一種教學模式中的學習者是扮演被動的角色？(A)
行為取向　(B)認知取向　(C)社會生態取向　(D)多元智力教學
【桃園市 111 國小教甄- B，第 33 題】

( )258.下列哪一種教學方法強調進行教學時，應有教師示範策略、師生間與同儕間的對話？(A)結構教學法 (B)記憶教學法 (C)直接教學法 (D)交互教學法

【桃園市 111 國小教甄- B，第 34 題】

( )259.在評估與輔導自閉症學生的學習上，強調為學生建構適合的環境，並依據學生的需要與能力，持續且彈性的調整協助的程度。此種策略最貼近下列何者的理念？(A)鷹架理論 (B)差異化教學 (C)心智理論 (D)結構化教學

【桃園市 111 國小教甄- B，第 43 題】

【參考答案】

1	2	3	4	5	6	7	8	9	10	11	12
B	B	C	D	A	B	C	D	B	C	C	C
13	14	15	16	17	18	19	20	21	22	23	24
D	D	D	B	C	B	D	D	A	C	D	C
25	26	27	28	29	30	31	32	33	34	35	36
B	D	D	B	C	A	D	B	B	D	C	C
37	38	39	40	41	42	43	44	45	46	47	48
B	D	C	D	D	D	C	D	A	B	D	A
49	50	51	52	53	54	55	56	57	58	59	60
A	C	B	D	D	C	D	D	A	D	D	A

61	62	63	64	65	66	67	68	69	70	71	72
C	C	D	B	C	A	A	C	B	A	C	C
73	74	75	76	77	78	79	80	81	82	83	84
B	A	A	D	D	B	D	C	D	B	B	B
85	86	87	88	89	90	91	92	93	94	95	96
A	C	C	C	A	D	A	C	D	D	A	A
97	98	99	100	101	102	103	104	105	106	107	108
D	D	A	C	D	C	D	D	A	B	D	D
109	110	111	112	113	114	115	116	117	118	119	120
B	C	B	C	B	C	B	C	C	C	D	C

121	122	123	124	125	126	127	128	129	130	131	132
B	D	D	C	B	A	B	C	C	C	B	A
133	134	135	136	137	138	139	140	141	142	143	144
A	D	B	B	B	D	C	C	B	D	A	C
145	146	147	148	149	150	151	152	153	154	155	156
B	D	B	B	C	D	A	C	B	B	A	A
157	158	159	160	161	162	163	164	165	166	167	168
B	D	D	B	A	A	A	B	D	C	A	D
169	170	171	172	173	174	175	176	177	178	179	180
A	B	C	A	A	C	A	D	A	A	D	D

181	182	183	184	185	186	187	188	189	190	191	192
A	D	D	B	B	D	A	C	D	C	C	B
193	194	195	196	197	198	199	200	201	202	203	204
D	D	B	C	A	B	A	D	D	D	A	C
205	206	207	208	209	210	211	212	213	214	215	216
D	B	A	B	B	A	D	A	C	D	B	A
217	218	219	220	221	222	223	224	225	226	227	228
D	C	D	A	B	A	A	B	C	A	C	D
229	230	231	232	233	234	235	236	237	238	239	240
B	C	C	D	B	C	B	D	A	B	D	B

241	242	243	244	245	246	247	248	249	250	251	252
B	C	D	B	D	A	A	C	D	B	A	C
253	254	255	256	257	258	259					
C	C	A	B	A	D	A					

第十三章 身心障礙學生支持服務【含輔助科技與無障礙環境】

壹、支持服務的法令規範

根據《身心障礙學生支持服務辦法》，各級學校、幼兒園及社會福利機構，對身心障礙學生支持服務之提供，包含下列各項：

一、相關專業團隊

視身心障礙學生需求，提供相關專業人員進行評估、訓練、諮詢、輔具設計選用或協助轉介至相關機構等復健服務。

二、人力資源與協助

運用教師助理員、特教學生助理人員、住宿生管理員、教保服務人員、協助同學及相關人員，提供身心障礙學生學習及生活人力協助，包括錄音與報讀服務、掃描校對、提醒服務、手語翻譯、同步聽打、代抄筆記、心理、社會適應、行為輔導、日常生活所需能力訓練與協助及其他必要支持服務。

三、教育輔助器材

視身心障礙學生教育需求，提供可改善其學習能力之教育輔助器材，包括視覺輔具、聽覺輔具、行動移位與擺位輔具、閱讀與書寫輔具、溝通輔具、電腦輔具及其他輔具。

四、適性教材

提供身心障礙學生使用之適性教材，包括點字、放大字體、有聲書籍與其他點字、觸覺式、色彩強化、手語、影音加註文字、數位及電子化格式等學習教材。

五、家庭支持服務

視身心障礙學生家庭需求，提供家庭支持服務，包括家長諮詢、親職教育與特殊教育相關研習及資訊，並協助家長申請相關機關（構）或團體之服務。

六、校園無障礙環境

配合身心障礙學生之需求，建立或改善整體性之設施設備，營造校園無障礙環境。學校（園）及機構辦理相關活動，應考量身心障礙學生參與之需求，營造最少限制環境，包括調整活動內容與進行方式、規劃適當動線、提供輔具、人力支援及危機處理方案等相關措施，以支持身心障礙學生參與各項活動。

七、其他學習及生活必要之支持服務

視身心障礙學生需求，提供其他協助在學校（園）及機構學習及生活必要之支持服務。

貳、輔助科技

使用**輔助科技**(assistive technology, AT)是另一項教學可親近性和強調績效的層面，透過設計和服務來增進身心障礙學生的功能性能力。美國《障礙者教育法案》要求學生親近所需的輔助科技。也就是說，科技必須做為輔助支持或服務的一項重要考量。

一、輔助科技之涵義與分類

(一)涵義

輔助科技是指可用來改善身心障礙者所面臨問題之相關的設備、服務、策略和介入計劃(Cook & Polgar, 2015)。國內一般稱它為輔具或科技輔具。輔助科技不僅只有設備，也應包括服務在內。

(二)輔助科技設備之分類

輔具可區分為**高科技輔具**(High Technology Devices)及**低科技輔具**(Low Technology Devices)。兩者之間的差異並不明確，但一般會將易取得、易製作且價位低者，稱為低科技輔具。如溝通簿；複雜製作且價位高者，稱為高科技輔具。如：電子式電腦語音溝通板(Cook & Polgar, 2015)。根據輔具的功能，輔具可區分為十類：溝通、聽覺輔助系統、擺位、電腦使用、環境控制、視覺輔助系統、行動、電腦輔助教學、日常生活類、休閒及娛樂等輔具(Church & Glennen, 1992)。

我國《特殊教育法》和《身心障礙學生支持服務辦法》也有明確規範：「視身心障礙學生教育需求，提供可改善其學習能力之教育輔助器材，包括視覺輔具、聽覺輔具、行動移位與擺位輔具、閱讀與書

寫輔具、溝通輔具、電腦輔具及其他輔具。」而且要視身心障礙學生需求，提供相關專業人員進行評估、訓練、諮詢、輔具設計選用或協助轉介至相關機構等復健服務(http://law.moj.gov.tw/)。

二、輔助科技服務之涵義及內容

(一)涵義

輔助科技服務是指直接用來幫助身心障礙者評估、選擇、取得、設計、訓練、使用、維修、回收輔助科技設備的任何服務。

(二)內容

依據美國的《輔助科技法》，輔助科技服務包括下列項目(https://www.congress.gov)：

1. 身心障礙者的輔助科技需求評估，包括合理的輔助科技和服務在個人環境對功能性評估的衝擊。
2. 服務包括採購、租用或提供其它身心障礙者輔具的取得管道。
3. 服務包括輔具的選擇、設計、安裝、定做、調整、申請、維護、 修理、替換。
4. 協調和使用需要的治療、介入或服務並和輔具結合。
5. 對身心障礙者的家庭成員的訓練或技術協助，適合的話也可包括監護人、服務提供者或 法定代理人。
6. 專業人員(含提供教育和復健服務人員)、雇主、或其他提供服務、雇用、或深入涉及身心障礙者主要生活功能人的訓練或技術協助。

參、無障礙環境與設施

一、涵義

無障礙環境(barrier-free-environment)或暢通易達(Accessibility)是沒有障礙的環境，可及、可使用的環境(https://zh.wikipedia.org/)。因此，無障礙環境是指一種實用的「通用設計」觀念，意義在於「適用於每一個人」。無障礙設施的使用對象：可分為狹義和廣義。狹義：單指身心障礙者或老年人等長期行動不便者。廣義：全民適用，凡是需要者即可適當使用無障礙環境設施。

理想的無障礙環境就是在各方面都營造一個無障礙的環境。在有

形方面，應考量生活、行動及教育上所可能遭受到的障礙，並提供足以克服這些環境的需求，包括個體本身的配備，例如：交通車、助聽器、傳真機、閃燈提示器、點字機、手杖、大字本、震動鬧鐘等器材，以及周圍環境中的裝設，例如：升降機、緩坡、字幕顯示器、扶手、導盲磚、火警提示燈等建築設施。在無形方面，應重視個體心理上的無障礙，包括，人們對障礙者的接納和關懷的心理，營造心靈上的無障礙。

二、建構無障礙環境的原則

    1.利用視覺標誌、聽覺標誌等確保空間標示之明確性

    2.考慮建築物、設施、活動場所等之可及性

    3.考慮障礙者伸展、操作需求之使用方便性

    4.防止碰撞、跌倒、翻落等其他意外事故發生之安全性

【充電補給站】

※柯蕙菁(2009)。身心障礙者的輔助科技。

※藍瑋琛等譯(2014)。輔助溝通系統之原理與運用：支持複雜溝通
      需求之兒童與成人。

※建築物無障礙設施設計規範。https://www.cpami.gov.tw/

身心障礙學生支持服務
【含輔助科技與無障礙環境】

（　　）1.張老師班上的視障學生需要相關支持服務以完成學習單及作業，該學生最需要下列哪一種支持服務內容？(A)手語翻譯 (B)代寫作業 (C)掃描校對 (D)行為輔導

【桃園市 105 國小及學前特教-C，第 10 題】

（　　）2.有關無障礙校園設施的設置，以下哪一項是正確的？(A)對於輪椅需求者，斜坡道之坡度不得大於八分之一 (B)對於輪椅需求者，升降設備內部深度不得小於160公分 (C)對上肢不便者廁所洗臉盆上緣距離地面不應大於120公分 (D)對上肢不便者水龍頭應設有撥桿或感應設備

【屏東縣 105 國小暨幼兒園教甄，第 45 題】

（　　）3.下列關於擺位輔具的敘述何者是正確的？ (A)由遠端擺位先開始：如軀幹與肩胛的固定要在骨盆之前 (B)優先矯正孩子身上的結構性畸型才能避免發展出功能性的畸型 (C)要給予最大的有效支持才可讓孩子表現出最大的主動控制與功能 (D)藉著輔具把孩子擺在一個與異常姿勢相反的姿勢才能改進身體的體準線與對稱性

【中區聯盟 105 國小教甄，第 34 題】

（　　）4.下列何者非為融合教育班級中無障礙環境營造所應考量的措施？ (A)申請學生家長陪讀 (B)降低教室環境複雜度 (C)增加教室物理環境安全性 (D)增加學生對教室設備與器具的熟悉性

【中區聯盟 105 國小教甄，第 29 題】

（　　）5.擴大性及替代性溝通(Augmentative & Alternative Communication)最適用於哪一類學生？(A)自閉症學生 (B)重度智能障礙學生 (C)多重障礙學生 (D)口吃學生

【中區聯盟 105 國小教甄，第 47 題】

（　　）6.下列有關輔助科技(assistive technology)的敘述為真？(A)在特教班的適用性高於資源班 (B)在教學上的適用性高於日常生活 (C)主要為電腦有關 (D)包括低科技輔具

【中區聯盟 105 國小教甄，第 48 題】

（　　）7.下列何種學習輔具的主要功能係為了克服距離、噪音和迴響對身障學生在教室聽課的影響？(A)助聽器 (B)語音溝通板 (C)調頻助聽系統 (D)圖片交換溝通系統

【臺北市 105 國小教甄，第 38 題】

（　）8.小雄閱讀有顯著困難，識字量不多，但口語和推理的能 力都和一般學生差不多。下列哪一項是較不適合小雄使用的學習輔具？(A)錄放音機 (B)溝通板 (C)文書處理軟體 (D)有聲書

【桃園市 106 國小及學前特教-C，第 12 題】

（　）9.校園建築物可採全方位設計或進行無障礙設施改善兩種觀點，以下關於兩者之說明，何者有誤？(A)全方位設計比無障礙改善花較多的經費 (B)無障礙改善後的建築物美觀多受影響 (C)改善觀以身心障礙使用者為主要關心對象；全方位觀強調所有人的可能需求 (D)改善觀著重事後補救；全方位觀重視內建無障礙設施

【新北市 106 國小暨幼兒園教師甄選，第 60 題】

（　）10.學校內有全盲學生時，在教室環境下列哪一項是應該避免的？(A)半開的教室門 (B)教室後面的工具箱 (C)走廊窗台旁的置物櫃 (D)階梯或台階

【屏東縣 107 國小暨幼兒園教甄，第 35 題】

（　）11.關於校園無障礙設施的說明以下何者不正確？ (A)室內門以往外開為原則 (B)不得設置旋轉式樓梯 (C)樓梯兩側若無牆壁應設防護緣 (D)校內地面應至少有一無障礙通道連貫校內所有重要建築物

【新北市 107 國小暨幼兒園教甄，第 45 題】

（　）12.無障礙電梯內設置鏡子，其目的是方便障礙人士：(A)辨別樓層(B)儀容整理(C)觀察障礙物避免危險 (D)增加輪椅操作空間感

【新北市 107 國小暨幼兒園教甄，第 52 題】

（　）13.下列哪些不是學校、幼兒園需要提供身心障礙學生在校(園)學習及生活需求的服務？(A)適性教材 (B)生活行動需要的助理 (C)語言治療 (D)義肢安裝手術

【屏東縣 107 國小暨幼兒園教甄，第 30 題】

（　）14.小江七歲，因脊髓炎導致腰部以下感覺喪失，下肢癱瘓，無排尿感，無法自行排尿，每 兩小時需進行壓迫下腹誘發排尿；此外，每天還需用軟便劑協助排便。然而小江智能正常，上肢功能尚靈活，學習動機高，社會溝通能力佳。假如你是特教教師，以下何種教育和相關服務的建議對小江最有幫助？甲、申請輔具、物理治療評估、教師助理員、交通服務 乙、無障礙設施設備評估與改善、知會學校護理人員協助、提供適應體育課程 丙、申請職能、語言、輔具評估、補救教學、獎學金、課後輔導 丁、巡迴輔導教師到家輔導，申請職能、語言、物理、心理評估與治療(A)甲乙 (B)乙丙 (C)丙丁(D)甲丁

【新北市 107 國小暨幼兒園教甄，第 53 題】

（　）15.擺位輔具可以協助將病患身體或肢體擺正於正常或功能性位置，以下何者不屬於擺位處方的原則？(A)由遠端先開始　(B)給予最少的有效支持　(C)矯正功能性畸形　(D)順應結構性畸形

【桃園市 108 國小及學前特教-B，第 50 題】

（　）16.有關「擴大式與替代式溝通系統(AAC)」的描述，下列何者正確？(A)替代式系統包含使用輔助口語溝通技能的輔具　(B)擴大式系統是用來幫助無口語能力者的溝通方法　(C)依學生的動作、認知、感官能力設計最佳溝通形式，訓練精熟應用　(D)AAC 系統包含使用溝通符號、使用傳達溝通輔具、溝通科技、以及有效溝通策略

【臺北市 108 國中教甄，第 50 題】

（　）17.關於「耳掛式助聽器」，下列描述何者不正確？(A)可和 FM 調頻系統一起使用，由老師佩戴接收器收音傳遞給學生　(B)適合重度聽損的學生　(C)助聽器只能將聲音擴大，不能使聲音更清晰　(D)教室很吵雜時，會影響學生接收品質

【臺北市 108 國中教甄，第 54 題】

（　）18.「輔導及學習評量」是屬於特殊教育支持服務的一種？(A)評量支援服務(B)教學支援服務(C)行政支援服務　(D)復健支援服務

【臺南市 109 國小暨幼兒園教甄，第 70 題】

（　）19.江老師為有智能障礙的小瑜規劃特殊教育服務時，他（甲）安排小瑜與一般同儕有互動的機會，（乙）也考量小瑜的生理與心理年齡，（丙）設計適性的功能性課程，（丁）以個別教學方式，提供充分練習的機會。以上哪個方式較不適宜？(A)甲　(B)乙　(C)丙　(D)丁

【臺北市 109 國中教甄，第 83 題】

（　）20.小希是位重度腦性麻痺的學生。感官功能正常，但四肢運動功能受限；語言接受與理解正常，但缺乏清晰的口語；手部精細動作不佳，無法順利操作工具，如握筆寫字、刷牙等。下列哪一項科技輔具，並不是針對小希的需求而提供？　(A)有吸盤裝置，可以防止滑動的盤子　(B)翻書輔助器，可以操控翻頁　(C)會閃的燈，替代電鈴的功能　(D)電子溝通板，輔助需求的表達

【中區聯盟 109 國中教甄，第 42 題】

（　）21. AAC (擴大溝通輔助系統)經常見於下列哪類學生的使用？甲、無口語自閉症　乙、高功能自閉症　丙、重度腦性麻痺　丁、口語困難的學習障礙　(A)甲、乙　(B)丙、丁　(C)甲、丙　(D)乙、丁

【新竹市 109 國中教甄，第 37 題】

（ ）22.下列哪一類障礙的學生比較會需要Balabolka 文字轉語音系統的支持調整？(A)ADHD (B)閱讀障礙 (C)語言障礙 (D)書寫障礙

【新竹市 109 國中教甄，第 38 題】

（ ）23.根據美國聽語協會的定義(ASHA)，下列何者屬於擴大性溝通(augmentative or alternative communication)的溝通方式？【甲】：手語【乙】：紙筆【丙】：臉部表情【丁】：語言溝通板 (A)甲乙丙丁 (B)乙丙丁 (C)乙丁 (D)丁

【新北市109國中教甄，第46題】

（ ）24.關於不同輔助科技的適用對象，下列敘述何者正確？ (A)助行器適用於無法行走的肢體障礙學生 (B)人工電子耳適用於耳蝸損傷的感音性聽障學生 (C)手杖適用於全盲而非弱視的學生 (D)語音溝通板適用於無口語而非低口語的學生

【臺北市 109 國中教甄，第 52 題】

（ ）25.關於「無障礙」環境的敘述，何者錯誤？(A)社會大眾的接納與尊重也是無障礙環境的一種 (B)無障礙環境的可及性是指可到達、可進入和可使用 (C)有語音輔助系統的紅綠燈是無障礙環境設計的一種 (D)無障礙設施是為行動不便者設計與專用的

【臺北市 109 國中教甄，第 95 題】

（ ）26.關於身心障礙學生輔具需求的敘述，下列何者正確？(A)低口語學生可依需求使用語音溝通板 (B)無法行走的肢體障礙學生需要助行器 (C)聽神經損傷的聽障學生適於植入人工電子耳 (D)手杖係針對全盲者，弱視學生不適用

【臺北市 110 國小教甄，第 16 題】

（ ）27.關於新北市身心障礙學生相關服務之提供，下列何者正確？甲、身心障礙無法自行上下學之交通車接送，只提供給集中式特教班學生 乙、身心障礙學生就讀班級之酌減班級人數，由學校特推會決定 丙、學生助理人員服務，只提供給符合身心障礙資格安置在普通班之確認生 丁、家庭支持服務及諮商與輔導，僅限提供給符合身心障礙資格的學生 (A)甲乙 (B)乙丙 (C)丙丁 (D)甲丁

【新北市 111 國小暨幼兒園教甄，第 29 題】

（ ）28.小強經新北市鑑輔會鑑定為腦性麻痺，並經新北市政府教育局許可在家實施非學校型態實\驗教育，小強的家長為執行在家自學欲申請支持服務，請問下列支持服務哪些是可以提供的？ 甲、行動移位與擺位輔具、閱讀與書寫輔具、溝通輔具 乙、數位及電子化格式之學習教材 丙、無障礙環境 丁、復健服務 (A)甲乙丙 (B)甲乙丁

(C)乙丙丁 (D)甲丙丁

【新北市 111 國小暨幼兒園教師甄選，第 34 題】

（ ）29.在為腦性麻痺學生進行坐姿擺位時，需要優先穩定身體的什麼部位，才能讓學生有良好的坐姿？(A)頭部 (B)上肢 (C)骨盆 (D)下肢

【新北市 111 國小暨幼兒園教甄，第 46 題】

（ ）30.大義是四年級的重度聽覺障礙學生，能識字，與同儕相處時有適應困難，他喜歡上自然科學領域課程。下列哪一項是大義較優先需要提供的服務？ (A)安排心理諮商師進行每週一次的心理諮商晤談(B)安排進行語文領域學習扶助 (C)資源班老師入班宣導如何與聽覺障礙同學互動 (D)安排自然科教師利用午休時間進行加深加廣課程

【中區聯盟 111 國小教甄，第 22 題】

（ ）31.某生為需藉助輪椅上下學的肢體障礙學生，學校將其教室安排在有電梯的 A 大樓，然校內的無障礙廁所卻設在隔壁的 B 大樓一樓，依據現行法規，學校在安排其教室時，未考量以下「無障礙」核心概念的哪一個原則？(A)可及性 (B)可達性 (C)可用性 (D)近用性

【臺北市 111 國小教甄，第 47 題】

【參考答案】

1	2	3	4	5	6	7	8	9	10	11	12
C	D	D	A	B	D	C	B	A	A	A	A
13	14	15	16	17	18	19	20	21	22	23	24
D	A	A	D	A	B	D	C	C	B	A	B
25	26	27	28	29	30	31					
D	A	B	B	C	C	D					

第十四章 症狀/困難與障礙類別辨認

壹、身心障礙之障礙類別

一、智能障礙

智能障礙的類別可依據生產前、生產時及生產後來劃分(張世彗，2020)：

(一)生產前因素

1.染色體異常

■**X 染色體脆折症**(Fragile X Syndrome)是一種性聯隱性遺傳疾病，主要在 X 染色體長臂末端有個脆弱的斷點且呈現斷裂現象而命名。

■**唐氏症候群**(Down syndrome)，**簡稱唐氏症**是最常見的染色體異常症，約 80%是由於母親卵子的第 21 對染色體發生不分離現象所造成的。

2.新陳代謝和營養異常

■**普瑞德威利症候群** (Prader-Willi Syndrome)，俗稱**小胖威利症**。這種疾病是由於第 15 對染色體幾種突變型式中任一種所形成的。這項異常的特徵是永不滿足的食慾和強迫性進食，從 2-4 歲之間就會開始。

■**苯酮尿症** (Phenylketonuria, PKU)是一種遺傳性的新陳代謝異常，如果沒有處理會導致智能障礙。。當身體無法產生所需化學物質，來轉換其他有毒的化學物質成為無害的產物時，就會發生苯酮尿症。

■**半乳糖血症** (galactosemia)也是一種體染色體隱性遺傳的醣類代謝異常。因人體攝入的半乳糖無法經由正常途徑轉變為葡萄糖時，導致體內半乳糖不正常的堆積。症狀較輕的兒童，會有生長發育和智能障礙、白內障及肝硬化等症狀。

3.環境條件

母親懷孕時和之前的許多不安全的行為會影響到胎兒發展，例如：抽菸、吸食海洛因和古柯鹼等非法的藥物使用、及酒精消耗等。

4.母親的感染

感染和病毒通常會造成智能障礙和其他問題。懷孕時，母親及其

胎兒非常容易遭受到各種潛在損害性感染的影響。懷孕初期暴露在這些感染通常會造成嚴重的後果。例如：**弓形體病、麻疹、梅毒、後天免疫缺陷症候群、母親的 Rh 因子不相容 、巨細胞病毒**。

　　5.不明原因的影響

　　有幾種頭蓋骨形式的畸形是不明原因生產前因素的結果。例如：**無腦兒**、**小頭畸形**、**腦積水**。

(二)生產時因素

　　1.新生兒的併發症

　　出生過程的感染可能會導致智能障礙和其他發展障礙。例如：**缺氧**、**頭部外傷、臀位難產**。

　　2.懷孕期異常

　　懷孕期異常最常見的有關問題是早產和出生體重過低。

(三)生產後因素

　　1.感染和麻醉品

　　年幼兒童暴露在鉛中，會有發展學習障礙、情緒行為障礙和注意力不足過動症的高度風險性。感染則是另一種生產後需關心的來源。例如：**腦膜炎、腦炎、雷氏症候群**(Reye's syndrome)。

　　2.環境因素

　　各種環境的影響常與智能障礙有關，尤其是輕度智能障礙。這些因素可能包括不利的生活條件、不當的健康照護、營養問題、以及缺乏早期的認知激勵等。許多這些因素與低社經地位有關。

二、注意力不足過動症

　　依據 DSM-5，注意力不足過動症有四種表現型式：綜合型、注意力不足型、過動/衝動型、(局限性) 注意力不足表現型。

三、聽覺障礙

(一)依據聽力損失的位置來分

　　聽力損失可依其在耳朵內損傷的位置，分成四種型式：

　　■**傳導性聽力損失**。一旦外耳或中耳阻礙到聲波傳導至內耳時，就會造成傳導性聽力損失。

　　■**感覺神經性聽力損失**。這種聽力損失的原因發生在內耳或聽神經，以在內耳較多，多有響音重振現象，也就是低音聽不清楚，大聲

則不能忍受。臨床上常抱怨聽得到對方的聲音卻不能了解對方講話的內容。

■混合性聽力損失(mixed hearing loss)。這種聽力損失包括前述的傳導性和感覺神經性聽力損失。

■中樞性聽力失(central hearing loss)。原因發生在中樞聽覺神經系統。這類的聽覺障礙常會導致聽覺記憶及理解能力的減退。

(二)依據聽力損失的程度來分

聽覺障礙個體能夠處理聲音的品質和數量，會影響到它們的理解和產生口語的能力。聽力損失以分貝(dB)來測量，測量聲音的頻率和強度。較聽力損失型式或成因更為重要的是個體擁有且能夠使用的殘存聽力總數。聽力損失程度可使用正常聽力至極重度聽覺障礙之連續性分類來描述(張世彗，2020)。

重聽程度分類	優耳聽閾值	聽障證明分級	言語聊解能力
正常	25dB HL 以下		對輕聲交談不感到困難
輕度	26~40 dB HL		只對輕聲交談感到困難
中度	41~55 dB HL		對平常交談感到困難
中重度	56~70 dB HL	輕度	對大聲交談感到困難
重度	71~90 dB HL	中度	只能明瞭叫囂或擴音交談
極重度	91 dB HL 以上	重度	通常對擴音交談也不明瞭

四、自閉症類群障礙

自閉症類群障礙包含自閉症、亞斯伯格症(AD)、兒童時期崩解症(CDD)、及未分類的廣泛性發展障礙(PDD-NOS)等症狀。在自閉症方面，「精神疾病診斷統計手冊第五版(DSM-5)」依據自閉症者在「社交溝通」和「偏限的興趣及重複性行為」等二大核心障礙的表現，區分成下列三種程度(APA, 2013)：

嚴重程度	社交溝通	侷限的興趣及重複性的行為
程度 I：需要協助	在沒有他人協助下，在社交互動上會出現顯而易見的缺損；在起始社交互動有困難，回應他人起始的社交互動時，會出現異常的情形；可能會出現對於社交互動不感興趣的情形。	在一種或多種情境下，固定的儀式、重複性的行為明顯的干擾功能，若要打斷其固著，會出現抗拒的情形。
程度 II：需要大量協助	語言及非語言能力的社交溝通技巧明顯缺損，即使在支持的環境下也會出現社交互動缺損；在起始社交互動有困難，對於他人起始的社交互動回應較少，或可能出現異常的互動反應。	固定儀式、重複性行為或過度專注的情形明顯，影響不同情境下的功能；當儀式或常規被打斷，會顯得失落或沮喪，很難打斷固著的情形。
程度 III：需要非常大量的協助	語言及非語言能力的社交溝通技巧嚴重缺損，嚴重影響社交互動；在起始社交互動有困難，對於他人起始的社交互動較少有回應。	過度專注、固定儀式或重複性行為明顯影響各領域的功能。當儀式或常規被打斷，會顯得非常沮喪。很難打斷固著的情形，即使被打斷了也會很快的再回復固著行為。

　　在傳統分類中的亞斯伯格症、高功能自閉症及其他未註明之廣泛性發展障礙者在新的分類系統中應多屬於程度 I 的輕度自閉症。「**兒童時期崩解症(CDD)**」最常見的是在 3-4 歲發病，發病後喪失已習得的技巧，同時合併和自閉症相同的社會功能和溝通功能質的異常。通常呈現明顯的語言退化或完全喪失，遊戲、社交技巧及適應行為退化，常見大小便失控，有時會有運動功能退化。

五、視覺障礙

　　視覺障礙會由眼睛構造上的問題或傳輸光線至大腦視覺皮質的過程所造成。最常見影響學齡兒童的視覺障礙包括近視、先天性白內障、先天性青光眼、視神經萎縮、白化病、眼睛受傷、大腦皮質視覺

障礙及早產兒視網膜病變。有些視覺障礙是遺傳性的；有些視覺障礙則是全身性疾病的附帶的症狀，例如：癌症、糖尿病、肌肉萎縮症。

六、語言障礙

茲分別就說話和語言異常如下(張世彗，2020)：

(一)說話異常

■**構音異常的類型**：(1)省略音。應該發的音被省略掉。例如：哥哥說成ㄜㄜ;「蘋果」說成「贏我」；(2)歪曲音。語音歪曲改變，發出的聲音是語音系統中不存在的。例如：「飛機」變成「宜遊」；(3)替代音。以另一語音替代應該發的音。譬如：公公說成咚咚；兔子說成肚子；(4) 添加音。指一個字音內加入不該存在的語音。例如：「ㄔ飯」說成「ㄔㄨ飯」；「不要」說成「不料」。

最常見的流暢性異常是**口吃**。另一種流暢性異常稱為**凌亂或雜亂**。當個體說話時非預期的中斷或突然爆發。說話的韻律是急動的、抽筋的。「**說話失用症**」是一種神經性的語音障礙或特別複雜的說話異常，會影響個體計畫或程式化正確說話產生所需的動作序列，造成他們無法像一般兒童學習快速正確說話所需的動作計畫或程式，而且它也不是神經肌肉弱化所造成的 (童寶娟譯，2015)。兒童如果有這種異常會被稱為「**兒童期說話失用症**(childhood apraxia of speech)」。無論兒童多麼努力，他無法將動作和型式放在一起來說話。他的舌頭、嘴唇和其他說話機制似乎無法從他的大腦正在告訴他們去做甚麼。

(二)語言異常

口語語言有五種要素，任何一種要素都可以是學生障礙問題的來源。首要的三種要素：-語音、語形（構詞）和語法，提供語言的形式；其餘要素，語意是指語言的內容；語用則為語言的使用。語言異常學生可能有明顯且慢性的問題，有關先前所描述的任何語言要素或組合上的障礙。一旦學生有語言異常而無法透過智能障礙、聽力損失或其他障礙來解釋時，他們就會被認為有特定的語言損傷 (Pratt, et al., 2006)，或是語言障礙。

七、身體和健康障礙

(一)身體障礙的定義及其相關異常

身體障礙是影響動作的症狀，也就是個體的粗大動作控制或行動

及精細動作控制。這些能力可能是輕度、中度、重度或極重度的。神經本位身體障礙的發生是由於大腦、脊髓及其神經末端等中樞神經系統上的問題，這類障礙可能包含下列幾種(張世彗，2020)：

■**脊柱裂**。這種神經性身體障礙的症狀是指脊柱裂開或脊柱關閉不全。脊柱裂有三種型式，其中有兩種型式：**隱性脊柱裂**和**脊膜膨出**通常不會導致嚴重障礙。第三種型式**脊髓脊膜膨出**發生於脊髓及其包層覆蓋物從脊柱的開口突出時，幾乎是重度的。

■**脊髓損傷**。這類損傷包括脊椎管內的神經損傷。大多數的脊髓神經損傷是由脊柱損傷所引起的，脊柱損傷後，影響脊髓傳送和接收從大腦向人體控制感覺、運動、自主功能的系統發出的指令。癱瘓型式和範圍會因損傷部位有不同，脊髓愈朝向頭部，癱瘓愈廣泛。

■**腦性麻痺**。腦性麻痺是以肢體運動功能障礙為主的多重性障礙，為一種非進行性的腦部病變，是大腦在發育未成熟前，因任何原因造成控制動作的某些腦細胞受到傷害或發生病變，所引起的運動機能障礙。有時傷害也會影響到控制動作以外的其他腦部區域，而合併成視覺、聽覺、語言溝通及智能與學習發展上的多重障礙(http://www.cplink.org.tw)。依據神經肌肉系統影響的形式分類，腦性麻痺包含下列幾種型式，如表 14-1。

表 14-1 腦性麻痺的型式

類型	痙攣型 (spastic)	手足徐動型 (athetoid)	協調不良型 (ataxic)	軟癱型 (flaccid)
特性	・大腦皮質損傷 ・肌肉張力高 ・體型較弱小 ・肢體僵硬或緊縮 ・上肢常呈彎曲，下肢呈內收、半彎曲、內旋之剪刀式及踮腳尖型態	・腦幹基底核損傷 ・肌肉張力不穩且會改變 ・體型較瘦 ・早期通常是軟趴型，2-3 歲時會慢慢發展出不自主動作 ・四肢或臉部會有一些不自主的跳動或緩慢的扭動	・小腦損傷 ・肌肉張力不穩且不斷在改變 ・平衡功能較差 ・手眼協調動作差	・肌肉張力低 ・頭、頸部軟弱無力 ・動作緩慢無力 ・平衡反應很差

註: 除上述幾種類型外，還有混合型，就是上述二種以上症狀合併。

　　第二組身體障礙學生有肌肉和骨骼異常；兩種最常見的異常分別是：

　　■**杜顯氏肌肉萎縮症**。肌肉營養不良完全是一種基因障礙，但最常見且最嚴重的形式稱為杜顯氏肌肉萎縮症，又稱**裘馨氏肌肉萎縮症**，它是一種性聯隱性遺傳病(MDA, 2000)。由於是性聯隱性遺傳，所以只會發生在男性的遺傳異常，它是由 X 染色體來傳達的，帶有一個不正常基因的女性通常不會有症狀，但有 50%的機會將其變異的基因傳給兒子。基本上，這種症狀的個體在 19 歲末或 20 歲初死亡(NINDS, 2001)。

　　■**少年類風濕性關節炎**(JRA)。關節發炎有 100 種以上的形式，少年類風濕性關節炎是這種疾病的一種形式，常發生於 16 歲以下的少年，且持續 6 個月以上者。這種症狀可分為：(1)全身型；(2)多關節型；(3)少關節型。症狀會因學生而有不同。

　　■**創傷性腦傷**。這一類健康障礙學生有腦傷，是由某種外力型式所造成的(BIAA, 2004)。**創傷性腦損傷**(TBI)主要源自機動車輛事故、跌倒、暴力行為及運動傷害。男性發生的機率比女性高一倍以上。創傷性腦傷幾乎會影響到所有的運作範圍(Ylvisaker et al., 2001)。一旦學生體驗到創傷性腦傷，某些領域也可能會受到嚴重的影響。

(二)健康障礙的定義及其相關異常

　　有些兒童擁有無法看到，卻與健康狀況有關的障礙。這些障礙學生在美國《障礙者教育法案》中被歸類為有「**其他健康損傷**(Other health impairments, OHI)」。這個術語中的「其他」將這項類別與有可能影響健康的智能或其他障礙區別出來。依據我國《特殊教育法》，這項障礙主要是涉及到「**身體病弱**(Health Impairments, HI)」這類身心障礙學生。根據《身心障礙及資賦優異學生鑑定辦法》(教育部，2012)，將「身體病弱」界定為：罹患疾病，體能衰弱，需要長期療養，且影響學習活動者。

　　數以百計的健康障礙或身體病弱已經被確認，可能會影響到學生，但是在此只針對部分健康障礙或身體病弱進行探討。

　　■**癲癇**(Epilepsy)。這是一種損傷大腦的神經症狀，導致週期性的突發、無法控制的電子活動爆裂，所引發的臨床現象，每次發作通常持續約數 10 秒至 3 分鐘，一次發作很少超過 5 分鐘。這種現象有各種不同的表徵，包括意識有障礙、肢體抽搐、舉動異常（例如：自動症）、

皮膚感覺異樣等。　　癲癇發作有兩種主要的類別：局部和全身性的。全身性發作，最常被了解的是「**強直-陣攣性發作**」，先前稱為「**大發作**」。局部性發作的型式又可稱為「**失神發作**」，先前稱為「**小發作**」。這種發作型式通常只持續幾秒鐘，教育人員可能將它誤認為在作白日夢或是一種注意力的問題(張世彗，2020)。

■**氣喘**(Asthma)。氣喘是一種會造成呼吸極端困難的肺部疾病，它是兒童之間最常見的慢性疾病(Gabe, Bury, & Ramsay, 2002)。氣喘最明顯的特徵就是患者會發出類似氣笛聲的高音，當氣喘發作時，是由於下列三個不同因素造成部分空氣通道的阻塞：支氣管壁的肌肉收縮(痙攣)、支氣管內膜腫脹、粘液分泌太多。氣喘通常會出現喘鳴。咳嗽、咳痰。胸部緊迫感等症狀。

■**愛滋病**(Acquired Immunodeficiency Syndrome, AIDS)是由愛滋病毒所引起的疾病。這種病毒的簡稱是一種破壞免疫系統的病毒。人類免疫缺陷病毒(Human Immunodeficiency Virus, HIV)和後天免疫缺陷症候群，這兩類病毒都會破壞人體原本的免疫系統，讓病患身體的抵抗力降低。一旦免疫系統遭到破壞，原本不會造成生病的病菌，就會變得有機會感染人類，嚴重時會導致病患死亡。

■**鐮狀細胞疾病**(Sickle Cell Disease, SCD)，又稱為**鐮刀型紅血球疾病**。這種疾病是一組通常由雙親遺傳而來的血液疾病，會影響紅血球中的載氧血紅蛋白異常，在某特定情況下(通常是缺氧狀況)，紅血球會變成堅硬的鐮刀型(https://zh.wikipedia.org)。它們會阻塞到小血管，造成氧氣的流動緩慢，甚至停止。一旦發生這種情況，擁有這種疾病的學生就會體驗到最為常見的疼痛症狀，他們的身體會受到損傷(例如：腎、肺、骨頭)，而且可能會產生貧血。

■**糖尿病**(Diabetes)。這種疾病是一種新陳代謝異常，身體無法合理地分解糖並儲存它們。糖尿病的型式有兩種，首先是第一類 型糖尿病。它是一種自體免疫性疾病。在這情況下，身體的免疫系統對體內生產胰島素的 β 細胞會做出攻擊，最終導致體內無法生產胰島素。第二類型糖尿病是可預防的，其主要特徵為胰島素抵抗和高血糖。

■**癌症**(Cancer)。癌症可以生長在身體的任何部位，它是一種無法控制不正常細胞的分裂，在兒童之間是不常見的，但是它確實會發生。

有兩種最為常見的癌症型式是白血病（血液細胞癌）和大腦腫瘤。

八、學習障礙

(一)語言問題的型式

　　許多學習障礙學生會有潛在的語言問題，口語異常也會出現在書寫語言上的成就表現，而影響到閱讀、寫作或拼字；閱讀有問題的學生通常也有口語問題。口語發展遲緩的幼兒常會在入學後再出現而成為閱讀障礙(Torgesen,1998)。

　　■**音韻覺識不佳**。**音韻覺識**指兒童認識某單字是由聲音之音素所組成的。許多閱讀困難兒童對語言和單字的音素聲音是不敏銳的。

　　■**命名或搜尋字詞自動化緩慢**。有些語言遲緩兒童無法快速且自動命名物品，且單字發展緩慢。命名和單字檢索緩慢是日後閱讀和學習障礙的重要指標(German, 1994)。

　　■**中樞聽知覺處理異常**(Central Auditory Processing Disorders, CAPD)。在正常語音發展期間，由於說話語音太快，導致這些兒童無法認識和解釋。除學習障礙個體外，CAPD 亦常見於其他具有中樞神經系病理的異常，如失語症、閱讀障礙及注意力缺陷。中樞聽覺處理異常呈現的問題不在於「聽不見」，而是「聽不懂」或無法處理聽到的信號。

　　■**語言異常**

　　說話異常是說話的不正常，如構音異常，聲音異常或語暢異常；語言異常則較為廣泛，包括語言理解不佳、說話遲滯、單字意義或概念形成異常及誤用文法規則。凡是到 4 歲仍不會說話的兒童，就表示有語言遲緩的情形。語言異常有時被視為就像「**兒童失語症**」(Childhood aphasia)或「**發展性失語症**」(developmental aphasia)一樣。「發展性失語症指口語習得有嚴重困難的兒童；至於習得失語症是用來確認因中風疾病或意外事件造成腦傷，而失去說話能力的一種醫學術語。

(二)閱讀障礙

　　學習障礙學生在閱讀過程中的問題是非常普遍的，這些困難包括：

　　■**口語閱讀困難**。許多學習障礙學生有閱讀流暢困難，它是閱讀能力的重要指標。這方面有弱點的學生常害怕被要求在課堂上閱讀(Friend, 2017)。常見的口語閱讀問題，包括遺漏、插入、代換、一個詞的

錯誤發音、猶豫、倒置、無視標點符號(Salvia & Yseldyke,2016)。

■**認字問題**。常見的認字錯誤,包含:(1)遺漏。省略一句話;(2)插入。插入單詞;(3)替代。翻轉單詞中的字母;(4)錯誤發音;(5)換位。以錯誤的順序唸讀;(6)未知詞語。猶豫了 5 秒,他們無法發音;(7)閱讀速度緩慢。不能足夠快地辨別單詞。

■**閱讀理解缺陷**。閱讀理解是指學生理解他們正在閱讀的內容的能力(Gargiulo & Kilgo, 2019)。學習障礙學生在閱讀理解方面經常遇到困難。例如:難以回憶基本事實(無法回答有關段落的具體問題,如故事中青蛙的名字是什麼?);難以回憶序列(無法分辨所讀故事的順序);難以回憶主題(無法回憶起故事的主題)。

(三)數學障礙

數學障礙學生的數學錯誤類型充滿變異性,包括(1)數學概念不足;(2)知覺缺陷;(3)數學語言表達缺陷;(4)記憶缺陷;(5)注意力缺陷;(6)抽象推理困難所形成的錯誤;(7)策略學習與應用困難;(8)學習態度等所形成的錯誤。

(四)書寫障礙

許多學習障礙學生在習得和使用書寫語言上有明顯問題,書寫語言的三種成分:書寫表達、拼字和手寫。

(五)非語文障礙

非語文學習障礙是涉及到右半球功能不全的一種神經心理的症候群,被視為是學習障礙的一種次類型,與學業、語言和認知障礙明顯不同。

九、罕見疾病

(一)概述

顧名思義是指罹患率極低且人數少的先天性疾病。根據國內「罕見疾病及藥物審議會」公告,疾病盛行率 1/10,000 以下是罕見疾病認定的標準,而罕見疾病的發生大多與生命傳承時由父母遺傳給孩子有關,少部分則是隨機性的基因突變(又稱自發性突變)或不明原因所造成。目前政府公告之罕見疾病種類共有 235 種,而根據國民健康署截至 2022/1 通報罹患罕見疾病之人數有 18,649 人(https://www.hpa.gov.tw/)。

(二)種類

　　國民康健署公告之國內罕見疾病，依據疾病病癥可分為 18 類，如表 14-2：

表 14-2 國內罕見疾病的種類

分類碼	中文名稱
01	胺基酸/有機酸代謝異常
02	先天性尿素循環代謝異常
03	其他代謝異常
04	心肺功能失調
05	消化系統失調
06	泌尿系統失調
07	腦部或神經病變
08	皮膚病變
09	肌肉病變
10	骨頭病變
11	結締組織病變
12	造血功能異常
13	免疫疾病
14	內分泌疾病
15	不正常細胞增生(瘤)
16	外觀異常
17	染色體異常
18	其他未分類或不明原因

資料來源：http://www.tfrd.org.tw/tfrd/

【充電補給站】

※張世彗(2020)。特殊教育導論(第二版)。【各障別定義與特徵】
※黃麗鳳等譯(2014)。特殊教育導論。【第 4-12 章各障別定義與特徵】
※孟瑛如等(2021)。特殊教育概論(第二版)。【第 5-16 章各障別定義與特徵】
※吳武典、林幸台等(2020)。特殊教育導論。【第 8-17 章各障別定義與特徵】

歷屆教甄試題
【症狀/困難與障礙類別辨認】

（　）1.阿立是國小一年級的學生，領有輕度智能不足的身心障礙 證明，但他在各向度的適應行為沒有明顯困難。在特殊教育鑑定時，阿立最可能被判定為下列哪一個障礙類別？(A)發展遲緩 (B)學習障礙 (C)智能障礙 (D)非特殊教育學生

【桃園市 105 國小及學前特教-C，第 9 題】

（　）2.小華在四歲左右開始喜歡繪畫，而且畫出各種動物都是維妙維肖；但他常說出不符合社會情境的話，又固執己見、容易衝動，他最有可能是下列哪一種特殊教育學生？(A)自閉症(Autism) (B)美術資優(Art talented) (C)妥瑞氏症(Tourette's syndrome) (D)亞斯伯格症(Asperger's syndrome)

【屏東縣 105 國小暨幼兒園教甄，第 5 題】

（　）3.有高焦慮的兒童，較可能出現以下哪一種情形？(A)經常愁眉苦臉不快樂或哭泣 (B)考試時容易忘記剛複習過的字 (C)經常遲到或不守常規 (D)頂撞老師引來哄堂大笑

【屏東縣 105 國小暨幼兒園教甄，第 30 題】

（　）4.以下何者描述認知障礙學生的語言特徵或語言教學是較為正確的？(A)用詞以名詞和形容詞為最多，副詞很少 (B)語句短，多為簡單句，少有複合句或複雜句 (C)抽象語彙，例如：禮貌和愛心，太難了不適合做為教學材料 (D)建構式教學很適合用來教導中重度認知障礙學生學習語言

【屏東縣 105 國小暨幼兒園教甄，第 33 題】

（　）5.張老師新接班級中有一位孩子在家會與家人說話，但在學校卻不肯和老師說話，請問張老師先以下列何種方式處理較為恰當？(A)私下找她到辦公室說話 (B)觀察她是否會和少數同學說話 (C)請她分享自己心愛的玩具，她可能願意說話 (D)告訴她將實施代幣制度，若願意講話則可以得到好寶寶獎勵

【屏東縣 105 國小暨幼兒園教甄，第 35 題】

（　）6.以下何者對迅吃者和口吃者的說明是正確的？ (A)二者的不流暢型態相同 (B)迅吃者較少伴隨行為問題 (C)二者對個人溝通問題覺察程度不同 (D)只有迅吃者有明顯的家族史

【屏東縣 105 國小暨幼兒園教甄，第 36 題】

（ ）7.以下關於腦性麻痺兒童的說明，哪一項較為正確？ (A)氣流不足可能造成他們說話斷斷續續 (B)大多數有認知障礙，因此安置於特教班 (C)僵直型腦麻兒童，肌肉張力不足，以致於難以行動 (D)不論腦麻兒童屬於何種類型，他們面臨相同的問題

【屏東縣 105 國小暨幼兒園教甄，第 40 題】

（ ）8.以下何者屬於災難化的思考邏輯，容易引發個體的焦慮？ (A)我一定要考一百分，否則就太遜了！ (B)男生都是色狼，要遠離他們！ (C)大家都應該喜歡我！ (D)完蛋了，我一定會考不及格！

【屏東縣 105 國小暨幼兒園教甄，第 42 題】

（ ）9.新北國小特教組長欲為新入學的特教生保仁申請輔具，經專業人員評估後核給的輔具包括：圓文鎮、閱讀架及鍵輸膜等三項，請問保仁最有可能是下列哪一類型的特教生？(A)學習障礙 (B)視覺障礙 (C)腦性麻痺 (D)智能障礙

【新北市 105 國小暨幼兒園教甄，第 30 題】

（ ）10.下列何者不屬於自閉症幼兒檢核的主要指標之一？(A)不會拿出喜愛的東西與人分享 (B)不會主動說出物品的名稱 (C)不會主動指著有趣的事物引起他人注意 (D)即使注意時，也不會注視成人指示的物品

【新北市 105 國小暨幼兒園教甄，第 38 題】

（ ）11.下列何者非為校園內常見強迫症(例如:拔毛症或是摳皮症等)的主要判斷準則？ (A)持續且反覆的出現一些想法、衝動或影像 (B)個案企圖忽略或壓抑這些想法、衝動或影像 (C)個案易因這些想法、衝動或影像導致生活散漫 (D)強迫思考或行為會耗費個案每天至少一小時以上

【桃園市 105 國小及學前特教-C，第 27 題】

（ ）12.關於學習障礙，下列敘述何者正確？(A)學習障礙的盛行率快速的增長僅是因為草率的診斷 (B)數學障礙和閱讀障礙的盛行率，實際上可能很接近 (C)有許多學習障礙的定義，顯示當中沒有一致的看法 (D)大部分的學習障礙學童，長大後就會沒有特殊問題

【桃園市 105 國小及學前特教-C，第 25 題】

（ ）13.關於肢體障礙，下列哪一項描述有誤？(A)脊柱裂是屬於神經系統損傷 (B)只要癲癇發作時，全身肌肉一定會產生痙攣 (C)成骨不全症是骨骼容易脆裂變形 (D)小兒麻痺是由於病毒侵犯脊髓灰質傷及神經細胞導致

【桃園市 106 國小及學前特教-C，第 4 題】

（　）14.關於腦性麻痺患者，動作失能原因屬於下列何處損傷導致？(A)知覺系統障礙 (B)周圍神經系統(PNS)障礙 (C)中樞神經系統(CNS)障礙 (D)肌肉系統障礙

【桃園市 106 國小及學前特教-C，第 5 題】

（　）15.下列何者是學齡兒童 ASD 共病性(comorbidity)的例子？(A)甲生和其雙胞胎姐姐都共同患 ASD (B)乙生和其父親小時候都有類似的症狀(C)丙生是新移民，而且有 ASD (D)丁生 ASD，而且有過動症

【桃園市 106 國小及學前特教-C，第 7 題】

（　）16.國小學童若有非語文能力障礙，可能被鑑定為下列何種障礙類型？(A)亞斯伯格症 (B)某亞型的學習障礙 (C)某亞型的情緒行為障礙 (D)以上皆是

【桃園市 106 國小及學前特教-C，第 11 題】

（　）17.關於學習障礙學生在學習上所面對的困難，下列敘述何者不適當？(A)對於文字、符號的學習效果低於圖像與空間的學習 (B)閱讀過程經常緊張與壓力大 (C)知覺系統功能失常導致學習障礙發生 (D)資訊處理歷程發生問題

【桃園市 106 國小及學前特教-C，第 17 題】

（　）18.關於身體病弱類型症狀，下列哪一項描述不適當？(A)發紺性先天性心臟病兒童通常嘴唇與指甲呈現暗紫色 (B)患有糖尿病學童，可能血糖控制不穩，當學童有極度口渴、多尿、腹痛、噁心症狀時，需立即給予葡萄糖補充 (C)氣喘是種慢性氣道發炎障礙 (D)接受化療的癌症兒童除了有身體疼痛外，還承受心理壓力，需要進一步關懷

【桃園市 106 國小及學前特教-C，第 19 題】

（　）19.有關「聽覺障礙」的描述，何者正確？(A)根據身心障礙等級，中度聽覺障礙是指優耳聽力損失在 55～69 分貝者 (B)從聽覺障礙發生時期來看，語言發展後聽覺障礙係指 聽覺障礙發生在出生一歲到二歲的語言發展期之後， 對日後聽覺與語言訓練產生重要的促進效果 (C)從聽覺障礙發生的部位來看，傳導性聽覺障礙係指聽覺障礙發生的部位主要是在內耳感覺神經系統，其障礙程度通常較嚴重，症狀較難藉由手術或醫藥來加以改善，即使配戴助聽器，常因其神經感覺扭曲，使得音量加大，聲音清晰度卻並未增加 (D)以上皆是

【桃園市 106 國小及學前特教-C，第 27 題】

（　）20.關於腦性麻痺(Cerebral Palsy)問題，下列哪一項不適當？(A)眼動控制可能異常 (B)腦室周圍白質纖維弱化 (C)腦部細胞萎縮 (D)

以認知功能障礙作定義，經常合併其他病症

【桃園市 106 國小及學前特教-C，第 46 題】

（　　）21.小華是詞彙知識尚佳但有識字困難的小六學習障礙學生，他對文字教材很排斥，學業成績也欠佳。經評估後，老師提供他報讀軟體和電子化教材，不過小華並沒有較多嘗試閱讀這些電子教材的行為。小華的狀況可以用哪一個現象來說明？(A)習得無助感 (B)月暈效應 (C)比馬龍效應 (D)馬太效應

【新北市 106 國小暨幼兒園教甄，第 58 題】

（　　）22.小萱今年 2 歲，下列哪一項行為表現可以判斷他可能具有動作發展遲緩？(A)跑步時容易跌倒 (B)不自主的手部移動 (C)手眼協調困難 (D)爬樓梯時無法使用交替腳

【新北市 106 國小暨幼兒園教甄，第 40 題】

（　　）23.非語文學習障礙學生，最可能具有下列何種語言能力的限制？(A)語法 (B)語暢 (C)語用 (D)語音

【屏東縣 106 國小暨幼兒園教甄，第 37 題】

（　　）24.根據我國衛生福利部國民健康署 2015 年所公告的罕見疾病包括以下那些病症？甲、黏多醣症 乙、成骨不全症 丙、脊髓性小腦萎縮症 丁、後天免疫症候群 (A)甲乙丙 (B)乙丙丁 (C)甲乙丁 (D)甲丙丁

【臺北市 106 國小教甄，第 22 題】

（　　）25.下列何種發音是屬於構音障礙中的替代音? (A)「掃地」說成「搞地」 (B)「跳舞」說成「要舞」 (C)「學習」說成「削習」(D)「壓力」說成「一Y力」

【連江縣 106 國小教甄，第 9 題】

（　　）26.以下哪類患者最可能被鑑定為身體病弱者? (A)伊比力斯症(epilepsy) (B)異位性皮膚炎 (C)結膜濾泡症 (D)思覺失調症

【連江縣 106 國小教甄，第 35 題】

（　　）27.有關妥瑞氏症(Tourette disorder)的說明，何者正確? (A)現代西醫多主張妥瑞氏症是一種心理疾病 (B)疾病期間必須出現多種動作型抽動(tics)與一種以上的聲語型抽動 (C)典型的發病症狀是從聲語型抽動再逐漸擴散到動作型抽動 (D)暫時性抽動症(provisional tic disorder)、慢性抽動症(chronic tic disorder)均屬於妥瑞氏症的亞型

【連江縣 106 國小教甄，第 44 題】

（　　）28.根據 Silverman (2004)的看法，口吃者因為口吃而造成身心障礙(handicapped)的原因是以下那一項？ (A)口吃者的口吃嚴重度較

高 (B)口吃者是否有家人的支持 (C)口吃者對口吃影響其生活之看法 (D)口吃者的家人和朋友是否接納其口吃

【屏東縣 106 國小暨幼兒園教甄，第 13 題】

（ ）29.下列何者為構音異常兒童，最常見的異常類型？(A)省略 (B)添加 (C)歪曲 (D)替代

【屏東縣 106 國小暨幼兒園教甄，第 27 題】

（ ）30.一個學生無法辨識聲音的最小單位（如：注音符號）、切割拼音的每一個音並做正確的拼音，我們稱這位學生的問題是： (A)聲韻覺識困難 (B)字與音配合的困難 (C)聲韻流暢困難 (D)聲韻理解困難

【臺北市 106 國小教甄，第 24 題】

（ ）31.某語言障礙兒童常將「ㄑㄧˋㄔㄜ」（汽車）說成「ㄧˋㄜ」，這是何種構音異常？(A)添加 (B)省略 (C)替代 (D)歪曲

【臺北市 106 國小教甄，第 27 題】

（ ）32.一位學習障礙學生在老師提供語音輸入軟體後，短文寫作的長度和內容正確性都有明顯進步。請問這位學生有可能是什麼樣的困難？ (A)背景知識 (B)組織想法 (C)轉譯 (D)動機

【新北市 106 國小暨幼兒園教師甄選，第 45 題】

（ ）33.小勤是自閉症學生，遇到不如意時經常用尖叫表示，家長懷疑他有情緒行為障礙，身為教師，你的研判會是:(A)自閉症大部分是智障，缺乏表達正向行為的能力 (B)自閉症通常伴隨有情緒行為障礙 (C)自閉症缺乏溝通技能導致不當的行為 (D)尖叫是自閉症學生的行為特徵之一

【新北市 106 國小暨幼兒園教甄，第 31 題】

（ ）34.小華因耳蝸管病變導致聽力受損，請判斷小華應屬於下列哪一類型的聽覺障礙？ (A)心因型 (B)感音型 (C)混合型 (D)傳音型

【屏東縣 107 國小暨幼兒園教甄，第 17 題】

（ ）35.小忠直到小學三年級才被鑑定為智能障礙學生，下列對小忠的敘述，哪一項最不可能？(A)障礙程度屬於輕度智障 (B)適性安置為不分類資源班 (C)障礙成因為染色體異常 (D)學科學習恐逐漸感到吃力

【屏東縣 107 國小暨幼兒園教甄，第 20 題】

（ ）36.下列哪一類型聽覺障礙的學生學習口語的表現可能比較好？(A)習語前的聽力損失 (B)習語後的聽力損失 (C)傳導型聽力損失 (D)感覺神經性的損失

【屏東縣 107 國小暨幼兒園教甄，第 32 題】

（　）37.下列哪一種不是智能障礙常見的疾病？(A)妥瑞氏症 (B)唐氏症 (C) X 染色體異常 (D)酒精胎兒症候群

【屏東縣 107 國小暨幼兒園教甄，第 33 題】

（　）38.一個腦性麻痺的學生出現肌肉張力低，動作緩慢無力，他的腦性麻痺應該屬該哪一型？(A)筋攣型 (B)軟癱型 (C)徐動型 (D)協調不良型

【屏東縣 107 國小暨幼兒園教甄，第 39 題】

（　）39.下列哪些障礙在幼稚園可能適應正常，未能發現困難，但到小學才出現適應困難，轉介到特殊教育的類別？　1.智能障礙 2.注意力缺陷過動症 3.學習障礙 4.語言障礙 (A) 1,2 (B) 3,4 (C) 2,3 (D) 1,4

【屏東縣 107 國小暨幼兒園教甄，第 41 題】

（　）40.因內耳結構的缺損或異常而導致聲音傳送到大腦的功能受損或不足，為以下哪一類型的聽力損失？(A)傳導性 (B)感覺神經性 (C)中樞性 (D)混合性

中區聯盟 107 國小教甄，第 18 題】

（　）41.某位聽覺障礙學生經氣導和骨導聽力檢查均顯示有聽力損失，且兩者的聽閾值相近，並且在高頻的聽力損失較為嚴重，請問該生較屬於哪一種類型的聽覺障礙？(A)傳導性聽障 (B)感音性聽障 (C)混合性聽障 (D)語言發展後聽障

【臺北市 107 國小教甄，第 19 題】

（　）42.下列哪一類身心障礙學生的狀況是屬於進行性的惡化？(A)腦性麻痺 (B)肌肉萎縮症 (C)發展遲緩 (D)自閉症

【臺北市 107 國小教甄)，第 22 題】

（　）43.某位身心障礙學生的課程內容中包含運動知覺概念、心理地圖建構、追蹤獨走技能，請問該生較可能具有何種障礙？(A)自閉症 (B)肢體障礙 (C)視覺障礙 (D)腦性麻痺

【臺北市 107 國小教甄，第 38 題】

（　）44.陳老師提供學生一個數學單位換算的手機應用程式(App)，讓學生在解數學文字應用問題時使用。請問陳老師這麼做，主要是考量學生的什麼困難？(A)數學知識 (B)四則運算能力 (C)文字理解能力 (D)解題能力

【新北市 107 國小暨幼兒園教甄，第 24 題】

（　）45.愈來愈多重度與多重身心障礙學生進入公立學校就讀，有氣切的學生已不再少數。雖然氣切照護過程需由學校護理人員執行

，但教育人員應了解學生需要抽痰的時機，以下何種警訊顯示學生必須要抽痰？甲、焦躁不安、呼吸困難 乙、驚嚇的表情 丙、氣切管上出現黏膜水泡聲音 丁、出現咳嗽、打哈欠現象 (A)甲丙丁 (B)甲乙丙 (C)乙丙丁 (D)甲丙丁

【新北市 107 國小暨幼兒園教甄，第 31 題】

（　）46.小應怕高怕跌倒，依感覺統合的理論，他可能有何問題？(A)本體覺太過敏感 (B)本體覺太過遲鈍 (C)前庭覺太過敏感 (D)前庭覺太過遲鈍

【新北市 107 國小暨幼兒園教甄，第 36 題】

（　）47.自閉症兒童在隱藏圖形測驗表現上常注意圖形的某一部分，而忽略整體圖形，這和他的何種能力有關？(A)中心統合能力(central coherence) (B)共享注意力(joint attention) (C)心智理論能力(theory of mind) (D)執行功能(executive function)

【桃園市 107 國小及學前特教-C，第 8 題】

（　）48.對於發展遲緩高危險群兒童的標準，下列敘述何者為非？(A)妊娠期少於 32 週 (B)在生產期間缺氧、顱內出血 (C)出生體重 2000 公克以下 (D)心肺功能或其他先天性異常

【桃園市 107 國小及學前特教-C，第 9 題】

（　）49.小明是 4 歲 8 個月大的兒童，經評量後發現其在知覺、認知、動 作、溝通、社會情緒或自理能力等之發展較同年齡兒童顯著遲緩，且其障礙類別無法確定者。小明可能為哪一類身心障礙兒童 ？ (A)發展遲緩 (B)智能障礙 (C)其他障礙 (D)多重障礙

【桃園市 107 國小及學前特教-C，第 10 題】

（　）50.何種眼睛病症在早期無明顯症狀，學生常無自覺，只有及早注意視野上是否有減小、眼睛疲勞、揉眼及眼睛腫脹現象？(A)白內障 (B)青光眼 (C)眼睛中風 (D)視網膜剝離

【桃園市 107 國小及學前特教-C，第 12 題】

（　）51.下列何者敘述正確？ (A)自閉症患者會出現手部功能退化 (B)雷特氏症患者會出現手部功能退化 (C)自閉症患者會出現妄想和幻覺 (D)雷特氏症患者會出現妄想和幻覺

【桃園市 107 國小及學前特教-C，第 15 題】

（　）52.下列哪一種遺傳性疾病是多了一條染色體？(A)糖尿病 (B)唐氏症 (C)苯酮尿症 (D)囊胞性纖維瘤

【桃園市 107 國小及學前特教-C，第 37 題】

（　）53.小明在上體育課時，出現飢餓感、心慌、手抖、出虛汗、四肢無力等跡象，他可能有下列哪種健康問題？(A)低血糖 (B)高血糖 (C)癲癇 (D)過敏

【桃園市 108 國小及學前特教-B，第 24 題】

（　）54.典型腦性麻痺的兒童，較少出現下列何種困難？(A)嗓音異常 (B)連續、重複式的口吃 (C)肢體動作控制 (D)構音異常

【桃園市 108 國小及學前特教-B，第 31 題】

（　）55.下列何者最不可能是白化症患者出現的特徵？(A)畏光 (B)眼球震顫 (C)聽力受損 (D)視覺敏銳度低

【桃園市 108 國小及學前特教 B，第 32 題】

（　）56.呂婕是中學生，個別智商為 89，她在「識字量評估測驗（M=100，SD=15）」結果的標準分數為 69，呂婕最可能是下列哪一種障礙？(A)學習障礙(B)智能障礙(C)數學障礙(D)非語文學習障礙

【臺北市 108 國中教甄，第 52 題】

（　）57.罹患下列症狀，容易形成智能障礙，何者有誤？(A)普瑞德威利症候群（Prader-Willi Syndrome），俗稱小胖威利症(B)苯酮尿症（Phenylketonuria）(C)創傷性腦傷（Traumatic brain injury）(D)半乳糖血症（Galactosemia）

【臺北市 108 國中教甄，第 55 題】

（　）58.學習障礙學生雖然聽過某些語詞，但是在命名時有困難，這位學生有哪一種口語困難？(A)詞彙搜尋 (B)敘事(C)語音聽辨 (D)比喻性詞彙理解

【臺北市 108 國中教甄，第 70 題】

（　）59.迅速就醫的癲癇發作狀況，以下敘述哪一個不正確？(A)痙攣發作後無法開始呼吸 (B)這是病人第一次痙攣發作 (C)痙攣發作時間超過5分鐘以上 (D)一次局部發作後馬上接著另一次痙攣發作

【臺北市 108 國中教甄，第 77 題】

題組
（　）60小華為痙攣型腦性麻痺患者，他受限於不正常肌肉張力的影響，說話時會有緩慢、吃力、含糊與不精準的現象；請問其屬於言語障礙的哪一個類別？(A)口吃(stuttering) (B)吶吃(dysarthria) (C)迅吃(cluttering) (D)嗓音障礙(voice disorder) 【新北市109國中教甄，第48題】 （　）61承上題，若他因障礙因素無法參與原班部分體育活動時；助理老師就會帶他在班級中練習物理治療師為他設計的體育動

作。請問此種上課模式屬於協同教學(co-teaching)中的哪一類？(A)分站式教學(station teaching) (B)平行教學(parallel teaching) (C)替代性教學(alternative teaching) (D)團隊式教學(team teaching)

【新北市109國中教甄，第49題】

（　）62.資源班老師發現某身心障礙學生在與人交談時，除了經常無法接續話題外，即使別人不清楚其所欲傳達的訊息，他也不會主動修正或補充說話的內容。以上敘述顯示某生在語言問題的哪一個面向須優先做補救教學? (A)語用 (B)語法 (C)語意 (D)詞形

【臺北市 109 國小教甄，第 42 題】

（　）63 身心障礙學生常常會出現一些動作或知覺失常的現象，請選出正確的選項 (甲)長時間注視旋轉物或旋轉身體：前庭覺缺失 (乙)踩在軟泥土或樹葉堆上會害怕或尖叫：前庭覺缺失 (丙)動作姿勢的不精準或笨拙：本體覺缺失 (丁)對於衣物的材質或縫線摩擦到身體時會抱怨且會一直抓皮膚：本體覺缺失 (A)甲乙丙 (B)甲丙丁 (C)乙丙丁 (D)甲乙丙丁

【臺北市 109 國小教甄，第 45 題】

（　）64 對於班上有氣喘病史的學生，教師應特別提醒學生要 (甲)有規律及良好的睡眠作息 (乙)每天應記得用尖峰吐氣儀量測當天的呼吸換氣量是否落在正常安全的範圍內 (丙)若使用過緩解氣道發炎的類固醇藥物後要記得漱口 (丁)氣喘發作時的急救藥物為支氣管放鬆劑 請選出正確選項：(A)甲乙丙 (B)甲乙丁(C)乙丙丁(D)甲乙丙丁

【臺北市 109 國小教甄，第 46 題】

（　）65 關於有癲癇病史的學生 (甲)嬰幼兒期曾發生 1-2 次高燒及熱痙攣現象將來就會轉變成癲癇 (乙)失神性癲癇發作時眼神呆滯、常會眨眼睛及暫時性失去知覺 (丙)是最常見的一種癲癇，睡眠異常、減藥、停藥、換藥均為僵直痙攣性癲癇發作的誘因 (丁)癲癇用藥，應盡量採用單藥治療，藉以保持正常的血中濃度正確的論述為：(A)甲乙丙 (B)甲丙丁 (C)乙丙丁 (D)甲乙丙丁

【臺北市 109 國小教甄，第 21 題】

（　）66 有關聽覺障礙的敘述，下列何者正確？(A)噪音不太會干擾聽障學生的學習 (B)聽能訓練的主要目的在改善聽知覺的能力 (C)等立法院三讀通過後，手語將納入《國家語言發展法》(D)聽障者透過讀話訓練後，很容易觀看說話者的嘴型知道對方所表達的訊息

【新北市 109 國小暨幼兒園教甄，第 53 題】

（　　）67.哪一理論，主要用於解釋自閉症者在「彈性思考、計畫組織與自動產出」上的缺陷？(A)執行功能(executive function)缺陷　(B)心智理論(theory of mind)　(C)中樞統合(central coherence)缺陷.(D)極端男性腦(extreme male brain)理論

【新北市109國中教甄，第5題】

（　　）68 某學習障礙學生無法按照表面或字面之意來解釋詞彙，這位學生最可能有哪一種口語困難？(A)敘事　(B)比喻性詞彙理解　(C)語音聽辨　(D)詞彙搜尋

【桃園市 109 國小及學前特教-B，第 9 題】

（　　）69 婷婷是學習障礙學生，她在資源班考試時，是以試題報讀的方式進行。下列哪一項是她主要的困難之處？(A)聽覺處理　(B)文字閱讀　(C)推理運用　(D)組織處理

【桃園市 109 國小及學前特教-B，第 21 題】

（　　）70 普通班導師要蒐集大雄的學習表現資料，下列哪一個方向的資料蒐集，可以佐證大雄有疑似智能障礙的學習特性？(A)家庭功能不彰的資料　(B)智力與學業落後的差距表現　(C)平常過度練習的題目可以答對，但是大考的變化題就容易答錯　(D)在班上的學業成績總是最後一名

【桃園市 109 國小及學前特教-B，第 42 題】

（　　）71 注意力缺陷過動症學生隨著年齡增加，下列何種症狀會顯著減輕？(A)情緒不穩　(B)衝動　(C)過動　(D)注意力不足

【新竹市 109 國中教甄，第 14 題】

（　　）72 下列哪些疾患最可能被判為情緒行為障礙？甲.妥瑞氏症 乙.自閉症 丙.選擇性緘默症 丁.威廉氏症 (A) 甲、乙 (B)丙、丁 (C) 甲、丙 (D) 乙、丁

【新竹市 109 國中教甄，第 35 題】

（　　）73 下列哪一項針對自閉症共病問題的描述是正確的？(A)少數自閉症會有注意力缺陷過動的問題　(B)少數(20%) 自閉症無法發展出功能性的語言　(C)大多數（約80%）伴隨智能障礙　(D)大多數都是輕症的亞斯柏格

【新竹市 109 國中教甄，第 40 題】

（　　）74 下列哪一種數學題目最不能測得數學障礙學生真正的數學障礙的核心困難？(A)空格計算　(B)借位減法　(C)多位數加減　(D)應用問題

【新竹市 109 國中教甄，第 41 題】

（　）75 若一學生考試要求一定要滿分，或作業若未達滿分標準，會一直重寫至完美為止，此種行為屬：(A)社交恐懼症 (B)恐慌症 (C)強迫症 (D)廣泛性焦慮症。

【臺南市 109 國小暨幼兒園教甄，第 64 題】

（　）76 凱凱在魏氏智力測驗的表現上，除了「處理速度」外，所有組合分數均顯著低於常模。在所有的指數分數中，以「知覺推理」的分數最弱(PSI＞FSIQ、VCI＞WMI＞PRI)。凱凱可能被判定為學習障礙中的哪種亞型？ (A)讀寫障礙 (B)學障+ADHD (C) 閱讀障礙 (D)數學障礙。

【臺南市 109 國小暨幼兒園教甄，第 88 題】

（　）77 內隱反社會行為包括：(A)過動 (B)欺凌/霸凌 (C)操控他人 (D)衝動。

【臺南市 109 國小暨幼兒園教甄，第 51 題】

（　）78 某聽覺障礙幼兒的聽力圖顯示各頻率的氣導平均聽閾值達40dB，但骨導聽閾值卻都在 20dB 以下，請問該生最可能屬於何種類型的聽覺障礙？ (A)傳導性聽障 (B)感音性聽障 (C)混合性聽障 (D)語言習得前聽障。

【臺南市 109 國小暨幼兒園教甄，第 29 題】

（　）79關於注意力缺陷過動症學生(Attention Deficit Hyperactivity Disorder，簡稱ADHD)的描述何者正確？(A)ADHD的孩子都過動 (B)排除遺傳的影響，主要肇因於輕微腦傷 (C)主要困難為執行功能與抑制行為能力不佳 (D)適合在常規鬆散有彈性的教室裡學習

【新北市109國中教甄，第23題】

（　）80何者被稱為雙重特殊學生(twice-exceptional students) ？(A)學情障共病學生 (B)腦性麻痺學生 (C)盲聾雙障學生 (D)學障資優生

【新北市109國中教甄，第27題】

（　）81關於妥瑞氏症(Tourette Syndrome)的描述何者錯誤？(A)抽動(tics)時會呈現短促的不隨意動作或語音 (B)最好的治療方式是用藥控制症狀 (C)容易與注意力缺陷過動症(ADHD)共病 (D)心理壓力會使抽動更明顯

【新北市109國中教甄，第35題】

題組
（　）82小弘幼時因病罹患傳導型聽力障礙(conductive hearing loss)，目前配戴有助聽器。請問小弘可能因下列何種病症導致聽力障礙？(A)美尼爾氏症(Meniere's disease) ..(B)化膿性中耳炎

(suppurative otitis media) (C)噪音型聽力損失(noise-induced hearing loss) (D)聽神經瘤(acoustic neuroma)

【新北市109國中教甄，第43題】

（　）83.承上題，關於小弘的聽力損失特質的推論，何者錯誤？(A)他有殘存聽力　(B)裸耳聽聲音時，有響度不足的問題　(C)聽到的聲音是扭曲的，高頻音聽不清楚　(D)他並非配戴人工電子耳

【新北市109國中教甄，第44題】

（　）84.承82題，為了滿足小弘的需求，學校為他規劃一系列的服務配套措施；請問下列各專業人員的主責內容，何者錯誤？(A)聽力師到校評估學生校園內的各聲響狀況　(B)聽覺障礙巡迴輔導教師提供授課教師調整策略　(C)語言治療師確認助聽輔具效能　(D)特教老師將各訓練建議彙整於IEP教育目標中

【新北市109國中教甄，第45題】

85.特教老師詢問聽障生小欣的媽媽以下問題，請問他問的問題與想得到的訊息配對，何者正確？　(A)什麼時候開始聽力有問題？—可能具有的語言經驗與能力　(B)醫院評估聽力損失的原因是什麼？—聽力損失的嚴重程度　(C)聽損是幾分貝？—聽力損失的部位　(D)目前使用哪些輔具？—可利用的殘存聽力

【臺北市 109 國中教甄，第 84 題】

（　）86.亞斯伯格症(Asperger)和一般自閉症(Autism)學童的最主要差異何在？(A)口語能力　(B)固執行為　(C)人際互動　(D)動作能力

【臺北市 110 國小教甄，第 28 題】

（　）87.有口語的自閉症兒童看到蝴蝶時，大多無法指著蝴蝶對父母說蝴蝶，主要是因為他們在哪　種能力有缺陷？　(A)共享式注意力　(B)工作記憶　(C)構音　(D)執行功能

【新北市 111 國小暨幼兒園教甄，第 30 題】

（　）88.針對未合併閱讀障礙，數學計算正確性及流暢性為其主要學習問題的數學學習障礙學生，下列何者是其最常見的課堂數學學習行為特徵？　甲、將數字代入未知數有困難　乙、缺乏對數字大小或關係的瞭解　丙、對於重量和測量概念的理解能力不足　丁、對個位數加法仍須用手指協助數與算　(A)甲乙　(B)甲乙丙　(C)甲乙丁　(D)甲乙丙丁

【新北市 111 國小暨幼兒園教甄，第 31 題】

（　）89.姍姍在英文科紙筆測驗表現相當良好，但在考英語聽力測驗時卻得分很低，姍姍最有可能　有下列哪些困難？(A)知動能力、閱讀

理解 (B)閱讀理解、文化差異 (C)工作記憶、聲韻覺識 (D)聽覺記憶、書寫困難

【新北市 111 國小暨幼兒園教甄，第 38 題】

（ ）90.下列哪個敘述較符合學習障礙的條件？(A)魏氏智力測驗結果全量表高於 70，但內在能力無顯著差異，學習表現無顯著困難 (B)魏氏智力測驗結果全量表雖高於 70，但屬於臨界，標準化成就測驗評估結果屬於中下，內在能力無顯著差異，學習成就表現與智力相當 (C)因文化不利因素導致其學習落後，經教學後學習表現有顯著進步，無明顯特殊教育 服務需求 (D)魏氏智力測驗結果全量表高於 85，內在能力有顯著差異，學習表現有顯著困難

【新北市 111 國小暨幼兒園教甄，第 44 題】

（ ）91.智能障礙者在記憶閱讀材料中的新字詞和知識有困難，此呈現在下列哪一方面的記憶困難？(A)陳述的記憶 (B)程序的記憶 (C)策略的記憶 (D)文本的記憶

【桃園市 111 國小教甄- B (身障類)，第 8 題】

（ ）92.某位聽覺障礙學生經氣導和骨導聽力檢查，均顯示有聽力損失，且兩者的聽閾值相近，並且在高頻的聽力損失較為嚴重，請問該生較屬於哪一種類型的聽覺障礙？(A)感音性聽覺障礙 (B)傳導性聽覺障礙 (C)混合性聽覺障礙 (D)語言發展後聽覺障礙

【桃園市 111 國小教甄- B，第 26 題】

（ ）93.有些兒童在發展過程中，呈現明顯怕高容易跌倒。依感覺統合的理論，他可能有何問題？(A)前庭覺太過遲鈍 (B)本體覺太過遲鈍 (C)本體覺太過敏感 (D)前庭覺太過敏感

【桃園市 111 國小教甄- B，第 35 題】

（ ）94.自閉症學生會在他人非常忙碌的時候，依然執著於自己的需要 或疑問，持續的進行提出看法及問題。請問這樣的行為可能與其哪一方面的困難關係較低？(A)心智理論能力不佳 (B)情緒辨識困難 (C)工作記憶能力不足 (D)溝通訊息解讀能力不佳

【桃園市 111 國小教甄- B，第 41 題】

（ ）95.為有數學困難的學生在解數學文字應用題時，提供數學單位換 算的手機應用程式，主要是考量該生的什麼困難可能影響其於文字題的整體表現？(A)文字理解能力 (B)彈性思考能力 (C)數學知識 (D)問題解決能力

【桃園市 111 國小教甄- B，第 42 題】

（　）96.當老師進行「借」位減法教學時，阿哲一直聯想到「借」書的經驗而無法理解。此屬於下列哪一種學習遷移？(A)正遷移 (B)負遷移 (C)水平遷移 (D)垂直遷移

【桃園市 111 國小教甄- B，第 45 題】

（　）97.阿聰的聽力圖顯示，優耳語音頻率的氣導聽閾值達 55 分貝，但骨導聽閾值卻在25分貝以下，他最可能屬於何種類型的聽覺障礙？(A)傳導性聽覺障礙 (B)感音性聽覺障礙 (C)混合性聽障 (D)非聽覺障礙學生

【臺北市 111 國小教甄，第 26 題】

（　）98.某國小學習障礙新生，在小一開始學習注音符號以及學習英文課程時，常無法覺察到字的聲音結構，請問這樣的問題為下列何者？(A)音韻覺識 (B)讀寫啟蒙 (C)字詞覺識 (D)文字覺識

【臺北市 111 國小教甄，第 31 題】

（　）99.關於閱讀障礙學生，以下描述的組合中何者是正確的？(甲)視覺有問題 (乙)聽覺有問題 (丙)找不出段落重點 (丁)理解字義困難(A)甲乙 (B)乙丙 (C)丙丁 (D)甲丁

【臺北市 111 國小教甄，第 35 題】

（　）100.寬悅是國小五年級的學生，對非功能性的常規有異常的堅持，此外對細節的觀察能力很好，但統整能力差；例如，看一幅圖畫，能夠說出藍色、白雲，卻無法說出「風景」這個詞彙，下列哪一位老師的說法較正確？ 教師甲：「這是反應抑制執行功能的問題」 教師乙：「這是認知彈性執行功能的問題」 教師丙：「這是選擇性注意力執行功能的問題」 教師丁：「這是情緒控制執行功能的問題」 (A)教師甲 (B)教師乙 (C)教師丙 (D)教師丁

【中區聯盟 111 國小教甄，第 13 題】

（　）101.下列哪一個是預測高年級學童閱讀理解能力較有效的指標？(A)閱讀流暢性 (B)識字量多寡(C)工作記憶大小 (D)背景知識高低

【中區聯盟 111 國小教甄，第 46 題】

（　）102.以下關於我國網路遊戲障礙症(gaming disorder)學生診斷與診斷準則的陳述，何者是正確的？ (甲)該病症前期通常會合併暴食現象、拒學情形及睡眠障礙 (乙)當停止或減少網路遊戲時，會出現易怒、焦慮或悲傷現象 (丙)會因參與網路遊戲危及重要人際關係、教育或工作機會 (丁)我國已通過暫行碼 6C51.0 及 6C51.1 供精神科醫師臨床診斷時使用 (A)甲乙丙 (B)乙丙 (C)甲丁 (D)乙丙丁

【臺北市 111 國小教甄，第 25 題】

【參考答案】

1	2	3	4	5	6	7	8	9	10	11	12
D	D	B	B	B	C	A	D	B	B	C	B
13	14	15	16	17	18	19	20	21	22	23	24
B	C	D	D	C	B	B	D	A	B	C	A
25	26	27	28	29	30	31	32	33	34	35	36
A	A	B	C	D	A	B	C	C	B	C	B
37	38	39	40	41	42	43	44	45	46	47	48
A	B	C	B	B	B	C	A	B	C	A	C
49	50	51	52	53	54	55	56	57	58	59	60
A	B	B	B	A	B	C	A	C	A	D	B

61	62	63	64	65	66	67	68	69	70	71	72
C	A	A	D	C	B	A	B	B	C	C	C
73	74	75	76	77	78	79	80	81	82	83	84
C	D	C	D	C	A	C	D	B	B	C	C
85	86	87	88	89	90	91	92	93	94	95	96
A	A	A	C	C	D	A	A	D	C	C	B
97	98	99	100	101	102						
A	A	C	B	D	D						

第十五章 特定專有名詞敘述與區辨

壹、各種效應之涵義

一、馬太效應

馬太效應(Matthew effect)指不同的人、群體，若已經在名聲、財富或社會地位上有所成就，就會產生一種吸引更多機會的優勢，更輕易獲得更多成功。最早由美國社會學家 Robert Merton 於 1968 年所提出。

二、月暈效應

月暈效應(halo effect)又稱光環、光暈或暈輪效應。它是指人們對他人的認知首先根據初步印象，然後再從這個印象推論出認知對象的其他特質。也就是，人們對人的認知和判斷往往只從局部出發，擴散而得出整體印象，即常常以既定印象概全(https://zh.wikipedia.org)。人如果被標明是好的，他們就會被一種積極肯定的光環籠罩，並被賦予一切都好的品質；如果人被標明是壞的，他們就被一種消極否定的光環所籠罩，並被認為具有各種壞品質。

三、大魚小池效應

大魚小池效應(the big-fish-little-pound effect)來源於Davis (1966)的「青蛙池塘」理論(The frog-pond theory)。1966年，Davis在做美國大學生職業選擇研究時，發現為什麼名校或高學歷學生，並不會總是選擇最具挑戰性的職業呢？他進一步發現，對於同等能力的學生來說，進入普通學校比進入名校的學生具有更高的職業抱負。「學業自我概念」是「大魚小池效應」存在的心理學原理。在學校，學生常把自己的成績和同校或同班同學進行比較，並以此為標準來衡量自己的能力，這種自我概念直接影響成績表現。就好比魚在相對較小的池塘裡，會覺得自己很大，對應學生在學校，如果學生發現自己相對其他同學比較厲害，就更能感知自己的能力，即學業自我概念會很高。

1984年，Marsh和Parke採用Davis的「青蛙池塘」理論，並將這個理論發展成「大魚小池效應」：「能力相當的學生在高水平學校，比在低水平學校中擁有更低的自我概念和學業情緒發展。「大魚小池效應」

的教育啟示,目的並不是臣服於此、束手無策,而是應透過心理學效應的表象看到本質,進而規避這種效應。「大魚小池效應」雖不是孩子學習成績的決定性因素,但也不容忽視,尤其是給孩子擇校時。為人父母都希望孩子能在一個高水平學校學習,有一個良好的學習氛圍。然而,孩子處在一個學霸如雲的高成就學習環境中,可能會有情緒壓迫感。畢竟,這不僅關係到孩子的學業成績,也關係到其學習時的情緒和內心感受。」(https://kknews.cc/education/mrg5q62.html)

四、比馬龍效應

比馬龍效應(Pygmalion Effect)是一種心理現象,在這種現象中,高期望會導致特定領域的績效提高;而低期望會導致更糟,這兩種影響都會導致自我實現的預言。

貳、各種專有名詞之敘述

有關此部分,事實上範圍相當廣泛。侷限於篇幅之關係,以下僅條列曾經出過試題的專有名詞:

■轉銜服務原則	■現行特殊教育實施的敘述
■臺灣特殊教育學校	■ADHD 與 LD 學生的共同點
■美國智能障礙定義	■區分學習障礙與學業低成就的主
■智能障礙之障礙程度分類	要因素
■協同合作的特徵	■自閉症者轉銜計畫的敘述
■多重障礙定義	■聽覺障礙者之聽覺能力敘述
■多重障礙之概念	■聽覺障礙者的認知能力、學習能力
■重度及多重障礙的學生	的描述
■對自閉症之敘述	■威廉氏症候群的敘述
■身心障礙證明的敘述	■身心障礙學生的抽離式課程
■對聽覺障礙學生的描述	■資源班排課方式的敘述
■資源班運作之敘述	■兒童心臟病的敘述
■資源教室經營的敘述	■耳聲傳射的敘述
■情緒行為障礙學生的教學	■重度或多重障礙學生的敘述
與行為管理的敘述	■思覺失調症的描述

歷屆教甄試題
【特定專有名詞敘述與區辨】

（　）1.對於思覺失調症的描述，下列何者正確？(A)是屬於精神官能症的一種 (B)更名前稱之為躁鬱症 (C)呈現較多的聽幻覺 (D)好發年齡在 6 歲之前

【新北市 105 國小暨幼兒園教甄，第 35 題】

（　）2.下列何者不屬於多重障礙的學生? (A)智能障礙兼自閉症的偉智 (B)全盲兼智能障礙的文貴 (C)聽覺障礙並無法言語的小寶 (D)肢體障礙並無法表達的小千

【連江縣 106 國小教甄，第 12 題】

（　）3.下列是有關自閉症者轉銜計畫的敘述,請選出最合適的選項。(A)為了避免自閉症者在與正常學生互動中產生太多的負面經驗,我們應該盡量採隔離教育方案 (B)為使自閉症者能夠及早獨立生活與工作,在其從學校轉銜到職場時,我們應該讓他完全自行處理生涯規劃及工作接洽等事宜 (C)有關於個別化教育計畫,包括轉銜計畫等事項,在我國是由「身心障礙及資賦優異學生鑑定辦法」所規範 (D)在自閉症者轉銜至職場時,我們應運用真實校外情境教導他提供其社區本位的工作經驗

【連江縣 106 國小教甄，第 14 題】

（　）4.關於聽覺障礙者之聽覺能力，下列敘述何者最為正確? (A)在沒有戴助聽器的狀況下，聽力損失 26 到 40 分貝者，對於遠距離、聲音較小或是吵雜環境 的聽取能力較差或沒有反應,但只要靠近音源或擴大音源即可改善 (B)在沒有戴助聽器的狀況下,聽力損失 41 到 60 分貝者，聽取能力雖較上述聽障者差，但說話時還不會出現口齒不清的現象 (C)在沒有戴助聽器的狀況下，聽力損失 91 分貝以上者,對聲音幾乎完全無反應,也無法知覺聲音造成的震動 (D)聽障者對於噪音的容忍度比聽力正常者還要佳,因此可以認為聽障者是不怕吵的

【連江縣 106 國小教甄，第 15 題】

（　）5.以下為針對聽覺障礙者的認知能力、學習能力的描述,請選出錯誤選項。(A)一般而言,聽覺障礙學生的學業成就平均低於同年齡的聽力正常兒童 (B)聽覺障礙學生的智力表現主要是受到語言溝通能力與後天經驗的影響 (C)聽覺障礙學生的學業學習主要受到語言能力的影響 (D)一般而言,聽覺障礙學生的心智能力不如聽力正常者

【連江縣 106 國小教甄，第 16 題】

（　）6.下列關於威廉氏症候群的敘述,何者為非? (A)是一種智能障礙 (B)認知發展能力低於兩歲以下的幼兒 (C)語言使用能力低落 (D)與新陳代謝失常有關

【連江縣 106 國小教甄,第 17 題】

（　）7.下列哪一項不是屬於身心障礙學生的抽離式課程? (A)利用體育課的時間提供學習障礙學生知覺動作訓練教學 (B)利用國語課的時間提供學習障礙學生國語科的補救教學 (C)利用自習課的時間提供聽障兒童說話訓練 (D)利用自然課的時間提供高功能自閉症學生自然科的加深加廣教學

【連江縣 106 國小教甄,第 22 題】

（　）8.為改變人們對精神疾病患者污名化,導致其錯過治療的時機,因此,台灣精神醫學會及中華民國康復之友聯盟於 2014 宣佈將其改名為: (A)社會適應失調症 (B)神經失調症 (C)思覺失調症 (D)思考異常症

【臺北市 106 國小教甄,第 23 題】

（　）9.下列關於兒童心臟病的敘述,何者有誤? (A)對心臟病兒童而言,口腔牙齒的不清潔可能導致嚴重的後果 (B)罹患主動脈心瓣狹窄的兒童,可能因劇烈運動導致突然死亡 (C)應該讓心臟病兒童接受和正常兒童一樣的疫苗注射 (D)心臟病兒童需飲食均衡,不宜吃高熱量、高蛋白及低鈉高鉀的食物

【連江縣 106 國小教甄,第 36 題】

（　）10.有關耳聲傳射的敘述,下列何者正確? (甲)源自耳蝸的內毛細胞 (乙)耳聲傳射檢查正常者,不會有輕度以上的傳導型聽損 (丙)操作簡便,經常作為聽力篩檢的檢查工具 (丁)以第五波的潛時與振幅估算聽力閾值 (A)(甲)(乙) (B)(乙)(丙) (C)(丙)(丁) (D)(乙)(丁)

【連江縣 106 國小教甄,第 46 題】

（　）11.以下有關重度或多重障礙學生的敘述,何者不正確? (A)約 1/3 的重度障礙者有癲癇發作經驗,但大多可藉由藥物加以控制 (B)多重障礙的學生因言語、動作缺損,無法自己做選擇,因此家長應盡量代其決定與選擇 (C)多數多重障礙兒童無法透過有效口語溝通,如果可以的話,應該給予適當的溝通訓練,並藉助手語、溝通輔具來表達基本的需要 (D)重度多障學生較為被動、退縮,以致影響教學的進行與效果,因此需要老師多注意與關心,並盡力瞭解他們行為背後的意義

【連江縣 106 國小教甄,第 31 題】

（　　）12.有關臺灣特殊教育學校的描述，何者有誤？(A)以小班、小校為原則　(B)其中僅有一所私立特殊教育學校　(C)共設有 28 所特殊教育學校　(D)僅招收重度及多重障礙之學生

【桃園市 107 國小及學前特教-C，第 24 題】

（　　）13.臺灣智能障礙定義受到美國智能障礙定義影響，有關美國智能障礙定義，下列何者敘述正確？　甲、1992 年以後強調以智能障礙個體所需的支持輔助程度區分。　乙、2002 年第十版智能及發展障礙協會的定義以智能障礙取代智能不足。　丙、2010 年第十一版智能及發展障礙協會的定義以社會-生態的架構為基礎。　丁、僅第十版智能及發展障礙協會將適應行為界定為概念、社會、應用三方面的適應技能。　戊、2010 年第十一版智能及發展障礙協會依據應用目的，採取多元分類系統，包括智力、適應行為、健康、參與及情境五個向度以及支持在人類功能扮演的角色。　(A)甲、乙、丙、丁、戊　(B)甲、乙、丁、戊　(C)甲、丙、戊　(D)前述三個選項皆非

【新北市 106 國小暨幼兒園教師甄選，第 23 題】

（　　）14.下列有關多重障礙定義的敘述，何者錯誤？甲.自閉症學生因其神經心理功能異常而同時間具有溝通障礙，可鑑定為多重障礙　乙.多重障礙是該兩種或兩種以上的障礙具有連帶關係　丙.多重障礙是兩種或兩種以上的障礙會影響學習者　丁.肢體障礙學生因為視網膜剝離而導致視覺障礙，可鑑定為多重障礙　戊.多重障礙是指兩種以上源於同一原因造成之障礙　(A)甲乙丁　(B)甲丙戊　(C)甲丁戊　(D)甲乙戊

【屏東縣 106 國小暨幼兒園教甄，第 5 題】

（　　）15.下列對自閉症之敘述，何者為非？　甲.中樞神經系統中的維尼克區異常，是造成自閉症的主要原因　乙.自閉症類群障礙症的神經方面之缺陷，可透過心理介入來處理　丙.PECS 的教學，主要是在幫助自閉症兒童發展出較佳的感覺統合能力　丁.自閉症類群障礙症的藥物治療療效與行為治療具有相同的療效　戊.最常見於治療自閉症類群障礙症兒童的行為問題之藥物為好度(Haldol)　(A)甲乙丙　(B)甲丙丁　(C)甲丁戊　(D)甲乙戊

【屏東縣 106 國小暨幼兒園教甄，第 6 題】

（　　）16.有關身心障礙證明的敘述，下列何者錯誤？(A)該證明有效期限最長為五年　(B)身心障礙者申請鑑定時，應由衛生主管機關指定相關機構或專業人員組成專業團隊進行鑑定　(C)身心障礙者對障礙鑑定及需求評估結果有異議時，可以採書面方式向直轄市、縣（市）

主管機關提出申請 重新鑑定及需求評估，但以一次為限 (D)申請重新鑑定及需求評估時，申請者應自行負擔百分之六十之相關作業費用

【屏東縣 106 國小暨幼兒園教甄，第 9 題】

(　) 17.下列何者最符合多重障礙之概念？(A)自閉症伴隨智能障礙 (B)ADHD 伴隨學習障礙 (C)腦性麻痺伴隨智能障礙 (D)智能障礙伴隨語言障礙

【屏東縣 106 國小暨幼兒園教甄，第 36 題】

(　) 18.有關資源班運作之敘述，下列何者正確? (A)是指抽離式課程 (B)安置前不需徵得家長同意 (C)為部分時間制之特殊教育服務 (D)資賦優異教育並不適用資源班

【連江縣 106 國小教甄，第 2 題】

(　) 19.下列有關資源教室經營的敘述,何者較不適當? (A)以一對一的教學方式為主要的教學方式 (B)善用無障礙科技輔具 (C)教室規則或班級公約要張貼在明顯地方 (D)宜設計閱讀角或視聽角

【連江縣 106 國小教甄，第 3 題】

(　)20.為改變人們對精神疾病患者污名化,導致其錯過治療的時機,因此,台灣精神醫學會及中華民國康復之友聯盟於 2014 宣佈將其改名為：(A)社會適應失調症 (B)神經失調症 (C)思覺失調症 (D)思考異常症

【臺北市 106 國小教甄，第 23 題】

(　) 21.下列哪一個描述對於聽覺障礙的學生是正確的？(A)聽力損失同樣 60 分貝的學生，其聽力功能應該是一樣的 (B)聽力損失在 75 分貝的學生，沒戴助聽器應該難以聽懂教師上課 (C)單耳聽力損失在 25 分貝以上，就符合特教鑑定標準 (D)取得特殊教育法所訂之聽覺障礙資格者，應該可以取得衛福部之身心障礙證明。

【屏東縣 107 國小暨幼兒園教甄，第 34 題】

(　)22. ADHD 與 LD 學生的共同點為何？(A)轉介前皆需要實施「轉介前介入」 (B)皆需要社會技能教學 (C)皆需要學科補救教學 (D)妥瑞症皆是常見的共伴症

【中區聯盟 109 國小教甄，第 20 題】

(　)23.以下何者非為區分學習障礙與學業低成就的主要因素？ (A)智力測驗結果低下 (B)缺乏適當教育機會 (C)持續性的教學不當 (D)使用非母語進行學習

【中區聯盟 109 國小教甄，第 34 題】

（　）24.協同合作(collaboration)有諸多特徵，以下何者錯誤？(A)特教老師擔任專家，其餘成員聽從建議 (B)每個成員必須對工作目標有共識 (C)每個成員需共同負擔績效責任 (D)協同合作需自願參與，非以外力強迫達成

【新北市109國中教甄，第26題】

（　）25.有關轉銜服務原則的敘述，下列哪一個選項是正確的?甲、應依規定邀請學生本人參與轉銜服務內容的擬定 乙、轉銜內容涵蓋的領域應顧及全面性 丙、轉銜服務內容以補救學生缺陷能力為核心 丁、兼採正式與非正式評量評估學生的需求(A)甲丁 (B)乙丁 (C)甲丙 (D)乙丙

【新竹市 109 國中教甄，第 12 題】

（　）26.有關智能障礙之障礙程度分類，下列敘述何者為非？(A)AAMR在1983年分為輕、中、重及極重四種程度(B)AAMR在1992年分為間歇的、有限的、廣泛的及全面的四種支持程度(C)我國衛生福利部現行分類分為極重度、重度、中度及輕度(D)我國現行特殊教育法則為不分程度

【中區聯盟 111 國小教甄，第 7 題】

（　）27.下列有關情緒行為障礙學生的教學與行為管理的敘述，何者有誤？(A)強調情境、課程、結果之學習鐵三角的教學與行為管理策略 (B)先將學生安置在情障特教班，密集訓練學生有效的學習方法 (C)教室空間的安排，包括班規、冷靜思考區 (D)多考慮預防性的課程，少依賴行為事後處理

【中區聯盟 111 國小教甄，第 28 題】

（　）28.現行特殊教育的實施，下列敘述何者正確？ (A)少年矯正學校得辦理特殊教育 (B)特殊教育不包括成人教育階段 (C)特殊教育的對象從義務教育階段開始 (D)無障礙環境不足之學校可直接拒絕身心障礙學生入學

【中區聯盟 111 國小教甄，第 31 題】

（　）29.閱讀時年紀較小的孩童或是弱讀者，常常因為某些有趣或是特定的事物，吸引了他們的注意力，並聯想出許多的概念，往往造成文意理解錯誤。就訊息處理的角度這樣的現象最有可能為何？ (A)特定概念已自動化，並干擾新訊息進入工作記憶，妨礙理解 (B)無法抑制不相關的訊息，造成文意整合錯誤 (C)記憶新近效應的影響，以致無法理解文意 (D)倒攝抑制的干擾，以致無法理解文意

【中區聯盟 111 國小教甄，第 47 題】

（　）30.有些特殊需求的學童因為社經等因素，無法接受早期療育或是後續的特殊教育，造成其發展和學習上和同齡孩童差距愈來愈大，這種現象可稱為何？(A)馬太效應(Matthew effect) (B)月暈效應(halo effect) (C)大魚小池效應(the big-fish-little-pound effect) (D)比馬龍效應(Pygmalion Effect)

【中區聯盟 111 國小教甄，第 49 題】

【參考答案】

1	2	3	4	5	6	7	8	9	10	11	12	13
C	C	D	A	D	C	C	C	D	B	B	D	C
14	15	16	17	18	19	20	21	22	23	24	25	26
D	B	D	C	C	A	C	B	B	A	A	B	C
27	28	29	30									
B	A	B	A									

第十六章 特殊教育行政服務(含三級預防/輔導與統計年報)

壹、行政服務

一、資源班排課原則

　　為使資源班能夠運作順暢，各縣市都訂有課程規劃及區塊排課，或者是身心障礙資源班實施要點。以台北市為例，訂有《臺北市國民小學身心障礙資源班學生課程規劃及區塊排課參考原則》，其重要內涵如下：

　　1.目的：(1)依身心障礙資源班學生需求適當編班；(2)協助特殊教育學生適應普通班教育環境。

　　2.實施方式：(1)資源班課程規劃原則說明：

　　■部定領域課程調整：依 IEP 會議之決議，按學生個別需求彈性調整部定領域課程內容。與普通教師討論合作，將調整後教材由普通班教師實施差異化教學運用。

　　■全部抽離式調整：經 IEP 團隊評估，學生在原班學習成效未能達到該班學生平均之 50%，或學習落差大於一個學習階段(約兩個年級)。可考慮讓學生在該學習領域所有上課時(節)數，均轉至資源教室上課。惟該抽離式課程名稱、節數應與原班課程名稱、節數相同，例如：原班抽離課程為 5 節語文課，則全部抽離式調整應於資源班教授 5 節語文課。

　　■特殊需求領域課程：即使用彈性學習課程時間或非學習總節數內時段進行教學。例如：使用早自修、午休或放學後留校教學。

　　■特殊教育學生實施抽離或外加課程教學時，應採小組教學為原則。若學生個別需求須一對一直接教學，則時數排定不宜超過教師總授課時數之 1/3。

　　■低年級資源班學生盡量使用半天課的下午時間進行排課，以減少抽離普通班級時間，增進班級融合的機會。

■資源班教師間協同教學課程安排,一周不宜超過 3 節課。

(2)資源班叢集編班及區塊排課原則說明:

■叢集編班:即考量數名共同類似特教需求之學生編在同一班,進行「叢集編班」,以減少區塊排課班級數。

■實施過程中,請教務處協助進行校內協調與溝通,在不違背校內排課原則下,盡量協助資源班完成區塊排課。

(3)資源班學生區塊排課需求表範例:

學生姓名	班級	區塊排課原班科目名稱	所需節數
王曉明	四年三班導師姓名	□國語 □數學 □其他_____	5 節
張美麗	四年五班 導師姓名		
李小華	四年六班 導師姓名		

3.(群組)排課

班級以數班為單位分組,每組班級數依各校大小和主科教師的人數而異。在同一組的班級都排在同一時段,以方便學生 調到資源班上課,此方式所排出的資源班課表與原班的課表一致,例如:學生接受資源班國語科服務時,於原班國語科時段抽離至資源班上課。

二、早期療育服務流程

依據「衛生福利部社會與家庭署」之發展遲緩兒童早期療育服務流程,依序為發現通報、通報轉介及個案管理、聯合評估、進行療育與服務(file:///C:/Users/hwi72/Downloads/File_179447.pdf)。

三、聽能管理到校服務

依據《台北市聽障教育資源中心聽能管理服務計畫》,其重要內涵如下:

(一)目的

1.聽能專業評估系統,有效掌握聽覺障礙學生聽力及學習情形

2.營造聽覺障礙學生友善校園環境,促進學習及生活適應

3.協助擬訂聽覺障礙學生適性化教育目標,提升課程學習成效。

(二)服務對象

　　1.就讀臺北市高級中等以下各級學校及幼兒園，經臺北市特殊教育學生鑑定及就學輔導會鑑定為聽覺障礙或伴隨聽覺障礙之學生。

　　2.參加臺北市各教育階段鑑定安置待鑑定之聽覺障礙學生。

　　3.臺北市聽覺障礙學生之學校老師、家長、學生本人或相關人員。

(三)服務內容

　　1.聽力檢查(僅提供行為式聽力檢查，不包括客觀電生理聽力檢查；純音聽力檢查：裸耳及配戴輔具時聽閾值；語音聽力檢查：輔具與調頻系統之使用效益及適配性評估；中耳功能及耳鏡檢查)

　　2.入校服務

　　3.專業諮詢

貳、三級預防/輔導之內容

　　依照《學生輔導法》第6條之規定：學校應視學生身心狀況及需求，提供發展性輔導、介入性輔導或處遇性輔導之三級輔導。前項所定三級輔導之內容如下：

一、發展性輔導

　　為促進學生心理健康、社會適應及適性發展，針對全校學生，訂定學校輔導工作計畫，實施生活輔導、學習輔導及生涯輔導相關措施。

二、介入性輔導

　　針對經前款發展性輔導仍無法有效滿足其需求，或適應欠佳、重複發生問題行為，或遭受重大創傷經驗等學生，依其個別化需求訂定輔導方案或計畫，提供諮詢、個別諮商及小團體輔導等措施，並提供評估轉介機制，進行個案管理及輔導。

三、處遇性輔導

　　針對經前款介入性輔導仍無法有效協助，或嚴重適應困難、行為偏差，或重大違規行為等學生，配合其特殊需求，結合心理治療、社會工作、家庭輔導、職能治療、法律服務、精神醫療等各類專業服務。

貳、三級輔導模式與輔導教師之角色功能

學校三級預防輔導模式與輔導教師之角色功能如下（張世彗，2020）：

輔導體制	工作內容	主要負責推動者	提供支援與協助者
初級預防	提昇學生正向思考、情緒與壓力管理、行為調控、人際互動及生涯發展知能，促進全體學生心理健康與社會適應	全體教師	學校全體職員；輔導教師(以全校或班級為單位，實施發展性輔導，藉由輔導相關活動、心理測驗等進行，提供學生成長發展所需資訊、技能及經驗，及提供家長和教師輔導與管教知能之諮詢，促進學生的心理健康與社會適應)
二級預防	早期發現高關懷群，早期介入輔導	輔導教師(針對個別或小團體學生實施介入性輔導，進行高關懷群辨識、危機處理、資源整合等，並提供個案之家長與教師諮詢，協助學生改善各種問題，增進其心理健康與社會適應)	全體教師；專業輔導人員(心理師、社工師及精神醫療人員等)

		輔導教師(針對個別或小團體學生實施介入性輔導，就偏差行為及嚴重適應困難學生，進行危機處理、個案管理等，並提供個案之家長與教師諮詢服務，協助學生各種問題，增進其心理健康與社會適應，預防問題復發)；資源機構及網絡（精神醫療團隊及機構、專業助人團體等）
三級預防	1.針對偏差行為及嚴重適應困難學生，整合專業輔導人力、醫療及社政資源，進行專業之輔導、諮商及治療。 2.在學生問題發生後，進行危機處理與善後處理，並預防問題再發生。	專業輔導人員(心理師、社工師及精神醫療人員等)

參、特殊教育統計年報

依據我國 110 年度特殊教育統計年報的統計：

1.高級中等以下各教育階段特殊教育學生總人數的統計，以「**學習障礙**」學生的人數最多(39,718 人)，其次是「**智能障礙**」學生(20,866 人)；而以「**視覺障礙**」學生人數最少(781 人)。

2.學前階段特殊教育學生人數的統計，以「**發展遲緩**」學生的人數最多(19,992 人)，其次是「**自閉症**」學生(1,343 人)；而以「**視覺障礙**」學生人數最少(45 人)。

3.國小階段特殊教育學生人數的統計，，以「**學習障礙**」學生的人數最多(18,061 人)，其次是「**智能障礙**」學生(8,686 人)；而以「**視覺障礙**」學生人數最少(269 人)。

4.國中階段特殊教育學生人數的統計，，以「**學習障礙**」學生的人數最多(12,516 人)，其次是「**智能障礙**」學生(5,434 人)；而以「**語言障礙**」學生人數最少(97 人)。

5.高中階段特殊教育學生人數的統計，，以「**學習障礙**」學生的人數最多(9,141 人)，其次是「**智能障礙**」學生(6,168 人)；而以「**語言障礙**」學生人數最少(76 人)。

【充電補給站】

※學生輔導法。https://law.moj.gov.tw/

※特殊教育年報統計。

https://www.set.edu.tw/actclass/fileshare/default.asp

歷屆教甄試題
【特殊教育行政服務(含三級預防/輔導與統計年報)】

【特殊教育行政服務】

( )1.下列早期療育服務流程何者為是？(A)通報→轉介→聯合評估→提供療育服務 (B)轉介→通報→聯合評估→提供療育服務 (C)通報→聯合評估→轉介→提供療育服務 (D)轉介→聯合評估→通報→提供療育服務

【桃園市 105 國小及學前特教-C，第 15 題】

( )2.升上小二的怡豪經鑑定具有中度聽障，除了配戴助聽器外，學校亦為怡豪提供 FM 調頻助聽系統。學校更為其申請聽能管理到校服務，以期有效促進學習……下列哪一項服務內容是學校最合理的期待？ (A)進行中耳功能評估 (B)進行校園情境聲響評估 (C)進行調頻系統功能驗證 (D)進行助聽輔具助益評估

【新北市 105 國小暨幼兒園教甄，第 44 題】

( )3.對於選擇性緘默的學生，下列輔導措施何者最為適當？(A)老師可主動分享自己的想法而非詢問學生 (B)當學生開口說話時公開的讚美學生 (C)讓學生作業減量以避 免給他太大壓力 (D)讓學生接受心理師諮商

【桃園市 105 國小及學前特教-C，第 12 題】

( )4.有關資源班的排課方式,何者正確? (A)外加課程是指在原來課程內容之外,額外提供加深加廣的課程 (B)學校教務處應提供資源班優先排課的協助 (C)抽離課程是指根據學生個別需要,於學校的早自修或午修等時間,把學生抽離至資源班上課 (D)排課方式可分為抽離、外加、和入班宣導

【連江縣 106 國小教甄，第 24 題】

( )5.王老師是二年級普通班導師，她發現班上的小昆在教室內無法聽從指令、專心上課。除愛說話外，常攻擊、嘲弄同學； 在操場上卻是身手矯捷，步履輕快毫無問題。他的能力並未反應在表現的成績上，無論學校或回家作業很少自行完成。目前學校對於疑似特殊教育學生的輔導，鼓勵教師能與三級預防輔導實務相配合。於是，王老師採取初級預防輔導策略，請問以下何者為初級預防輔導？ (A)調整教學方式(如：分組教學)、作業內容、作業份量或方式 (B)協助學生參加課後補習或轉介醫療資源 (C)有效的班級經營(如：小組制約、同儕支持、隔離衝突) (D)整合相關專業人員的服務

【臺北市 107 國小教甄，第 28 題】

(　　)6.以下哪一種資源班排課方式的說明是不正確的？(A)利用原班資訊科技課時間上資源班數學為抽離式教學(B)利用原班國文課時間上資源班國文為抽離式教學 (C)利用早自習上資源班英文為外加式教學 (D)利用原班班會和學校週會上資源班社會技巧為外加式教學

【新竹市 109 國中教甄，第 17 題】

(　　)7.特教班的小朱國中畢業後無繼續升學之打算，則學校後續做法何者錯誤？(A)學校得視需要召開轉銜會議 (B)學校仍需至通報網填寫轉銜服務資料 (C)畢業後需向特教中心歸還借用之輔具 (D)畢業後學校需追蹤輔導六個月

【新北市109國中教甄，第32題】

(　　)8.患有白血病無法到校上學的小煜，若他申請到臺北市在家教育巡迴服務，以下敘述何者錯誤？ (A)在家教育巡迴輔導教師需與家長、設籍學校等相關人員共同擬定個別化教育計畫 (B)小煜可接受每週至少一次在家教育巡迴輔導 (C)因小煜已申請在家教育巡迴輔導，不適合再參與設籍學校班級課程或活動 (D)若小煜需要增加在家教育巡迴輔導次數，可經審查會議通過後增加每週輔導次數

【臺北市 109 國中教甄，第 79 題】

(　　)9.在申請有聲書時，需考慮下列哪些狀況？【甲】：學生無法閱讀一般教科書【乙】：學生為鑑輔會核准之身心障礙確認生【丙】：學生有使用有聲書之動機與意願【丁】：經視覺障礙巡迴輔導教師評估後同意核給 (A)甲乙丙丁 (B)甲乙丙 (C)甲乙丁 (D)丙丁

【新北市109國中教甄，第63題】

(　　)10.新北國中決定109學年度上學期將以「性別識讀」為核心議題，進行全校性的宣導。下列哪些活動最能與前述校內宣導做有效的契合？【甲】：播放性侵害防治系列宣導影片【乙】：設計「大家來找碴」活動鼓勵學生蒐集媒體所傳遞性別迷思的案例【丙】：於川堂以海報展示各種媒體所傳遞的性別刻板印象【丁】：於資訊課程加強科技產品性別意涵的解讀 (A)甲乙丙 (B)甲丙丁 (C)乙丙丁 (D)甲乙丙丁

【新北市109國中教甄，第77題】

(　　)11.小譚為設籍新北市之身體病弱學生，若他因醫療需求不宜到校，需長期治療；則下列何種教育選擇，具備領取教育代金之福利？(A)在家教育 (B)長期病假 (C)暫緩入學 (D)以上皆是

新北市109國中教甄，第38題】

（　）12.賈老師是二年級普通班導師，她發現班上大雄上課的專注度少於 10 分鐘，總是會注意到 教室外有人經過，賈老師一堂課平均要提醒大雄至少 10 次以上；下課時，同學常常跑來 告狀，說大雄撞到他們，詢問大雄，他則一臉無辜的樣子，不知道自己有撞到同學。賈老師向輔導室詢問是否要轉介大雄進行情緒行為障礙的鑑定，輔導室請賈老師先就大雄的狀況進行初級預防的介入策略，請問下列何者屬於初級預防的介入策略呢？ 甲、調整物理環境，如：安排對大雄學習有利的座位 乙、請同學原諒大雄 丙、協助大雄學生參加補救教學 丁、請家長帶大雄到教學型醫院就診心智科醫師 戊、有效的班級經營（如：小組制約、同儕支持） (A)甲乙 (B)丙戊 (C)乙丁 (D)甲戊

【新北市 109 國小暨幼兒園教甄，第 38 題】

（　）13.某國小對於身心障礙學生接納情形並不理想，為支持身心障礙學生順利學習及生活，下列哪些是該校正確的做法？ 甲、學校應每年辦理相關特殊教育宣導活動 乙、特殊教育宣導活動應兼顧現有身心障礙學生之障礙類型與程度 丙、特殊教育宣導活動，包括研習、體驗、演講、競賽、表演、參觀、觀摩及其他相關活動 丁、其活動之設計，應兼顧身心障礙學生之尊嚴 (A)甲乙丙 (B)乙丙丁 (C)甲丙丁 (D)甲丙

【新北市 109 國小暨幼兒園教甄，第 43 題】

（　）14.關於聽覺障礙生的輔導需求與做法，下列哪些正確？（甲）聽障生視需求可以免考聽寫或英聽 （乙）單側聽損學生也會需要 FM 調頻系統 （丙）對聽障學生必要時需採用非語文智力測驗 （丁）手語翻譯員的申請對象為高中以上的聽障生 (A)甲丙 (B)乙丙 (C)甲乙丙 (D)甲丙丁

【臺北市 110 國小教甄，第 25 題】

（　）15.小華為就讀新北市某國小身心障礙資源班的智能障礙學生，因為小華幾乎無法參與普通班一週 4 節課的數學學習，資源班教師為小華安排完全抽離的數學課，下列哪一個描述最正確？ (A)普通班 4 節數學課的同時間，改為到資源班上數學 (B)普通班 4 節數學課中，有 2 節安排到資源班上數學，2 節仍在原班上數學 (C)在普通班上 4 節數學課之外，另外安排早自修到資源班上 2 節數學 (D)普通班 4 節數學課中，有 4 節安排到資源班上數學，另外安排早自修到資源班上 2 節數學

【新北市 111 國小暨幼兒園教甄，第 58 題】

（　）16.關於身心障礙學生在資源班的排課，下列敘述何者最為適切？(A)學習功能輕微缺損領域應以外加排課為原則 (B)應配合普通班各領域課程採部分抽離為原則 (C)每節課人數應盡量在三人以下以兼顧個別化 (D)特殊需求領域科目非必要不宜採融入式排課

【臺北市 111 國小教甄，第 23 題】

（　）17.吳老師是新北市心理評估老師，在研判學生是否為情緒行為障礙時，若學生未持有身心障 礙證明或是醫療診斷證明，則研判時應結合學校輔導機制，且至少需經學校輔導多久後之紀錄，作為研判依據？ (A) 1 個月以上 (B) 3 個月以上 (C) 6 個月以上 (D) 1 年以上

【新北市 111 國小暨幼兒園教甄，第 26 題】

【三級預防/輔導】

（　）18.下列何者是屬智能障礙的第三級預防？(A)提供遺傳諮商 (B)提供教育服務 (C)新生兒苯酮尿症篩檢 (D)教導孕婦關於濫用毒品的危險

【屏東縣 105 國小暨幼兒園教甄，第 11 題】

（　）19.小偉是位五年級中度腦性麻痺的學生，教師要為他準備入國中的轉銜計畫，請問以下何種方法對他的轉銜最適當？(A)重測 WISC-IV 並修訂 IEP　(B)提供升學資訊和獨立生活的訓練 (C)入班觀察和加強社區參與活動 (D)提供社區就業的資訊和加強職業訓練

【臺北市 106 國小教甄，第 35 題】

（　）20.小忠是就讀普通班五年級的腦性麻痺學生，將在明年六月畢業進入國中就讀，王老師將 在其個別化教育計畫中規劃轉銜輔導，請問應包括哪些重點？ 甲、完成六年級課程、學習積極的人際互動、養成獨立行動能力 乙、提出職業性向評估，心理、職能、物理重新評估與治療計畫 丙、提供未來國中環境認識、人力支援的尋求、交通服務 丁、協助認識社區環境、發展社區本位休閒與娛樂 (A)甲丙 (B)甲乙 (C)乙丙 (D)甲丁

【新北市 107 國小暨幼兒園教甄，第 32 題】

（　）21.對於學校中「三級輔導制度與特教結合措施」之敘述，下列何者為非？ (A)在初級輔導層次中，普通教育教師針對一般學生及學習適應困難進行一般輔導 (B)在二級輔導層次中，特殊 教育教師對於鑑定後確認之特殊需求學生，提供學校本位之特教服務 (C)在二級輔導層次中，普通教育教師對 於初級輔導無效之學生，進行專業之輔導諮商 (D)在三級輔導層次中，特殊教育教師對於偏差行為及嚴重適應困難學生，進行專業諮商及身心復健

（　）22.爆發性行為先兆出現時，正確處理順序為何？甲.營造放鬆的情境、乙.給學生彈性空間與獨立活動、丙.表達關心、丁.持續營造放鬆情境並進行輔導諮商(A)甲→丙→乙→丁 (B)乙→甲→丙→丁(C)丁→甲→乙→丙 (D)丙→乙→甲→丁

（　）23.以下關於霸凌的處置，何者正確？(A)霸凌不包含對他人持續的言語戲弄 (B)特教組主責與特殊生有關的霸凌案件 (C)特殊生若成為霸凌當事者，應立即提供抽離式課程 (D)頻繁霸凌他人的特殊生應提供行為功能介入方案

（　）24.對喜歡找藉口的學生，強調對他的關心與愛護，希望能藉此讓他感到被愛並能勇於追求內在所需，進而擁有更多的責任感，期待藉此改變其行為。以上的想法，較符合哪一學派的理念？(A)交流分析學派(B)現實治療學派(C)理性情緒治療學派(D)應用行為分析學派

（　）25.特殊教育學生有情緒行為問題，哪些為三級預防概念中所謂「初級預防」的對象？ (甲)無適應困難學生 (乙)有適應困難，但無明顯情緒行為問題學生 (丙)有明顯情緒行為,但並不持續發生之學生(丁)有嚴重且持續情緒行為問題學生 (A)甲乙 (B)甲丙 (C)乙丙 (D)丙丁

【統計年報】

（　）26.依據我國 104 年度特殊教育統計年報的統計，國小階段以哪一類身心障礙學生的人數最多？ (A)自閉症 (B)智能障礙 (C)學習障礙 (D)語言障礙

（　）27.國內目前(以 105 學年度為例)安置在國小階段的身心障礙學生，以哪一類障礙人數最多? (A)智能障礙 (B)學習障礙 (C)自閉症 (D)情緒行為障礙

（　）28.國內目前(以 105 學年度為例)安置在國小階段的身心障礙學生，以哪一類障礙人數最少? (A)聽覺障礙 (B)腦性麻痺 (C)肢體障礙 (D)視覺障礙。

( )29.連江縣目前(以 105 學年度為例)安置在國中小階段的身心障礙學生，以哪一種方式最多? (A)身障資源班 (B)智能障礙集中式班級 (C) 普通班接受特教服務 (D)不分類巡迴輔導班

【連江縣 106 國小教甄，第 21 題】

( ) 30.說話時,以發音位置較前面的音取代發音位置較後面的音，稱為: (A)逆向協同構音(backward coarticulation) (B)先行協同構音(anticipatory coarticulation) (C)前置型構音(fronting) (D)前位母音(front vowels)

【連江縣 106 國小教甄，第 49 題】

( )31.下列哪些障礙長期就屬於高出現率的類別？1.智能障礙 2.自閉症 3.學習障礙 4.情緒行為障礙 (A)1,2 (B)3,4 (C) 1,3 (D) 2,4

【屏東縣 107 國小暨幼兒園教甄，第 36 題】

( )32.下列哪一類障礙在學前、小學有一定的出現率,但到國中就大幅下降或消失？(A)自閉症 (B)溝通障礙 (C)視覺障礙 (D)身體病弱

【屏東縣 107 國小暨幼兒園教甄，第 37 題】

【參考答案】

1	2	3	4	5	6	7	8	9	10	11	12	13
A	B	A	B	A	A	A	C	B	C	A	D	C
14	15	16	17	18	19	20	21	22	23	24	25	26
C	A	A	C	B	B	A	B	D	D	B	A	C
27	28	29	30	31	32							
B	D	C	C	C	B							

參考文獻

十二年國民基本教育課程綱要總綱。取自 https://www.naer.edu.tw

十二年國民基本教育特殊教育課程實施規範。取自 https://www.k12ea.gov.tw

十二年國民基本教育身心障礙相關之特殊需求領域課程。取自 https://www.k12ea.gov.tw

大魚小池效應。取自https://kknews.cc/education/mrg5q62.html

王瓊珠編著（2010）。故事結構教學與分享閱讀（第二版）。新北市，心理。

方德隆（2005）。課程理論與實務。臺北市，麗文。

台灣精神醫學會（2014）。DSM-5 精神疾病診斷準則手冊(修訂版)。

自然取向語言教學。取自 https://zh.wikipedia.org。

朱則剛（1996）。建構主義知識論對教學與教學研究的意義。教育研究，49，39-45。

邱上貞（1991）。學習策略教學的理論與實際。特殊教育與復健學報，1，1- 49。

余民寧（1997）。有意義的學習—概念構圖之研究。台北；商鼎

何素華（1995）。國小智能不足兒童錢幣應用教學效果之研究。嘉義師院學報，9，561-598。

吳武典、林幸台等（2020）。特殊教育導論。新北市，心理。

李姿瑩等譯（2017）。行為改變技術-原理與程序。臺北市，華騰。

李坤崇（1999）。多元化教學評量。臺北市：心理。

李翠玲（2022）。特殊教育課程與教學：案例與問題導入。新北市，心理。

呂美娟、李玉錦、施青豐譯（2020）。特殊教育課程與教學。臺北市，學富。

吳淑美（1996）。融合式班級設計之要件。特教新知通訊，4（8），1-2。

兒童權利公約(CRC)。取自 https://law.moj.gov.tw

身心障礙者權利公約(CRPD)。取自 https://crpd.sfaa.gov.tw/

身心障礙者權利公約施行法。取自 https://law.moj.gov.tw

身心障礙者權益保障法。取自 https://law.moj.gov.tw

身心障礙者鑑定作業辦法。取自 https://law.moj.gov.tw

林本、李祖壽（1970）。課程類型。載於王雲五主編，雲五社會科學大辭典。台北市，商務。

林素貞等譯（2013）。特殊需求學生的教材教法。台北:華騰。原文譯自 Polloway, E.A., Patton, J. R., Serna, L., & Bailey, J.(2013). Strategies for teaching learners with special needs.(9th ed.). Prentice Hall.

林麗容（1995）。特殊教育評量的重要取向：動態評量。特殊教育季刊，56，1-5。

林萬億、吳慧菁、林珍珍（2011）。國際健康功能與身心障礙分類系統(ICF)與我國身心障礙者權益保障。社區發展季刊，136，278-295。

孟瑛如等（2021）。特殊教育概論-現況與趨勢（第二版）。新北市，心理。

徐照麗（1996）。以建構主義為基礎的教學設計。載於國立台中師範學院初等教育系「建構主義的教學」研討會手冊，6-17。

特殊教育法及其相關子法。取自 https://law.moj.gov.tw

高廣孚（1988）。教學原理。五南圖書出版有限公司。

教育部（2012）。身心障礙及資賦優異學生鑑定辦法。取自 2017 年 2 月 13 日，
　　www.edu.tw/EDU_WEB/EDU_MGT/DISPL/ EDU3748001/snow0116-1.doc

教育部（2012）。110 年度特殊教育統計年報。台北市，教育部。

教育大辭書。https://terms.naer.edu.tw/publishword/6/

張世彗（2021）。行為改變技術-含 PBIS(第八版)。臺北市，五南。

張世彗（2019）。學習障礙(第三版)。臺北市，五南。

張世彗（2020）。特殊教育導論(第二版)。臺北市，五南。

張世彗（2022）。特殊教育學生評量(第九版)。新北市，心理。

張海珠編著（2013）。教學設計。北京師範大學出版社。

張春興（2011）。張氏心理學辭典（簡明版）。臺北市：東華。

張勝成、王明泉（1999）。社區本位教學的思想淵源與教學應用之分析研究。東台灣特殊教
　　育學報，2，133-157。

郭生玉（2010）。心理與教育測驗（第十六版）。臺北市：精華書局。

盛群力等編著（2005）。教學設計。高等教育出版社。

財團法人罕見疾病基金會。取自 http://www.tfrd.org.tw/tfrd/

鈕文英（2003）。啟智教育課程與教學設計。臺北市，心理。

鈕文英（2016）。身心障礙者的正向行為支持(第二版)。新北市，心理。

鳳華等（2015）。應用行為分析導論。新北市，心理。

鳳華（2002）。單一嘗試教學在自閉症兒童教學上之運用。中華民國自閉症總會，未出版。

童寶娟譯（2015）：構音及音韻障礙導論：兒童語音障礙。(J. E. Bernthal, N.W. Bankson, P. F.,
　　Jr.著：Articulation & phonological disorders :speech sound disorders in children)。臺北市，
　　華騰。

黃志雄（2002）。自然環境教學對重度智能障礙兒童溝通能力的影響及其相關研究。特殊教
　　育與復健學報，10，71 - 102。

黃麗鳳等譯（2014）。特殊教育導論-教與學的理論與實踐。臺北市，華騰。

楊宗仁、李惠藺譯（2010）。自閉症學生的融合教育課程：運用結構化教學協助融合（原作
　　者：Gary Mesibov & Marie Howley）。台北市：心理。

發展遲緩兒童早期療育服務流程。file:///C:/Users/hwi72/Downloads/ File_179447.pdf)

無障礙環境。取自https://zh.wikipedia.org

鄧文（2012）。探討圖卡兌換溝通系統(PECS)運用於身心障礙學生之後設分析。國小特殊教
　　育，53，96-110。

歐素惠、王瓊珠（2004）。三種詞彙教學法對閱讀障礙兒童的詞彙學習與閱讀理解之成效研
　　究。特殊教育研究學刊，26，271-292。

蔡清田（2000）。教育大辭書。

詹士宜（2014）。替換式數學之設計理念及應用。載於鄭邦鎮主編，Super 金頭腦：替換式數
　　學之教學應用與 教材彙編。臺南市教育局。

詹士宜（2013）。替換式數學對數學學習困難學生之補救教學。臺南市，國立臺南大學。

甄曉嵐（2012）。差異化教學策略研習手冊。台灣師範大學教育評鑑與研究中心。

廖淑戎（2002）。時間延宕教學策略的介紹與使用。特殊教育季刊，84，34-40。

盧台華（1985）。直接教學法在智能不足數學課程實施之探討。教與學，4，16-17。

盧雪梅（1998）。實作評量的應許、難題和挑戰。教育資料與研究雙月刊，20，24-27。

鐮狀細胞疾病。取自 https://zh.wikipedia.org

聽覺口語教學法。取自 http://www.chfn.org.tw/service/learn/12

Alberto, P. A., Troutman, A. C.(2013).*Applied behavior analysis for teachers*. Upper Saddle River, NJ：Pearson.

American Psychiatric Association. (2013). *Diagnostic and statistical manual of mental disorders* (5rd ed.). Washington, DC：Author.

Airasian, P. W. (1996). Assessment in the classroom. New York, NY: McGraw-Hill.

Bender, W. N.(2006). *Learning disabilities: Characteristics, identification, and teaching strategies*. Boston: Allyn & Bacon.

Brain injury of Association of America. https://www.biausa.org

Blankenship, C. (1985). Using curriculum-based assessment data to make instructional decisions. *Exceptional Children, 52*, 233-238.

Bricker, D. & Cripe, J.J.W. (1997). *An activity-based approach to early intervention*. USA: Paul H.

Carpenter, C. D., & Ray, M. S. (1995). Portfolio assessment: Opportunities and challenges. *Intervention in School and Clinic, 31(1)*, 1-18.

Cole, P., & Chan, L. (1990). *Method and strategies for special education*. Sydney, Australia：Prentice Hall.

Cook, L. & Mayer, R. (1988). Teaching readers about the structure of scientific text. *Journal of Educational Psychology,80(4)*, 448-456.

Cook, A. M., Polgar, J. M. (2015). *Assistive technologies: Principles and practice* (4th ed.). St. Louis: Mosby.

Church, G., & Glennen, S. (1992). The Handbook of assistive technology. San Diego: Singular.

Davis, J. A. (1966) The Campus as a Frog Pond: An Application of the Theory of Relative Deprivation to Career Decisions of College Men. *The American Journal of Sociology 72*, 17-31.

Day, J. D., & Hall, L. K. (1987). Cognitive assessment, intelligence, & instruction. In J. D. Day & J. G. Borkowski, *Intelligence and exceptionality: New directions for theory, assessment, and instruction practices* (pp. 57-80). Norwood, NJ: Ablex.

De La Paz, S.(1999). Self-regulated strategy instruction in regular education settings：Improving outcomes for students with and without learning disabilities. *Learning Disabilities Research & Practice, 14(2)*, 92-106.

Deno, E. (1970). Special education as developmental capital. *Exceptional Children, 37(3)*, 220-237.

Deno, S. L., & Fuchs, L. S. (1987). Developing curriculum-based measurement systems for data-based special education problem solving. *Focus of Exceptional Children, 19(8)*, 1-16.

Dick, W., Carey, L., & Carey, J. (2015). *Systematic Design of Instruction* (8ᵗʰ ed.). NJ: Pearson.

Eanet, M. (1978). An investigation of the REAP reading/study procedure: Its rationale & efficacy. In P. E. person & J. Hansen(Eds.), *Reading: Disciplined inquiry in process and practice*. Clemson, SC: National Reading Conference.

Feuerstein, R. (1979). *The dynamic assessment retarded performers: The learning potential assessment device theory, instruments, and techniques*. Baltimore, MD: University Park.

Friend, M. (2017). *Special Education: Contemporary Perspectives for School Professionals* (5ᵗʰ ed.). Boston：Pearson.

Gabe, J., Bury, M., & Ramsay, R. (2002). Living with asthma: The experiences of young people at home and at school. *Soc Sci Med,55(9)*, 1619-1633.

Gargiulo, R. M. (2012). *Special education in contemporary society*. Thousand Oaks, CA：SAGE.

Gickling, E., & Rosenfield, S. (1995). Best practices in curriculum-based assessment. In A. Thomas & J. Grimes (Eds.), *Best practices in school psychology*(3rd ed., pp. 587-595). Washington, DC: NASP.

Gickling, E. E., Shane, R. L., & Croskery, K. M. (1989). Developing mathematics skills in low-achieving high school students through curriculum-based assessment. *School Psychology Review, 18*(3), 344–355.

Graham, S., & Harris, K. R.(2003). Students with learning disabilities and the process of writing：A meta-analysis of SRSD studies. In H. L. Swanson, K. L. Harris, & S. Graham (Eds.), *Handbook of learning disabilities* (pp.323-344). NY：Guilford Press.

Grant, R.(1993). Strategic training for using text headings to improve students' processing of content. *Journal of reading, 36*, 482-487.

Gronlund, N. E. (1993). How to make achievement tests and assessments. Boston: Allyn & Bacon.

Gulikers, J., Bastiaens, T., & Kirschner, P. (2004). A five-dimensional framework for authentic assessment. *Educational Technology Research and Development, 52 (3)*, 67-85.

Hancock, T. B., & Kaiser, A. P. (2006). Enhanced Milieu Teaching. In R. McCauley & M. Fey (Eds.), *Treatment of Language Disorders in Children,* (pp. 203-233). Baltimore:Paul Brookes.

Harris, K. R., & Graham, S.(1996). *Making the writing process work：Strategies for composition and self-regulation*. MA：Brookline Books.

Hart, B., & Risley, T. R. (1975). Incidental Teaching of Language in the Preschool. *Journal of Applied Behavior Analysis, 8*, 411-420.

Hart, D. (1994). Authentic assessment: A handbook for educators. NJ: Addison-Wesley.

Hughes, D., McGillivray, L., & Schmidek, M. (1997). *Guide to narrative language: Procedure for assessment*. Eau Claire, WI: Thinking.

Idol, L. (1986). *Models of curriculum-based assessment*. Austin, TX: Pro-Ed.

Jones, E. D., & Southern, W. (1998). Curriculum-based assessment: Testing what is taught & teaching what is tested. *Intervention in School and Clinic, 33*, 1-14.

Jonassen, D. H. (1999). Designing constructivist learning environments. In C. M. Reigeluth (Ed.), *Instructional design theories and models: A new paradigm of instructional theory, Volume II*, 215-239). Mahwah, NJ: Lawrence Erlbaum Associates.

Kamens, M. W. (2004). Learning to write IEPs：A personalized, reflective approach for preservice teachers. *Intervention in School and Clinic, 40*, 76-80.

Kauffman, J. M., McGee, K., & Brigham, M. (2004). Enabling or disabling？Observations on changes in special education. *Phi Delta Kapan, 85*, 613-620.

Kennedy, C., & Horn, E. (2004). *Including students with severe disabilities*. Boston：Allyn & Bacon.

Klein, M. F. (1985). Curriculum Design. In T. Husen & T. N. Postlethwaite, (Eds), *The International Encyclopedia of Education* (pp.1163-1170). Oxford: Pergamon.

Koegel, R. L., Schreibman, L., Good, A., Cerniglia, L., Murphy, G., & Koegel , L. K. (1989). *How to teach pivotal behaviors to children with autism: A training manual.* Graduate School of Education, University of Santa Barbara, CA.

Koegel, R. L., & Koegel, L. K. (2012). The PRT pocket guide, pivotal response treatment for autism spectrum disorders. Baltimore, MD : Paul H. Brookes.

Kroeger, S. D., & Kouche, B. (2006), Using peer-assisted learning strategies to increase response to intervention in inclusive middle math settings. *Teaching Exceptional Children, 38(5)*, 6-13.

Kuttler, S., Myles, B. S., & Carlson, J. K. (1998). The use of social stories to reduce precursors to tantrum behavior in a student with autism. *Focus on Autism and Other Developmental Disabilities, 13*(3), 176–182.

Lerner, J. W., & Johns, B. H. (2012). *Learning disabilities and related mild disabilities: Teaching strategies and new directions* (12th ed.). Belmont, CA: Wadsworth Cengage Learning.

Linden, M. A., & Bateman, B. D. (2006). Better IEPs (5th ed.). Verona, WI：IEP Resources, Attainment Company

Lipsky, ., & Gartner, .(1996). Inclusive education and school restructuring. In W. Stainback & Stainback (Eds.), *Controversial issues confronting special education：Divergent perspectives.* Boston：Allyn & Bacon.

Lollar, D. J., & R. J. Simeonsson, R. J. (2005). Diagnosis to Function: Classification for Children and Youths," Journal of Developmental and Behavioral Pediatrics, 26(4), 323-330.

Lyon, G., Fletcher, J., Shaywitz, S., Shaywitz, B., Torgesen, J., & Wood, F. (2001). Rethinking learning disabilities. In C. Finn, A. Rotherham, & Hokanson (Eds.), *Rethinking special education for a new century* (pp. 259-287). Washington, DC：Thomas B. Fordham Foundation and Progressive Policy Institute.

Magliaro, S. G., Lockee, B. B., & Burton, J. K. (2005). Direct instruction revisited：A key model for instructional technology. *Educational Technology Research and Development, 53(4)*, 41-55.

Marston, D. B. (1989). A curriculum-based measurement approach to assessing academic performance: What it is and why do it. In M. R. Shinn (Ed.), *Curriculum-based measurement: Assessing special education* (pp. 18-78). New York, NY: The Guilford Press.

Mathies, B. K. (1994). *Technology in authentic assessment. Portfolios: Addressing in the Multiple Dimensions of Teaching and Learning*. ED376117.

Mayer, R. E. (1987). *Educational psychology: A cognitive approach*. Boston: Little, Brown.

McDonnell, J., Jameson, J. M., Riesen, T., & Polychronis, S. (2014). Embedded instruction in inclusive setting. In D. M. Browder & F. Spooner (Eds.), *More reading math & science for students with severe disabilities* (PP.15-36). Brookes.

Mesibov, G.,& Howley, M.(2003).*Accessing the curriculum for pupils with autistic spectrum disorders: Using the TEACCH programme to help inclusion*. London: David Fulton.

Michael, J. (1982). Distinguishing between discriminative & motivational functions of stimuli. *Journal of the Experimental Analysis of Behavior, 37,* 149–155.

Miltenberger, R. G. (2012): Behavior Modification: Principles & Procedures (2nd ed.) CA: wadsworth/Thomson Learning.

National Institute of Neurological Disorders and Stroke (NINDS). from https://www.nih.gov

Nisbet, J. (2019). Curriculum-Based Measurement: Top Benefits and Examples. Taken from https://www.prodigygame.com/main-en/blog/curriculum-based-measurement/

Noonan, M., & McCormich, L.(2006). *Young children with disabilities in natural environments*. Baltimore：Paul H. Brookes.

Oliva, P. F., Gordon, W., & Taylor, R. T. (2019). *Developing the Curriculum* (9th ed.). Hoboken, NJ: Pearson.

Orkwis, R., & McLane, K. (1998). A curriculum every student can use: Design principles for student access. *ERIC/OSEP Topical Brief.* Reston, VA: ERIC/OSEP.

Palincsar, A. S., & Brown, A. L. (1984). Reciprocal teaching of comprehension -fostering & comprehension-monitoring activities. *Cognition and Instruction, 1*(2), 117–175.

Pratt, C., Dotting, N., & Conti-Ramsden, G. (2006). The characteristics & concerns of mothers of adolescents with a history of SLI. *Child Language Teaching and Therapy, 22,* 177-196.

Pretti-Frontczak, K. & Bricker, D. (2004). *An activity-based approach to early intervention* (3rd ed.). USA: Paul H. Brookes.

Quay, H. C. (1979). *Classification*. In H. C. Quay & J. S. Werry, Psychopathological Disorders of Childhood, pp. 1-42. (2th ed.). NY: John Wiley & Sons.

Reschly, D. (1978). *Comparisons of bias in assessment with conventional & pluralistic measures*. Paper presented at the annual convention of the council for exceptional children, Kansas City, MO.

Richek, M., Caldwell, J., Jennings, J.,& Lerner, J. (1996). *Reading problems: Assessment and teaching strategies*. Needham Heights, MA: Allyn & Bacon.

Rogers-Warren, A., & Warren, S.(1980). Mands for verbalization. *Behavior Modification, 4,*361–382.

Rose, D.H. & Meyer, A. (2002). Teaching Every Student in the Digital Age: Universal Design for Learning. Alexandria.

Salvia, J., Ysseldyke, J., & Witmer, S. (2016). Assessment in Special and Inclusive Education. Cengage Learning

Sattler, J. M. (2020). Assessment of Children: Cognitive Foundations & Applications (6th ed.). La Mesa, CA: Publisher, Inc.

Skrtic, T. (1995). The special education knowledge tradition：Crisis and opportunity. In E. Mèyen & T. Skrtic, *Special education and student disability* (4th ed., pp.609-672). Denver, CO：Love.

Sternberg, R. J. (1985). *Beyond IQ: A triarchic theory of intelligence*. NY: Cambridge University Press.

Swanson, H. L., & Watson, B. L. (1989). *Educational and psychological assessment on exceptional children: Theories, strategies, and applications*. Columbus, OH: Merill.

Torgesen, J. (1998). Catch them before they fall. American Educator, 22 (1 & 2), 32-51.

The ICF: An overview. https://www.cdc.gov/nchs/data/icd/icfoverview_finalforwho10sept.pdf

Tomlinson, C. A. (2012). How to differentiate instruction in mixed-ability Classroom (2th ed.). Alexandra, VA: ASCD.

Tucker, J. (1987). Curriculum-based assessment is no fad. The Collaborative Educator, 1(4), 4-10.

Tyler, R. (1949). *Basic principles of curriculum and instruction*. Chicago, IL: University of Chicago Press.

University of Florida. (2018). Authentic assessment in online learning. Retrieved From http://citt.ufl.edu/online-teaching-resources/assessments/authentic-assessment-in-online-learning/

Vaughn, S., & Roberts, G. (2007). Secondary interventions in reading. *Teaching Exceptional Children, 39(5)*, 41-42.

Wechsler, D. (1994). Manual for the Wechsler intelligence Scale for Children (4th ed.). NY: The Psychological Corporation.

Wheatley, G. H. (1991). Constructivist Perspectives on Science and Mathematics Learning. *Science Education, 75*, 9-21.

Wiggins, G. (1998). *Education assessment: Designing assessments to inform and improve student performance*. San Francisco: Joey-Bass Publishers.

Wiggins, G. (1989). Teaching to the authentic test. Education Leadership, 46, 41-47.

Will, M. (1986a). Educating children with learning problems: A shared responsibility. *Exceptional Children, 52*, 411-416.

Will, M. (1986b). *Educating children with learning problems: A shared responsibility.* Washington, DC：U.S. Department of Education, Office of Special Education and Rehabilitative Service.

Wolfensberger, W.(1972). *The principle of normalization in human services.* Toronto, Canada：National Institute on Mental Retardation.

Wood, D., Bruner, J. S., & Ross, G. (1976). The role of tutoring in problem solving. *Journal of Child Psychology, Psychiatry, & Applied Disciplines, 17*, 89–100.

Ylvisaker M, Todis B, Glang A, et al. (2001). Educating students with TBI: themes & recommendations. *Journal of Head Trauma Rehabilitation, 16(1),* 76–93.

國家圖書館出版品預行編目資料

特教教甄.捨我其誰：突破重圍.一戰成名／張
世彗編著. ――初版.――臺北市：五南圖
書出版股份有限公司, 2023.02
　　面；　公分
　ISBN 978-626-343-576-6（平裝）

　1.CST: 特殊教育　2.CST: 教師專業資格

529.57　　　　　　　　　111019804

4I7A

特教教甄・捨我其誰
突破重圍・一戰成名

編 著 者 ― 張世彗

發 行 人 ― 楊榮川

總 經 理 ― 楊士清

總 編 輯 ― 楊秀麗

副總編輯 ― 黃文瓊

封面設計 ― 姚孝慈

出 版 者 ― 五南圖書出版股份有限公司

地　　址：106臺北市大安區和平東路二段339號4樓

電　　話：(02)2705-5066　　傳　真：(02)2706-6100

網　　址：https://www.wunan.com.tw

電子郵件：wunan@wunan.com.tw

劃撥帳號：01068953

戶　　名：五南圖書出版股份有限公司

法律顧問　林勝安律師

出版日期　2023年2月初版一刷

定　　價　新臺幣530元